上海国际问题研究院50周年院庆丛书

新世纪日本对外战略研究

Japan's External Strategy in New Century

吴寄南◎著

时事出版社

目 录

第三编 新世纪日本对外战略构想实施的前景及其制约因素

导 语

进入21世纪后，日本的走向越来越引起全世界的关注。在短短的10年里，日本前后共有6位首相登台亮相，每一位首相都有一些令人惊讶的举动。

2001年4月，小泉纯一郎出任日本的第87任首相，也是新世纪日本的第一位首相。① 他执政了5年半，不仅在日本国内，而且一定程度上在东亚地区刮起了一股强劲的“小泉旋风”。

的确，从战后迄今还没有哪一位首相像小泉纯一郎那样不惜冒自民党传统支持团体“造反”的风险锐意推进所谓的“结构改革”，更没有谁像他那样在外交上将“对美一边倒”的外交路线推行到如此极端的地步，甚至不惜冒犯日本的亚洲邻国，导致日本在亚洲陷于孤立境地。在小泉任内，自卫队派兵出国的门槛大大降低，海上自卫队的“宙斯盾”级护卫舰第一次在印度洋巡弋，而陆上自卫队也在战火纷飞的伊拉克安营扎寨，展开所谓的人道主义救援活动；在小泉任内，从1978年以来一直难产的“有事立法”终于呱呱坠地，从而意味着日本的战争法规臻于完善；也正是在小泉任内，日本与印度、德国和巴西四国推出了捆绑式的“入常”方案，发起了前所未有的冲刺，只是因为非洲等“大票仓”未能搞定，才功亏一篑，败走麦城。

小泉纯一郎卸任后将接力棒交给了同一派系出身的安倍晋三。安倍

---

① 在小泉纯一郎任内，日本在2003年10月和2005年9月先后举行了两次众议院选举。按规定，每次众议院选举后都要重新选举首相。这样，小泉就是日本的第87任、第88任和第89任首相。

晋三虽然在位仅仅一年，他在2007年9月突然辞去首相职务的做法也备受批评，但安倍在短暂的首相任期内还是留下了不少政绩。就内政而言，安倍成功地将防卫厅升格为防卫省，使之摆脱了没有资格独立提出预算和法案的尴尬地位；推动国会通过《国民投票法》，完成了修改宪法所必须的法律程序；对沿袭多年的《教育基本法》作了半个多世纪来的第一次修改。安倍上任不到半个月，首次出访就选择了中、韩两个邻国。而日本首相上任后选择中国作为首次出访对象是有史以来的第一次。安倍的这次“破冰之旅”标志着近5年多来持续僵冷的中日关系开始回暖，这自然是值得称颂的。但是，他否认日本政府与慰安妇问题关系的发言也在国际社会遭到严厉谴责。

继任首相福田康夫提出加强日美同盟和改善与亚洲国家关系并存的“共鸣外交”口号，致力于改善与发展与中、韩两国的关系，日本的战略态势在福田任内明显改善。2008年5月，福田发表了题为《太平洋变为“内海”之日——共同走向未来亚洲的五项承诺》的演讲。这篇演说让人们联想起他父亲在30年前发表的有关“福田主义”的倡议。福田任内最辉煌的外交成就是在2008月7月，作为东道主成功地举办了八国集团洞爷湖峰会。这次峰会成了日本推行非洲外交、环境外交的重要舞台。但是，与外交上的可圈可点形成鲜明对照的是，福田在处理前任留下的内政烂摊子时却束手无策，一筹莫展。内阁支持率由成立初期的57%一路下滑到19%，最终不得不挂冠而去。

麻生太郎是新世纪日本的第四位首相。不过，他作为小泉内阁的总务大臣、安倍内阁的外务大臣和福田内阁时的自民党干事长，在新世纪的日本政坛活跃已久。麻生是在连续两位前任挂冠而走、日本经济在全球金融风暴冲击下大幅度衰退的关头临危受命，入继大统的。给人们留下深刻印象的是，麻生上任第二天便风尘仆仆地赴纽约参加联合国大会。在2009年9月卸任为止，麻生太郎在不到一年的首相任期内先后访问了欧洲、中国、俄罗斯和韩国等，如此密集的外交日程可以说在历届首相中极为罕见。虽然有媒体批评麻生的出访是为了掩盖其应对经济危机的笨拙，是转移视线之举。但是，日本的领导人能够在国际舞台上如此活跃，本身也是日本在地区和国际事务中的“能见度”明显提高的标志。

日本政治的天平在麻生执政的后期急剧地向最大在野党民主党倾斜。2009年8月30日，日本第45届众议院选举投票揭晓。自民党一夜之间丧失了它垄断半个多世纪的众议院第一大党的地位，不得不向它的对手——在这场大选中一举获得308议席的民主党交出了政权。永田町首相官邸的新主人鸠山由纪夫拥有他的前任们谁也不曾有过的美国斯坦福大学工学博士的显赫学历，他和20世纪50年代中期3次出任首相的鸠山一郎构成日本历史上第一对“祖孙首相”。他也继承了鸠山一郎的“友爱”哲学，致力于改善日本与亚洲邻国的关系，并悄悄地拉开了与美国的距离。鸠山在出任首相仅仅一星期后便飞赴纽约出席联合国大会并发表演讲，随后，又在匹兹堡举行的二十国峰会闪亮登场，与奥巴马、胡锦涛等各国政要举行会晤，坦率地阐述了新政权对国际形势和双边关系的立场。耐人寻味的是，建立直属首相官邸的“国家战略局”是鸠山在率领民主党投入2009年大选时所倡导的政策主张之一，在他出任首相后很快就成立了有10名资深议员组成的、旨在酝酿和制定日本中长期战略的机构。这一举措使民主党政权至少从表面上看似乎站到了比前自民党政权更高的高度。

但是，鸠山仅仅执政了266天就挂冠而走，仅仅比17年前自民党那次短暂下野时七党一派联合政权的掌门人细川护熙多3天。鸠山辞职的原因是他在处理政治资金和驻日美军普天间问题上失信于民，而鸠山内阁的“顶梁柱”、民主党干事长小泽一郎也遭遇了政治资金问题。鸠山内阁的支持率在8个月里由颠峰时的76％骤跌为19％。为避免在即将到来的参议院选举中遭遇“滑铁卢”般的失败，民主党不得不“断臂求生”，让鸠山和小泽双双下台。鸠山内阁的副首相菅直人成为日本历史上的第94任首相。有意思的是，鸠山内阁新设立的国家战略担当大臣先是由副首相菅直人兼任，在菅直人兼任财政大臣后这一职务交给了仙谷由人，而仙谷由人出任菅直人内阁的官房长官后，又让原先担任鸠山首相助理的荒井聪接棒。国家战略大臣这一位置在民主党执政后究竟受到何等程度的重视，由此可见一斑。

那么，究竟是什么因素促使日本的领导人在进入新世纪以后，如此热心地在国际舞台上登台亮相，呼风唤雨呢？日本有没有一项为朝野两大阵营的多数政治家所普遍接受，并实际上在指导着日本对外交往的战略或战略构想呢？

一、日本究竟有没有完整的国家战略

在回答这个问题之前，首先需要厘清战略的概念。英语中的“战略”（strategy）一词源于希腊语中的 strategos，意为“将兵术”或“将道”，指的是筹划和指导战争全局的方略，即根基于对双方政治、军事、经济、科学技术诸因素的分析和判断，对战争的发生与发展进行预测，制定有关引导战争走向胜利的计划和策略。普鲁士杰出的军事理论家卡尔·冯·克劳塞维茨在《战争论》一书中为战略所下的定义是“为了达到战争目的而对战斗的运用”。[①] 和克劳塞维茨齐名的瑞士人若米尼在其被誉为军官必修教材的《战争艺术概论》中提出：“战略是在地图上进行战争的艺术，是研究整个战争的艺术。”[②]《简明不列颠百科全书》对战略的定义是：“在战争中利用军事手段达到战争目的的科学和艺术。”[③]

中国古代典籍中，有关军事问题最早也是最著名的著作是《孙子兵法》。《孙子兵法》中有这样一段文字：“夫未战而庙算胜者，得算多也；未战而庙算不胜者，得算少也。多算胜，少算不胜，而况于无算乎？吾以此观之，胜负见矣。”[④] 这里所谓的“庙算”、“算”实际上就是战略筹划的意思。汉成帝于公元前 26 年命步兵校尉任宏校兵书。任宏将兵

① 冯·克劳塞维茨：《战争论》第 1 卷，商务印书馆，1978 年版，第 175 页。

② 亨利·若米尼：《战争艺术概论》，解放军出版社，1986 年版，第 87 页。

③《简明不列颠百科全书》，中国大百科全书出版社，1986 年中译文版，第 367 页。

④ 郭化若：《今译新编孙子兵法·计篇第一》，人民出版社，1957 年版，第 94 页。

书分为兵权谋、兵形势、兵阴阳、兵技巧等四类，其中兵权谋讲的就是战略。“战略”一词正式见诸典籍始西晋初年，史学家司马彪用它作为自己新著的标题。随后，在《三国志》、《廿一史战略考》等史籍中也屡屡出现“战略”一词。不过，其含义与现代意义上的“战略”还不尽相同。从19世纪末开始，中国学者开始用“战略”翻译西方的“strategy”一词。

进入20世纪后，“战略”这一概念已超出军事领域，泛指对全局有重大影响的、高层次决策的谋略。战略的内涵已演变为基于国家长远和根本的利益，综合运用包括政治、经济、社会力量以及同盟关系在内的所有资源，达成战争或和平一定目的的方略。在有些著作中还使用了“国家战略”（national strategy）、“大战略”（grand strategy）的概念。

那么，日本究竟有没有完整的国家战略？日本21世纪的对外战略是已经基本形成还是尚在酝酿之中？围绕这两个问题，无论是在日本国内还是在国际社会一直是有激烈争论的。

在日本有没有国家战略的问题上，否定派的代表人物是前首相中曾根康弘。他在《日本二十一世纪的国家战略》一书中就曾感慨地说：“日本是传统上就不善于制定国家战略的国家，现在仍然如此。”“外国批评日本长期缺乏自己的国家战略，国际社会上的声音微弱，世界上知名的日本政治家甚少。我想这里有很多原因。原因之一就是，对美国的过分依赖已成为日本举国上下的社会风潮。”①

在日本，赞成中曾根意见的人还不少。的确，日本从第二次世界大战以后，在外交和安全保障问题上一向追随和依赖美国，没有多少自由发挥的余地。迄今为止，日本纵然有孜孜追求的国家目标，却一直没有明确地意识到这一点，没有国家的基本构想或综合性的国家战备。这是因为战后的国际环境对日本来说比较有利，或者说日本比较容易应对。但是，从20世纪70年代以后，国际秩序发生了结构性的变化，加上日本的经济增长率渐趋缓慢，国际环境未必能继续眷顾日本，所以，有必

① （日）中曾根康弘：《日本二十一世纪的国家战略》，海南出版社、三环出版社，2004年版，第1、3页。

要考虑确立综合性的国家战略。①

2002年11月，由小泉纯一郎首相的助理冈本行夫领衔起草的《21世纪日本外交的基本战略》强调指出："为推进未来的日本外交，需要制定明确的国家战略"，而"这是迄今为止的日本外交所欠缺的。"②

与此相反，肯定派的主张是：在战后各个历史阶段，日本的当权者对国家所处的内外环境、发展的总体目标和应对方略还是有所考虑的。

例如，战后初期由吉田茂所倡导的"轻军备，重经济"的路线实际上就是一种国家战略。它有3根支柱，即"以经济为中心"、"实行有限的武装"和"日美同盟"。京都大学教授中西宽如此阐述他的观点："从战后到1970年前后的日本外交，虽然经历了各种对立和混乱，但是从其基于宏观的视野追求一定的目标这一点来看，还是有始终一贯的战略的。""这个目标就是摆脱战败国的地位，恢复日本作为国际社会正当的一分子的地位。"在吉田茂之后，无论是对他持批评态度、推行与美国的"对等外交"的岸信介，还是支持吉田外交、以"国民所得倍增计划"出名的池田勇人，总体上都是因循吉田茂路线的。1972年5月，在佐藤荣作首相的坚持下，美国将冲绳交还给日本，标志着吉田茂外交战略的基本完成。③

与中西宽持同样见解的还有曾任外务省事务次官、驻美大使的栗山尚一。他认为日本在吉田茂领导下，选择了加入西方阵营，将安全保障托付给美国，专注于经济重建的基本政策是"成功的"国家战略。自然，这一观点与中曾根康弘的主张是大相径庭的。

20世纪70年代，日本刚刚奠定了西方经济第二强国的地位，便接连遭到"尼克松冲击"和两次石油危机的震荡，举国上下都感到强烈的不安。1978年12月，大平正芳出任首相后立即邀集各省厅的官僚和学

---

① （日）佐伯喜一：《国家战略研究试论》，转引自本田优：《日本有国家战略吗?》，朝日新书，2007年，第197页。

② （日）《二十一世紀日本外交の基本戦略》，见 http：//www.kantei.go.jp/jp/kakugikettei/2002/1128tf.pdf。

③ （日）中西宽：《战败国的外交战略——吉田茂外交及其继承者》，彩流社，2005年版，第156—174页。

者，成立了名为“综合安全保障研究小组”的私人咨询机构。担任召集人的是和平与安全保障研究所的理事长猪木政道。这个研究小组对当时国际形势的基本判断是“美国已失去强势地位”，“世界和平正在由美国一国担保演变为各国分担责任”，日本的作用基本上是以经济为中心，但也要发挥相当的政治上的作用。日本不应该是“经济大国、政治小国”，自卫队在继续坚持必要的、最低限度的自卫力量的方针的同时，要将自卫力量逐步提升到1976年防卫计划大纲规定的水准。日本的安全保障应该是包括能源安全保障、粮食安全保障以及应对大规模地震灾害在内的综合安全保障。

迄今为止，国际社会有关安全战略的描述一直限于军事外交等非常狭隘的领域，而恰恰是在大平内阁时期，日本首先开始将安全概念的内涵扩展到能源安全、粮食安全等领域，“综合安全”就是眼下国际学术界热议的“大安全”概念。《朝日新闻》记者本田优在《日本有国家战略吗?》这本书中，对大平首相推动制定的这一综合安全保障战略予以高度评价，认为是“战后日本历届政权中第一次由政府出面将国家战略明文化的尝试”①。

遗憾的是，综合安全保障战略最终未能成为真正付诸实施的国家战略。据本田优的分析，主要有两大原因：一是综合安全保障战略失去了推动它的中心人物。大平在最终报告问世前的20天，也就是1980年6月12日突然因心肌梗塞而与世长辞，继任首相的铃木善幸将施政重点放在行政改革上，综合安全保障战略也就被束之高阁了。其次是国际形势发生急剧变化。在报告执笔过程中，苏联于1979年12月入侵阿富汗，东西方关系骤然紧张起来，从里根总统开始，美国重新采取对苏强硬政策，要求日本协助防卫1000海里的海上航线。在这一国际背景下，日本政府纵然想在美苏间保持平衡也不可能了。

不过，这并不意味着日本朝野两大阵营的政治家对“国家战略”完全失去了兴趣。事实上，在国会参众两院的政策辩论中，“国家战略”这一字眼出现的频率越来越高。在国会审议记录中第一次出现“国家战

---

① （日）本田优：《日本有国家战略吗?》，朝日新书，2007年，第115页。

略”的提法，是1970年3月7日的众议院预算委员会，民社党议员吉田之久提出的，他主张应该在国会设立议论国防问题的常设机构防卫委员，得到时任防卫厅长官中曾根康弘的赞同，中曾根如此展开他的论述：“从迄今为止日本政治家中有关安全保障问题的议论来看，非常高度的国家战略以及由此延伸来的外交战略和防卫战略的议论是非常欠缺的。”[①] 中曾根堪称几十年如一日始终坚持日本要制定国家战略的政治家。

根据本田优对已全部实现数据化的国会审议记录检索的结果，在20世纪70年代，国会讨论中“国家战略”这个词出现的频率差不多是一年一次，80年代和90年代上半期增加为每年数次，而从1995年起差不多就是两位数了。2002年高达131次，堪称最高记录，不过，这里检索到的“国家战略”这个词不完全是从安全保障的意义上使用的，还包括“生物多样性的国家战略”，等等。[②]

从世纪之交开始，日本政府陆续发表了一些冠之以“国家战略”、“战略”的政策报告，其数量呈逐渐增多的趋势。例如，在森喜朗首相任内，先后发表了《IT国家战略》（2000年11月）、《e—Japan战略》（2001年1月）等报告。在小泉纯一郎首相任内，又接连出台了《日本的知识产权战略大纲》（2002年7月）、《日本的FTA战略》（2002年10月）、《21世纪日本外交的基本战略》（2002年11月）等政策报告。这表明日本政府在酝酿和拟定新的战略构想方面迈出了新的步伐。

在进入新世纪以后的历任首相中，安倍晋三在酝酿和制定日本国家战略问题上是最热心不过的一位首相了。2006年9月29日，他在参众两院的全体会议上发表施政演说时明确指出：“为了发挥政治上强有力的领导作用，尽快出台外交和安全保障的国家战略，将对首相官邸的司令塔功能进行重组和加强，同时，还要提升情报搜集的功能。”[③] 2个月

① （日）本田优：《日本有国家战略吗?》，朝日新书，2007年，第64页。

② 同上书，第65页。

③ （日）安倍晋三：《在第165次临时国会上的施政演说》，2006年9月26日，见http：//www. kantei. go. jp/abespech/2006/09/29suosinhtml。

后的 11 月 22 日，安倍成立了由他自己亲任议长、前官房副长官石原信雄任召集人的“强化首相官邸的有关国家安全保障功能的会议”。这是安倍执意要建立日本版的国家安全委员会（National Security Council，简称 NSC）的第一步。

在安倍任内，日本未来的战略走向一度变得清晰起来。作为修改宪法必不可少的《国民投票法》由自民党、公明党凭借在参众议院的多数票强行通过。《教育基本法》也在这部法律颁布半个多世纪后首次予以修改，公然列入“爱国主义教育”的内容。而《防卫省设置法案》的出台，标志着防卫厅摆脱了内阁府外局的低下地位，升格为可与其他省厅平起平坐、有独立提案权和预算编制权的一级省。尤其为人们所瞩目的是，安倍首相召开内阁会议，正式通过了“强化首相官邸有关国家安全保障功能的会议”提出的《安全保障会议设置法案》(简称 NSC 法案)，并将它提交国会审议通过。而“安全保障会议”未来担负的一项重要任务就是要负责制定日本的国家战略。

事实上，正如笔者在本书第二编中所阐述的那样，在进入新世纪的最初几年里，日本新的国家战略的基本轮廓实际上已大致被勾勒出来。这就是瞄准“正常国家”，以争当联合国安理会常任理事国为最终目标；通过强化日美同盟，提升日本在国际事务中的地位；建立有事法制，逐步摆脱宪法所禁止的行使“集体自卫权“的束缚，争取海外派兵的永久化、制度化；通过发展日本具有优势的产业，努力保持日本在东亚一体化进程中的主导地位和核心作用，等等。日本国家战略的渐趋清晰化，标志着战后日本的发展进入了新的阶段，它将对东亚地区乃至全球的力量格局产生深刻的影响。

但是，恰恰是在日本新的国家战略呼之欲出的时候，在日本的当权者中间却出现了犹豫、彷徨和退却。2007 年 7 月，自民党在第 21 届参议院选举中遭到了惨败，日本政坛出现了朝野两大阵营各掌参众两院的所谓“扭曲国会”的局面。一向热心制定国家战略的安倍晋三突然丧失了斗志，以健康理由宣布辞职。这一来，已经提交国会审议的《安全保障会议设置法案》随着内阁更迭变成了废案。继任首相的福田康夫、麻生太郎似乎都有些底气不足，对中长期的战略问题基本很少涉及。福田掌舵“日本丸”刚刚过去一年，就和前任安倍晋三一样，成了中途弃“船”而去的不合格“船长”。麻生太郎在安倍内阁任外务大臣时还曾提出过“自由与繁荣之弧”的构想，孰料入主首相官邸了，反而搁置起来，充其量只是在发表施政演说中点缀般的提上一句。这不能不令人怀疑他究竟是为了赶时髦才提出这一战略构想，还是自己也不相信真能实现这一构想。麻生政权甚至连一年都没有撑到，就在第45届众议院选举自民党兵败如山倒之后草草退场，让位于以民主党为主体的鸠山由纪夫联合政权。

为什么日本当权者在最需要他们明确地提出完整的国家战略以及由此派生出来的对外战略时会出现迟疑摇摆、举棋不定的状况呢？原因主要有以下三条：

一是新世纪日本政局的持续动荡导致日本的当权者专注于维持现状而无暇顾及中长期的国家战略。自民党从进入新世纪以后面临一系列执政危机，牵扯了当权者的很大一部分精力。小泉纯一郎是在其前任森喜朗的支持率跌到一位数的尴尬时期上任的。他以彻底改革自民党为标榜，用一系列令人头晕目眩的口号来凝聚选民的支持，将“迎合大众主义”的媚俗政治发展到了淋漓尽致的地步。而《日本21世纪外交的基本战略》等重要智库的报告却长期被晾在一边。① 在小泉之后执政的安倍晋三、福田康夫、麻生太郎无一例外地为提升低迷不振的内阁支持率而煞费苦心，即使想在国家战略上有所动作，最终也不得不知难而退。最大在野党民主党虽然在2009年9月取代自民党掌控了国家的最高权力，并试图为日本重新勾勒发展蓝图和战略思路。但由于鸠山由纪夫首相、小泽一郎干事长的政治资金丑闻相继曝光和升级，消耗了民主党领导层的大量精力。鸠山、小泽不得不双双辞职。而继任的菅直人能否摆脱短命政权的怪圈尚在未定之数。

二是日本决策机制出现严重偏差和障碍致使一些具有战略眼光的政策和策略设计难以得到普遍认同。进入新世纪以后，自民党传统的派系

① 《朝日新闻》主笔船桥洋一告诉笔者，主持起草这份报告的冈本行夫因此愤而辞去首相助理职务。

政治运作方式越来越难以为继，党内重要决策逐渐向总裁以及干事长、总务会长和政调会长等“三役”集中。尽管一些理论素质较高的年轻政治家在酝酿新世纪的日本国家战略中发挥了重要作用，但是他们的意见很难反映在领导层的决策中。特别是在小泉纯一郎任内，其独断专行、飞扬跋扈的作风以及坚持要以首相官邸为主导的观点导致自民党议员与自民党领导层的关系持续紧张，派系领袖受到打压，政治权力结构中的纠偏装置无法正常启动，一些具有战略眼光的政策和策略难以在决策层得到认同。民主党初次走上执政道路，不要说与官僚系统的磨合需要相当长时间，其缺乏执政经验和相应人才储备的弱点也日益凸显，而各派系间围绕决策主导权的争夺也使它难以在重大政策问题上迅速达成一致。

三是日本新生代政治家热衷“剧场政治”的倾向，造成其注意力过分聚焦在一些短期内就能看到成果的政策主张和行动上。进入新世纪以后，战后出生和成长起来的新生代政治家迅速走到政治舞台的中央。从总体上来说，他们的学历更高、国际视野更宽广，理应比他们的前辈更重视国家战略构想，但由于引进小选举区制度后，现职议员落选的几率加大，能否争取到无党派群众的选票已成为政治家的命门，由小泉纯一郎始作俑者的“剧场政治”开始在日本政坛大行其道。朝野两大阵营的年轻政治家们关注的重点与其说是比较宏观、抽象的长远战略，还不如说是能吸引公众视线的热门话题和马上就能看到成效的政策主张和行动。与中曾根康弘、宫泽喜一等 20 世纪八九十年代的大牌政治家相比，他们不仅缺乏理论思维，也缺乏战略筹谋。政治口号越来越让人眼花缭乱、目不暇接，而它们的“保鲜期”也越来越短。日本在涉及国家未来发展道路和根本战略的问题上，出现了罕见的摇摆和彷徨。

二、研究新世纪日本的对外战略有什么意义

任何一个国家的对外战略，其实都是从它的国家战略派生出来，服务于国家战略，又反作用于国家战略的。任何一个国家只要不是实行锁

国政策、自我封闭，总是会时时刻刻地与外部世界发生交集、碰撞和融合。它在外交、军事安全、对外经贸交流和文化交流中也总是会表现出一定的价值和目标取向的。

事实上，在进入新世纪以后，日本虽然一直没有推出明文化的国家战略。可是，在外交、军事、对外经济交流和文化交流等领域却是出台了一系列战略和战略构想，其频繁和活跃程度是战后所罕见的。而日本的政界、财界、学界、传媒界有关这些战略和战略构想的议论也十分热烈。几乎每一任首相在自己的施政演说中都会提出独树一帜的对外战略构想，各类智库也竞相发表有关日本对外战略的报告。《读卖新闻》和《朝日新闻》两家最大的全国性报纸甚至还推出了类似《日本的新战略》之类的系列报道。至于《文艺春秋》、《中央公论》、《外交论坛》等政论杂志上刊登的有关日本对外战略的论文更是呈现出各抒己见、百家争鸣的热闹局面。

由于新世纪日本对外战略的酝酿和制定是一个逐步展开的过程。内阁的频繁更迭、朝野两大阵营政治家们有时似乎是根本对立的见解以及日本政府在发表官方文件上的谨慎态度给日本以外的人们研究新世纪日本的对外战略带来一系列困难。尽管如此，国际社会还是有很多学者关注新世纪日本的战略走向，试图从已经公开发表的政策报告和文件，特别是从进入新世纪以后日本政府的所作所为来探究日本在可以预见的一二十年内，究竟追求什么样的目标，准备采取何种战略和策略去实现这一目标，并妥善处理由此引发的国内外的各种摩擦和对立等问题。美欧各国近年来陆续有一些涉及新世纪日本对外战略和发展趋势的著作问世。其中，比较出名的有肯尼思·派尔的《日本崛起：日本实力和意志的复苏》、比尔·艾默特的《太阳再次升起》以及理查德·塞缪尔斯的《日本大战略和东亚的未来》，等等。

在中国，《国际问题研究》、《现代国际关系》和《日本学刊》等核心刊物近年来也陆续发表过一些论述新世纪日本对外战略构想及其发展趋势的论文。其中，如《日本国家发展道路的思考与抉择》（高洪）、《新世纪日本外交战略的发展趋向》（晋林波）、《日美“再编”协商与日本安全战略调整》（吴怀中）、《论日本的“价值观外交”》（刘江永）、

《浅谈日本的文化外交》（吴咏梅）等，不乏许多颇有新意的概念和分析。

鉴于前面提到的日本方面的原因，国内对新世纪日本对外战略的研究也和美欧的同行一样，处于刚刚起步的阶段。存在着一些明显的不足之处：一是对日本在进入新世纪后的政坛风云以及历任首相的施政理念、手法虽分别有一些涉及，但缺乏将其融为一体的综合研究和评估；二是对日本的“硬实力”比较关注，而对它这十多年来借助最新的视频手段将其动漫文化、大众文化推向世界尤其是东亚邻国，提升日本的“软实力”却缺乏足够的关注；三是缺乏大跨度、大视野的分析，尤其是从政治、经济、思想文化等各层面深入探讨的学术专著至今尚未面世。

对中国来说，研究新世纪日本的对外战略是进一步推进中日战略互惠关系的需要。日本是与中国一衣带水的邻国，长期以来一直是仅次于美国的世界第二经济大国。中日两国有着两千多年的悠久交往历史，目前又互为对方最重要的经贸伙伴，也是最重要的周边环境。对中国来说，新世纪最初的 20 年是全面建设小康社会的战略机遇期。而能不能充分利用甚至延长这一战略机遇期，取决于中国是否有一个稳定的周边环境。而日本就是周边环境的重要组成部分。对日本来说，它要继续保持在世界经济“第一梯队”的位置，在国际事务中发挥与自己地位相符合的作用，也需要与亚洲邻国尤其是拥有 13 亿人口的发展中大国中国保持睦邻友好关系。中日关系健康稳定发展，是两国在复杂多变的国际环境中保持繁荣与发展的重要条件。

如果能及时把握新世纪日本对外战略酝酿和成形的基本趋势，准确判断日本在对外关系领域，譬如在外交、军事领域如何出招，如何在海外拓展经贸势力和文化影响的思路和举措，无疑是有利于我国如何因势利导、趋利避害，在维护自身核心利益的同时，促使中日关系健康、稳定发展，作出正确的战略选择。

为避免对新世纪日本对外战略的研究停留在对客观过程的简单复述，就事论事，对日本未来的走向作出大而化之甚至错误的判断，显然需要在研究方法上突出以下四点：

1. 从大处高处着眼，注重从进入新世纪后东亚地区乃至国际格局变化的大背景上考察日本对外战略出台的动因及日本在外交、安全、经济等诸领域的相应战略和策略。

2. 采用比较研究的手法，深入剖析新世纪日本在酝酿和拟定对外战略过程中的基本特征。既要作纵向的比较，也要作横向的比较，特别是要对朝野易位、政党轮替后日本对外战略的变化进行探讨，从而提炼和发现其中一些根本的、带规律性的特征。

3. 注重文化因素和社会因素的剖析，探讨日本对外战略中比较容易为人们所忽视的一些精神因素的作用。厘清日本战略文化和大众传媒如何对社会舆论进行导向，并直接影响执政当局的对外决策的过程。

4. 强调实证性，一切从事实出发。尽可能地运用第一手的统计数据作量化、实证的分析，避免以偏盖全、先入为主以及攻其一点、不及其余的片面性和主观性。

三、本书的篇章结构及内容概要

本书由导语、三编九章和结束语构成。

第一编“新世纪日本对外战略出台的背景和经过”由三章构成。它们分别是：第一章“新世纪日本对外战略出台的国内外背景”、第二章“日本国内围绕新世纪对外战略的酝酿”和第三章“新世纪日本对外决策机制及其过程”。

新世纪日本对外战略是在内外各种因素交互作用下逐渐成形和出台的。

国内因素主要是：1. 冷战后日本政治转型大体完成，新生代政治家逐渐掌控权力中枢，新保守主义思潮成为日本政坛的主流思潮，摆脱战后体制的束缚已成为朝野两大阵营众多政治家的共同诉求；2. 日本经济继续朝“后工业化”时代迈进，日本的经济利益遍布全球，迫切需要在国际组织和国际事务中拥有一定的发言权和影响力予以保证；

3. 随着少子高龄化的进展以及贫富差距的扩大，日本国民中本来就有的忧患意识进一步加强，而大众传媒的煽情式报道更导致民粹主义的抬头。

国际因素主要是：1. 冷战后大国关系进入了新一轮调整，综合国力竞争逐渐成为国与国之间较量的中心内容，日本所拥有的经济筹码的分量明显加重；2. 中国改革开放的深入，中国经济的持续高速增长极大地改变了国际格局特别是东亚地区的力量对比，历史上第一次出现了中日“两强并立”的局面，日本当权者以及相当一部分精英阶层心理上尚难接受，抗衡中国的意识明显抬头；3. 冷战后美国作为唯一的超级大国，力图建立单极独霸世界的体系，在东亚地区则热衷于借重日本的力量遏制中国，美国在一定程度上容忍日本军事力量的重组和扩展，日美同盟关系在经过短暂的一段“漂流”后出现强化的势头，日本在东亚地区的战略态势有所增强。4. 东亚地区在经济一体化迅速推进的同时，传统安全威胁与非传统安全威胁也明显抬头，日本迫切需要制定长期的、宏观的对外战略以应对日趋复杂的安全形势。

这一编还将介绍日本朝野主要政党特别是执政的自民党总裁、首相及其智囊，外务省、经产省、防卫省（厅）等省厅和日本国际论坛、世界和平研究所等主要智库酝酿、制定新世纪日本对外战略的经过和主要的政策构想、战略设计。

第二编“新世纪日本对外战略的概要”由第四章“新世纪日本的外交战略”、第五章“新世纪日本的对外军事战略”、第六章“新世纪日本的对外经济战略”和第七章“新世纪日本的对外文化战略”构成。分别就外交、军事和安全保障、经济和文化等主要领域对新世纪日本的对外战略的各个侧面进行阐述。

第四章“新世纪日本的外交战略”主要分析日本以“入常”为宗旨的联合国外交、以日美同盟为中心的盟国外交、以建立价值观共同体以及“自由与繁荣之弧”为标榜的大周边外交、旨在向中亚渗透的欧亚大陆外交以处理中日关系、日韩关系和日朝关系为中心的东亚外交等。

第五章“新世纪日本的对外军事战略”主要分析日本如何在冷战后利用美国强化日美安保同盟“借船出海”，通过确立“有事法制”、突破宪法所禁止行使的“集体自卫权”以及实现自卫队向海外出动的恒久化、法制化等举措，力图在地区和国际事务中加大其“戏码”，由单纯的经济角色变为经济、军事两者兼而有之，最终突破战后体制的束缚，走向所谓的“正常大国”。

第六章“新世纪日本的对外经济战略”主要介绍日本作为ODA大国，如何不断给其经济外交注入一系列新的内涵。例如，为确保其对东亚经济的主导权，除利用它在八国集团和OECD中的既有地位外，近年来大力推进与东盟及其他经贸伙伴签署FPA协定的进程。它还积极倡议将印度、澳大利亚和新西兰纳入东亚峰会，以平衡和抵消中国的影响。此外，在日本的经济外交中还包括以确保能源和资源来源为宗旨的能源、资源外交以及围绕“京都议定书”等国际协定展开的环境外交等。

第七章“新世纪日本的对外文化战略”里，主要介绍从20世纪80年代以来日本一直谋求增强其在文化领域对外发信的能力和吸引力，这已构成日本加强其“软实力”的重要组成部分。日本动漫文化、大众文化在全球范围的扩展就是突出的事例。

第三编“新世纪日本对外战略构想实施前景及其制约因素”由第八章“新世纪日本对外战略构想实施的前景”、第九章“制约新世纪日本对外战略构想实施的内外因素”和“结束语：日本的正常大国化与中国的对策”构成。第八章“新世纪日本对外战略构想实施的前景”将探讨21世纪初日本对外战略实施的具体进程、主要的制约因素及其对大国关系、地区格局和世界均势的影响，进而对未来日本可能的走向和国际影响作出判断。这一部分将着重分析日本与美国、中国的大三角关系以及未来东亚地区国际格局的基本框架。第九章“制约新世纪日本对外战略构想实施的内外因素”分析了制约日本对外战略实施的内外因素。“结束语”作为本课题的结论，将针对新世纪日本的对外战略，就我国如何趋利避害，在变化的内外环境下与日本进行长期周旋提出建议。

除导语、三编九章和结束语之外，本书还有附录。其一是“新世纪日本对外关系大事记”。执笔者试图按照日本公开资料，介绍日本在进入新世纪后各项对外政策演变的轨迹及与外国政要交往的线索。其二是

"日本对外关系参考文献"。这些都是供读者备查的。

新世纪日本对外战略的研究是一个比较新的课题，目前还只能说是取得阶段性的研究成果。限于本人的水平和掌握资料的局限性，虽然本书在付梓前一再推敲斟酌，仍难免有不少粗疏错讹。我恳切希望广大读者和日本研究的前辈和同行一一点拨，不吝指教。

第　一　编

新世纪日本对外战略出台的背景和经过

从20世纪90年代起，日本的政治、经济和社会进入了重要的转型时期。这一转型又和冷战结束后世界格局发生的深刻变化交织在一起。迄今为止一直行之有效的政策理念和传统机制受到了强烈的冲击。在内外环境急剧变动过程中，如何审时度势，提出符合时代要求、适应日本国际地位的对外战略呢？这是摆在日本当权者面前的一项严峻的挑战。

在新世纪第一个10年里，人们发现日本国内围绕着新时期应该确立怎样的战略目标、推行怎样的对外政策和塑造怎样的对外形象，一直在进行着激烈的争辩、深入的思索和反复的探索。而政府各有关省厅、朝野政党、智库和大众传媒也都积极地从事战略的筹谋和决策，或试图对日本的对外决策过程施加影响，刻上自己的烙印。

第一章

新世纪日本对外战略出台的国内外背景

对任何一个国家来说，它在某一特定时期的大政方针和战略构想，总体而言都是当时所面临的国内外环境的产物，是因应各种挑战，维护国家核心利益的需要。日本在这方面也不例外，进入新世纪后它在摸索和酝酿对外战略过程中所作的种种努力，正是形势要求、时代呼唤的结果。

第一节　新世纪日本对外战略出台的国内背景

当新世纪第一缕阳光洒向日本的时候，变革之风正开始席卷东瀛列岛。“泡沫经济”瓦解后长达10年的萧条，使得日本国内弥漫着一股迷惘和悲观的情绪。桥本龙太郎首相在20世纪90年代后期推行的行政改革，因紧缩财政政策的失败遭受重挫。继任的小渊惠三改弦更张，锐意扩大公共投资以刺激经济回升，但他还没有看到成效便因心力交瘁而撤手西去。森喜朗作为世纪之交的过渡期首相，其轻率、粗疏的执政风格导致广大选民与自民党日渐疏离，在卸任前内阁支持率跌到了9%的“危险水域”。

这时候，小泉纯一郎仿佛政坛“救星”一般应运而生。小泉素有日本政坛“怪人”之称，他在竞选自民党总裁时提出的口号是“没有结构改革，就没有日本经济的复苏”。自民党基层党员乃至于一般市民都如醉如痴地支持这位打着“改革”大旗的另类政治家，东瀛列岛刮起了一股强劲的“小泉旋风”。

一、日本政治生态加快转型步伐

1989年1月，裕仁天皇逝世，明仁天皇即位，改年号为“平成”。日本差不多是与冷战结束同时跨入“平成”纪元的，而日本政治生态的深刻转型也由此拉开序幕。

自从1955年11月自由党与保守党两大保守政党合并为自由民主党以来，日本政坛总体上呈相对稳定的局面。自民党一直垄断着国家的最高权力。社会党等在野势力虽曾有过蓬勃发展的势头，但始终未能动摇自民党凭借在国会的多数席位长期执政的政治格局。跨入“平成”纪元后，日本先后有竹下登、宇野宗佑、海部俊树、宫泽喜一、细川护熙、羽田孜、村山富市、桥本龙太郎、小渊惠三、森喜朗、小泉纯一郎、安倍晋三、福田康夫、麻生太郎、鸠山由纪夫和菅直人等16名首相登台亮相。内阁更迭犹如走马灯一样频繁。最短的羽田内阁存在了64天便告下台，最长的小泉纯一郎执政5年半，平均任期不到1年零5个月。自民党在1993年第一次尝到了下野的滋味。从1994至2009年的15年间，自民党基本上是靠与其他政党联手才得以执掌政权的。直到它在2009年8月的众议院选举中输掉2/3的议席，才不得不将政权拱手让给最大在野党民主党。

在近20多年来，随着日本人口和经济重点逐渐由农村转向城市，城市选区成为朝野政党角逐的重点。不支持任何特定政党的阶层在选民中所占比重日益提高。不支持任何政党的阶层占选民的比例上升。而由于全社会教育水准的提升和大众传媒的发达，各种传播媒介尤其是电视台在引导舆论、左右政局方面的作用日益明显。越是善于造势，惯于媚俗的政治家就越能受到青睐，赢得人气。这就造成日本政坛具有战略眼光的政治家不吃香，“剧场型政治”大行其道。

近20多年来，日本政坛除了自民党、公明党和共产党没有改过名字外，其余的政党都是招牌换了一块又一块。① 而自民党和公明党也经历了分分合合，聚合离散。许多政治家今天退党，明天又复党；今天属于这个党，明天又改换门庭。1993年大选中选出的511名议员，在事隔3年后的1996年大选中，约有40％的人已经不在原先当选时所属的政党里面了。“政治候鸟”成为人们讥讽某些屡屡改变自己政党身份的国会议员的流行语。

进入新世纪以后，日本政治转型的速度明显加快，出现了4个比较明显的特征：

1. 政坛力量格局进入新的“两强对峙”的时代

在冷战时代，自民党、社会党分别代表保守、革新两大势力相互抗衡，又相互妥协。这两大政党都是在1955年分别由一些不同政党、不同派系合并而成的，所以有“五五年”体制之称。随着社会党的衰落和新兴保守政党的崛起，日本政坛开始出现两大保守政党对垒的局面。1994年底，由自民党分裂出来的一些小党和除社会党、共产党外的在野党组成了新进党。新进党的问世是“两强对峙”时代的第一次尝试。该党曾经在参众两院分别拥有36席和178席，一度形成与自民党分庭抗礼的局面。新进党在1997年底解体后，除少数成员加入自民党，其余的与1996年问世的民主党合流，组成了新民主党。民主党在2000年6月、2003年10月的两次众议院选举中表现都不凡，2003年那次选举甚至拿下170个议席，在比

① 严格来说，公明党于1994年12月加入新进党，在日本政坛一度销声匿迹。直到1997年12月新进党解散后，原公明党议员先是以“新党和平”与“改革俱乐部”名义恢复组织活动，至1998年11月恢复党名。

例代表区的得票率甚至超过了自民党。在 2004 年的第 20 届参议院选举中，民主党获得 50 个议席，是自 1989 年以来在野党在选举中所获议席首次超过执政党。民主党咄咄逼人的夺权攻势，让自民党倍感威胁。在 2009 年举行的第 45 届众议院选举中，民主党获得接近众议院 2/3 多数的 308 席，实现了将自民党赶下野的初衷。这是 1993 年以来日本又一次出现政党轮替的局面，标志着两大保守政党的轮流执政终于付诸实现。

民主党与自民党之间的分歧主要集中在要不要兴办公共事业、是否推行积极财政等内政领域，而在加强日美同盟、重视日本的安全保障等问题上分歧并不是很大。而且，越是年轻的议员，彼此间的差距就越小。2001 年 11 月，时任参议院外交防卫委员会委员长的武见敬三发起成立了名为“确立新世纪安全保障体制年轻议员之会”的跨党派议员团体。该会成立时仅有 12 人，一度发展为 100 余人。其中，民主党的议员约占 1/3，一度出任民主党代表的前原诚司也是该会召集人之一。该会由于强烈主张发展导弹防御系统，呼吁突破“集体自卫权”的限制等，日本传媒将他们称为“日本版的新保守主义者”①。这批民主党议员也因此成为自民党在下野后极力笼络的对象。

2. 政策决定过程由“官僚主导”向“政党主导”演变

战后日本政治文化的典型特征之一就是所谓的“官僚主导”。日本国会通过的提案，真正由议员提出来的只占议案总数的 30%左右，绝大部分是政府有关省厅起草，通过内阁会议向国会提出来的。以 1999 年 1 月 19 日开始的第 145 届例行国会为例，提交审议的法案中 61.2%是内阁提出的，由议员提交审议的仅为 38.8%，而且，内阁立法 88.9%获得通过，议员提出的法案只有 19.1%成立。②

日本政坛很早就有要求改变这种“官高政低”局面的呼声。从

① （日）《朝日新闻》，2003 年 8 月 27 日。
② （日）《现代用语的基础知识》，自由国民社，2000 年版，第 390 页。

20世纪90年代以来日本高级官员收受贿赂、贪赃枉法的丑闻不断曝光，更促使主流舆论与广大民众强烈呼吁打破“官僚主导”局面。1996年，桥本龙太郎在其首相任内启动了新的一轮行政改革，其矛头直指历来为人们所诟病的官僚体制。中央省厅首当其冲，原先的“1府21省厅”被精简为“1府12省厅”。5年以后，出任首相的小泉纯一郎采取了一系列压缩官僚特权的举措。例如，出台《公务员改革大纲》，规范官僚的行为准则；大胆启用民间人士，向各省厅“输血”；加强省厅间干部的横向交流，打破纵向分割；限制退职高级公务员担任国营事业负责人的所谓“天神下凡”现象；规定只能由有关省厅大臣、副大臣和政务官回答议员质询，等等。而小泉所推行的道路公团、邮政事业的民营化，更被他形容为对“官僚主导”格局的攻坚战。[①] 不过，从真正意义上给“官僚主导”体制敲响丧钟的是鸠山由纪夫联合政权。民主党在竞选期间就批评自民党执政期间政官勾结的积弊，上台后更是雷厉风行地对“官僚主导”的行政体制开刀：一是废除延续123年的事务次官会议制度，从官僚手里夺回了内阁的决策权；二是取消高官退职后到公营事业担任负责人的“天神下凡”制度；三是削减公务员的薪水，清理各省厅的“小金库”；四是克服有关省厅的抵抗，果断决定中止所有堤坝的建设；五是成立“行政刷新会议”，对迄今为止的官僚制度进行彻底反省。其中之一是取消省厅一级事务次官的设置。自然，这些举措遭到官僚们的强烈抵抗，但不管其成效如何，日本的政策决定过程由“官僚主导”转向“政党主导”已经是一个不可阻挡的潮流。

3. 政党运作模式由“派系协调”向“官邸主导”转变

派系政治是日本政坛由来已久的传统之一。自民党也好，民主党也好，党内都存在着具有不同政治色彩和主张的派系。自民党成立时就有

① 小泉将邮政事业民营化比喻为改革进入攻打主城堡阶段。古代日本城堡中心部分称“本丸”，筑有天守阁。

号称八大师团的派系[1]，最多时曾发展到12个之多。派系间聚散离合，一直争斗不息。20世纪90年代以后，在政治改革的浪潮中，自民党的派系政治备受指责。自民党曾在1994年底宣布解散一切派系，可到90年代末所有的派系却都又堂而皇之地重新开张营业。但是，从1993年开始的政治改革虽因浅尝辄止而备受批评，毕竟给派系政治敲响了“丧钟”。它带来了两大变化：

一是原先的中选举区划为300个小选举区。自民党再也不能像以前那样在一个选区内拥立多名候选人，各个派系可以同台竞争，共同当选。但是，每个小选举区只能产生1名议员，选民们除了看重候选人的个人品质外，也看他所代表的政党而不是所属派系。选举制度的改革是促使自民党内各派系的凝聚力渐趋减弱的根本原因。

二是引进“政党交付金”制度，由国库提供各政党政治资金，再由政党总部分配给所属国会议员。2003年，除共产党外，朝野各政党从国库拿到的政党交付金合计有317.3亿日元。其中，自民党占152.9亿日元。除提供地方党部活动经费外，分给议员的好处也相当可观。这样一来，各派系领袖用来维系本派议员对自己忠诚的手段就不再像以前那样灵验了。

可以说，正是这两大变化导致了原先的派系政治难以为继。而小泉在其执政期间致力于打破“派系政治”的传统运作模式，更加速了派系政治走向没落的进程。小泉上任后，重大决策大多出自他本人或首相官邸，很少征询自民党领导层的意见。小泉的专横跋扈、唯我独尊，在自民党历代领袖中颇为罕见。正如美国一家杂志所指出的：“小泉纯一郎实际上已成为日本现代领导人中最具‘总统’权力的人。他通过将决策权从官僚手中夺回到首相办公室而使自己成为选民中必不可少的人。”[2]

---

① 1958年5月24日的《每日新闻》在一篇报道中对自民党的八大派别作了分析。它们是岸信介派58人，池田勇人派44人，佐藤荣作派37人，河野一郎派36人，松村谦三、三木武夫派32人，大野睦郎派29人，石井派27人，石桥湛三派18人。“八大师团”一说由此而来。见后藤基夫等著《日本战后保守政治的轨迹》，岩波书店，1994年版，第223页。

② (美)“主管者”，《新闻周刊》，2004年5月31日。

民主党内派系都是任意团体，组织松散，依其出身政党和政策主张大致可分为9大派系或9大集团，它们分别是："一新会"（小泽一郎派）、"实现政权更迭之会"（鸠山由纪夫派）、"政权战略研究会"（羽田孜派）、"国家姿态研究会"（菅直人派）、"民社协会"（川端达夫派）、"花齐会"（野田佳彦派）、"凌云会"（前原诚司派）、"自由之会"（平冈秀夫派）和"新政局恳谈会"（横路孝弘派）。[①] 民主党派系历史不长，加上长期在野，政治资源不多，也不像自民党派系那样壁垒分明，可以拥兵自重，纵横捭阖。民主党内目前最有权势的实力人物是小泽一郎，他曾连任三届代表，是指挥民主党在2007年参议院选举、2009年众议院选举中对自民党取得压倒性胜利的"功臣"。即便在其秘书涉嫌违反政治资金规制法锒铛入狱后，小泽在民主党内仍然拥有"一言九鼎"的影响力。日本政坛变"天"后，他和首相鸠山由纪夫、副首相菅直人的"三驾马车"一度形成了民主党的决策核心。

4. 政坛主流意识开始由"吉田茂主义"向"正常国家"论转变

长期以来，以吉田茂为代表的自由主义思潮堪称日本政坛的主流意识。吉田茂曾5次组阁，合计执政7年多。加上他的弟子池田勇人、佐藤荣吉等，以及属于"保守本流"的田中派、竹下派等，在半个多世纪里，可以说吉田茂主义一直垄断着日本政坛。其主要特征是：在政治上，主张政府必须充分尊重国民的权利，对言论自由、结社自由等予以保障；在外交和安全保障问题上，主张以日美同盟为基轴，在美国的"保护伞"下实行"重经济，轻武装"的路线，日本只保持必要的、最低限度的自卫力量，在遭到入侵时只局限于行使个别自卫权，自卫队不得向海外出动；在经济领域，主张中央政府必须致力于维护社会公正，避免贫富差距的扩大，等等。

经过将近半个世纪的运转，战后长期支配日本政坛的吉田茂主义已渐显破绽。日本在海湾战争中虽然向多国部队提供了130亿美元的经

---

① （日）板垣英宪：《民主党派系斗争史》，共荣书房，2009年9月版，第26页。

费，却始终得不到美欧盟国的首肯。这对日本朝野政治家是一个强烈的刺激。从冷战结束以后，日本政坛围绕国家定位和发展方向展开了长期的辩论。其结果，以小泽一郎倡导的“正常国家”论被越来越多的年轻政治家所认同，逐渐成为日本政坛的主流意识。小泽一郎的“正常国家”论在1993年问世的《日本改造计划》一书中有充分的阐述。在这本书中，小泽一郎提出，日本应该积极主动地抓住冷战结束为日本提供的机遇，实现做一个“正常国家”的愿望。小泽认为：“在冷战结束后的今天，应该尽快地从‘吉田茂主义’的说教中解放出来，制定一个新的战略。”[①]“正常国家”必须具备两大条件：“其一，对于国际社会视为理所当然的事情，就把它作为理所当然的事情来尽自己的责任去实行。……这一点在安全保障领域尤为如此。”“其二，对为构筑富裕稳定的国民生活而努力的各国，以及类似保护地球环境之类的人类共同课题，要最大限度地予以合作。”[②]

小泽一郎在1993年带头造了自民党的反，导致自民党38年来第一次下野。嗣后，小泽除1999年1月至2000年3月一度与自民党携手外，大部分时间是自民党的死对头。但这并不妨碍小泽的“正常国家”论逐渐为包括自民党在内的日本朝野两大阵营政治家接受，成为日本政坛的主流意识。事实上，进入新世纪后，日本走向“正常国家”的步伐大大加快。

1. 自卫队向外派兵的“门槛”明显降低

日本现行宪法规定放弃战争，不拥有军队。自卫队问世的1954年，国会专门通过决议禁止向海外派兵。直到1992年国会通过《PKO法》，自卫队才第一次取得向外派兵的通行证。但是，在进入新世纪后，自卫队向外派兵的“门槛”一再降低。2001年底，自卫队的军舰去了印度洋；而2004年1月，自卫队的装甲车甚至开进了

① （日）小泽一郎：《日本改造计划》，讲谈社，1992年版，第123页。

② （日）小泽一郎：《日本改造计划》，讲谈社，1993年5月版，第104—105页。

尚处于战斗状态的伊拉克。

2. 构筑战争动员和战争准备的法律框架

日本政府从 1978 年开始研究建立有事法制，始终未能取得突破。2003 年和 2004 年，日本先后出台 10 项有事立法，使战争法规逐步臻于完善。其幅度之大，速度之快令人瞩目。《读卖新闻》颇为兴奋地写道："有关确定政府针对外来入侵应对方针的 3 项法律，表明日本终于向'正常国家'迈出了一大步。"①

3. 修改宪法的舆论准备已届完成

进入新世纪后，日本参众两院的宪法调查会紧锣密鼓地进行修宪的舆论准备，目前已结束讨论阶段，即将提出最终报告。根据自民党"新宪法起草委员会"披露的宪法草案，新宪法将明确表明日本将拥有军队。这将是日本彻底告别战后的标志。②

经过近十多年的整合，日本的政治转型已经初现轮廓。它必然会对日本的内外政策包括日台关系产生深刻的影响。

二、日本经济继续朝"后工业化时代"迈进

在整个 20 世纪 90 年代，日本经历了"泡沫经济"瓦解所带来的长期萧条。虽然冷战的结束使日本拥有的经济筹码的权重明显提高。但是，日本经济已经失去往昔的那种持续增长的势头，它在世界经济中的地位也今非昔比。在进入新世纪以后，日本经济先是迎来了一段战后持续时间最长的经济景气，而随着全球金融危机的蔓延，日本经济再度遭到重创。

---

① (日)"舵轮开始转向'正常国家'"，《读卖新闻》社论，2003 年 12 月 28 日。

② "日本执政的自民党起草新宪法纲要鼓吹设自卫军"，人民网，2005 年 7 月 7 日。见 http：//news. china. com/zh _ cn/international/1000/20050707/12465419. html。

1. 新世纪日本经济复苏的动力及主要特征

进入新世纪以后，日本经济开始走出持续10年的衰退阴影。2002年1月，日本经济从跌入谷底后开始缓慢回升，这一轮经济增长周期一直到2008年6月才画上句号，超过战后持续时间最长的伊诺景气，年均增长率为2%，呈低速滑翔状态。

日本经济之所以能转衰为盛，出口拉动特别是对华出口的拉动是第一要因。据日本内阁府估算，2002年度日本实际GDP增长率为1.2%，其中外需贡献0.8个百分点。而在2002年日本出口总额2.6%的增长中，竟有2.2个百分点即84.5%是由对华出口增长贡献的。2003年，日本对华出口比上年猛增43.6%（中方统计为38.7%），而同期日本对美国的出口下降了9.8%。日本多个行业的对华出口都呈现了两位数甚至三位数的高增长。其中，汽车及零部件出口分别比2002年增长了20%和90%；机床出口增长了70%以上，钢铁、轮胎、化工产品的对华出口也比2002年增长了20%－80%。①

这一轮经济增长的又一个引擎是企业的设备投资。据财务省的《法人企业统计》，2004年度全部产业的企业利润率比上年度增加23.5%，利润总额达44.7万亿日元，超过同期日本税收总额，比“泡沫经济”巅峰时期1989年度的利润总额还要高出12%。企业资金状况明显改善，导致为扩大生产能力而进行的设备投资日趋活跃。以制造业为例，从2003年度呈增长趋势后，2004、2005年度都是两位数增长，2006年截止第三季度的增长率是14.4%。如果将日本经济比喻为三级火箭的话，那么“第一级引擎”是出口，“第二级引擎”是企业的设备投资，而“第三级引擎”也就是末端发动机则是个人消费。如果第一级发动机燃烧完毕，以此点燃第二级、第三级的话，就能将日本经济这枚火箭推升到预定的高度。

在日本的国民总支出中，个人消费占到60%左右。在这轮经济增

① 吴寄南：“处于历史十字路口的中日关系”，俞新天主编：《在和平、发展、合作的旗帜下》，中共中央党校出版社，2005年版，第123页。

长中，个人消费通过“企业生产规模扩大——就业率上升——企业利润增加——工资上扬——股息分红增加”这一系列链结的传递，势必会出现需求趋旺的结果。事实上，日本经济在2005年一度的确出现了以个人消费为主的内需主导型扩张的特点。特别是数码相机、液晶电视和手机的热销出现了被日本媒体形容为“IT景气”的局面。但是，由于种种原因，“第三级引擎”没有完全燃烧就熄火，导致了这轮经济景气的半途夭折。

这一轮经济景气呈现出若干不同以往的新特点，或者说是“后工业化时代”的特征。

第一，在传统产业继续保持竞争优势的同时，以IT为代表的新兴产业脱颖而出。在这轮经济景气中，海运、造船、钢铁、化工等“斜阳”产业拿到最多的出口订单，呈现全面复苏的迹象。另一方面，日本在IT等新兴产业领域技术创新活跃，不断推出新产品，唤起新需求。而且，由于日本企业控制了核心技术和零部件，不仅给日本带来巨额利润，也有利于维持日本在国际分工格局中的强势地位。

第二，政府公共投资持续下降，长期扮演刺激经济增长主角的公共投资逐渐淡出舞台。2001至2008年度，日本政府预算中用于公共投资的费用由11.3万亿日元锐减为6.7万亿日元，差不多跌掉了一半。政府公共投资萎缩的主要原因是政府债务始终居高不下，债务余额占GDP的比重已接近200%。这固然使得日本政府调控经济的手段受到严重制约，但客观上也使一些严重依赖政府公共投资“输血”的地方自治体寻找新的刺激经济手段，通过鼓励自主创新和调整产业结构寻求新的发展空间。

第三，金融领域摆脱了巨额呆账坏账的包袱，“造血”、“输血”功能趋于改善。根据日本央银发表的数据，日本银行系统的呆账坏账总额在巅峰时的2002年3月底约有43.2万亿日元，不良债权率为8.4%。在新世纪的头几年里，日本政府将巨额政府资金注入银行业，促进信贷债权证券化和流动化，乃至直接出面接管银行业务，责令相关银行限期解决账问题。与此同时，由于企业收益上升后加大清偿债务的步伐，再加上海外对日本直接投资的增加，到2006年3月底，呆账坏账总额降为13.3万亿日元，不良债权率也跌到了2.9%，约为巅峰时期的1/3。[①]日本金融界长期的痼疾——呆账坏账问题得以逐渐缓和，总算摆脱了长期困扰日本经济的恶梦。

第四，日本企业的海外生产比重日益提高，对海外的依赖性大大增加。据调查，日本企业的海外生产比重已高达40%，海外企业的生产规模已与日本的出口总额相匹敌。丰田汽车在国内、北美和亚洲（主要是中国）的生产已呈三足鼎立、不相上下的局面。2006年的统计表明，日本对外直接投资累计总额53万亿日元，但当年返回的直接投资利润和红利就有4.1万亿日元。如果加上证券投资的收益，每年从海外返回本土的利润高达十五六万亿日元，超全年约12万亿日元的贸易顺差。[②]这就带来两个结果：一是日本越来越接近英国、荷兰等老牌资本主义国家，到了如马克思所说可以靠"剪息票"生活的地步；二是日本的经济利益遍布全球，迫切需要在国际组织和国际事务中拥有一定的发言权和影响力予以保证。

2. 日本经济在国际社会的强势地位明显削弱

2008年1月18日，福田康夫内阁的经济财政担当大臣大田弘子在例行国会发表有关经济问题的演讲时，如此坦言道："日本经济已不在一流之列了。"这番话不仅在与会的国会议员中引起震撼，也给苦于股价低迷和景气后退的财界人士带来了冲击。[③]

姑且不论大田弘子作为重要的经济阁僚说这番让人泄气的话是否妥当，但是，她这句话却是大实话。

在进入新世纪的最初七八年里，随着中国、印度等新兴国家的崛起，世界经济的总体格局与发展态势发生了深刻的变化。种种迹象表明，日本经济在国际社会的地位明显看跌，它的一些固有弱点以及改革

① （日）日本银行统计，见 http://www.boj.or.jp/oshiete/pfsys/04109001.htm。

② （日）"海外投资的收益"，见 http://okwave.jp/qa/q3787948.html。

③ （日）吉川尚宏："没落的日本"，《经济学人》周刊，2008年2月26日，第22页。

滞后的矛盾日益凸显。

从2002年1月开始的这一轮景气周期到2007年底大致告一段落。恰好在这一时期，由美国次贷危机触发的金融危机席卷全球，使日本经济遭受了双重打击。第一，由于美欧市场普遍萎缩，日本的出口严重受挫，增加了库存调整的困难，拉长了景气下滑的周期；第二、由于受到全球金融危机的拖累，日本股市持续疲软，银行收紧信贷规模，企业的资金状况普遍恶化，导致实体经济后退的幅度加大。东京证券交易所225种股票的平均价格日经指数在2008年10月8日跌破1万日元大关，2009年3月10日跌至7054.98日元，是1982年5月以来的最低水平。从2008年第二季度开始，日本的GDP连续4个季度持续下滑。2008年度实际经济增长率跌至－3.5％，2009年度依然出现1.9％的下降。日本经济连续两年负增长，尚属战后首次。

战后，日本在1956至1973年的经济高速增长时期，年均增长率为9.1％，1974至1990年平均为3.8％，但在20世纪90年代的10年里，年均增长率跌至1.2％，低于欧美发达国家的平均水准。其中1993年、1998年日本还是负增长。日本的经济规模在80年代末距离赶超美国只有一步之遥，进入90年代以后却眼睁睁地看着美国将日本远远抛在后头。

日本的国内生产总值（GDP）在1968年超过联邦德国，在西方世界仅次于美国。1995年日本的GDP占全世界17.7％，这是它的巅峰时期。进入新世纪以后，日本的GDP始终处于低速滑翔状态，2001年日本GDP在全球所占份额跌至12.9％，2003年跌至11.0％，2005年跌至10.1％，2006年跌至了一位数，为9.0％，2007年则下降为8.1％，还不到巅峰时的一半。①

20世纪70年代后半期，日本的人均GDP仅为美国的70％，80年代起逐渐逼近美国。日元升值后的1987年终于超过了美国。1993年，

① （日）总务省统计局：《世界的统计》，2009年版。转引自http：//www.pref.ibaraki.jp/bukyoku/kikaku/kikakuka/kikaku1 _ sougo/sinkeikaku/sumiyoi/sumi _ 01/file/04/04 _ 3data.pdf。

日本的人均 GDP 仅次于卢森堡、瑞士，位居世界第三。但是，自从“泡沫经济”破灭后，日本的人均 GDP 排名逐年下降，2001 年被美国反超，2007 年更跌至第 19 位，位居西方七国的末尾。

在世界各国竞争力的排行榜上，日本曾经连续多年独占鳌头。但是在进入新世纪后却逐年滑落。设在瑞士的国际经营开发研究所（International Institute for Management Development，简称 IMD）每年都按照“经济表现”、“政府效率”、“企业效率”和“基础设施”4 大类 314 个指标给 51 个国家和地区排名。日本从 1989 至 1992 年的第 1 名，1993 年的第 2 名，1994 年的第 3 名，1995 年和 1996 年的第 4 名，1997 年的第 9 名，跌至 1998 年的第 18 名，1999 年的第 16 名，2000 年的第 17 名，猛跌为 2003 年的第 30 位，2004 至 2006 年逐步回升到第 23 位、第 21 位和第 16 位，2007 年又滑到 24 位，比中国（15 位）、马来西亚（23 位）还低。①。

在 1989 年全球的企业股票市值总额排行榜上，日本企业一度囊括前 5 名，在前 20 名中占 14 家之多。2007 年，入围全球最大 500 家大企业的中国企业有 44 家，超过了日本的 40 家。而且，股票市值总额名列榜首的是中国石油天然气公司，中国在最大 10 家企业中占 4 家。而日本最大的丰田汽车公司也只是排在第 21 位。

日本经济在显露颓势的同时，它的一些固有弱点也越来越明显：

第一，与欧美发达国家相比，国内市场相对封闭。

长期以来，日本最大限度地利用和享受自由贸易的好处，它的商品和投资在世界各国可以说无孔不入，但其国内市场则相对封闭。这一直是它与欧美等发达国家经济摩擦的焦点。这些年来，日本的商品市场逐步开放，但对吸收外国直接投资仍比较消极。一直到 2000 年以后，为了给它的国内经济注入活力，才逐渐打开吸收外资的大门。到 2006 年

① 2000 年前数据见陈鸿斌著：《日本失去的 10 年》，贵州人民出版社，2001 年版，第 247 页。其余见 IMD，World Competitiveness Yearbook 2007，转引自“IMD 国際競争力排名榜”，见日本经济产业省网页：http：//www.mri.co.jp/NEWS/magazine/club/04/_ _icsFiles/afieldfile/2008/10/20/20070701_club09.pdf。

底，日本吸收的外资累计总额为 1113 亿美元，仅相当于英国的 1/18，韩国的 1/3。2007 年，全世界的跨境直接投资总额为 15379 亿美元，美国吸收了其中的 1929 亿美元而独占鳌头，位居第二的中国也吸收了 748 亿美元的直接投资，而日本却只有 228 亿美元。[①]

第二，机场、港口、金融市场等与海外连接的窗口建设严重滞后。

日本主要港口的集装箱吞吐量在 1980 年有 3 个名列世界前 20 名，神户为全球第 4。而 2006 年日本排名最靠前的东京港仅名列第 23 名，神户已滑落至第 39 名。英国一家著名的航空业调查企业在征询近 1000 万名旅客意见后列出的 2010 世界 10 大机场排名榜中，竟然没有一处日本机场入选。排名的前三名的分别是新加坡的樟宜机场、韩国的仁川机场和香港国际机场。而 2009 年曾经排名第 6 的日本关西机场跌至第 12 位、排名第 9 的中部机场跌至第 13 位。由于设备陈旧、服务不到位，日本最享盛名的成田机场为第 17 位，羽田机场连前 20 名都没能挤进。[②] 1991 年在东京证交所上市的外国企业曾达 127 家，但到 2006 年 3 月减为 27 家，而 2009 年 12 月仅剩下 15 家。这种状况与东京的国际金融中心地位是极其不相称的。

第三，产业发展不平衡，第三产业的劳动生产率在主要发达国家中位忝末位。

根据日本生产力本部发表的数据，2008 年日本按购买力平价计算的劳动生产率为每人 68219 美元，仅及美国的 69%，在西方 7 个主要发达国家中倒数第一，在经合组织（OECD）30 个成员国中排在第 20 位。其中，制造业的劳动生产率是 80400 美元，相当于美国的 79%，在西方 7 个主要发达国家中排在美国、法国的德国之后，位居第四，在 25 个 OECD 成员国中排名第 14 位。[③] 日本劳动生产率在主要发达国家位忝末位，主要是被它的第三产业拉下来的。据国内学者分析，日本运

① （日）天儿慧：《日本再生的战略》，讲谈社，2009 年版，第 28、29 页。

② （日）“世界主要机场排名”。见 http：//www. newsclip. be/news/2010329_027065. html。

③ （日）日本生产力本部：“2009 年劳动生产率的国际比较”，2009 年 12 月 22 日，第 3—4 页。

输、通信、电力、煤气等行业的劳动生产率仅相当于美国的40%。①

第四，政府背上沉重的债务负担，国债余额占GDP的比重接近200%。

从20世纪80年代以来，日本政府大量发行赤字国债的结果，造成国债发行余额逐年上升，2010年3月底已达883万亿日元，占GDP的比重从1993年的约80%猛增为约190%，位居发达国家首位。因为每年都要接新债还旧债，导致日本政府在扩大公共投资、实行宏观调控方面受到很大的限制。

第五，老龄人口占总人口比重在发达国家高居榜首。

2008年10月1日，日本的总人口为1.2769亿人，比上年净减少约8万人。其中，65岁以上的老龄人口占总人口的比重达22.1%。在发达国家中，日本的老龄化比率最高。例如，日本在2005年时65岁以上老人占总人口比例即达20.1%，而其他发达国家中，最高的是意大利，为19.7%，德国18.8%，瑞典17.2%，西班牙16.8%，法国16.3%，英国16.1%，美国12.3%。发达国家平均为15.3%（发展中国家平均5.5%）。② 德国的16.0%、法国的15.7%和英国的15.3%。根据厚生劳动省的人口动向预测，日本人口在2007年达到巅峰（12778万人）后，呈纯减少趋势。预计到2030年，日本的总人口为11500万人，65岁以上人口占32%；2055年，日本总人口将跌破1亿大关，为9000万人，老龄人口比重为40%；到21世纪末，日本的总人口将减少到目前的一半即6000万人左右。日本的老龄人口增加速度遥遥领先其他发达国家。据厚生省的测算，1995年时20岁至64岁的劳动人口每4.3人抚养1名65岁以上的老人，到2010年这一比例将缩小到2.7人对1人，2025年是2.1人对1人。③ 从长期看，随着人口老龄化的进

① 孙景超、张舒英主编：《冷战后的日本经济》，社会科学文献出版社，1998年版，第81页。

② （日）内阁府编：《老龄化白皮书》，2009年版，见http：//www8.cao.go.jp/kourei/whitepaper/w—2009/gaiyou/21pdf _ indexg.html，第1、4页。

③ （日）野村综合研究所编：《1997年，日本的优先课题》，1996年12月出版，第102页。

展，劳动力的供应将日趋紧缺。如果在今后25年各个年龄段劳动人口比例不变的话，到2020年，日本的劳动人口将比1993年减少7.6%。而且，人口老龄化也造成医疗费用与年俱增，社会负担日益加重。

3. 日本经济在某些领域依然拥有较显著的优势

正如硬币有正反两面一样，日本经济也是既有让人们感到失望和叹息的一面，也有让人们继续看好其前景的一面。进入新世纪以后，尽管在中国、印度等新兴国家的追赶下，日本经济日显颓势，但是，它依然拥有一些其他国家所不具备的优势。主要表现在：

第一，日本国民拥有较高的教育水平和敬业精神。日本民族是世界上最勤奋的民族之一。为了在天灾频仍的严酷环境中活下去，为了在弹丸之地的岛国养家活口，日本民族自古以来就不敢有些微的松懈，总是不停地劳作中，不断地进取，不拼搏就会完蛋的观念深深融入日本人的社会心理和传统之中，勤奋敬业、恪尽职守和默默奉献被视为天经地义之事。日本从江户时代就重视教育。日本是世界上文盲率最低、教育水平最高的国家。这是它在第二次世界大战中能迅速从废墟中重新崛起的根本原因，也是未来日本能够在世界民族之林保持一定领先地位的保障。

第二，个人金融资产总额位居世界第一。尽管在全球金融危机以后，银行惜贷的现象比较普遍，中小企业因此遭遇资金“瓶颈”，但总体而言日本并不差钱。由于民众的储蓄意愿较高，日本的个人金融资产总额在发达国家中位居第一。2007年9月底，日本个人金融资产余额为1535.7万亿日元。此外，日本拥有充裕的外汇储备，长期以来一直是世界第一，尽管在2007年被中国赶上，但在发达国家中还是数一数二。

第三，拥有较强的应用技术开发能力和技术积累。日本的基础研究也许不如美欧各国，但它的优势是应用技术开发能力较强。能够从最新的发明和发现中寻找商机并迅速通过产品开发将它们投入市场。特别是日本拥有一批掌握独门技术和诀窍的熟练工人和技师。尤其是东京都的大田区、大阪府的东大阪市有众多街道工厂在非球面镜头研磨、超精密模具加工和微型轴承生产方面处于无可替代的垄断地位。甚至连美国航天飞机所使用的精密轴承也只有日本的一两家街道工厂才能生产。

第四，在环保和节能技术领域站在世界的前沿。在经历了两次石油危机以后，日本通过官民一致的努力，在推广节能技术方面取得了举世瞩目的成就。近30年来，日本的能源效率提高了35%（每1日元国内生产总值能耗由折合1.62克石油降低到1.05克）。日本的国内生产总值从1973的238万亿日元增至2003年的506万亿日元，30年间差不多翻了1番，但其原油进口数量反而从1973年的28861万公升降为2003年的24485万公升。[①] 发展中国家特别是日本的亚洲邻国普遍希望能学到日本的节能技术。

三、日本社会进入矛盾多发时期

20世纪七八十年代，日本出现“一亿中流”的说法，自认生活水平处于中游水平的占到国民的80%以上。这是日本社会能够保持长期稳定的根本原因。但是，从“泡沫经济”瓦解后，特别是2001年小泉上任后推行新自由主义的市场至上的政策，导致日本的贫富差距、地区差距日益扩大，各种过去掩盖着的矛盾和对立逐渐尖锐化，社会思潮也出现两极化趋势。

1. 贫富差距、地区差距扩大导致“中流社会”出现破绽

著名评论家大前研一在其2005年出版的《M型社会》一书中，对日本近20年来户均所得的变化进行了分析。他发现，在20世纪90年代中日本每户平均所得一直呈增长趋势，但从1998年起转为减少。日本厚生劳动省在2004年发表的《国民生活基础调查》显示，2003年每户平均所得下滑至880万日元。与10年前相比，减少了15%，也就是

① （日）《2007能源白皮书》，第12、17页，http：//www.enecho.meti.go.jp/index_topics.htm。

80万日元。另外，根据日本国税局的调查，2003年服务于私人企业的上班族平均薪资为438.8万日元，比前一年少了整整5.1万日元。如果以户均年收入600万日元为基准，超过1000万元的为上层阶级、600万至1000万日元为中上阶级、300万至600万日元为中下阶级、300万日元以下的为下层阶级。那么，2005年日本有80%的人口沦落到了中低收入阶层。社会已经由橄榄型的中产阶级社会演变为中产阶级锐减的M型社会。众所周知，中产阶级是维持社会稳定的核心力量。最稳定的社会类型是橄榄型或倒U型。但是M型社会的出现，使日本进入了不稳定的时代。

进入新世纪以后，日本各都道府县间的差距逐步拉大。内阁府发布的2006年度各地区居民经济统计显示，人均居民收入的地区差距连续第5年扩大。反映差距扩大的“变动系数”与上年度相比上升0.2个百分点至16.25%，仅次于泡沫经济时代1988年度的16.48%。东京都以人均482万日元（约合36.5万元人民币）居首，冲绳县则以人均208.9万日元居榜尾。由于所在地区经济的凋敝，地方自治体每年都有数千亿日元的税收收不上来，而开支却降不下来。北海道夕张市由于当地煤炭相继关闭，市财政负债额高达632亿日元，平均每个市民要分摊486万日元。夕张市也因此成为地方自治体破产的第一家。

2. 雇佣结构发生深刻变化，严重影响社会稳定

从20世纪90年代末期以来，日本的雇佣结构发生了深刻的变化。许多大企业在“结构改革”的名义下，放弃终身雇佣制，大量采用短工和依赖人才派遣公司提供的人力资源。从1997至2007年，包括钟点工、合同工和派遣社员在内的非正规劳动者增加了574万，而正式就业的员工却减少了419万人。2007年，在5120万雇佣劳动者中间，非正规劳动者已达1726万人，占劳动力总数的33.7%。公司不需要为非正式雇佣的职工提供养老保险等福利，雇佣成本大大降低。2007年的统计表明，在从业人数在5人以上的企业中，劳动者年平均工资为396.4万日元。其中，年收入低于200万日元的劳动者中，非正规劳动者约1300万人，正规劳动者360万人。非正规劳动者的年平均收入低于200

万日元的约占总数的75%以上。不仅如此，这部分人的岗位也是最没有保障的。一有风吹草动，他（她）们便是企业首先解雇的对象。

在非正规劳动者中，有一部分被称为“Freeter”。按照2003年版《国民生活白皮书》，这主要是指在便利店、加油站等地方从事临时性工作的、15至34岁的年轻人。其中，有的是从学校毕业后就加入“Freeter”行列，也有的是辞去原有的职务加入到这一极不稳定的就业人群的。内阁府与厚生劳动省的统计口径并不一致。按照厚生劳动省的统计，“Freeter”在1991年有62万人，2003年增加到217万人。按内阁府的数字还要翻一番。据庆应大学樋口美雄教授的调查，20来岁的“Freeter”5年后约有50%的人依然保留原身份；而超过30岁的“Freeter”，这一比例达70%。这表明，随着年龄的增加，“Freeter”越来越难改变自己的身份。

近年来，日本流行语中又出现了一个新词“Neet”，它是“Not-currently engaged in Employment，Education or Training”的简称。最早是英国在布莱尔内阁任内针对16至18岁青少年中“既不受教育，也不从事劳动和接受职业训练的”的这部分群体的称呼。在日本厚生劳动省编撰的2004年版《劳动白皮书》中首次使用这一词语，它被定义为15至34岁、毕业后既不从事家务，又不去就职的未婚者。以后，又将有学籍却不上学、已婚却不从事家务的这部分人列为“Neet”。其人数在1999年估计有48万人，2006年增为62万人。他们已经失去了继续接受教育、寻找工作的意愿，成为纯粹的“宅男宅女”、“啃老族”。

3. 在极端民族主义思潮抬头的同时，渴望与亚洲和解及实现社会公正的呼声日益高涨

在经历了20世纪90年代整整10年的持续萧条后，日本国民中本来就有的忧患意识进一步加强，而大众传媒的煽情式报道更导致民粹主义和极端民族主义的抬头。这种极端民族主义思潮与要求社会公正、弘扬正义的呼声，形成了当今日本社会思潮的两极化现象。

在日本近代历史上，由于当权者推行对外侵略扩张政策，民族主义思潮有过一段恶性膨胀的时期。随着日本在第二次世界大战中战

败，日本国内的民族主义思潮在相当长时期趋于沉寂。从 20 世纪 80 年代中期，日本再次出现了由执政者引导的民族主义，意欲凭借其世界第二经济大国的地位更多地参与国际新秩序的构建。但这股思潮很快就在主流意识的打压下趋向边缘化。在“泡沫经济”瓦解后的 10 多年里，由于经济复苏乏力，政局持续动荡，广大国民普遍对现实不满，求变心切，但又因为屡遭挫折而感到迷惘和困惑。在这种情况下，知识界的一些所谓精英疾风暴雨般地发表民族主义的言论，导致舆论氛围发生急剧的变化；而朝野两大阵营都有不少政治家迎合民众尤其是年轻人不满现实的心理，以抨击官僚体制、主张对外强硬的姿态来呼唤民族自尊，凝聚民意支持。进入新世纪以后，以小泉纯一郎参拜靖国神社为标志，日本的极端民族主义达到了巅峰状态。

表现之一就是“日本优越论”再次甚嚣尘上。在 20 世纪 80 年代，以梅原猛为首的京都学派呼吁要在国际上推介日本文化，在刻意渲染日本文化的独特性的同时，将大和民族优越论的观点发挥到了极致。进入新世纪以后，日本再次出现回归和重新发现日本文化的“日本主义”。2006 年至 2007 年担任首相的安倍晋三在《致美丽的国家日本》一书中强调日本从战后半个世纪以来，坚持自由、民主和基本人权，为国际和平作出了贡献。“毋庸置疑，全世界都在注视着日本人的所作所为。日本的这一国家形象是日本人亲手塑造的，我们应该堂堂正正地挺起胸膛。今后我们也绝不会改变自己的信念。”[①]“美丽的国家”这个书名本身就足以将读者带入到兴奋的憧憬之中——日本是“值得全球其他国家艳羡的美丽的国家”。

表现之二是对中国、朝鲜、韩国等亚洲邻国的排斥。极端民族主义对外部批评的承受能力极其脆弱。从 20 世纪 90 年代中后期开始，随着亚洲邻国明显加大对日本在审定教科书过程中容忍右翼分子否定侵略战争事实批评的力度，日本国内出现了所谓“厌中论”和“厌韩流”。各大书店都在醒目位置摆出了肆意诋毁、谩骂中国、朝鲜、韩国等亚洲邻国的书籍、杂志和漫画。名为“2 频道”的网站更是成为

① （日）安倍晋三：《致美丽的国家日本》，文春新书，2006 年，第 69 页。

最热门的“厌中论”和“厌韩论”者的聚集点。不仅如此，日本媒体对涉及亚洲邻国的一些事件，例如中国的“饺子事件”、朝鲜的绑架日本人质问题以及韩国坚持对“独岛”的主权归属立场都进行了持续的、高强度的炒作。第二次世界大战以后，在日本一度备受批评的福泽瑜吉“脱亚论”再次受到吹捧。有的学者甚至撰写了以《新“脱亚论”》为题的小册子，称赞当年将中国、朝鲜等亚洲邻国贬为“恶友”的福泽瑜吉是有先见之明的预言家，等等。

表现之三是民族主义团体开始新一轮的整合。1997 年 5 月，两大传统保守组织“保卫日本会议”和“保卫日本之会”合并，诞生了日本最大的保守团体“日本会议”。日本各都道府县都有“日本会议”的本部，本部之下又设立支部。“日本会议”除了拥有由 240 多名跨党派的国会议员组成的“日本会议国会议员恳谈会”（会长平沼赳夫）外，还与学术界、宗教界、财界等各行各业的保守团体与个人保持密切的联系。“日本会议”以“爱国主义”、“保守主义”为标榜，不断提出各种政策建议，并为实现这些政策建议开展所谓的国民运动。它的立场在日本尽人皆知，可以说是极端保守的。诸如修改宪法、建立“有事法制”、反对设立代替靖国神社的国立追悼设施、反对外国人参政，等等。在日本一直成为话题的“新教科书编撰会”、“拯救被北朝鲜绑架人质家族之会”等团体都与“日本会议”有千丝万缕的联系。“日本会议”的成员对一些主持正义的人士动辄套上“反日”、“卖国”的帽子，甚至用邮寄子弹、恐吓信的下三流手段封堵其言论。2006 年 8 月 15 日，就在小泉纯一郎不顾国内外强烈反对悍然参拜靖国神社的当天，一名右翼活动家放火烧毁了对小泉参拜靖国神社持坚决反对立场的自民党前干事长加藤纮一在山形县老家的住宅。

不过，在极端民族主义思潮抬头的同时，日本国内也出现了与之针锋相对的要求坚持和平发展道路、实现社会公正和平等的呼声。

小泉纯一郎在首相任内 6 次参拜靖国神社，既激化了日本与中国、韩国等亚洲邻国的矛盾，也使日本国内围绕如何对待过去年侵略战争历史的争论日趋白热化。2005 年日本新闻协会的一项调查表明，在它的 47 家会员中，除了《产经新闻》一家支持首相参拜靖国神社外，其余各家报纸均持反对立场和要求谨慎处理这一问题的立场。《读卖新闻》社长渡边恒雄还同《朝日新闻》社论主任若宫启文在《论座》杂志上发表反对首相参拜靖国神社的讲话，引起很大轰动。《读卖新闻》与《朝日新闻》这两家日本最大的全国性报纸，一向是唱对台戏的。两巨头共同发难，反对首相参拜靖国神社一定程度上反映了日本国内的舆论趋势。安倍晋三上任后之所以在参拜靖国神社问题上踩了刹车，和日本国内的主流舆论不希望日本由于历史问题在亚洲陷于孤立是有密切关系的。

与此同时，日本国内对贫富差距日益扩大的批评也逐渐增多。大众传媒有关非正规劳动者特别是“Freeter”、“Neet”等弱势群体的报道导致人们普遍关注有关重建社会公正和平等的问题。在野的民主党越来越重视“民生”问题，以此向执政的自民党叫板，而多年来一直为弱势群体利益奔走呼号的日本共产党也开始在日本的年轻人中间急剧地扩大影响。2008年5月，一本由著名无产阶级作家小林多喜二撰写的，反映捕蟹船上从事奴隶般劳动的船员遭遇的《蟹工船》突然登上日本的畅销书榜首。此后，这本书一直热销不衰。以往每年卖掉几千本已属不易，眼下一个月便销售7000册，一再加印仍供不应求。2008年上半年，《蟹工船》居然卖掉了近40万册，其中约30万册是五、六两个月里卖掉的。日本共产党书记长志位和夫解释这一现象道：“现在的派遣劳动者和当年‘蟹工船’的船员一样，从事的都是奴隶劳动，他们自然对‘蟹工船’有同感了。”[①] 在《蟹工船》热销的同时，要求加入日本共产党的年轻人也骤然增加。日本共产党仅在2008年一年里就新增了1万名党员，其中大多数是年轻人。

---

① （日）“‘蟹工船’等小林多喜二的作品热销”，《赤旗报》，2008年5月25日。

第二节　新世纪日本对外战略出台的国际背景

冷战结束以后，特别是进入新世纪以后，世界格局发生了深刻而复杂的变化。随着东西方冷战的结束，综合国力竞争逐渐成为国与国之间较量的中心内容，各国围绕金融优势和夺取科学技术制高点的角逐日趋加剧，但发生大规模战争特别是核战争的危险逐渐远去；美国作为唯一的超级大国，在国际政治、经济和文化领域的话语权、主导权明显上升，但是它在遭到“9·11”恐怖袭击后相继发动的阿富汗战争、伊拉克战争大大消耗了自身的力量，对世界其他热点地区的干预能力受到严重约束，“力不从心”的矛盾愈益突出；欧洲一体化和俄罗斯重新登上国际舞台，特别是中国、印度等新兴国家的群体性崛起，导致多极化前景日益明朗；与此同时，金融、能源和粮食危机的深化，加上环境破坏、气候变暖等趋势的发展，使得全球化议题比过去任何时期更受到国际社会尤其是主要大国的关注。

一、国际体系进入重要的转型期

冷战结束以后，世界迎来了一个进行重大调整的新时代，国际局势在总体趋向缓和的同时呈现局部紧张的态势，但总体而言，协调、对话、合作日益成为国际社会的主旋律。尤其是在新世纪第一个10年即将结束之际，国际形势缓和的趋势更加突出。在世界各主要行为体力量对比发生显著变化的情况下，战后沿袭至今的国际体系开始面临重要的转型。

1. 大国关系总体趋向稳定，多极格局发展日趋明朗

冷战是以前苏联的解体为标志划上句号的。这意味着美国成为“两超”中唯一留下来的超级大国。通过1990年的海湾危机、1991年的海湾战争，美国操控国际局势的力量显著上升。它与北约的欧洲盟国联手发动科索沃战争，肢解前南斯拉夫就是例证。特别是美国在“9·11”恐怖袭击事件后先后发动阿富汗战争和伊拉克战争，这是它的力量达到巅峰状态标志。但是，由于这两场战争的长期化，美国如同当年在越南一样陷入了泥潭。另一方面，由于发端于美国的次贷危机迅速发展为席卷全球的金融危机，通用汽车公司、花旗银行等代表美国形象的大企业大银行濒于破产边缘，美国在其经济实力显著削弱后，它所倡导和推行的市场经济模式也受到严重质疑。总之，在这20年里，美国的软实力和硬实力都有所下降，力不从心的矛盾更加突出。2009年初，奥巴马出任美国总统后，改变其前任布什政府“单极主义”的思维，注重“巧实力”的运用，注意加强国际协调。美国同欧盟、俄罗斯、中国和日本的关系都有明显的改善。

欧盟、俄罗斯、日本等主要力量中心适应美国的这一战略调整，在新一轮力量博弈中寻求最大限度地保持自身在国际事务中的影响力。用法国总统萨科齐的话来说，世界已进入“相对大国化”的时代。多极化发展的前景日益明朗。一方面，大国间以合作求共赢、以谈判求妥协的多边主义模式越来越成为解决国际争端和全球性问题的主流；另一方面，各国间围绕多元文化、价值观等软实力的竞争也日益突出，形成相互制衡和牵制的局面。尽管如此，美国在国际政治、外交、军事、经济和科技、文化领域的绝对优势依然没有任何一个国家能与之抗衡。在可以预见的未来，美国仍然是国际社会的主导国家。

2. “热点”冲突总体趋于降温，但局部地区依然十分紧张

冷战结束以后，过去以美苏冲突为背景的“热点”冲突逐步降温，但是在一部分国家间围绕宗教信仰、领土归属的争端却不断酿成冲突甚至局部战争。世界依然很不太平。

近年来，世界上一些主要“热点”地区的对立各方相继走上和解道路，冲突规模明显缩小。但由于国际格局处于转型阶段，新体系在形成之前有相当长的一段时间处于结构失范状态，“热点”冲突还将时起时伏，绵延不绝。进入新世纪以后，国际社会比较瞩目的“热点”冲突主要是在中东、南亚和朝鲜半岛。

以色列对加沙地区发动的“铸铅”行动造成众多巴勒斯坦平民伤亡，加深了巴以间的宿怨。塔利班势力在阿富汗卷土重来，巴基斯坦的政局动荡给极端主义势力以可乘之机，南亚地区的安全局势面临极大变数。当前，朝鲜半岛不确定因素激增。由于朝鲜执意推行边缘政策，采取了再次进行核试验、发射导弹等一系列挑衅举动，遭到国际社会普遍反对，也加剧了地区紧张局势。在未来一年中，这一地区爆发低烈度地区性冲突的可能性上升。

3. 中国、印度等新兴国家的群体性崛起

与此同时，中国、印度等新兴国家的群体性崛起更加大了国际格局中“多极”的份量。即以俄罗斯、巴西、墨西哥、南非、印度和中国等新兴六国（E6）和美国、英国、法国、德国、意大利、加拿大和日本等传统大国（G7）的经济实力对比来看，2001 年 E6 成员国 GDP 总额为 3.4 万亿美元，G7 为 20.65 万亿美元，分别占世界总额的 10.76%和 65.33%；到 2007 年，E6 的 GDP 总额增加为 8.23 万亿美元，G7 为 30.21 万亿美元，分别占世界总额的 15.14%和 54.35%。在 6 年里，E6 的比重上升了 4.38 个百分点，而 G7 则下跌了 9.75 个百分点。①

近 20 多年来，世界格局中最引人注目的变化是中国的迅速崛起。改革开放以来，中国经济保持了 20 多年的快速增长，综合国力迅速增强。1978 年至 2007 年，中国的 GDP 年均增长 9.8%。这不仅高于同期世界经济增长的平均水平（约 3.3%），也高于日本和亚洲“四小”高速增长时期的平均水平。中国的国内生产总值（GDP）由 1978 年的 1473 亿美元增加到 2007 年的 3.61 万亿美元。进入新世纪以后，中国国内生产总值先后超过了意大利、法国、英国，跃居世界第四位；进出口贸易总额由 1978 年的 206 亿美元增加到 2007 年的 2.17 万亿美元，位居全球第三，而出口为世界第二；利用外资由零起步，到 2007 年底

---

① 根据世界银行的数据计算。

累计已达 7758 亿美元，在发展中国家中位居第一；中国的外汇储备由 1978 年底的 1.67 亿美元增加到 2007 年底的 1.52 万亿美元，超过日本而居世界第一；1978 年，中国没有一寸高速公路，2007 年底的累计总里程达 5.33 万公里，仅次于美国而居世界第二。此外，中国的钢铁、煤炭、水泥和彩色电视机等多种重要产品产量跃居世界第一。2003 年，中国成功地发射了“神舟 5 号”载人飞船，成为继美、俄之后全球第三个将宇航员送入太空的国家。

根据美国著名智库之一的战略和国际研究中心（CSIS）在 2006 年进行的一项调查，亚太地区的美国、日本、韩国、泰国、印尼、印度、澳大利亚、新加坡和中国等九国精英在回答“10 年后哪一个国家会成为在亚洲影响力最强的国家”这一问题时，65.5％的被调查者选择了中国，另有 31％的人选择美国。在回答“今后 10 年内自己国家与哪一个国家间的双边关系最重要”这一问题时，约 59％的被调查者认为，本国与中国的双边关系将是最重要的，而认为与美国关系最重要的人则占 36％。在回答这一问题时，77％的中国受访者认为，中美关系是最重要的，美国受访者中持相同观点的人也达到 76％。只有 16％的美国受访者认为，10 年后日本将是对美国最重要的亚洲国家。[①]

4. 围绕主要国际组织的主导权、话语权的斗争日趋激烈

国际体系进行重要转型的标志是围绕主要国际组织主导权、话语权的斗争日趋激烈。主要反映在联合国安理会的改革与八国首脑会议的扩容问题上。

联合国从 1945 年诞生以来已经走过了 64 年的历程。但安理会基本保持起成立初期的架构，虽然其规模有所扩大，常任理事国却还是美国、英国、法国、俄罗斯和中国等主要的创始会员国。进入新世纪以后，国际社会要求联合国特别是安理会进行改革的呼声日益高涨。2005 年，日本、印度、德国和巴西等国组成“四国联盟”，要求将安理会的

① “美智库：中国 10 年后将成亚洲影响力最大国家”，《新闻晨报》，2009 年 2 月 19 日。

规模扩大到二十五国，并增加拥有否决权的常任理事国。但是，联合国多数成员国认为，联合国的改革主要应突出发展问题，不宜局限于组织机构的调整，而上述四个迫切希望跻身常任理事国行列的国家在所在地区都遭遇反对而无法形成足够的多数。虽然，“四国提案”未能付诸实施，但这并不意味着那些渴望成为安理会常任理事国的国家从此偃旗息鼓。围绕安理会的扩大问题，未来仍然是国际社会的热门话题之一。

在八国首脑会议的扩容问题上同样有激烈的较量。1975 年 5 月，应法国总统德斯坦的倡议，美、英、德、法、意、日等西方六国首脑在法国朗布伊埃聚会，讨论世界经济问题。从翌年起，加拿大也加入其中，遂发展成为一年一度的西方七国首脑会议（G7）。1997 年，G7 吸收俄罗斯参加，变成了八国峰会（G8）。八国拥有的超强经济实力及相对接近的价值观使它一开始就被刻上了“富国俱乐部”和“民主大国俱乐部”的烙印。国际货币基金组织、世界银行、世界贸易组织甚至联合国大会的一些重大议题都是先在八国峰会酝酿、讨论的。但是，随着新兴大国的崛起，G8 的局限性日益突出。八国峰会机制目前已经进入一个拐点。八国峰会如果不能争取到中国、印度等新兴大国的支持，它将一事无成。从 2003 年法国埃伯昂峰会开始，八国集团在峰会期间特意安排与发展中国家领导人举行非正式对话。其中，中国、印度、巴西、南非和墨西哥是主要的对话伙伴。

目前，在 G8 成员国中围绕扩容问题存在着激烈的分歧。法国和英国强烈主张中国、印度、南非、巴西、墨西哥等五国加入 G8，组成 G13。美国态度暧昧，主要是担心扩容过快会降低其效率；日本持反对态度，害怕联合国常任理事国之一的中国、10 亿人口的印度加入后导致日本的边缘化。

但是，形势的发展已经不容许 G8 的成员在扩容问题上长期争执不下了。随着金融危机在全世界的迅速蔓延，在美国的倡导下，2008 年 11 月 15 日在华盛顿举行了 G8 成员国加阿根廷、澳大利亚、巴西、中国、印度、印度尼西亚、墨西哥、沙特阿拉伯、南非、韩国、土耳其和欧盟参加的二十国峰会，就应对金融危机问题的措施达成行动计划。2009 年 4 月和 9 月，二十国峰会又分别在伦敦和匹兹堡举行续会。未来，G8究竟是小规模扩容，吸收巴西、墨西哥、南非、印度和中国参加，发展为G16，还是直接过渡为G20，人们将拭目以待。

二、需要国际社会共同应对的全球性问题日益增多

近年来，全球金融危机、能源和资源供应失衡、气候变暖、禽流感和甲型H1N1流感的蔓延以及食品安全等全球性问题引起国际社会的普遍关注。这些问题已绝非一国的力量所能应对，需要有关各国特别是主要发达国家和新兴国家携手合作，共同应对。毋庸置疑，主要发达国家仍然掌握着解决全球性问题的主要资源。

1. 全球性金融危机给世界经济造成重创

冷战结束以后的20年中，由于经济全球化步伐加快，世界经济金融格局发生了根本性的变化。近20年来，美国一直在推行低利率和宽松的货币政策，引发了一场来势迅猛的次贷危机。以2008年9月16日美国雷曼兄弟公司破产为标志，这场危机发展为蔓延全球的银行危机、信用危机和债务危机。冰岛等国甚至宣布国家“破产”。美国破天荒地采取了向银行注资和政府贷款给大汽车公司等“救市”措施。这场危机造成的经济损失估计在1万亿美元以上。

这次金融危机导致第二次世界大战以后最严重的全球性衰退。几乎所有国家的经济都呈减速局面。由于全球各主要经济体从2008年底起同步实施扩张性的宏观经济政策措施，金融危机继续恶化的势头在一定程度上受到了遏制。世界银行、经合组织6月份发布的对2009年、2010年全球经济增长的预测均高于其3月份的预测。但是，世界经济多年累积下来的矛盾不可能在短期内彻底解决。由金融危机诱发的实体经济衰退，特别是消费疲软和失业率攀高的状况还将在全球大多数国家持续相当长时间，世界经济趋向复苏的过程将是缓慢和充满曲折的，2010年以后很可能出现全球性的滞胀、其中，发展中国家由于受西方转嫁危机的影响，复苏的前景更加黯淡。这场金融危机的影响超过了“9·11”事件，“9·11”事件没有改变国际格局，

但金融危机却严重冲击了西方的价值观和信心，其影响可与苏联东欧解体相提并论。

2. 围绕能源、资源的争夺日趋激烈

冷战结束以来的20多年里，以石油、天然气为主的国际能源市场供求失衡、价格高企不下的现象愈演愈烈，已成为制约世界经济发展的主要“瓶颈”之一。促使石油和天然气价格上涨的因素主要是供需失衡、战争溢价与投机风潮。有关资料表明，1971年，除日本以外的亚洲各国每年消耗的一次能源折合石油为4.07亿吨，1997年上升为17.70亿吨，2010年预计为2898亿吨，2020年预计为40.59亿吨，比1997年猛增134%[①]。目前，世界已探明的石油、天然气储量的80%是在石油生产国政府及其下属的国有石油公司管理之下。由于这些国家近20年来未能及时追加开发投资，导致石油、天然气的供给能力难以大幅度增加，以满足进口国日益增长的需求。而由于中东地区战事不断，尤其是2003年美国发动伊拉克战争后导致其石油出口量锐减，造成国际市场上价格的剧烈波动。加上国际投机资金的掀风作浪，更加剧了石油、天然气的价格暴涨。从2002年以来，石油价格扶摇直上，从每桶30美元左右暴涨到145美元，2008年上半年一度跌到35美元一桶，但一年后又回到了70美元的高位。

除石油、天然气等能源产品外，国际市场上稀土金属、铀矿等资源也很抢手。从长期趋势来看，水资源也将是各国激烈争夺的对象。

3. 应对气候变暖的呼声不断高涨

工业革命以后，随着人类大量消耗煤炭、石油等化石燃料，二氧化碳等温室气体的排放急剧增加。在过去一个世纪里全球表面平均温度已经上升了0.3℃到0.6℃。如世界能源消费的格局不发生根本性变化，未来100年全球平均地表温度将上升1.4℃—5.8℃。这将导

---

① “IEA：World Energy Outlook 2000”，转引自日本经济产业省资源能源厅网页 hattp：//www.enecho.go.jp。

致冰川和冻土消融，海平面上升，既危害自然生态系统的平衡，更威胁人类的食物供应和居住环境。从20世纪90年代初开始，地球温暖化问题日益受到国际社会的关注。1997年12月，在日本京都举行了联合国气候变化框架公约参加国第三次会议，会议通过的《京都议定书》是人类历史上第一个限制温室气体排放的法规。它规定，工业化国家要减少温室气体的排放。其中，从2008年至2012年的5年间，欧盟国家应减少8%，美国减7%，日本减6%。美国曾于1998年11月签署了《京都议定书》，但又在2001年3月单方面退出。然而，日本与欧盟仍坚持执行《京都议定书》的决定。2007年12月，联合国气候变化大会在印度尼西亚巴厘岛举行，各方达成“巴厘岛路线图”。

鉴于《京都议定书》将从2013年起进入下一回合的磋商，发达国家内部以及发达国家和发展中国家间目前正在展开紧张的磋商。第一个分歧是减排目标。G8在2008年洞爷湖峰会的宣言中承诺到2050年将全球温室气体排放量削减50%，但宣言未设定基准年份和中期目标。五大新兴国家则提出发达国家应当在1990基础上，到2020年减排至少25%－40%，到2050年减排80%－95%。第二个分歧是减排责任。发达国家排放温室气体已有数百年历史，现在的人均排放量也远高于发展中国家，但它们为了自身的经济利益千方百计减轻自己的责任。发展中国家强调，按照联合国确立的“共同但有区别的责任”原则，气候问题可以成为南北合作的典范，否则将激化南北对立。

4. NGO逐渐取得国际社会的“公民权”

正如未来学大师托夫勒所指出的，NGO在世界范围内的蓬勃兴起是21世纪的大趋势之一。NGO的英文全称为“non－government organization”，是指协会、社团、基金会、慈善信托、非营利公司等非政府、非营利的团体。冷战结束后，随着市场化、全球化的趋势加快，市民社会的觉醒和成长成为难以阻挡的过程，而由于NGO能促进社会不同利益主体间的沟通，在动员民众、监督政府和促进全球性问题的解决中发挥越来越大的影响力，逐渐成为国际政治的重要行为体。1992年6月3日至14日，联合国在巴西里约热内卢召开环境与发展大会时，来自全世界各地的NGO的4000人到会场周边造势。而2009年12月7日至18日，在丹麦首都哥本哈根举行的《联合国气候变化框架公约》第15次缔约方会议暨《京都议定书》第5次缔约方会议期间，NGO更加活跃，仅正式注册的NGO成员就有2万多人。他们积极游说与会的192个缔约国代表特别是欧美发达国家代表为减排提供更多资金和技术帮助。

NGO与主权国家之间有着复杂而矛盾的互动关系。一方面，由于NGO的群众基础广、渠道多、专业化强、注重民生问题等优势，常常能够替代政府完成许多它无法做到的工作，例如在偏僻的农村和山区从事义务教育、传播科普知识以及在灾区和战场上救死扶伤等。另一方面，NGO有时也会以其特殊的主张与主权国家的政府发生冲突，更有甚者，少数西方国家操控和主导的NGO热衷于在发展中国家特别是坚持社会主义制度的国家以人权、民主为标榜进行有违其宗旨的政治活动。进入新世纪以后，乌克兰、格鲁吉亚等独联体国家发生的所谓“颜色革命”，让亲西方政权诞生了。至于“大赦国际”、“无国界记者”等NGO更是冲着中国、古巴等国，扮演着不可告人角色的。

综上所述，进入新世纪后国际格局正在发生深刻的转型，这就势必会促使日本朝野各界人士重新思索日本究竟应该执行怎样的对外战略。2002年3月，日本著名智库“日本国际论坛”的理事长伊藤宪一在一家全国性报纸上撰文指出：“在考虑迎来21世纪的日本外交安全战略时，对世界变化的方向作出战略的判断是最为重要的。……我认为有三个基本的变化方向。第一是从‘注重意识形态到注重国家利益’的变化；第二是‘从威斯特法利亚体制到后威斯特法利亚体制’的变化；第三是‘从抑制到预防’的变化。”“世界形势‘从注重意识形态到注重国际利益’的变化说明日本有必要对日美同盟体系重新加以定义。并且这个‘重新定义’要不断进行下去。‘从威斯特法利亚体制到后威斯特法利亚体制’的变化意味着在对日美同盟进行重新定义的同时，寻求建立东亚地区共同体的重要性。‘从抑制到预防’的转变则正如其字面意思所表明的，日本在完善有事体制的同时，有必要努力预防世界发生纠纷。”① 伊藤宪一提出的这些思路是否被当局接受自不待言，但是在世纪大转变之际，日本的有识之士积极思考日本未来的走向却是一个不争的事实。

① （日）伊藤宪一：“世界的变化和日本的外交安全战略”，《产经新闻》，2002年3月17日。

第二章

日本国内围绕新世纪对外战略的酝酿

在新世纪的第一个10年里，日本国内围绕着应该确立怎样的国家战略目标、推行怎样的对外政策和塑造怎样的对外形象，始终展开着激烈的争辩和探索。各种政治思潮纷纷亮相，各派政治势力相互较劲，呈现出一派活跃的景象。这10年里，从小泉内阁到鸠山内阁，先后推出了一系列对外战略的构想。尽管它们彼此间缺乏有机的整合，更谈不成已经形成前后一贯的、清晰完整的战略体系，但毕竟是日本战后半个多世纪第一次出现的“战略热”。

第三节　新的世纪呼唤新的日本对外战略构想

毋庸讳言，新世纪日本的对外战略构想带有鲜明的时代特色。它是在日本政治、经济、社会进入重要的转型时期后，为应对全球化浪潮的冲击和新兴国家的崛起，维护日本的经济和安全利益，提升日本的国际地位而提出来的。它既是战后日本一贯的对外战略构想的历史延续，更是在新的历史条件下的战略探索。

一、日本从冷战结束就开始探索新的对外战略

冷战甫告结束，日本一些智囊人物和思想库学者就开始认真地思索日本未来的国家战略目标以及实现这一目标的策略和步骤。的确，战后日本之所以能从战败的废墟中迅速崛起为世界第二经济大国，很大程度上得益于美苏冷战。冷战的结束，固然使日本在安全保障领域再不能“白坐车”，但同时也使日本得以凭借其掌握的权重越来越大的经济筹码，在国际事务中发挥更大的作用。

1990 年，外务省事务次官栗山尚一在《外交论坛》撰文称，1922 年华盛顿海军军备限制条约规定美、英、日三国主力舰吨位比例为“5∶5∶3”，而 80 年代末美国、欧共体、日本的 GDP 比例也是“5∶5∶3”，这两个数字出现惊人的巧合。栗山认为，这标志着“在半个世纪后，从经济实力来看，日本再次处于负责构筑和维持国际秩序的地位……日、美、欧的协调体制掌握着今后世界和平与繁荣的关键”。① 他的结论是，国际秩序主要是由大国来形成和维护的，中小国家的使命只是很好地适应既成秩序，以维护本国利益；日本要摆脱以往的“中小国家外交”而向“大国外交”过渡。

有日本思想界“泰斗”之称的京都大学教授高坂正尧在 1992 年邀集 30 多位著名学者，成立了“21 世纪日本论坛”。在汇编其研究成果出版的《动荡的世界政治和经济》一书中，“论坛”成员如此建议：“面向 21 世纪，日本有必要实行从战后迄今的自我束缚中解脱出来的改革。由于美国力量的相对衰落，日本必须分担美国所承担的世界秩序运转的

① （日）栗山尚一：《动荡的 90 年代和日本外交前进的方向》，《外交论坛》，1990 年 5 月号。

责任。”[①]

由前首相中曾根康弘担任会长的世界和平研究所，在1994年10月推出了《日本综合战略大纲》。“大纲”将2010到2020年这段时间纳入其视野，强调日本必须以自由和民主为基础，不断注视世界形势变化，为世界和平与繁荣作出贡献。具体来说，日本要将自己塑造为这样的国家：

“和平国家”——维持专守防御、无核三原则及禁止武器出口三原则，为世界和平及解决全球性问题作出积极的贡献；

“法治国家”——在法律面前保持平等与公正，尊重人权等世界各国共有的理念，维持治安；

“议会制民主国家”——正确反映民意的公正选举及重要事项应经国民投票的制度、政治责任明确的内阁制度，实行透明的行政；

“通商国家”——设定关于自由而公正的通商贸易的世界共同准则，充实国际机构；

“产业国家”——自由而公正的竞争市场、勤奋的劳动力与高科技、开放的民间经济活动、与第三世界的合作；

“有活力的文化国家”——确立自我地位，重视义务与责任，照顾社会上的弱者，为保存和创造日本及世界的文化提供合作，保护富足的自然环境。

“大纲”强调日本要推行“有一贯性的主体外交”，以日美同盟作为日本的外交基轴，并重视联合国为维持国际和平所发挥的作用，“设法作出有助于加强联合国职能的、同（日本）国力和国情相称的贡献，进入安理会常任理事国一事也要摆在这一位置上”[②]。

值得注意的是，在冷战结束以后日本主要的战略方向究竟是瞄准亚洲还是继续以美国为“龙头”，在国内是有过一番争论的。船桥洋一在

---

① （日）21世纪日本论坛编：《动荡的世界政治和经济》，嵯峨野书院1994年版，第255页。

② （日）《日本的综合战略大纲》，《中央公论》1994年10月号，第130、133页。

《日本的对外构想》一书中是如此分析的："冷战结束了，海湾战争也结束了，日本在如何把握日美关系、日本与亚洲的关系上，心理的坐标轴上发生了变化。日本的战略志向、外交感觉和国民情绪中，亚洲的分量逐渐加大。出现了可以称之为新亚洲主义的、发端于地缘政治学的思潮。"① 正如船桥所言，在 20 世纪 90 年代初期，日本曾一度出现了各种与亚洲加强合作的构想，例如日本中国（华南）合作论、日韩合作论、日本东南亚合作论、日本印度合作论、日本澳大利亚合作论等等。

不过，这股"新亚洲主义热"并没有持续多久，随着 1995 年初"约瑟夫·奈报告"的问世，日美同盟开始重新定义和强化，加上日本在"泡沫经济"瓦解后元气大伤，日本又重新走上了对美依赖的道路。

1999 年 3 月 30 日，根据小渊惠三的委托，由国际日本文化研究中心主任河合隼雄牵头，成立了一个由 49 名各界知名人士组成的"21 世纪日本的构想"恳谈会。在截至 2000 年 1 月的 10 个月间，恳谈会及其下属的分科会总共举行了 40 多次讨论。恳谈会成员还专程赴美国、中国、法国和新加坡等国，与国外学者深入交换意见；并通过报社、电视台乃至首相官邸的网络，广泛听取国民的呼声。小渊首相破例地与恳谈会成员同住同讨论，甚至将大学生、公司职员和家庭主妇请到官邸，直接倾听国民的呼声。

这份洋洋洒洒，数十万字的报告涉及到各个领域，并不完全局限于外交、防卫领域。但是，在其"总论"中明确提出日本应该从战后一贯的"非军事经济大国"走向"全球民生大国"（Global Civilian Power）。具体来说，日本要运用民生的手段而不是军事的手段，在稳定世界经济秩序、缩小贫富差距、保护环境、保障人权以及联合国维和活动等领域为提供国际公共产品作出贡献。"在 21 世纪，日本要更加有意识地朝这一适合自身特征的国家形态努力。同时，也要让国际社会接受这样的日本。"② 报告还提出，日本要在维持日美同盟的基础上，加强旨在增加

① （日）船桥洋一：《日本的对外构想》，岩波书店，1993 年版，第 97 页。

② （日）河合隼雄等：《日本的新边疆就在日本》，讲谈社，2000 年版，第 58 页。

友好国家、提高国际信任度的外交努力，开展防止冲突发生的预防外交、促进强化国际安全秩序的军备管理和裁军等。一句话，要实行综合的、多层次的安全保障。

另外，报告也十分强调要加强与地理位置靠近日本的、与日本在历史上文化有密切联系并且富有发展潜力的东亚各国的合作关系。报告认为："日本与中国、韩国的关系仅仅称作'外交'是远远不够的。这种关系比'外交'深刻得多，是仅靠外交努力难以全面控制的，是需要我们在深层次精心构筑的。"为此，报告特意提出了"邻交"这样一个新名词，强调日本要和亚洲邻国开展包括知识界交流、文化交流、地方自治体交流、青少年交流在内的、多层次对话与交流，增进国民间的理解和信任。①

这份凝聚着众多有识之士睿智的报告比较完整地阐述了日本对外战略构想，有一些堪称与时俱进的新思维。遗憾的是，就在报告问世 3 个月后，小渊首相突然因脑溢血病倒住院并在 2006 年 6 月与世长辞。于是，这份报告未能付诸实施而被其后任束之高阁了。

二、日本"失去的十年"和世纪之交的战略"漂流"

在日本，20 世纪的最后 10 年即 20 世纪 90 年代，一直被认为是"失去的十年"。这 10 年里，日本经济持续滑坡，素有景气晴雨计之称的日经指数跌到只有 1989 年 12 月 29 日收盘价 38915 日元的一个"零头"；昔日财大气粗的银行背上沉重的呆账坏账包袱，证券界"四大天王"之一的山一证券资不抵债而被迫倒闭；1987 年 10 月 19 日，全球金融市场由于纽约道琼斯指数暴跌重引起恐慌（"黑色星期一"），靠着日本股市的坚挺才喘过气来，可 1997 年 8 月亚洲爆发金融危机后，欧美国家最担心的却是日本的金融机制会不会崩溃从而导致一场全球性的危机。

---

① （日）河合隼雄等：《日本的新边疆就在日本》，讲谈社，2000 年版，第 59 页。

在第二次世界大战中，日本曾试图联合德国、意大利，凭借军事力量向英国主宰的世界秩序发起挑战，结果遭到可耻的失败，被迫接受战败的事实；在“泡沫经济”高涨时期，日本再次试图挑战由美国掌控的世界秩序，凭借其经济实力向海外大肆扩张，甚至在美国的经济“心脏”斥资购买有美国象征之称的洛克菲勒中心。然而，这一次挑战也遭到了失败。

1998年1月，著名评论家江藤淳率先提出了日本“第二次战败”的观点。他在《文艺春秋》月刊的新年特刊上发表的论文，题目就是“日本，第二次战败”。江藤在这篇文章中如此写道：“冷战结束后，日本迎来的不是新的机遇而是‘第二次战败’。……在浑浑噩噩的状态下，三洋证券申请破产了，北海道拓殖银行奄奄一息了，山一证券被迫歇业清算了。”“日本在‘第二次战败’后，无论是军事上还是在经济上都被以美国为首的盟国完全操控在手里。行政改革也好，金融大爆炸也好，虽说都是在美国的压力下展开的，但考虑到国际金融资本和投机资金等因素，日本等于是被没有国籍的，或至少是多国的力量所占领。……这个国家已经到了什么也做不了的地步。”①

前日本长银综合研究所理事长竹内宏在翌年出版的《金融战败》中用辛辣的语言描写了日本“泡沫经济”巅峰时期资金泛滥的结果。书中这么写道：“几千年后的考古学家一定会断定平成初期的日本是宗教时代……他们看到各地兴建的豪华公民馆、政府大厦、道路、渔港和护堤混凝土块，在反复思考后一定会得出这些是宗教设施的结论。整个日本都让这类不知道派什么用途的、经济效率极为低下的所谓基础设施淹没了。”竹内宏认为，促使日本金融业由颠峰坠落到地狱的两大外部因素都与美国有关：一是美国主导的国际清算银行有关银行自有资本比率不得低于8%的规定；二是美国的金融评级机构降低日本银行的信用等级的影响。前者导致日本银行业在筹资困难的情况下普遍抽紧银根，不愿对外提供贷款，导致日本经济严重“失血”，后者则让增加日本银行在

---

① （日）江藤淳：“日本，第二次战败”，《文艺春秋》，1998年1月新年特刊，第98、101、102页。

国际金融界的融资成本，最终导致 1995 年以后日本金融业的倒闭风潮。[①] 竹内宏的结论是：日本在金融领域败给了美国。这是它继第二次世界大战之后的又一次战败。

约翰·奈斯比特在《亚洲大趋势》一书对日本也有类似的悲观估计。他是这样写的："种种迹象表明，日本的经济已达到了极限，开始呈现出衰退的趋势。""日本在世界经济中的地位每况愈下，这是因为：战后一代曾以死拼硬打造就了日本世界一流的经济地位，但接替他们的新一代并不愿自讨苦吃；日本的过度管制使它的经济受到了窒息。例如，日本首先开发了移动通讯系统，但由于严格控制发展而使得美国和欧洲后来居上；性别与年龄歧视依然普遍存在；由于人口出生率低，日本人口老龄化超过其他国家。到 2020 年将有 1/4 的日本人超过 65 岁。……"奈斯比特认为日本已从工业界的"明星"坠落为"亚洲的经济病夫"、"没落的帝国"。[②]

让日本精英们感到沮丧的是，永田町的当权者似乎并不在乎日本的沉沦。他们关心的只是自己能否在下一场选举中保住议员的位置，热衷的是如何实现既得利益的最大化，是如何在政党内部或政党间的争权夺利中完胜自己的对手。在 90 年代的这 10 年里，与经济持续滑坡同时受到全世界关注的是日本政局的激烈动荡。自民党在 1993 年一度丧失了垄断 38 年之久的政权，取而代之的是由细川护熙领衔的七党一派联盟。然而，短短 8 个月后，自民党凭借与它的宿敌社会党握手言欢，重新夺回了政权。在此后的七八年里，日本政坛始终是联合执政的局面，和自民党联姻的先后有社会党、先驱新党、自由党和公明党。

在世纪之交，为日本航船这艘航船掌舵的是森喜朗。如果说，他的两位前任桥本龙太郎和小渊惠三还想挽狂澜于既倒，分别推出了包括金

---

① （日）竹内宏：《金融战败》，PHP 研究所，1999 年，第 141、146、147 页。

② （美）约翰·奈斯比特：《亚洲大趋势》，外文出版社，1996 年版，第 25—30 页。

融改革、行政改革在内的“六大改革”构想以及面向21世纪的战略构想的话，森喜朗在他一年的首相任期内却只是抱残守缺，虚掷光阴而已。

森喜朗是在他的前任小渊惠三病倒后出任自民党总裁和首相的。虽说也是经由自民党参众两院的国会议员投票选举后再上任的。但从森喜朗入继大统的第一天起，日本的传媒和自民党非主流派就一直批评森喜朗主政是“密室政治”的产物，是逆时代潮流而动。事实上，确定森喜朗接班确是包括他自己在内的自民党“五人帮”策划的结果。2000年4月2日晚，内阁官房长官青木干雄将时任自民党干事长的森喜朗、自民党副干事长野中广务、政调会长龟井静香和自民党参议院干事长村上正邦叫到东京赤坂的一家旅馆商议。鉴于小渊惠三已经昏迷不醒，而“国不可一日无君”，经过这4位自民党“大老”的密谋，最终确定由森喜朗接替小渊的职务。

森喜朗内阁本来就是“先天不足”，熟料森喜朗被推到政治舞台中心后接连失言，让人们对他是否具有首相资质产生严重怀疑。造成相当大的影响。2000年5月15日，他在“神道政治国会议员联盟”的集会上致辞时称“日本是以天皇为中心的神的国家”。这一说法与日本国宪法相悖，有回归战前指嫌。在野党阵营和广大国民对此表示了强烈愤慨，森喜朗内阁的支持率一下子跌掉了2/3。

森喜朗的这一失误导致自民党在6月25日开始的第42届众议院选举中陷于非常不利的境地。党内追究其责任的呼声日益高涨，最终酿成了第二大派领袖加藤纮一直接发难，在同年11月在野党提出对森喜朗内阁的不信任案时，联合他的政治盟友、前自民党政调会长山崎拓投了“赞成票”。虽然，加滕等人的“造反”行动以失败告终，但是，森喜朗在党内的地位乃至于他的首相职务都出现大的动摇。

2001年1月31日，森喜朗首相在第151届例行国会上发表施政演说。这篇长达13000余字的报告自然是出于官僚之手，森喜朗只是照本宣科地念了一遍。其中强调，日本要在新世纪到来之际，实行继明治维新、战后改革之后的第三次彻底的改革，要让21世纪成为“希望的世纪”、“人类的世纪”、“信赖的世纪”和“地球的世纪”，等等。但是，日本究竟应该如何塑造自己的对外形象，究竟应该提出怎样的国家战略目标，却欲言又止，语焉欠详。

促使森喜朗下台的直接导火线是一起突如其来的撞船事件。2月17日，美国核潜艇“格林维尔”号在夏威夷海域进行紧急上浮训练，撞沉了日本爱媛县的一艘水产实习船。9名船员和随船实习的高中生落水后失踪。这一天，森喜朗忙里偷闲，在神奈川的一处高尔夫球场挥杆作乐。令人费解的是，他在接到秘书关于撞船事故的报告后，居然若无其事地继续在球场逗留了两个多小时，直到打完全场为止。消息披露后，在野党和日本舆论纷纷批评森喜朗的这一严重失职和失态行为。各种民意调查表明，森喜朗内阁的支持率已跌到了一位数以内，仅次于1989年竹下登内阁的7%。自民党内也出现了要求森喜朗辞职的强烈呼声。森喜朗不得不在3月13日自民党代表大会上表示了辞职的意图，并于4月10日正式提出辞呈。

在跨入新世纪之际，日本的精英阶层普遍对日本未来的走向感到担忧。曾任美国副国务卿，现任世界银行行长的罗伯特·佐利克在“日本准备变化与改革”一文中引用华盛顿大学教授肯尼思·派尔的话说，日本的精英阶层是头号的现实主义者，在日本对国力最大化、相对排名以及国家荣誉的渴望推动下，他们对国际力量分配所发生变化的认识，促使他们采取务实的调整。佐利克说：“冷战结束后，日本一直漂移不定，直到新的国际格局开始形成。”“正如派尔所指出的，现代历史中，很少有国家像日本这样容易受到国际环境的影响，这样敏感、反应迅速和适应能力强。国际体系对于日本对外政策有着强大的影响，同时在塑造日本国内体制中也发挥了重要的作用。日本再次为了满足国际新秩序的需要而改变了国内的格局。”①

---

① （美）罗伯特·佐立克：“日本准备变化和改革”，《金融时报》，2006年11月29日。

第二节 影响新世纪日本对外战略的主要思潮

进入新世纪以后，日本的精英层围绕国家定位和发展方向问题展开了热烈的议论，有过一系列构想和战略设计。究其思想渊源，不外乎冷战结束以后在日本政坛“各领风骚”的三股主要的政治思潮，即新保守主义、新国家主义和主张“全球贡献”的民生主义。

一、新保守主义：风靡政坛的“正常国家”论

战后半个多世纪以来，在日本政坛处于垄断地位的是以吉田茂路线为代表的传统保守主义。在20世纪50年代上半期5次组阁的吉田茂是日本政坛“保守本流”的奠基人。他所推行的“渐进保守”路线，由池田勇人、佐藤荣作、田中角荣等人继承，在半个多世纪里一直绵延不绝。这条路线的主要特征是：主张以日美同盟为基轴，在美国的“保护伞”下实行“重经济，轻武装”的路线；强调日本只需要保持必要的、最低限度的自卫力量，在遭到入侵时只局限于行使个别自卫权；认为政府必须致力于维护社会公正，避免贫富差距扩大。

随着国际环境的变化和日本经济实力的日益膨胀，从20世纪80年代中期起新保守主义思潮在日本开始悄悄兴起。1982年11月至1987年11月执政的中曾根康弘就是其代表人物之一。他上台伊始就提出了所谓“战后政治总决算”的口号，推行了一系列具有鲜明新保守主义色彩的措施。例如，对日本国有铁路等国有企业实行民营化，在外交和安全保障问题上向美国靠拢，突破防卫费不得超过GNP1%的限制以及正式参拜靖国神社等等。1983年7月，中曾根在当选首相后首次衣锦还乡，在对群马县居民发表的一篇讲话中宣称自己的执政目标是让日本成为“政治大国”，就是要在“世界政治中加强日本

的发言权，不仅增大作为经济大国的份量，而且增大作为政治大国的份量”。[1] 但是，中曾根推行的新保守主义路线遭遇到在野党和政坛传统势力的抵抗，改革势头逐渐减缓。

冷战结束以后，日本政坛的新保守主义思潮再次抬头，且来势迅猛，很快便成为日本政坛的主流思潮。其代表人物就是曾任自民党干事长的小泽一郎。1993 年，小泽一郎在《日本改造计划》一书中系统阐述了对未来日本政治经济体制改革的构想。他认为，日本应该积极主动地抓住冷战结束为日本提供的机遇，实现做一个“正常国家”的愿望。“经济优先并不是来自吉田首相的政治哲学，更不是一成不变的政治原则。……在冷战结束后的今天，应该尽快地从‘吉田主义’的说教中解放出来，制定一个新的战略。当然，要成为‘普通的国家’，并非只要政治改革就可以了。日本国民也应该清醒地意识到日本在国际社会中所处的地位，改造自己的思想，使自己成为能被国际社会所接受的‘普通的国民’。”“日本除了成为‘国际国家’外，别无其他的生存方式。”[2]

小泽一郎在朝野两大阵营特别是在自民党内有不少政敌。但是，他所倡导的新保守主义却在日本的政治家中颇有市场。现任自民党干事长的山崎拓虽然在政治上与小泽一郎水火难容，但在思想上却如出一辙。他在《2010 年，日本实现》一书中写道：“新保守主义重视‘市场与自由竞争’，强调自我负责的立场。在日本，它在坚持‘小政府’、‘讲究效率’、‘放宽规制’的同时，也主张必要的公共事业。它在谋求加强国家主权和充实自卫队力量的基础上，对履行国际贡献，对加入联合国安理会常任理事国都持积极态度。新保守主义认为个别自卫权、集体自卫权和集体安全保障是相辅相成的。与此相关联的是，新保守主义主张对宪法第九条要适时地予以修改。”如果说他与小泽有什么区别的话，那就是山崎标榜其政治主张是“对话型的新保

① 新华社，东京 1983 年 7 月 28 日日文电。

② （日）小泽一郎：《日本改造计划》，讲谈社，1992 年版，第 123 页。

守主义”，而不是那种“发号施令型的新保守主义”。[①] 曾任自民党代理总务会长的船田元，39 岁时就出任宫泽内阁的经济企划厅长官，一度被认为是日本政坛的“明日之星”。他一向毫不掩饰地表示：“我的政治目标是要实现‘新保守主义’，对内是小政府，对外则是积极外交（大政府）。”“为了使日本彻底摆脱危机，唯有在‘新保守主义’旗帜下将有志于改革的政治势力团结起来。”[②]

值得注意的是，在野党的一些政治新秀也公开宣布，推进“新保守革命”是自己最大的使命，最终目的是要使日本成为能领导 21 世纪的国家。例如，民主党议员前原诚司就提出：“日本在经济上已经可以对美国说‘不’，但是，在安全保障领域仍严重地依赖美国……对日本 21 世纪的安全保障来说，最重要的是向日本国民充分说明日美安保体制的重要性，以及在建立日本能够承担自己责任的、能动的体制的过程中，把自己的想法原原本本地向美国转达，日本要成为能够做这些事情的、有尊严的国家。”[③]

许多迹象表明，这场关系日本未来走向的辩论虽然还没有到尘埃落定的地步。但是，小泽一郎倡导的“正常国家”论正在得到越来越多的朝野政治家的认同，成为日本政坛的主流意识和新的国家战略定位。

二、新国家主义：回归战前的一股危险逆流

在日本实现近代化过程中，国家主义曾经是凝聚朝野各派力量的一面大旗，最终导致日本与德国、意大利联手，成为发动第二次世界大战的罪魁祸首，在给亚洲人民带来深重灾难的同时，也把日本推向毁灭的边缘。战后，国家主义被视为“战争”与“罪恶”的代名词，一度成为

---

① （日）山崎拓：《2010 年，日本实现》，钻石出版社，1999 年 9 月第 3 版，第 17—18 页。

② 转引自日本自民党网页 http://www.jimin/or.jp/jimin/giindata/funada—ha.html。

③ （日）“松下政经塾出身国会议员之会”编：《21 世纪日本的繁荣谱》，PHP 研究所，2000 年 1 月版，第 251、261、267。

人们讳莫如深的禁忌。但是，随着日本从废墟中迅速崛起，国家主义又改头换面，重新在政界和思想界取得一席之地。

新国家主义的悄然抬头从冷战结束后就开始了。小泽一郎的《日本改造计划》问世后，一些批评者曾经给他戴上“新国家主义”的帽子。实际上，在日本学术界，新保守主义和新国家主义常常是当作同义语使用的。日本新保守主义的开山鼻祖中曾根康弘在自己的代表作《新保守理论》中大声疾呼：“现代对日本人来说，如果极而言之，国家观念已经淡薄到等于国家根本不存在的程度。”“在日本国内，我们的目标是建设一个日本社会的共同体。在现阶段，国家是为世界做贡献和为国民服务的命运共同体，也是文化共同体。”①

不过，与新保守主义相比，新国家主义更强调国家的权威和国家利益绝对化，明显地带有向战前回归的倾向。新国家主义的抬头经历了这样的“三部曲”：

首先是从历史领域打开缺口。在20世纪90年代中期，日本出现了以“自由主义史观”为代表的新民族主义思潮。其典型代表是藤冈信胜的《自虐史观的分析》（1997年9月）、东中野修道的《南京大屠杀的彻底检证》（1998年10月）、小林善范的《漫画·战争论》（1999年11月）等。1995年成立的“自由主义史观研究会”标榜超脱意识形态，实则赞同“大东亚战争”肯定论，全面否定远东国际军事法庭的审判，强调战后日本人建立在虚构的南京大屠杀基础上的自虐史观在不久的将来必然破产。进入新世纪以后，藤冈等人的活动更加嚣张，通过所谓的“新历史教科书编撰会”炮制出宣扬“皇国史观”、美化侵略战争的历史教科书，经文部科学省审定通过，陆续被一些学校所采纳，引发了中国、韩国等亚洲国家的强烈抗议。

其次是借修改《教育基本法》后强化国家对教育的干预。日本的《教育基本法》是1947年由国会通过并颁布实施的，是战后日本民主化改革的产物。其核心是在反省战争历史和清算军国主义教育基础上，将

① （日）中曾根康弘：《新保守理论》，世界知识出版社，中译本，1984年版，第15—16页。

培养学生个性、尊重自由选择等作为教育的基本理念。因此，《教育基本法》一向被称为是教育领域的“和平宪法”。但它因此也始终成为右翼势力攻击的焦点。由“保卫日本会议”和“保卫日本之会”合并成立的日本最大保守团体“日本会议”，其宗旨之一就是要制定将“公共心”、“爱国心”教育纳入其中的“新教育基本法”。2006 年 4 月，小泉纯一郎在即将卸任首相前，匆匆忙忙地推出了《教育基本法修改案》。同年 12 月 15 日，在继任首相安倍晋三的强势推动下，不顾在野党和舆论的强烈反对，执政的自民党、公明党凭借其在国会的多数席位通过了《教育基本法修改案》。新的基本法强调要培养青少年尊重传统与文化，热爱孕育了这些传统与文化的祖国和本乡本土，要有“公共精神”等，大大“稀释”了原《教育基本法》尊重个性和自由的教育理念。法案通过当天，日本全国教职工工会和日本教职工工会都发表了抗议声明。日本共产党人士也尖锐批评新法律践踏了国民内心的自由，打开了通过国家权力无限制地介入教育内容的道路，是对现行宪法的“背叛”。①

最后是在外交领域将日本的国家利益绝对化，不惜以冲撞国家关系底线为代价推行“强势外交”。新国家主义者强调国家的重要性，认为建立和维持社会秩序的关键在于建立一个强大的政治权威。在外交领域，则奉行与强者为伍的理念，寻求国家利益的最大化。进入新世纪以后，日本政坛流行的一句话就是要以“毅然的态度”处理与周边邻国及主要大国的关系。其中，最突出的表现是以小泉纯一郎为代表的日本少数政要不顾中国、韩国等亚洲邻国的激烈反对，执意参拜靖国神社。这背后其实就隐藏着复活国家主义的目的。供奉着东条英机等 14 名甲级战犯的靖国神社在战前由陆海军管理，是日本军国主义的精神支柱。小泉不惜以恶化中日关系、日韩关系为代价坚持参拜靖国神社，除了要煽动狭隘民族主义情绪外，还有一个目的就是要通过持续不断的参拜，迫使中韩等亚洲邻国接受既成事实，使参拜靖国神社成为日本摆脱战败阴影，走向“正常国家”的里程碑。

对日本政坛这股危险的思潮。亚洲国家自不待言，就连欧美各国的

① 唐又亮：“新教育法为修宪铺路”，《国际先驱导报》，2006 年 12 月 22 日。

舆论界和知识界也持十分警惕的态度。英国《金融时报》记者维克多·马冷特曾经在2005年2月撰文评论说："频频引发与邻国摩擦的国家主义在日本正在抬头，引起了人们的忧虑。越来越多的日本政治家开始高举爱国的大旗……"① 美国著名智库伍德罗·威尔逊中心也曾在2005年8月发表阿历克赛·库勒尔撰写的、题为《日本教科书中的文化民族主义》的论文，批评日本面向中学生的教科书宣扬日本民族优越论，歪曲外部世界，由此警告说日本这些教科书的出台表明国家主义正在抬头。②

三、主张"全球贡献"的自由主义

战后，日本政坛长期由吉田茂为代表的传统保守主义所垄断，但与此对立的自由主义思潮始终没有放弃过自己的旗帜，并力图在日本的内外政策中刻下自己的烙印。朝野两大阵营中都有一些政治家持自由主义立场。他们在反省侵略战争历史的基础上坚持维护和平宪法，重视解决民生问题，注意发展与亚洲邻国的关系。在学术界、传媒界，自由主义思潮的影响更大一些。早稻田大学和《朝日新闻》堪称其代表。

进入新世纪以后，由于小泉纯一郎参拜靖国神社导致日本的亚洲外交陷入死胡同，自由主义派的学者重新开始活跃起来。正如药师寺克行在《来自自由派的反击》一书序言中所指出的："在（日本政坛）右倾化的事实面前，有识之士如果保持'沉默'的话只能意味着容忍'右倾化'的趋势。不仅如此，这实际上也意味着失败。所以，现在最重要的就是要站出来争长论短，为日本开辟新的空间。"③

事实上，从2006年起日本传媒上对小泉参拜靖国神社的批评逐渐

① （日）西尾正哉："英国报纸评论 日本的国家主义正在抬头"，《赤旗报》，2005年2月17日。

② 共同通信社："日本出现国家主义抬头的危险 美国批评新教科书"，2005年8月2日。

③ （日）《论座》编辑部编：《来自自由派的反击》，朝日新闻出版社，2006年版，第17页。

多了起来。不仅如此，许多自由派的学者将靖国神社问题与日本未来的发展道路联系起来，主张日本应该成为能履行“全球贡献”的民生大国。这实际上是2000年1月“日本21世纪构想恳谈会”早就提出过的主张。概括地说，自由派学者对21世纪日本国家战略的应循方向有如下建议：

1. “全球民生大国”(Global Civilian Power)

就是要求用民生的手段而不是用军事的手段，为稳定世界经济秩序、缩小贫富差距、保护环境、保障人权和开展维持和平活动等国际公共财产的形成作出自己的贡献。“全球民生大国”论最热心的倡导者是《朝日新闻》主笔船桥洋一。他在《日本战略宣言——以民生大国为目标》这本书里，鲜明地表明了对“经济大国”路线和“军事大国”路线的反对态度。书中如此写道，“我们反对日本成为军事大国”，“我们也反对停留在经济大国。经济力量必然成为军事力量的历史法则是不存在的。不能把日本的经济力量变为军事力量，而应把它发展成为全球性民生大国（global civilian power)”①。

2. 美国和亚洲并重的协调外交

就是在坚持日美同盟的同时，注意加强与中、韩等亚洲邻国的关系，实现对美、对亚外交的均衡发展。日本综合研究所理事长寺岛实郎批评“对美一边倒”路线是“短视的”、“缺乏想象力”的。寺岛主张21世纪日本的外交应该有两条基轴：一是要把日美关系建设成为建筑在爱相互信赖基础上的“成熟关系”，要改变过度依存、过度期待美国的方式，缩小驻日美军基地，使日本成为“能作自主决定的轻武装经济国家”；二是要“推进多层次的亚洲外交”。具体来说，要建立类似六方会谈的“东北亚安全问题常设多边论坛”；创建让亚洲资金回流亚洲的金融体系；考虑到欧亚大陆地缘政治学，可与印度进行战略合作，并对

① （日）船桥洋一主编：《日本战略宣言》，讲谈社，1991年版，第15页。

乌克兰和中亚各国提供经济援助①。

3. “中等国家”论（middle power）

这一观点最早可以追溯到二战前著名评论家石桥湛三。石桥主张日本应该放弃朝鲜、中国台湾和中国满洲，摈弃帝国主义道路，以加工贸易立国。20世纪90年代，综合研究开发机构理事长星野进保率先提出“中等国家”论，主张日本应该成为象瑞典、挪威那样的规模中等，却对国际社会有诸多贡献的国家。进入新世纪以后，热心倡导“中等国家”论的是庆应义塾大学教授添谷芳修。添谷主张日本应舍弃要成为政治大国、军事大国的目标，“以自由和民主主义为根基，放弃用包括军事力量在内的物理的强制力量作为外交手段，不直接参与大国间的强权政治，通过多边主义维持与改善国际秩序的外交”。他强调：“这是在反省战前用军事力量实现以自我为中心的理念的历史之上形成的外交。”“日本的国家主义的言论显示了战后体制不能够满足他们的欲望。这种心中的欲求与不满，反映为对中国表示反感、以及对‘战后共识’不满的形式，形成无根由发散出来的倾向。……只有从堪称战后日本的现实主义的‘中等力量外交’的视线中，通过重新构筑长期战略，谋求反映‘战后共识’的日本理念与现实间的协调才成为可能。”②

第三节　新世纪日本历届内阁的对外战略构想

进入新世纪以后，不管是自民党执政也好，民主党掌权也罢，从小

① （日）寺岛实郎：“21世纪日本外交的构想力”，转引自《时事解说》，2003年12月19日，第14页。

② （日）添谷芳秀：“冷战后的日本外交：国际主义对国家主义”，《Japan Echo》Vol. 33 No. 33，2006年6月。

泉纯一郎到鸠山由纪夫的历届内阁都很重视酝酿和制定对外战略，或者至少是提出自己的对外战略构想。综合这些对外战略和战略构想，不难发现贯穿其中的一些值得注意的重要脉络。

一、小泉的"对美一边倒"路线

小泉纯一郎是新世纪诞生的第一位日本首相。他独立不羁的性格和矢志"结构改革"的姿态赢得了广大选民热烈的支持。从 2001 年 4 月到 2006 年 9 月，小泉的首相任期延续了 5 年半，是战后日本仅次于佐藤荣作、吉田茂的第三位任期最长的首相。

平心而论，对外关系并不是小泉特别擅长的领域，但是，与他"结构改革"领域备受争议的政绩相比，外交却是他很少几个可以聚焦媒体和民众关注的"热点"之一。在 5 年半的首相任期内，小泉累计出访 51 次、遍游 81 国。其中，美国 8 次，韩国 7 次，俄罗斯 4 次，中国 3 次，朝鲜、泰国、马来西亚和越南各 2 次。[①] 乌兹别克斯坦、哈萨克斯坦、埃塞俄比亚、加纳等都是突破"零"的记录、作为日本首相的首次访问。尤其是小泉在 2002 年 9 月，作为访问平壤的第一个日本首相，与金正日举行了历史性的会谈，在战后日朝关系史上堪称划时代的一页。在历届日本首相中，还没有谁能够象小泉这样将首脑外交发挥到如此淋漓尽致的地步。

与小泉纯一郎热衷于实际的首脑外交形成鲜明对比的是，他在 5 年半的首相任内很少就日本对外关系发表比较系统、比较完整的战略构想。例外的是 2002 年 1 月 14 日，在即将结束东南亚五国之行前，在新加坡发表了有关日本对东南亚政策的演讲。这是继 1978 年福田赳夫发表名为"福田主义"的演讲后日本首相又一次阐述对东南亚的政策。小泉全面阐述了日本与东盟的合作设想，在原有的"10＋3"框架之外，日本还希望加上澳大利亚和新西兰。

① （日）饭岛勋：《小泉外交实录》，日本经济新闻出版社，2007 年版，第 2 页。

不过，小泉对外战略构想中给人们印象最深刻的还是他在“对美一边倒”问题上的执著。小泉在其任内8次访问美国，与美国总统布什建立了类似中曾根与里根的亲密关系。日美同盟关系被定位为“全球规模的同盟关系”。2001年、2003年美国以“反恐”为名先后发动了阿富汗战争和伊拉克战争。小泉总是在第一时间表态支持美国的行动。2001年11月，根据日本国会通过的《反恐活动特别措施法》，日本海上自卫队的护卫舰远赴印度洋执行支援美军在阿富汗作战的任务。2003年7月，小泉又不顾在野党和舆论的强烈反对，利用执政联盟在国会的多数席位，强行通过《支援伊拉克重建特别措施法》，并于同年12月起向尚处于战斗状态的伊拉克派遣了陆上自卫队。这不仅标志着自卫队向海外派兵又跨出了一大步，也意味着日本将自己更紧紧地绑在了美国的战车上。

小泉在解释他为什么要这么做的理由时强调“美国是唯一将日本遭到攻击视同本国遭袭的国家。日本国民不能忘记对那些企图攻击日本的国家来说，美国是威慑力量”①。2005年11月16日，小泉与到访的美国总统布什会谈时，为自己过度靠拢美国的政策辩护说：“有人认为日美关系太好会让日本失去方向，我完全不同意这个说法。我一直相信日美关系越密切，日本与中、韩和其他亚洲国家的关系就越好。”②

小泉内阁在促进经济景气回升方面苦无良策，乏善可陈；喧嚷一时的结构性改革也是一波三折，进展迟缓；外交上日本加紧对美国“一边倒”，与亚洲邻国渐行渐远；唯独在安全保障领域，却相继采取了一系列重大举措，其调整的幅度之大和速度之快，是近年来颇为罕见的。日本发行量最大的《读卖新闻》在年终回顾中如此写道：“回头来看，2003年是日本悄悄地把舵轮扳过来，大转变的一年。……有关确定政府针对外来入侵应对方针的3项法律，表明日本终于向‘正常国家’迈

---

① (日)《读卖新闻》，2003年3月20日晚刊。

② 小泉在与布什会见时的谈话。转引自冯昭奎“美国乐见中日关系恶化欲利用日本牵制中国”，《国际先驱导报》，2005年11月29日。

出了一大步。”①

正如“成也萧何，败也萧何”这句俗语所表明的，小泉外交最大的成就在于日美同盟的强化与提升，但其最大的失败也在于日本在外交和安全保障上其进一步加深对美国的依赖，造成严重的失衡局面。小泉自恃有美国的支持，蓄意推行与中韩等国进行战略对抗的路线，在其任内竟然6次参拜供奉着东条英机等甲级战犯的靖国神社，致使中日关系陷入邦交正常化以来的最低点，日韩关系也出现了倒退。

小泉这样做的后果是十分明显的。2005年，日本为跻身安理会常任理事国行列，发动了猛烈的外交攻势，并与印度、德国和巴西结成了旨在改革安理会的四国联盟。但是，日本这次外交“冲刺”以失败告终。这其中固然有美国背后捣鬼以及“非盟”在最后关头撤回支持的因素，最重要的原因还是亚洲绝大多数国家采取旁观或者反对立场。中国、韩国自不待言，就是东盟成员国也没有一个国家明确表态支持日本“入常”。同年12月，东盟与中、日、韩三国首脑会议在马尼拉举行。由于中韩两国对小泉执意参拜靖国神社表示抗议，从1999年以来每年都举行的中、日、韩首脑例会第一次没有列入会议日程，中韩两国首脑均拒绝与小泉进行双边会谈。这表明日本在亚洲已陷入了空前的孤立境地。

二、安倍的“战略性亚洲外交”设想

安倍晋三是小泉属意的接班人。2006年9月，小泉卸任后，自民党总裁和首相职务就由安倍继任。

就政治立场而言，安倍比小泉还要右，属于自民党内“鹰”派色彩浓厚的极端民族主义集团。他最崇拜的偶像便是其外祖父岸信介。安倍的对外战略构想在他出任首相前出版的《致美丽的国家》以及他与右翼政论家、日本前驻泰国大使冈崎久彦合著的《保卫这个国家的决心》这

① （日）“舵轮开始转向‘正常国家’”，《读卖新闻》社论，2003年12月28日。

两本书中有十分清晰的表白。他在《致美丽的国家》这本书里第一次提出日、美、澳、印四国联盟的构想。安倍指出："日、美、澳、印（亚洲大洋洲的 3 大民主国家加美国）举行首脑或外长会谈，从战略的观点就四国如何携手为亚洲国家共享普遍的价值观作出贡献而进行磋商，是非常重要的事情。日本有必要为此发挥领导作用。"① 他在《保卫这个国家的决心》中强调："只要日美同盟坚如磐石，中国对日本的态度就不会坏到哪里去。"② 这个观点可以说和小泉纯一郎如出一辙。

2006 年 9 月 29 日，安倍晋三在日本国会发表了他就任首相后的首次施政演说。在这篇演说中，安倍如此诠释"美丽的国家"的内涵。所谓"美丽的国家"是要充满活力、机遇和优雅，重视自律的精神，向世界开放。具体来说，第一是要重视文化、传统、自然和历史的国家；第二是要以自由社会为本、讲究纪律、凛然自立的国家；第三是要拥有向未来迈进的原动力的国家；第四是要受到世界各国信赖、尊敬和爱戴，具有领导能力的国家。安倍强调，日本外交已经到了基于新的思考，向"有主张的外交"转变的时期。"要在进一步强化为了世界和亚洲的日美同盟基础上，为亚洲能紧密团结起来而积极贡献的外交。""要通过发挥强有力的政治领导力，尽快制定外交和安全保障的国家战略，要在致力于重组、强化首相官邸的司令塔功能的同时，提高收集情报的能力。"③

事实上，在安倍上任不久，就利用自民党及其执政伙伴在国会的多数席位，强行通过了一系列新国家主义色彩浓厚的法案。其中主要有：(1) 将防卫厅升格为防卫省。12 月 19 日闭幕的第 165 届国会通过了将防卫厅升格为防卫省的法案。这是 1963 年自民党政调会首次提出升"省"决议遭否决以来历届自民党内阁想做而没有做成的事情。(2) 强化国家对教育行政的控制。安倍上任伊始就在内阁中设立了"教育再生会议"，全面实施对教育事业的改革。12 月 15 日，日本国会通过了对

① （日）安倍晋三：《致美丽的国家》，文春新书，2006 年 7 月版，第 160 页。

② （日）安倍晋三、冈崎久彦：《保卫这个国家的决心》，扶桑社，2004 年 1 月版，第 174 页。

③ （日）安倍晋三："在第 165 届特别国会上的施政演说"。见 http://www.kantei.go.jp/abespech/2006/09/29suosin.html。

素有“教育宪法”之称的《教育基本法》的修改。这项法案强调要培养学生爱国爱乡的观念，并以制定振兴教育基本计划为名，强化了国家对教育行政的控制。（3）强化首相官邸主导体制。安倍上任后将首相助理由小泉时代的2人增加到5人，其中4人是国会议员。算上首相、官房长官和2名副长官，常驻首相官邸的议员达8人，创历届内阁之最。安倍还打算按照美国模式设立日本版的国家安全委员会（NSC），将外交和安全保障问题的决策权全部集中到首相官邸。

安倍晋三在自民党总裁选举中就提出了“战略性亚洲外交”的口号，意在扭转小泉时代“对美一边倒”的失衡局面。但是，与其说他着力改善与中韩等亚洲邻国的关系，更不如说他作为重大战略目标推进的是所谓的日、美、澳、印“四国联盟”构想。2007年3月13日，澳大利亚总理霍华德访问日本，日澳两国首脑发表了有关安全保障问题的联合宣言，宣布两国将设立安保问题磋商机制，在联合国维和活动、反恐和应对朝鲜核开发等问题上进行合作。同年8月，在马尼拉举行东盟地区论坛之际，美、澳、印三国又在日本力邀之下举行司局级磋商。安倍在随后的印尼、印度、马来西亚之行中，热心地兜售所谓的“四国联盟”构想。8月22日，安倍在印度国会发表演讲，强调日印基于两国“民主”、“人权”等基本价值已结成“全球性的战略伙伴关系”。“由于日印两国的结合，‘扩大的亚洲’将形成包括美国和澳大利亚在内的、覆盖整个太平洋的网络。这是人员、商品、资本和智慧能自由流动的、开放的网络。”安倍还称，日印关系正成为日本致力于推进的“自由和繁荣之弧”中的主要组成部分。[①] 顺便说一说，“自由与繁荣之弧”的构想是在安倍内阁担任外相的麻生太郎于同年6月30日在日本国际问题研究所的演讲中首次提出来的。关于这一点，本书在稍后将作详细介绍。

由于日本国内舆论对小泉时代僵硬的亚洲外交啧有烦言。安倍吸取小泉的教训，在参拜靖国神社问题上采取了比较谨慎的态度。他在自民

① （日）安倍晋三：“在印度国会的演说”，2007年8月22日，见日本外务省网站，http://www.mofa.go.jp/mofaj/press/enzetsu/19/eabe_0822.html。

党干事长任内曾声称小泉以后的首相也要继续参拜靖国神社，但在出任首相后却提出了“模糊参拜”的方针，即不明确表明是否准备参拜靖国神社或是否已经参拜过靖国神社。尽量不让这个问题成为日本与邻国关系中的障碍。他上任伊始，便访问了中韩两国。特别是对中国的“破冰之旅”，使中日关系终于走出了持续多年的僵冷状态。

安倍的运气远不如他的前任，从上任以后一直受到各种政治丑闻和负面新闻的掣肘。安倍任内共有 2 任农林水产大臣、1 名行政改革大臣和 1 名防卫大臣因涉嫌贪渎丑闻或失言而被更迭。特别是日本媒体爆出 5000 万人的养老金记录错漏的内幕后，安倍内阁的支持率更是急剧滑坡。2007 年 7 月，日本举行第 21 届参议院选举，自民党遭到惨败，在改选的 121 个议席中，只获得 37 席，仅比 1989 年宇野宗祐内阁那次历史性的惨败多 1 席，比导致桥本龙太郎挂冠而去的 1998 年那次选举还少 7 席。自民党从建党以来，在参议院还是第一次让出第一大党的位置。安倍本人也在一个多月后挂冠而去，他的任期是一年零一天。

三、福田康夫的“和平合作国家”论

福田赳夫、福田康夫是日本历史上唯一的一对父子首相。5 月 22 日，在东京举行的第 14 届未来亚洲国际研讨会会上，福田康夫首相发表了题为“将太平洋变为‘内海’——对共同进步的未来亚洲的 5 大承诺”的演说。这是他上任以来对日本亚洲外交的最清晰最完整的阐述。《日本经济新闻》等媒体在评论中将这篇演说称之为“新福田主义”。1977 年 8 月，时任日本首相的福田赳夫出访东南亚，在菲律宾首都马尼拉发表了题为《我国的东南亚政策》的演说。在这次演说中，他阐述了后来被誉为“福田主义”的三大原则：日本不做军事大国；重视心与心之间的交往；基于对等的伙伴关系强化日本与东盟的关系。这篇讲话为日本树立了“和平国家”的形象，赢得了东南亚国家的好感。在“福田主义”问世的翌年，中日两国签订了和平友好条约，中日关系也向前迈出了一大步。

福田赳夫发表那篇历史性讲话时，福田康夫作为首相秘书参与了酝酿和出台的全过程。30 年过去了，亚洲发生了巨大的变化。作为现任首相的福田康夫回顾历史，在充分肯定“福田主义”至今仍有现实意义的同时，提出了指导未来日本亚洲外交政策的“新福田主义”。

福田在这篇演说一开头就提到，16 世纪一位法国历史学家曾经预言地中海沿岸各国将把地中海作为内海频繁地进行交流，如今这一预言已成为现实。福田强调，全球化正在使地球变得越来越小，用 16 世纪时从地中海一头到另一头所花的时间可以绰绰有余地由东京直驶太平洋彼岸旧金山的金门大桥。福田呼吁包括日本、东盟、南北美各国、俄罗斯、中国、印度和澳大利亚、新西兰等环太平洋各国加强相互间的经济合作，在今后 30 年里将太平洋变成像地中海一样能够频繁进行人员及物资往来的“内海”。目前，环太平洋各国的 GDP 已占全球的 60%，贸易占 40%；再过 30 年，世界经济十强将全部集中在这一地区。

福田在演讲中就日本如何致力于将太平洋变成“内海”提出了 5 点承诺。这就是：（1）要用更大的力度支持东盟的整合与发展，争取在 2015 年建成共同体，把未来 30 年内作为消除亚洲地区差距的 30 年；（2）强化日美同盟，使之成为亚太地区的共同财富；（3）日本将作为“和平合作国家”为实现亚太地区乃至于世界的和平尽心尽力；（4）推动年轻人之间的交流，日本将推进将外国留学生增加到 30 万人、每年邀请 6000 名亚洲青少年访日的计划，同时，大力扩大亚太地区大学间的交流；（5）致力于减排温室气体，防止地球温暖化的事业。尽快达成后京都议定书的框架协议，努力实现低碳社会。

与“福田主义”相比，“新福田主义”具有以下三大特征：一是涵盖的地域范围大大扩大，不仅针对东南亚各国，更涵盖东亚各国，将俄罗斯、印度、澳大利亚、新西兰和南北美洲纳入其中。二是突出建立互信的必要性。用福田康夫的话来说，就是要有“开放”的胸怀与气度，“生活在 21 世纪的人们应该抛开 20 世纪的那种将太平洋割裂成东方与西方的狭隘观念”。“重要的是，在亚太地区的所有国家间建立互信关系，共同前进。”显然，这要比“福田主义”笼统地倡导心对心的交流前进了一大步。三是增加应对非传统安全的内容。福田在这篇演说中针对 2008 年以来亚洲地区连续发生缅甸大海啸、四川大地震等灾祸，强调日本将奉行“防灾合作外交”，尽快建立“亚洲防灾防疫网”，以便亚洲国家联合起来共同开展紧急救援行动，应对大规模的灾害和疫情。从这个意义上说，主张日本应成为“和平合作国家”的“新福田主义”无疑是顺应时代潮流的产物，是“福田主义”在新的历史条件下的发展与提升。

四、麻生太郎的“价值观外交”和“欧亚十字通道”构想

麻生太郎是在安倍、福田两位前任接连挂冠而去的情况下接任首相职务的。他拿的是“临时驾照”，只有在自民党取得新一届众议院选举胜利后才能名正言顺地坐稳首相宝座。可是，麻生上任后连遭厄运。其一，日本经济的周期性后退与全球金融危机交织在一起，导致麻生上任后经济形势日渐恶化，陷入了战后最严重的衰退，麻生内阁回天乏力；其二，麻生内阁接连有两名重臣因失言风波和酗酒而被罢免，之后，麻生又同他竞选自民党总裁时的得力干将、总务大臣鸠山邦夫在人事问题产生龃龉，导致后者愤而辞职，麻生形影相吊，孑然一身。不过，在历任日本首相中，很少有像麻生这样热衷于外交事务的。

麻生有关“自由与繁荣之弧”的演说也是在日本国际问题研究所发表的。时为 2006 年 11 月 30 日，麻生担任安倍内阁的外务大臣。他在这篇演讲中提出日本要通过支持东南亚、中亚和东欧的国家，在欧亚大陆外围建立一条“自由与繁荣之弧”。说穿了，就是要在中国周围构筑一道由所谓“持有自由民主普遍价值”的国家构成的包围圈。这一构想的冷战色彩浓厚，在国际上几乎无人响应，加上安倍政权半年多以后便寿终正寝，由此被束之高阁。

2009 年 6 月 30 日，麻生太郎出任首相后，又在日本国际问题研究所发表了题为“为了安全与繁荣的日本外交”的演讲。这篇外交政策演讲可以说是集中反映了麻生太郎的有关外交理念和外交战略。而“欧亚十字通道”构想则是这篇演讲中的一大“亮点”，是麻生继提出“自由

与繁荣之弧”后，有关日本外交战略的最新贡献。

麻生的这篇演讲，在强调日美同盟重要性的同时，用较多的篇幅阐述了他对日本外交如何致力于推进世界和日本的“安全”和“繁荣”的基本立场。在促进世界和日本的繁荣方面，麻生提到了两大构想：一是继续推进“和平繁荣走廊”的倡议，这是日本前首相小泉纯一郎倡议的，由日本提供ODA（官方开发援助），促成日本、以色列、约旦和巴勒斯坦共同开发约旦河西岸的计划；另一个就是他最新出台的、名为“欧亚十字通道”的区域性整合构想。

根据这一构想，中亚和高加索地区将用纵向和横向的两大通道连接起来，纵向的通道是从中亚经阿富汗直达阿拉伯海的“南北物流通道”，横向的则是从中亚经高加索通向欧洲的“东西走廊”。两条通道呈十字交叉状，构成所谓的“欧亚十字通道”。麻生宣布，日本将推动“南北物流通道”和“东西走廊”内的公路、铁路建设，还将在里海沿岸兴建港口。这一地区的和平与繁荣能够相辅相成的话，肯定能对世界经济起到巨大的拉动作用。

麻生颇为自负地介绍说，迄今为止日本先后出台印度的“新德里——孟买产业大动脉”构想、印支半岛的“湄公河经济走廊”构想。通过日本的资金、技术援助，由越南的胡志明市到印度钦奈，目前走海路单程需要两星期，可望缩短为8天。这两大“走廊”加上“欧亚十字通道”将大大促进从太平洋沿岸到欧洲的整个欧亚大陆的人员、商品和资金的自由流动，形成贯通欧亚大陆的“现代版丝绸之路”。

不过，麻生在演讲中也没有忘记添上一句：中国、印度、俄罗斯是实现“欧亚十字通道”构想的重要伙伴，欢迎这些国家关心和支持这一构想。还要把它们与连接中俄、贯通欧亚大陆的现代版“丝绸之路”实行对接。但是，麻生在这次演讲中重提“价值观外交”的构想。他表示，日本要支持那些从冷战桎梏中解放出来、带着新希望开拓未来的年轻的民主主义国家，要成为它们的“陪跑者”。他特意强调，作为“欧亚十字通道”、“枢纽”的中亚和高加索恰好位于“自由与繁荣之弧”的中央。这显然是自相矛盾的：既然要坚持推行“自由与繁荣之弧”，就不可能不引起中俄的警惕，而借重中俄之力构筑“东西走廊”势必会腰斩所谓的“自由与繁荣之弧”。这恰恰反映了日本对外战略中的深层矛盾，就是一方面强化日美同盟，依靠美国防范和遏制中国，并增强在北方领土问题上与俄罗斯周旋的地位；另一方面却要借重中俄两国的力量，谋求经济上的实惠。可是，鱼与熊掌焉能兼得？

确实，“欧亚十字通道”构想不能仅仅看作是麻生心血来潮的产物。事实上，冷战结束以后日本的历届内阁都很重视欧亚大陆。早在1997年7月，时任日本首相的桥本龙太郎就提出日本要推进“欧亚大陆外交”，第一次把中亚地区置于日本外交战略的重要位置。继任首相的小渊惠三更明确提出日本要以其经济实力为后盾，加强与中亚各国的经济交流和能源开发合作，在此基础上发展与中亚各国的“伙伴关系”。但由于日俄关系趋于紧张，这个所谓的“丝绸之路外交”逐渐失去活力。2006年8月，小泉纯一郎在即将卸任首相之际突然访问哈萨克斯坦和乌兹别克斯坦，给日本的“欧亚大陆外交”按下了“重启”键。2007年4月，安倍内阁的经济产业大臣甘利明率领由200人组成的庞大代表团访问哈萨克斯坦，与哈方签署了合作兴建轻水反应堆核电站、共同开采铀矿等20多份协议，这是近年来日本“欧亚大陆外交”取得的一项最重要的成果。从这个意义上说，“欧亚十字通道”构想正是“欧亚大陆外交”的延伸和发展。

不过，麻生之所以要推出“欧亚十字通道”构想，还有一些更深层次的考虑。

第一，它表明日本将继续是美国最坚定的盟国和“全球规模的伙伴”。许多迹象表明，奥巴马上任以后，美国明显加大了在阿富汗、巴基斯坦介入的力度。美国一方面对“塔利班”武装发动大规模军事攻势，另一方面则频频对俄罗斯和独联体中亚成员国示好，建立人员和物资由俄罗斯经中亚进入阿富汗的安全通道。在麻生的“欧亚十字通道”设想中，中亚和高加索处于“枢纽”地位。如果能够通过日本的资金和技术援助，建立起覆盖这一大片地区的物流系统，对美国的中亚战略无疑是最好的配合。特别是打通从中亚经阿富汗到阿拉伯海的南北通道更是美国梦寐以求的目标。

第二，它表明日本将继续担当区域经济和全球经济“领跑者”的角色。从麻生在演说中不厌其烦地罗列日本为推进“和平繁荣走廊”、“新德里——孟买产业大动脉”和“湄公河走廊”构想所发挥的作用来看，日本显然是以“欧亚十字通道”构想的倡导者和推动者自诩的。联系到麻生政权甫告问世就在华盛顿举行的二十国峰会上许诺向国际货币基金贷款1000亿美元，随后又牵头召开支持巴基斯坦的国际会议，为巴基斯坦筹款50多亿美元。凡此种种，都表明日本念念不忘扩大自己的经济影响，提升自己的国际地位。

第三，它表明日本试图在美国和中国、俄罗斯之间充当“桥梁”的意图。在中亚和高加索的区域经济整合过程中，从来就有东西和南北两条路线之争。美国从其战略利益出发，急于打通从中亚经阿富汗到阿拉伯海的南北通道，而中国、俄罗斯则对从中国经中亚、高加索到欧洲的东西通道也就是现代版的“丝绸之路”情有独钟。麻生的“欧亚十字通道”构想将南北通道和东西走廊捏在一起，既满足了美国的战略需求，也照顾到了中国、俄罗斯的面子，表明日本是美国和中国、俄罗斯之间的沟通桥梁，真可谓东西兼顾，左右逢源。

恰好在麻生发表“欧亚十字通道”构想两个月后，日本第45届众议院选举于8月30日举行投票。自民党从选举前的300个议席惨跌至119席，麻生首相随后便宣布辞职。而随着日本政坛的朝野易位，麻生精心策划的“欧亚十字通道构想”成为日本战后寿命最短的战略构想被送进了历史档案馆。

五、鸠山由纪夫的“友爱哲学”和“新亚洲外交”

2009年9月16日，鸠山由纪夫在日本国会第172次临时会议上被选为日本第93任、第60位首相。这是半个多世纪来日本政坛第一次真正意义上的政权轮换。作为民主党的创始人之一，也是民主党第二任、第六任代表的鸠山由纪夫是有自己的政治理念和外交构想的，这就是“友爱哲学”和“新亚洲外交”。

在日本朝野两大阵营的政治家中，还没有哪一个人能象鸠山由纪夫那样执著地将“友爱”两字作为自己的座右铭。据鸠山在《我的政治哲学》一文中披露，这一哲学观来自他的祖父，1954至1955年担任日本首相的鸠山一郎。鸠山这样解释说："'友爱'相当于法国大革命口号中'自由、平等、博爱'的'博爱'（fraternite）。"奥地利哲学家库登霍夫·卡勒基强调"没有博爱的自由会招致无政府主义；没有博爱的平等会招致暴政"。鸠山一郎在翻译这本著作时将"博爱"译成"友爱"，认为它是一种"作为革命旗帜的战斗概念"，是最适合战后日本发展的意识形态。鸠山认为，正是由于他祖父将"友爱哲学"写进自民党的党纲，才使自民党在20世纪60年代妥善处理劳资关系，带动日本经济走上了高速增长的道路。①

那么，为什么日本今天还需要高举"友爱"的旗帜呢？按照鸠山的分析，日本在冷战结束后完全被美国以"全球化"推行的"市场原教旨主义"操控，人们不择手段地追逐利润，尊严之类的荡然无存。这种丧失了"道义"与"节度"的"金融资本主义"和"市场至上主义"是导致全球性金融危机的罪魁祸首。所以，有必要用"友爱"的理念来克服走向极端的现代资本主义，重新构筑在过度市场经济重压之下的农业、环境、医疗和教育等领域的秩序。

鸠山强调，民主党执政以后将致力于恢复被市场化严重扭曲了的日本的传统价值观念，充实社会保障体系；增强非营利组织（NPO）、市民活动、社会公益活动在社会生活中的作用，打造"互助共生"的社会；同时，要进一步向地方放权，发挥地方政府的能动性，使日本成为一个"地方分权——地域主权"的国家。

在对外关系上，同样要发扬"友爱"精神。民主党主张要与美国拉开距离、向亚洲靠拢的所谓"亲美入亚"路线。鸠山在《我的政治哲学》认为，日美同盟过去是，现在是，将来也是日本外交的基轴。但是，"日本不能忘记自己作为亚洲国家的主体性"。"充满经济活力，而且日益走向一体化的东亚地区，是日本赖以生存的基本生活空间。日本必须持续不断地为在这一地区创建稳定的、旨在推进经济合作、安全保

---

①（日）鸠山由纪夫："我的政治哲学"，《Voice》月刊，2009年9月号，第134页。

障的框架而作出努力。”①

2009年10月26日，鸠山由纪夫发表了就任首相的首次施政演说。他强调，日本应该在国际社会扮演重要的“桥梁作用”。“日本在地球变暖、核扩散、以非洲为代表的贫困问题等全球性课题中，可以成为沟通东西方、发达国家与发展中国家以及多种文明的‘桥梁’。”“日本是位于亚太地区的海洋国家……重要的是必须不断努力使这片海域永远成为友好和合作的、富有成果的海洋。这不仅符合日本的利益，也符合亚太地区乃至全世界的利益。其基础就是紧密而对等的日美关系。这里所说的对等，是指日本方面也要就日美同盟如何为世界的和平与安全发挥作用而积极地提出建议，予以合作。”②

鸠山由纪夫所标榜的“友爱”哲学带有浓重的理想主义色彩，但是，它所反映的以对话、合作代替冲撞、对抗，以提高所有阶层的生活水准代替“市场原教旨主义”的路线多少还是顺应人心、合乎潮流的。

六、菅直人倡导的“第三条道路”和现实主义外交

菅直人和他的前任相比，应该说是非常另类的一位。首先，他出身平民家庭，没有显赫的家世。2010年最新公布的阁僚资产表明，菅直人夫妇全部资产合计只有2240万日元，堪称1989年开始公布阁僚资产以来最寒酸的一位首相。其次，菅直人的从政道路是从市民运动开始的，历经磨练而百折不饶，具有一般“世袭”议员所没有的坚韧性和抗压性。第三，他在国会论战中以语言犀利、思维敏捷著称，但不善于从理论上加以概括，是典型的“行动派”政治家。

菅直人在民主党内先后3次出任代表。尽管他在外交和安全保障问题上并没有系统的论述，但在一些关键问题上却始终态度鲜明。例如，

① （日）鸠山由纪夫：“我的政治哲学”，《Voice》月刊，2009年9月号，第139页。

② （日）鸠山由纪夫：在第173次临时国会上的所信表明演说。见首相官邸主页 http://www.kantei.go.jp/jp/hatoyama/statement/200910/26syosin.html。

他反对小泉首相参拜靖国神社，认为日本在处理与亚洲国家关系时怎么也绕不过历史问题，日本应该在坚持以日美同盟为外交基轴的同时，不断加强与亚洲邻国的关系，等等。①

2010年6月11日，新内阁问世仅仅3天，菅直人就在国会发表了施政演说。这也从一个侧面反映了他雷厉风行的作风。菅直人在这篇演说中明确表示，新内阁的3项政策课题分别是“继续推进对战后行政的‘大扫除’”、“经济、财政和社会保障一体化的重建”以及“实施有责任感的外交、安全保障政策”。如果说第一项课题是要完成鸠山内阁未竟事业的话，第二、第三项课题则带有浓郁的菅直人色彩。

菅直人一直十分倾心于英国前首相布莱尔所主张的“第三条道路”。这是布莱尔在20世纪90年代率领工党向执政的保守党夺权时提出来的口号，是将新自由主义与社会民主主义糅合起来的典型。不过，在工党夺取政权后，“第三条道路”便逐渐失去了它的“光辉”。菅直人借用布莱尔的主张，赋予“第三条道路”新的内涵。他在施政演说中是如此阐述的：

“从90年代泡沫经济瓦解后，日本经济在这20年里持续低迷，国民丧失了昔日的那种自信，对未来充满不安。新内阁的使命就是要遵照国民的意愿打破这种闭塞状态。这就要按照可以称作是‘第三条道路’的新的设计图重建日本。”

根据菅直人的解释，20世纪六七十年代日本经济高速增长时期，日本大力推进道路、港湾、机场等基础设施的建设，提高生产效率，牵引经济发展。这可以称作是以公共事业为中心的“第一条道路”，但这条道路的弊端在泡沫经济瓦解后尽显无遗。20世纪90年代以来，日本开始探索美国式自由主义的“第二条道路”。尽管企业从中获益匪浅，业绩显著回升，但从整个国家来说，这一政策导致失业人口增加、国民生活困顿、通货紧缩加剧、贫富差距扩大等问题，社会不安急剧上升。

---

① （日）菅直人：在上海国际问题研究所与日本民主党联合举办的“建立面向未来的中日关系”学术研讨会上的基调报告，2002年5月4日。

对此，菅直人直率地指出："企业能解雇员工，国家不能解雇国民。"[①]

菅直人强调，他所主张的"第三条道路"是从过去的失败中吸取教训，是最适合目前日本现状的政策。这就是要通过创造新的需求和雇佣机会，解决日本社会面临的各项课题。而造成目前弥漫日本社会的闭塞感的主要原因是：经济低迷、财政赤字扩大以及破绽百出的社会保障。所以，新内阁决心通过强有力的政治领导，实现经济、财政和社会保障的同步发展。

在这篇施政演说中，菅直人围绕如何做强经济、做强财政和做强社会保障提出了一系列新的思路。在促进经济转型方面，强调要发展"绿色经济"、构建"健康大国"、借力亚洲发展、发展旅游事业，促进地方振兴以及实行科技立国，等等。争取在未来10年里实现名义3%、实质2%的年均经济增长率。在重建财政方面，则将通过与在野党的合作，在杜绝浪费的同时对现行的税收体制进行根本的改革。在加大对社会保障的投入上，强调要切实消除国民在医疗、老后照料和育儿负担方面的不安，要改变经济、财政和社会保障互相对立的传统观念，实现三者"共赢"和彼此促进的目标。

换句话说，菅直人试图在日本传统的"公共事业中心"的道路和美国式自由主义的道路之外走出一条新路来。鉴于日本社会对上述两条道路虽然存在着强烈的批评，但也不乏其支持基础。菅直人倡导的"第三条道路"能否另辟蹊径，人们自然会予以密切的关注。

作为新首相上任后的第一次施政演说，自然少不了有关外交和安全保障问题的表述。菅直人亮出的旗帜是"现实主义"。他说，自己从年轻时候起曾多次参加以现实主义学说研究国际政治的永井阳之助先生为中心的学习会。通过与永井教授的切磋，深刻认识到任何一个国家的外交都是需要承担相应的责任，付出必要的代价的。

那么，对日本来说，现实主义的外交究竟意味着什么呢？菅直人在这篇演说中的回答是："我国既是面向太平洋的海洋国家，也是一个亚

---

① （日）菅直人：在第174届例行国会上的施政演说。2010年6月11日，见首相官邸网站：http：//www.kantei.go.jp/jp/kan/statement/201006/11syosin.html。

洲国家，应该在这双重属性的基础上开展外交。具体来说，就是要以日美同盟作为外交的基轴，同时也要加强与亚洲国家的合作。”①

菅直人的前任鸠山由纪夫倡言“对等的日美关系”，在普天间基地问题上坚持将搬迁到“县外”、“国外”作为与美国交涉的选项，引起了美国的强烈不满。正因为如此，菅直人在提及日美关系时显得格外谨慎。他说：“日美同盟不仅是为了保卫日本，它也是支撑亚太地区稳定与繁荣的国际公共财产，日本今后要扎扎实实地深化与美国的同盟关系。”他特意强调，新内阁将遵循2010年5月底日美有关普天间基地搬迁问题的协议。这显然是要让美国吃“定心丸”。当然，他在演说中也没有忘记补充一句，新内阁将尽力减轻冲绳的负担。

显然，菅直人在施政演说中强调的“现实主义”既是他一贯的政治理念，在一定程度上也是对其前任鸠山由纪夫过于理想主义的外交政策的一种微调。

同样，在论述日本与亚洲国家关系时，菅直人虽然表示要继续推进鸠山内阁提出的东亚共同体设想，但力度小了不少。他说：“日本要与亚洲为中心的近邻各国加强在政治、经济、文化等各个领域的关系，并在将来实现东亚共同体的构想。要深化与中国的战略互惠关系，与韩国构筑面向未来的伙伴关系，在发展日本与俄罗斯的关系时，要把政治和经济像车辆的两个‘轮子’一样同步推进，全力解决两国间最大悬案北方四岛问题，最终缔结和平条约。要进一步充实日本与东盟以及印度等国的合作。……”② 不过，也许是要和鸠山前内阁保持基本的一致吧，菅直人在韩国警戒艇沉没事件上继续采取“全面支持”韩国立场的态度。这不能不给日本与朝鲜关系的改善带来若干负面的影响。

菅直人在他的这篇演说中还就气候变化、生物多样性、“无核世界”构想以及援助阿富汗重建、支援非洲等等问题，一一表明了态度。虽然都有所涉及，但给人们的印象似乎是点到为止，缺乏亮点。

---

① （日）菅直人：“在第174届例行国会上的施政演说”。2010年6月11日，见首相官邸网站：http：//www.kantei.go.jp/jp/kan/statement/201006/11syosin.html。

② 同上。

坦率地说，菅直人是在前任鸠山由纪夫突然辞职的情况下临危受命、入继大统的。与8个月前鸠山在鲜花和掌声中风光登台形成鲜明的对比。面对民主党支持率持续走低，党内围绕权力分配的龃龉增加等，他的精力与其说是放在外交和安全保障问题上，倒不如说更关注国内问题，包括应对日益严重的财政问题和经济失速的危险。从这个意义上说，菅直人很可能是近年来在对外战略构想上比较低调和相对消极的一位首相。

正如一位日本政治评论家所指出的，日本政治的“钟摆”在持续向右摆动几年后现在开始往回摆了。鸠山政权的诞生可以看做是向“中道政治”的倾斜。尽管鸠山内阁只存在了短短的266天，但由于继任的菅直人曾经与鸠山由纪夫、小泽一郎同为牵引民主党政权的“三驾马车”，鸠山内阁的成员绝大多数在新内阁中留任，菅直人至少在一段时期里将延续鸠山由纪夫的政策。

第三章

新世纪日本对外决策机制及其过程

无论哪一个国家，其对外战略的酝酿和制定由于涉及到国家的核心利益，都是慎之又慎的。从战后日本传统的对外决策过程来看，外务省总是扮演关键的角色。进入新世纪以后，外务省虽然继续在酝酿和制定对外战略过程中发挥着主导作用，但越来越受到政府的其他部门、朝野主要政党乃至智库、大众传媒的掣肘和影响。从新世纪日本一些主要的对外战略构想出台的经过来看，日本的对外决策机制已开始由一元化向多元化演变，过程也更加繁复。

第一节　政府机构在对外决策过程中的作用

2001 年 1 月，日本中央政府机构在步入新世纪之际启动了一次堪称战后最大规模的改组。沿袭已久的 1 府（总理府）21 省的架构被改组为 1 府（内阁府）11 省。原先的 21 个省厅中，文部省和科技厅合并为文部科学省；厚生省一分为二，一部分与劳动省组成厚生劳动省，另一部分则与环境厅组建为环境省；总务厅、自治省、邮政省合并为总务省；总理府与经济企画厅、冲绳开发厅合并为内阁府；运输省则与建设省、国土厅以及北海道开发厅组成国土交通省。此外，大藏省更名为财务省，通产省改名为经济产业省。保留不动的只有外务省、法务省、农林水产省、国家公安委员会和防卫厅。2007 年 1 月，根据《防卫厅设置法》，原先隶属内阁府的防卫厅升格为拥有独立提案权的防卫省，形成了 1 府 12 省架构。

日本的中央政府机构不仅是对外战略的执行机构，也是酝酿和催生这类对外战略的主要承担者。

一、政府机构的决策程序与官僚的作用

日本是在明治维新以后以欧洲为样板建立起现代官吏制度的。战后，政府官员被称为公务员，其选拔、任用、晋升和退职等均按照法律予以实施。日本的公务员分两大类：在国家机关和国营事业任职的称国家公务员，在地方自治体和地方公营事业中任职的称地方公务员。国家公务员又可以细分为特别职务公务员和一般职务公务员。特别职务公务员是由公众选举出来或以其他方法选任的，前者指首相、大臣、国会议员等；后者指法官、大使、公使及陆海空自卫队的军官和士兵。一般职务公务员指的是担负具体行政及业务工作的职员。

截至 2008 年底，日本共有公务员 354.6 万人，其中国家公务员为 64.7 万人，地方公务员 289.9 万人。在国家公务员中，特别职务公务员约 30 万人（包括自卫队 27 万人），一般职务公务员 34.7 万人。除去国立大学的教职员、国立医院的医护人员和林业、造币等现业公务员外，在中央政府机构中任职的行政官和外交官约 28.1 万人。

日本公务员的总体素质较好，与录用公务员时实行严格的考试制度不无关系。以国家公务员来说，大致分为从大学毕业生中选拔公务员的“Ⅰ级”考试、“Ⅱ级”考试和从高中毕业生中选拔公务员的“Ⅲ级”考试。这 3 种考试的难易程度相差悬殊，合格者的待遇也大相径庭。“Ⅰ级”考试的合格者不仅比仅仅通过“Ⅱ级”考试、“Ⅲ级”的人提拔得

快，而且最终可跃升为事务次官，而“Ⅱ级”和“Ⅲ级”考试合格者提拔较慢，而且最多只能做到课长助理和股长一级。“Ⅰ级”考试的合格者每年约一千三四百人，合格率约为 30 ∶ 1[①]。人事院录用其中的50%，约 700 人。这部分人在各省厅内被称为“Career 组”。日本媒体经常使用的“官僚”一词主要指“Career 组”的国家公务员。

从理论上说，中央政府机构每年新增 700 名左右的“Ⅰ级”考试合格者，以平均任职 30 年计，中央政府机构总共应该有 2 万余名通过“Ⅰ级”考试的精英。但实际上留在中央政府机构的只有半数左右。这是因为日本官僚中有个不成文的惯例，就是同期进入官厅的人中间，只要有一个人升到局长职务，其余人就要急流勇退，到民间企业或其他团体任职。这就使得官僚中的竞争特别激烈。

日本的中央政府机构非常强调所谓的“年次”，将公务员按照进入官厅的年份或者说按照连续任职的年限分层管理，逐级提拔和任用干部。这就为官厅的日常运作提供了相对稳定的框架。职务低的要服从职务高的，资历浅的要服从资历深的，进官厅年限短的要接受年限长者的指导。各省厅对所属职员采取负责到底的方针，定期安排业务培训、出国考察甚至留洋深造等，可以说是无微不至，从而增强了各级官僚对自己所属官厅的归属感和忠诚感。

日本政府的所有决策都按自下而上的“禀议制”模式确定。作为“第一推动力”的是各省厅相关局的课长一级官员，以及年龄稍低、资历稍浅，但有可能被提拔为课长的干部。他们不仅要在第一线率领其各自的“团队”处理各类琐碎、纷繁的事务，更要就与其业务有关的政策性课题提出相关报告或者按照上级的意图进行某种政策设计。事实上，在日本各省厅“挑大梁”的无一例外都是课长一级的干部，但最终决定权不在他们手里。决策的流程是：

---

① 2001 年度，日本共有 37346 人报考“Ⅰ级”考试，合格者为 1308 人，大体上每 28.6 人中合格 1 人；报考“Ⅱ级”考试的共有 69985 人，合格者为 6939 人，约 10.1 人中合格 1 人；选择“Ⅲ级”考试的为 83632 人。合格的为 5119 人，大体上每 16.3 人合格 1 人。据人事院《公务员白皮书》2002 年版，第 67 页。

（1）相关课在大致确定有关政策的概要后，首先禀报给主管局；（2）由主管局长出面与本省其它部门乃至其他省厅的相关部门沟通后再禀报给大臣官房；（3）大臣官房就其是否符合相关法律进行验证，拿到本省各局局长的联席会议上审议通过后禀报给内阁官房；（4）内阁官房接到相关报告后，先在内阁官房副长官主持的各省厅事务次官联席会议上审议，通过后再拿到内阁阁僚会议上讨论；（5）内阁会议讨论通过后或付诸实施，或提交国会审议，获批准后即付诸实施。

日本学者佐藤英夫将决策理论归纳为 4 类，即合理的选择理论（Rational choice theory）、组织过程模式（Organizational model）、政府内部政治模式（Governmental politics model）和认识过程模式（Cognitive process）。日本的官僚决策机制属于第二类。政府内部外务省、大藏省、通产省等机构，在出现问题时由各部局按照事先确定的组织内标准作业程序自动采取对应措施。留给上层决策者的工作不过就是在必要时调整政府内各组织之间的关系。[①]

一般来说，日本的官僚队伍经过严格的选拔程序精心挑选，总体素质较高，专业分工细而且比较稳定，具有较强的渗透能力和主导能力。战后，日本经济之所以能实现高速增长，原因之一就是政府实施了名为“窗口指导”的有力干预。很长一段时间，人们将日本政府尤其是主管经济的通产省称为“日本株式会社”的“司令部”，是日本经济高速增长的“引擎”。对日本官僚的研究一时蔚然成风。美国人约翰逊·查默斯撰写的《通产省和日本奇迹》就是其中的一部代表作。

与官僚相比，政治家在国家重大决策的过程中扮演的角色往往只是举举手、过过堂而已。难怪日本长期流行所谓“官高政低”乃至“官僚主导”的说法。政界更流行“卡拉 OK 文化”一说，意政治家在国会的发言、内阁的提案等等，其实都是出于官僚之手。不管谁当首相、大臣，只要照着官僚们拟的稿子念就行，好比人们在 KTV 包房里照着荧光屏的字幕和光标对着话筒唱一样。

---

① （日）佐藤英夫：《对外政策》，王晓滨译，经济日报出版社，1990 年版，第 27 页。

二、日本各省厅围绕对外决策主导权的博弈

外务省是日本政府负责对外关系事务的最高机关，也是日本自1885年（明治十八年）实行内阁制以来唯一没有改过名称的部门。毋庸置疑，外务省是日本对外战略的主要操盘手。长期以来，日本外务省一直掌管着日本派驻世界各国使领馆所搜集的大量情报，按照日本国家利益最大化的原则适时地提出应对方针和策略，在日本的对外决策中发挥着核心和主导的作用。然而，随着时间的推移，通产省（经济产业省）、大藏省（财务省）等部门在日本对外决策中扮演的角色的越来越重，省厅间围绕对外决策主导权展开了激烈的博弈。

1. 外务省在日本对外决策中处于主导地位

在霞关的中央政府机构中，外务省的地位颇为特殊。这不仅因为外务省的官员经常要到海外的使领馆任职，对外代表着日本，并享受着外交官的各种特权，还由于外务省录用的干部必须接受专门的外交官资格考试，具备较高的外语水准。所以，同样是中央政府机构的官员，外务省的人就是与别的省厅的人隔了一层。一位经济产业省的官员不无调侃地说，在霞关一带的大街上，仅仅凭走路的姿势就可以把外务省官员和其他省厅的官员区别开来。

日本外务省的编制约5500人，在世界主要大国中属于比较精干的组织。其中属于“Career组”的精英约五六百人。外务省官员按其第一外语种类，可分为美国学派、中国学派和俄罗斯学派三大派。而按其出身母校又可分为东大派（东京大学毕业）、如水会（一桥大学毕业）、外大派（东京外国语大学毕业）和大凰会（创价大学毕业）等主要派系。

根据日本在2001年启动的中央政府机构改革的设想，外务省应充实和强化制定综合外交政策的功能；充实与加强情报收集、分析以及汇报功能；积极有效地实施政府发展援助（ODA）；与经济产业省等机构协调，制定对外经济政策；与防卫厅等协调制定综合的安全保障政策，

等等。其内部设置有：大臣官房、综合外交政策局、亚洲大洋州局、北美局、中南美局、欧洲局、中东非洲局、经济局、条约局和国际情报局。2004年8月，原属大臣官房的领务移民部升格为领务局，条约局改制为国际法局，国际情报局被国际情报统括官组织取代。2006年8月，为加强外务省在规划和推进ODA方面的职能，新设了国际合作局。

日本在酝酿和制定新世纪对外战略时，外务省无疑是当仁不让的。外务省的最高决策层由首相任命的外务大臣、副大臣、政务官、事务次官和外交审议官组成，但实际上真正发挥作用的是课长一级官员。如果说各地区局主要承担对特定国家和地区的政策构想的话，综合外交政策局、国际法局和国际情报统括官组织则比较擅长从中长期的视野构建日本的对外战略。例如，外务省在2002年11月出台的《日本的FTA战略》就是由综合外交政策局为主拟定的。2006年10月安倍晋三首相访华期间，两国首脑在新闻公报中宣布将致力于推进“战略互惠关系”。“战略互惠关系”最早就是由外务省国际情报统括官组织倡议的。①

外务省与其他省厅相比，在日本对外决策过程中处于主导地位。其理由是明显的：第一，外务省是内阁中唯一的主管对外关系的政府机构。日本的首相在对外决策中几乎总是单方面地依赖外务省的情报和分析。而历任首相无一例外地选择外务省派遣的资深外交官担任自己的贴身秘书，这也加强了外务省对首相的影响力；第二，外务省在117个国家拥有189个使领馆，加上在包括联合国在内的一系列国际组织中派驻的代表，可以说它的耳目遍布全世界，在搜集和掌握国际信息方面拥有压倒优势；第三，外务省由于直接与各国和主要的国际组织进行交涉，不仅对国际动向比较敏感，在风起青萍之末时就能有所察觉，而且对主要大国的对外战略有直接的感受，并由此产生日本必须构建自己的对外战略的强烈冲动。同其他省厅相比，外务省有专门设立的综合外交政策

① 2006年11月，主持外务省国际情报统括官组织第三室工作的垂秀夫在上海社会科学院召开的学术研讨会上透露说，“战略互惠关系”是由他向外务省事务次官谷内正太郎建议，得到首相官邸认可的。

局，在宏观战略领域投入的力量相对比较强。

不过，近年来外务省的这种主导地位逐渐趋于削弱。首先，日本外交所面对的外部环境日趋复杂。在冷战结束特别是进入新世纪后，国际格局发生深刻而复杂的变化。日本由于其掌握的经济筹码权重日益加大，迎来了在国际社会纵横捭阖、施展拳脚的历史性机遇，但它面临的挑战也日趋深刻和复杂。这已不是外务官僚靠传统思维和有限的专业知识所能应付得了的。其次，从 2001 年以后，在外务省官僚中连续爆出丑闻，其对外形象受到严重损害，加上日本冲刺“入常”和处置某些地区事务的失当，导致外务省在外交决策中的地位相对下降，首相官邸开始更多地倾听外部专家和智库的意见。最后，随着日本政界新老交替步伐加快，战后出生和成长起来的新生代政治家逐渐站到政治舞台的中央，他们不甘心被外务官僚牵着鼻子走，寻求在对外决策中拥有更多的发言权，甚至不惜违反外务省的意愿来发挥其影响力。这些都使得外务省在日本对外决策中一度拥有的绝对优势地位日渐衰落。

2. 经济产业省等省厅在对外决策中影响日益扩大

在外务省对外决策功能相对下降的过程中，经济产业省、财务省和防卫厅（省）的权重却呈现出不断上升的趋势。

(1) 经济产业省。它的前身是通商产业省。早在 20 世纪七八十年代，随着日美经济摩擦逐渐白热化，通产省的官员开始越来越多地在两国的贸易谈判中扮演主角。而代表外务省与会的大使、公使反倒成了陪衬。在进入新世纪后的中央省厅重组中，通产省改称经济产业省，但原有的架构进行了大幅度的调整，一些行业局被通商政策局、贸易经济合作局等所取代，这些局都与涉外经济有关。此外，隶属于经济产业省的日本贸易振兴机构（JETRO）在 56 个国家拥有 74 个事务所，常驻海外的职员达 850 名之多。日本贸易振兴机构主要的业务是搜集、分析海外的经济情报，并基于这些情报支持日本中小企业的出口、帮助日本企业在海外开展业务以及援助发展中国家。日本贸易振兴机构掌握的海外情报之迅速和丰富，足以与外务省相媲美。美国中央情报局一度还将它列为日本的情报机构。顺便说一说，日本贸易振兴机构麾下的亚洲经济研究所成立于1960年，是日本政府系统规模最大的智库。

进入新世纪以后，经济产业省在日本对外战略中有两场重头戏：一是推进双边的自由贸易区谈判；二是推行资源外交。

日本过去一直致力于以世贸组织为中心的多边贸易谈判。但是，随着世贸组织新一轮的多哈回合的谈判一再搁浅，也由于欧美地区缔结双边自由贸易协定蔚然成风，因而在进入新世纪后，日本也加快了与外国谈判和缔结自由贸易协定的步伐。2002年1月，新加坡成为第一个与日本缔结经济合作协定的国家。随后，墨西哥、马来西亚、菲律宾、泰国、智利和印度尼西亚等国相继与日本缔结了经济合作协定。

日本是资源贫乏的国家，石油、天然气等一次能源和主要的矿产品几乎完全依靠进口。20世纪70年代爆发的两次石油危机，日本受到严重冲击。1973年，日本政府成立资源能源厅，挂靠通产省。80年代初，日本政府制定了《综合安全保障战略》，其中确保石油、天然气等能源供应被列为最重要的国家战略目标之一。2002年日本政府出台《能源政策基本法》。其中第十一条规定，政府每年必须发表有关能源供需状况及能源政策的白皮书。2004年，日本发表第一份《能源白皮书》，以后每年都有《能源白皮书》问世。这些都是在经济产业省主导下完成的。

说起资源外交，中日两国有关东海油气资源开发的对立，其始作俑者便是担任经济产业大臣的中川昭一。2004年5月，中川昭一在随后与中国外长李肇星会晤中无理要求中国停止春晓气田的开发，并向日本提供所有勘探数据，在这一无理要求被拒绝后，经济产业省悍然下令在东海海域日本单方面划定的所谓“中间线”以东争议海域进行地质勘探，翌年7月，又向帝国石油公司颁发试开采的许可证，以致东海局势急转直下，成为中日两国间最有可能引发肢体冲突的热点地区。在2004年11月开始的中日有关东海问题的事务级磋商中，日方代表团虽然由外务省亚洲大洋洲局长领衔，但实际上左右谈判的却是资源厅长官。外务省被经济产业省所“绑架”，这在以往的历史中是极为罕见的。

（2）财务省。它的前身是大藏省。财务省由于掌控预算大权，有“省厅中的省厅”之称，其地位犹如战前的陆军省。20世纪90年代后期，在桥本内阁推进的、被称为“金融大爆炸”的财政金融体制改革中，原属大藏省管辖的银行业务被剥离出来，由专门成立的金融厅分管。大藏省的权限受到很大削弱。中央省厅改革后，大藏省改称财务省，主要负责预算、税收、公债和被称为财政投融资的“第二预算”等业务。但是，根据日本《外汇及对外贸易法》，财务省负责日本外汇储备的管理，在日本外汇管理体系中扮演战略决策者的角色。

随着全球化的日益深入，各国间在贸易、金融等领域的交往越来越密切，汇率走向经常起到“牵一发而动全身”的作用。20世纪90年代中期，时任大藏省国际金融局长、财务官的榊原英资大刀阔斧地打压日元汇率，使之从1美元兑79日元的超高水准逐渐回落。国际汇率市场对他的一言一行十分在意。有时候，不经意的一句话便引起汇率的剧烈波动。榊原英资不仅在日本，在国际上也有“一言九鼎”的分量，媒体甚至调侃地称他为“日元先生”。

进入新世纪以后，日本政府在推进亚洲金融合作方面态度比较积极。这方面的主要推手就是财务省。早在2000年5月，东盟和中日韩三国财长在泰国清迈共同签署了建立区域性货币互换网络的协议，即《清迈协议》(Chiang Mai Initiative)。这是鉴于亚洲金融危机的沉痛教训，为保持金融市场稳定，防止金融危机再度发生的区域性金融合作机制。截至2003年12月底，中、日、韩与东盟十国共签署了16个双边货币互换协议，累计金额达440亿美元。2008年9月，美国雷曼公司倒闭，标志着由次贷危机诱发的金融风暴已演变为席卷全球的金融危机。亚洲各国再一次加强货币金融合作。翌年1月，“10+3”财长举行特别会议，决定将筹集中的亚洲区域外汇储备库的规模由800亿美元扩大至1200亿美元。

(3) 防卫厅（省）。防卫厅从成立以来一直是隶属总理府（后来是内阁府）的外局。防卫厅长官虽然也是国务大臣，但其地位远逊于外务省、通产省等。防卫厅既不能向内阁会议提出法案，也无权直接提出自己的预算要求。包括事务次官在内的主要干部均由来自大藏省和警察厅的官僚把持。对外交涉则由外务省包揽。防卫厅很少发出自己的声音，更遑论影响日本的外交战略决策了。

这种状况到20世纪中曾根康弘出任防卫厅长官后有所转变，正是在中曾根任内，防卫厅开始每年编撰、出版《防卫白皮书》，介绍日本的安全形势和防卫方针。其“能见度”明显提高。防卫厅内部，陆续成立了防卫政策课、情报本部等与评估安全形势有关的机构，一批从事宏观战略分析的精英开始脱颖而出。由防卫研修所演变而来的防卫研究所也不再单纯从事自卫队高级军官的培训，而是集中了一批有研究能力的专家和职业军人从事相关地区的政治、军事形势研究和军备控制、区域安全机制的研究。

在20世纪日美酝酿修订《防卫合作指针》过程中，防卫厅的两位审议官守屋武昌、柳泽协二发挥了举足轻重的作用。守屋后来出任防卫厅事务次官，柳泽则转任负责危机处理的内阁官房副长官补。两人都在日本的安全保障政策中发挥一定的影响。

日美“2＋2”对话机制。“2＋2”对话指的是日美间每年都举行的由国务卿、国防部长和外务大臣、防卫厅长官参加的日美安全磋商委员会（Security Consultative Committee，简称SCC）。过去是美国驻日大使、太平洋美军司令与日本外务大臣、防卫厅长官会谈。1990年起，改为较对等的外相、国防部长间的会谈。防卫厅长官（后来是防卫大臣）第一次取得与外务大臣平起平坐，对外磋商的地位。这些年来，日美“2＋2”磋商有一系列引人瞩目的动向。例如，2005年2月召开的“2＋2”磋商将台湾海峡列为日美安保的共同战略目标之一，隐含着在台海地区出现紧急状态时日美联合介入的可能；2005年10月的“2＋2”磋商就美国全球军事调整涉及日本的措施达成协议。这主要是日美双方就自卫队和美军的作用、任务、能力及驻日美军兵力构成调整达成初步协议；2006年5月1日，“2＋2”会谈通过了有关上述问题日美磋商的最终报告。这份最终报告的内容包括以下三方面：一是调整美国驻冲绳的兵力结构和部署。报告规定在2007年3月前完成驻冲绳美军设施整合计划，2014年前将美国驻冲绳海军陆战队中的8000人转移到关岛，在总共为102.7亿美元的迁移费用中，59％即60.9亿美元由日方提供；2014年前，将美海军陆战队的普天间机场迁移至施瓦布营地沿岸地区。[1]

防卫厅（省）在日本对外战略决策中发挥的又一重要作用是提供情报支持。1995年11月出台的《新防卫计划大纲》规定，自卫队必须“在常年保持警戒、监视的同时，通过拥有多种信息收集手段以及高水平的情报专家，实施对包括战略情报在内的高质量情报的收集和分析”。同年12月，防卫厅决定设立“情报本部”，把防卫厅内局调查第一课和第二课、陆海空幕僚监部调查部、中央资料队、统合幕僚部第二室等部门凝为一体，对迄今为止各情报部门分散进行的情报活动实施一元化管理。防卫厅情报本部于1997年1月20日正式成立，总共拥有近1600人，堪称日本历史上最庞大的情报组织。它将超过同样是处理国内外情报的内阁调查室和外务省国际情报局，成为国际性谍报机关。[2] 从2003年3月起，日本在两年内先后发射了4颗“多用途情报卫星”，建立与此相配套的地面接收站和中央情报分析机构。这意味着日本已拥有与其他大国相比毫不逊色的、强有力的战略情报系统。

3. 外务省与经济产业省等部门围绕对外决策主导权的博弈

在涉及日本长远国家利益的对外战略时，中央政府机构都应该从各自专管的领域出发，积极地建言献策，集思广益。但是，日本中央政府机构最大的弊端之一就是“纵向分割”，各自为政。在霞关各政府机构任职的精英们虽然都是国家公务员，但落实到每一个人，其效忠对象与其说是国家，还不如说是自己所属的省厅。对霞关的官员来说，本省厅的利益往往被置于高于一切的地位，也就是日本媒体经常批评的“省益”高于“国益”的现象。

例如，与外国缔结FTA协议是经济产业省的专管事项。其中涉及到开放国内市场问题，需要与企业界进行充分的沟通。但外务省从改善与发展有关国家的双边关系的角度出发，自然认为尽快与其缔结FTA协议符合日本的国家利益。这样，围绕FTA协议缔结的时机以及要不

① （日）《日本经济新闻》，2006年5月2日。

② （日）《朝日新闻》，1995年12月24日。

要在开放国内市场上作出让步问题上两家就有分歧和对立。事实上，2002年11月出台的《日本的FTA战略》是外务省主持起草的，一直挂在外务省的主页上。经济产业省则认为这是对它的专管事项的“冒犯”而持强烈反对立场。这就是日本媒体所说的“圈地之争”[①]。

在日本的中央政府机构里，还存在着多头搜集情报、低水平竞争的问题。外务省拥有庞大的驻外使领馆网络，在搜集情报方面自然居于上风。但是，经济产业省、财务省和防卫省也有各自的情报网络。从各自的“省益”出发，自然就会彼此保密，争风吃醋，生出不少矛盾。就以外务省和防卫省为例。根据日本政府的规定，日本驻外武官接受双重管辖：外务省向驻外武官提供经费并接收其发回的情报；防卫省则负责选派驻外武官，并指导其业务工作。在这样的规则下，外务省经常抱怨防卫省选派武官的人选“不好用”，防卫省则指责外务省垄断了武官情报来源。日本学者佐藤英夫在分析组织过程模式的利弊时，如此分析道：“政府内部组织各自死守自己组织的利益（Organizational interest），为优先增进自己的利益，必须要与其他组织进行激烈竞争。由此，在向最上层领导提供情报分析时，也总是提出有利于自己组织的情报。因而，正如组织过程模式所显示的那样，领导者对来自政府内部组织的活动持不加分析的顺应态度的话，在确立政策时就很难不出现重大失误。”[②]

有鉴于此，日本当权者中便出现了创建日本版国家安全会议（JNSC）的动议，试图将分散在内阁官房、外务省、防卫省、法务省和警察厅等部门的情报机构系统整合起来。

三、从日本版的NSC到“国家战略局”

战后，日本首相的权限得到了加强。从理论上说，外交的最高权限属于首相。但是，历任首相的身边都没有真正意义上的“参谋部”，

① 在日语中称为“縄張りの争い”。

② （日）佐藤英夫：《对外政策》，王晓滨译，经济日报出版社，1990年版，第28页。

负责日常事务运作的主要是首相和官房长官加上内阁官房的两名政务副长官、一名由官僚提拔上来的内阁官房事务次官。内阁官房设有内政审议室、外政审议室、安全保障·危机管理室、内阁广报官（主要承担发言人角色）室和内阁情报调查室等5个机构。但由于各部门相互封锁消息，相互掣肘，难以发挥作用。

依照惯例，首相配4名事务秘书，分别来自大藏省、外务省、通产省和警察厅，至于政务秘书则往往由首相的亲戚或事务所的资深秘书担任。事务秘书都是各政府内定要提拔的“好苗子”，回原来省厅后多半会提拔为副局长或审议官。他们在首相身边工作，少不了派出部门的鼎力支持，当然也不会忘记照顾本省厅的利益。政务秘书每天仅接听的电话就不下上百个，还要为首相安排每天的日程，包括首相必须出席的各类红白喜事和政客之间的碰头会。如此大量的杂务，使得政务秘书根本无法从政局运行和决策的角度为首相出谋划策。

20世纪90年代后期，桥本龙太郎在其任内推动行政改革，目的之一是要强化首相官邸的功能。这项改革在2001年1月正式启动后，首相有权任命不超过5名的首相助理辅佐其履行职务，内阁官房的编制由小渊惠三时代的180人扩充到2005年底的665人。绝大多数是来自各省厅的精英官僚。

小泉纯一郎出任首相后推行强势的政治运作方式，首相官邸的权限大大加强。小泉将自民党各派系领袖冷落在一边，从组阁等人事安排到启动他所谓的“结构改革”，完全由他一个人说了算。不仅如此，他在处理与经济产业省、财务省等超级省厅的关系时，也摈弃了沿袭多年的惯例，对官僚们精心准备的方案不予置理，改由他专门设立的“经济财政咨询会议”发号施令。正因为如此，在小泉执政的5年半里，诸如道路公团民营化、邮政事业民营化等改革得以克服官僚和“族议员”的顽强抵抗，逐步得以实施。

在外交和安全保障领域，小泉也是大权独揽，我行我素。就以2002年9月他对平壤进行的“闪电式”访问来说，除了在日朝间秘密沟通的外务省亚洲大洋洲局局长田中均以外，外务省几乎所有主要干部都被蒙在鼓里。消息公布后，其轰动效应可想而知。不过，由于小泉的主要注意力放在“结构改革”上，虽然在他任内首相官邸与外务省在对外决策上所扮演的角色发生了大逆转，但至少在组织架构上还没有发生大的变动。这一使命留给了他的后任。

2006 年 8 月，在自民党总裁选举揭开序幕后，时任官房长官、被认为是最有可能继任的安倍晋三提出了一项设立日本版国家安全委员会（NSC）的倡议。“NSC”是美国国家安全委员会的略称。全名是 United States National Security Council。它是美国总统身边最有权势的幕僚机构之一。该委员会由总统担任主席，成员包括副总统、国务卿、国防部长、财政部长、紧急准备局局长、中央情报局局长、参谋长联席会议主席和国家安全事务助理。日常事务由总统国家安全事务助理主管。其主要职责是：统一有关美国内政、军事、外交政策，向总统提出建议。自 1947 年成立以来，历届总统大多很倚重，特别是处理重大危机时总是要召开国家安全委员会会议，实际上成为美国政府决定重大战略问题的核心组织。

安倍晋三有关设立日本版 NSC 的念头由来已久。其实，早在 1997 年，桥本首相鉴于阪神大地震时中央政府各机构彼此扯皮、反应迟钝的教训，特意在行政改革方案中列入了强化内阁功能的内容。2002 年 11 月，小泉首相委托冈本行夫成立的课题组也曾建议设立“外交安全保障会议”。2006 年 7 月 5 日，朝鲜突然向日本海接连发射导弹，致使东北亚局势骤然紧张起来。时任内阁官房的安倍晋三立即与美国总统国家安全事务助理、负责国家安全委员会的哈德利进行沟通。在美国的支持下，日本利用担任联合国安理会轮值主席的机会，将谴责朝鲜导弹试验的决议案提交安理会审议，在与反对制裁朝鲜的中国、俄罗斯两国磋商后最终通过了这项决议。这是日本第一次在联合国发挥主导权。这固然与日本恰好担任安理会轮值主席有关，但如果没有首相官邸的决定，显然是不可能实现的。

同年 9 月，安倍继任自民党总裁、首相职务后，设立日本版的 NSC 遂列入其重要的议事日程。11 月 2 日，安倍成立了由他本人担任召集人的“有关强化首相官邸国家安全保障功能的会议”，其成员有负责安全保障事务的首相助理小池百合子、官房长官盐崎恭久、日本前驻泰国大使冈崎久彦、拓殖大学教授小川和久和森本敏、东京大学教授北冈伸一、前内阁安全保障室室长佐佐淳行、前防卫厅事务次官佐藤谦、前官房长官盐川正十郎和前参谋长联席会议主席先崎一等。该机构差不多每两周召开一次会议，最终于 2007 年 2 月 27 日提出了一份研究报告。

报告呼吁日本应对现行差不多由全体阁僚参加的“安全保障会议”进行改组，建立由首相、官房长官、外相和防卫相构成的、统管外交和安全保障战略的“国家安全保障会议”（JNSC）。负责安全保障的首相助理也是 JNSC 的成员，必要时还可让自卫队的联合参谋长参加。JNSC 的决定经内阁会议通过后即位政府的方针。此外，JNSC 还将设立一个精干的事务局，由自卫队现役军官和民间的专家 10 至 20 人组成。事务局局长由负责安全保障事务的首相助理兼任。①

安倍内阁接到这份报告后，很快便向国会提出了相关议案。原来设想能在 2007 年秋季召开的临时国会获得通过。但是，由于安倍内阁有关延长《反恐活动特别措施法》的努力遭到在野党的百般抵制，法案的审议一拖再拖。2007 年 9 月，安倍突然卸任首相，继任的福田对所谓日本版的 NSC 构想持否定态度，于是，已经提交国会审议的“NSC 组织法”未经审议便胎死腹中。

2009 年 9 月，民主党取代自民党掌控了日本的最高权力。民主党在其竞选公约中写有设立首相直属的“国家战略局”这一内容。强调其宗旨是“荟萃官、民两方面的优秀人才，制定新时代的国家远景规划，按照政治主导的方针确定预算的基本框架”②。新内阁成立后，副首相菅直人兼任国家战略担当大臣。鸠山在给国家战略担当大臣菅直人的训令中，只强调其任务是“规划和确定财政税收的框架与经济运营的基本方针及协调各行政机构所分管的业务”，甚至连“国家战

① （日）“日本版 NSC，由首相和少数阁僚组成，明年春天成立”，《朝日新闻》，2007 年 2 月 28 日。

② （日）民主党：“政权政策公约（Manifesto 2009）”，2009 年 7 月 27 日，见民主党网页：http：//www. dpj. or. jp/special/manifesto2009/txt/manifesto2009. txt。

略”的字眼都没有出现。显然，它与安倍时期酝酿的、主要侧重外交与安全保障问题的NSC是有很大区别的。设立“国家战略局”的法律一直到2010年2月才由内阁会议通过提交国会，但一直没有付诸表决。所以，暂时以“国家战略室”名义运作。内阁府副大臣、少壮派议员中的“政策通”古川元久担任“国家战略室”室长，首相助理荒川聪、内阁府政务官津村启介辅佐其工作。目前，“国家战略室”除由各省厅派遣一批年富力强的官员外，还有一些民间人士参加。由于主要工作是审核前政权制定的2009年度第一次补充预算和2010年度预算。所以，它实际上只是取代了以往的“经济财政咨询会议”而已。

民主党上台不仅意味着日本版NSC的问世更加遥遥无期，而且，就连官僚系统在对外决策中的地位也受到严重动摇。鸠山新政权问世后，按照其竞选时提出的主张，雷厉风行地对沿袭多年的“官僚主导”体制动了大手术。其中最引人注目的是：废除了沿袭123年的事务次官会议制度，夺回了内阁的政策决定权；取消高官退职后到公营事业担任负责人的“天神下凡”制度；削减公务员的薪水，清理各省厅的“小金库”；克服有关省厅的抵抗，果断决定中止所有堤坝的建设；成立“行政刷新会议”，对迄今为止的官僚制度进行彻底反省。民主党资深议员仙谷由人出任新设立的行政改革担当大臣，在新内阁问世两个月后，组织了对中央各省厅所有预算项目的大清理，或削减，或果断予以中止。他在评价这项清理工作时如此强调：“迄今为止制定预算的过程一向云遮雾挡，如今大部分都能透明化了。这是政治上的‘文化大革命’的开始。”①

① （日）“政治上的文化大革命开始了　民主党仙谷由人行政刷新担当相在每日论坛上发言”，《每日新闻》，2009年11月12日。

第二节 日本政党与日本对外战略构想

长期以来，日本在政策决定过程中一直存在着是“官僚主导”还是“政治主导”的争论。进入新世纪以后，随着新生代政治家逐渐走到政治舞台的中央，官僚主宰日本内外政策的局面不说是完全画上了句号，至少可以说是日渐式微。朝野两大阵营的政治家们都开始重视内外政策的酝酿与设计，并陆续提出了一些中长期的对外战略构想。

一、自民党议员瞄准对外决策的主导权

自民党自1955年问世以来，除个别年份外，一直垄断着日本的权力中枢。不过，在冷战时期，日本在外交上和安全保障上完全依赖和追随美国，除了个别时期个别问题外，对外关系领域始终很少有人关注。日本政坛流行的说法是“靠外交拿不到票”。所以，人们时常看到日本的政府首脑乃至阁僚缺席重要的国际会议，理由是国会正在开会或是临近选举，需要到各自所在的选区抓选票。据说，自民党的议员秘书每天看报时首先浏览的是社会版的讣告栏，留心不要错过任何一个“关系户”的红白喜事。因为这关系到议员们在下一次大选中能否拿到足够多的选票。至于日本究竟应该担负起什么样的国际责任，应该如何取得邻国的信任，则很少有人关注。日本政治家的这种“内向化”特征在冷战结束以后，战后出生和成长起来的新生代政治家取代“战前世代”掌握日本权力中枢后逐渐发生了变化。

首先，新生代政治家比他们的前辈更具国际视野和战略眼光。2000年的一项调查表明，国会议员中拥有外国大学授予的学位或者在国外著名大学进修过的共26人；2007年的类似调查表明，在国外大学或研究

生院深造过的国会议员增加到了 54 人。[①]

其次，新生代政治家在及时掌握外部信息的同时，重视并擅长向外部世界表达自己的意见。如果说日本老一辈的政治家至今信奉所谓“沉默是金”的格言，很少在国际舞台上抛头露面，那么，今天的新生代政治家则热衷于在国际会议上露面，在国外访问期间找机会用英语发表演讲已经成为新生代政治家中的一种时髦。[②]

最后，新生代政治家有着强烈的使命感和责任感，力图在日本的外交和安全保障政策上刻上自己的烙印。“9·11”事件以后，安全保障问题成为日本举国上下普遍关注的焦点。一批三四十岁的年轻议员在时任参议院外交防卫委员会委员长的武见敬三倡议下，发起成立了“确立新世纪安全保障体制年轻议员之会”。其宗旨是探讨在新的形势下如何推进日本安全战略的调整，最终制定《国家安全保障基本法》。正是由于这批被日本媒体称为“新国防族”议员的推波助澜，小泉内阁在 2003 年、2004 年先后通过 10 项“有事立法”，大体完成了日本准备和从事战争的法律体系。

自民党内很早就在政调会内设立了“外交部会”、“国防部会”等机构，通常是由担任过外务大臣、副大臣、政务次官和防卫大臣（防卫厅长官）、副大臣和政务次官的议员担任部会长、副部会长。这些部会的意见经过总务会审核后作为自民党的方针，由身兼总裁的首相提交内阁会议讨论，作为法案由国会审议通过。概括地说，自民党对外决策的“路线图”就是部会—总务会—内阁—国会。在这种情况下，外务省、大藏省、通产省和防卫厅等省厅为通过有关涉外法规，首先找自民党的“外交部会”、“国防部会”沟通自然是顺理成章的。

1994 年以后，自民党废除了各部会成员的登录制，除部会长、副部会长由总裁任命外，从理论上说自民党议员可以参加任何一个感兴趣的部会的活动。包括“外交部会”和“国防部会”在内，各部会的凝聚力和影响力便相对有所下降。“外交部会”和“国防部会”开会时，往

---

① （日）国政信息中心：《国会议员要览》别册，2007 年 8 月版，第 14 页。

② 吴寄南：《日本新生代政治家》，时事出版社，2002 年版，第 371 页。

往就是由少数善于造势的议员带着其追随者对官僚机构提出的方案表示赞成或反对而已。[①] 真正有深入探讨和充分酝酿、提出有创意的外交战略构想的，却反而是类似“确立新世纪安全保障体制年轻议员之会”这样的议员团体，或者说是“志愿者联盟”。最典型的事例，就是由担任过外务省政务次官和参议员外交防卫委员长的武见敬三推动的一系列海洋立法。这也是自民党在“政”“官”博弈中取得主动的标志性事件。

武见敬三是日本国会议员中“新国防族”的代表人物。2003年11月，武见敬三邀请一批志同道合的议员在自民党政调会内成立了“海洋权益问题工作小组”，包括前外务大臣高村正彦、前防卫厅长官中谷元在内，共有25名议员参加。该小组每周举行一次会议，就如何维护日本的海洋权益问题进行磋商。

2004年5月28日，《东京新闻》发表专稿，无端指责中国在东海海域靠近日本单方面划定的“中间线”的海域开发春晓气田，声称日本的海洋权益遭到中国侵害。武见敬三遂召集“海洋权益问题工作小组”成员开会，并要求内阁官房、外务省、防卫厅和经济产业省所属资源能源厅的负责人到会说明情况。同年6月15日，由武见敬三牵头，“海洋权益问题工作小组”出台了题为《保护海洋权益九项提案》的文件。其中呼吁要设立一个由首相亲自挂帅的“海洋权益相关阁僚会议”，在所谓“中间线”的日方一侧展开海洋资源调查，加强海上自卫队维护海洋权益的能力，灵活运用日美安保体制，等等。自民党国会议员在海洋问题上如此热心堪是迄今为止从未有过的。

2004年9月，在自民党高层支持下，“海洋权益问题工作小组”升格为“海洋权益特别委员会”。翌年3月，“海洋权益特别委员会”提出了一份题为《保护东海海洋权益紧急建议》的政策报告，经自民党总务会批准后呈交小泉首相。同年12月，为着手整备保护海洋权益的国内法，“海洋权益特别委员会”拟定了《关于设定与海洋构筑物安全有关的水域的法律草案》，并以“议员立法”的形式提交给国会审议。2006

---

① （日）信田智人，《冷战后的日本外交》，MINEBO书房，2006年版，第124页。

年4月24日，“海洋权益特别委员会”改组为“海洋政策特别委员会”，并将研究制定《海洋基本法》等综合性海洋政策作为其主要任务。从“海洋权益问题工作小组”到“海洋权益特别委员会”、“海洋政策特别委员会”，其召集人都是武见敬三。一时间，武见敬三成了自民党内在海洋问题上最具权威的人物。

在“海洋政策特别委员会”问世的同一天，由武见敬三任召集人，前防卫厅长官石破茂、庆应大学名誉教授栗林忠男共同领衔的“海洋基本法研究会”也鸣锣开张。该研究会还吸收了公明党乃至最大在野党民主党的议员参加，并网罗了一批海洋学专家和企业界的代表。2006年12月7日，“海洋基本法研究会”发表了题为《海洋政策大纲：以新的海洋立国为目标》的文件。“大纲”指出，为了实现新的海洋立国，必须尽早制定推行综合性海洋政策的法律制度即《海洋基本法（暂称）》，该法除应载明海洋政策的基本理念外，必须明确规定国家、地方公共团体、经营者、国民的责任与义务以及海洋基本计划等有关海洋综合管理的基本政策，同时，加强综合推进海洋行政的行政组织，如设置“综合海洋政策会议”、任命“海洋政策担当大臣”等。①

2007年4月3日和4月28日，《关于设定与海洋构筑物有关的安全水域的法律》和《海洋基本法》相继在众议院全体会议和参议院全体会议上获得通过。《关于设定与海洋构筑物安全有关的水域的法律》规定，未经国土交通大臣许可，任何船舶一律禁止进入日本海洋构筑物周边500米的安全区域。该法案通过后，日本的企业或团体在试挖油田受到外国船舰、飞机阻拦时，海上保安厅可依据此法采取驱赶行动。根据《海洋基本法》，今后政府有义务提出完备的法律体系与财政措施，并且将成立一个“综合海洋政策本部”。海洋政策的指挥部为内阁官房，本部长（总指挥）由首相担任，其他的内阁阁员都是成员，另外还需新设一名负责海洋政策的大臣。“综合海洋政策本部”将来的任务就是制订

① （日）海洋基本法研究会：“海洋政策大纲：以新的海洋立国为目标”，2006年12月7日，见海洋基本法研究会网页：http：//www.sof.or.jp/jp/topics/pdf/070105_01.pdf。

“海洋基本计划”，定出中长期的海洋政策方针，并且在与海洋有关的行政方面进行协调。[①] 显然，这两部法律的出台标志着日本将运用一切手段维护其海洋权益，日本要打造海洋强国的图谋可以说昭然若揭。

日本在海洋权益问题上采取如此强硬的立场，给日本与包括中国在内的周边邻国的关系投下了浓重的阴影。实际上，就在上述法律问世前，在武见敬三等人的推动下，日本经济产业省先是在2004年7月下令在有争议的“中间线”日本一侧的东海海域强行进行地质勘探，继而又在2005年7月给日本的帝国石油公司颁发在东海争议海域进行试开采的许可证。这些举措导致东海争端迅速升级，中国政府对此提出了强烈抗议。东海油气开发问题因此成为中日两国间随时可能爆发肢体冲突的“热点”。这也从一个侧面说明日本政治家理想的局限性。武见敬三在2007年7月的参议院选举中落选后，赴美国哈佛大学“充电”。他在回顾这段经历时不无得意地说：“过去都是由政府官员来制定政策，现在却是由我们来拿主意，而他们不得不按照我们的决定去做。”

长期以来，日本的官僚与执政党之间围绕涉外立法和战略构想的拟定一直进行着激烈的博弈。一般来说，官僚系统总是习惯在既定的轨道上运行，时常会拒绝自民党提出的一些新想法，而首相在大多数情况下只是扮演协调人的角色，明知官僚系统明从暗抗的，或釜底抽薪，也不得不接受现实，反过来去安抚或打压自民党内的不同声音。但是，从武见敬三为首的自民党年轻政治家群体推动海洋立法和海洋事务一元化管理的过程来看，“政”“官”间的角逐越来越朝有利于执政党的方向发展。

二、民主党从“影子内阁”走向执政

民主党创立于1996年，在日本政坛上算是一个比较年轻的，也是发展比较快的一个政党。民主党创建时参众两院议员合计只有57人，

① （日）众议院，2007年4月27日，法律第33号。见众议院网页：http：//www. shugiin. go. jp/index. nsf/html/index _ housei. htm。

但仅仅过去 13 年便猛增为 424 人，在参议院和众议院都是第一大党，并于 2009 年 9 月建立了以它为主体的联合政权。

但是，与自民党形成鲜明对比的是，民主党内担任过阁僚的政治家可谓寥若晨星。其外交安保团队大体由两部分人组成：一是以现任干事长小泽一郎为首的资深议员；二是由前代表前原诚司率领的少壮派集团。如前所述，小泽一郎是日本政坛屈指可数的“战略家”。他的有关日本应该成为“普通国家”的主张已被朝野两大阵营的政治家广泛接受，成为新世纪日本国家战略目标之一。前原诚司比小泽一郎小了整整 20 岁。以他为首的“少壮派”集团成员大致分为 3 种类型：一是在从政前受过系统的国际政治专业的教育，具有较高的学术素养的；二是在从政前有过在政府的外交和防卫部门任职的经历，有一定的实践经验的；三是毕业于“松下政经塾”这一政治家的“摇篮”，对外交、防卫问题有着较普通议员更浓厚的兴趣。

由于民主党内派系众多，意见纷纭，很难形成在外交安保政策上的统一见解，当然更谈不上有中长期的战略构想。用民主党名义发表的书面文件只有 1999 年 6 月 24 日出台的《民主党安全保障基本政策》。民主党在酝酿制定这一文件过程中，争论十分激烈。最后形成的文本充其量只能说是各派观点和立场的“最大公约数”。在这份文件发表后，民主党再没有推出新的外交安保政策共识，代之以历任代表上任后各自披露自己的外交与安保政策构想。其中比较有影响的有：“冈田克也构想（2005 年 5 月 18 日）”、“前原诚司构想（2005 年 12 月 9 日）”、“小泽一郎构想（2006 年 9 月 11 日）”。鸠山在 2009 年 5 月再次出任民主党代表后，虽然没有专门发表政策构想，但民主党随后不久公布的“政权政策公约（Manifesto 2009）”以及他在《Voice》月刊上发表的《我的政治哲学》中也包括了他对外交与安保政策的看法。

如果将这些外交政策构想作详细比较的话，不难发现它们在外交、安保问题上有若干共同之处。例如，它们都主张维持日美同盟，都主张日本在包括军事领域在内的国际事务中发挥更大的作用，总体上也不反对修改现行宪法，赞成与亚洲国家发展关系。这些都是写进了“民主党安全保障基本政策”的共识。与此同时，它们彼此间也存在一些重大分歧，这些分歧在小泽一郎和前原诚司之间表现得最明显。主要有以下3大区别：

第一，小泽一郎主张“联合国中心主义”，而前原诚司及其追随者虽然主张日本应该摆脱对美国“一边倒”的从属外交，但在对待美国的态度上显然更接近自民党的主流派立场。

小泽从发表《日本改造计划》开始，一贯主张“联合国中心主义”，认为日本履行国际贡献应该在联合国的框架内进行。他把冷战结束后世界上发生的局部战争分为两大类型：一是有联合国决议授权的“海湾战争型”；二是没有联合国决议、纯粹是志愿者联盟参加的“伊拉克战争型”。对前者，日本应该积极参加，甚至包括联合国维持治安部队（International Security Assistance Force，简称ISAF）；对后者，日本就不应参加。这也是他担任民主党代表以后，一贯反对延长《反恐活动特别措施法》的理由。近年来，小泽一郎在对待日美同盟的问题上态度更加鲜明。他主张应立即从印度洋撤回为美英军舰提供燃油的海上自卫队军舰，呼吁对现行的日美地位协定进行大幅度修订，强调美国驻冲绳的普天间基地转移问题应重新磋商，等等。

相比之下，前原诚司和他周围的“少壮派”议员虽然也鄙弃对美“一边倒”外交，但更强调要在关键时刻与美国站在一起。前原如此主张：“美国是日本唯一的盟国，毫无疑问也是对日本来说重要的国家。”[①]“我们不能忘记日本所在的东北亚地区还存在着朝鲜半岛问题、台海问题这样的冷战遗留问题。为促进亚太地区长期的和平与稳定，民主党将推进日美同盟的深化。”[②] 另一方面，前原是反对“联合国中心主义”的。他认为：“日本应该在日美同盟和联合国间保持平衡，将日本的安全保障与日本的国际贡献结合起来，但不能因此陷入‘联合国中

---

① （日）“松下政经塾出身国会议员之会”编：《21世纪日本的繁荣谱》，PHP研究所2000年1月出版，第251页、252页。

② （日）前原诚司：“民主党瞄准的国家蓝图和外交展望”，2005年12月9日，在美国战略国际关系研究所（CSIS）的演讲，见 http：//www.dpj.or.jp/news/? num=683。

心主义'。"[①] 他认为，如果什么都要等联合国决议的话，就无疑自己把自己的手脚捆起来。"联合国中心主义就象是一种信仰，是极端形而上学的一种想法。""美国从来就是用得着联合国的时候找联合国，而更多的时候根本不把联合国放在眼里。将来，随着中国、俄罗斯影响的抬头，联合国很可能出现无法运作的局面。这种将联合国视为金科玉律的想法完全是没有道理的。"[②]

第二，小泽一郎主张维持修改现行宪法第九条的表述，自卫队只限国防任务，但可组织专门的联合国应急部队参加维和行动，前原诚司及其追随者则主张要通过修改宪法第九条，确保日本能够行使集体自卫权。

小泽一郎在《日本改造计划》中曾倡导日本应该成为能派兵出兵的"正常国家"。这是他在很长时间内被认为是"改宪派"的主要理由。但自从自由党与民主党合并后，小泽一郎在宪法第九条问题上的态度日益温和。2004 年 3 月，小泽一郎与民主党副代表、社会党出身的横路孝弘达成有关安全保障政策的协议。其中明确提出应该遵守宪法第九条，贯彻"专守防卫"原则，把不行使以国家行为发动的武力作为日本永久的治国方针。为了参加联合国维和行动，可在自卫队以外组建常设的联合国应急待命部队。将来如联合国创建由它指挥的联合国军，日本应率先参加[③]。小泽一郎在 2007 年《世界》月刊 11 月号上发表文章，强调民主党掌握政权后，将参加在阿富汗的联合国维持治安部队。同时，将响应联合国秘书长潘基文的呼吁，向苏丹达尔富尔地区派遣部队，参加联合国历史上规模最大的维和活动。维和活动完完全全是联合国主导的

---

① （日）前原诚司："日本外交的基軸是日美同盟"，《产经新闻》，2009 年 1 月 24 日。

② （日）前原诚司："民主党能够生存下来吗?"，《中央公论》，2008 年 6 月号，第 75 页。

③ （日）横路孝弘："与小泽一郎就安全保障问题达成的共识"，见 http://www.yokomichi.com/monthly—message/2004.03.19.htm。

活动。[①] 这篇文章引起了各方面的强烈关注。

2005年12月9日，前原诚司在美国战略与国际关系研究所的演讲中首次明确地提出修改宪法的主张。他说："在日本直接遭遇危机时，例如从第三国向日本发射导弹，或者是日本周边地区出现不测事态时，眼下是可以拥有集体自卫权，但限于宪法的规定不能行使。这就有必要研究通过修改宪法来解决这个矛盾。我认为保留集体自卫权的这一权利也罢，行使集体自卫权也罢，归根结底还是要日本自己进行判断。"[②] 这篇讲话在民主党内引起巨大反响。因为在1999年6月24日出台的《民主党安全保障基本政策》中强调的是"论宪"而不是"改宪"。2004年6月民主党宪法调查会发表的《中间报告》更明确提出要继续向日本国民和世界舆论强调《日本国宪法》，特别是其中的第九条所弘扬的和平主义精神。但前原诚司却置若罔闻，甚至扬言要通过表决让民主党内的认识统一到他这篇演讲所阐明的立场上来。

第三，小泽一郎主张加强亚洲外交，与中国、韩国等亚洲国家构筑互利合作和信赖关系，前原诚司及其追随者虽然也批判自民党在小泉内阁时期疏远亚洲的对美"一边倒"外交，但在所谓的"中国威胁论"问题以及朝鲜绑架人质问题上态度强硬。

小泽一郎在他的政见演讲中将加强亚洲外交与构筑真正的日美同盟并列为日本外交的两大课题，强调："（日本）作为亚洲一员应努力构筑与中国、韩国等亚洲各国的信赖关系，加强与亚洲各国的合作，特别是要在能源、通商领域推进亚太地区的合作机制。"[③] 作为日本政坛一名资深的政治家，小泽一郎从1986年以来始终如一地推进"长城计划"，

---

① （日）小泽一郎："现在就要确立国际安全保障的原则"，《世界》2007年11月号，第151、152页。

② （日）前原诚司："民主党瞄准的国家蓝图和外交展望"，2005年12月9日，在美国战略国际关系研究所（CSIS）的演讲，见 http://www.dpj.or.jp/news/?num=683。

③ （日）小泽一郎："我的基本政策——走向公正社会和彼此共生的国家"，2006年9月11日，见 http://www.dpj.or.jp/news/files/060912rinen（2）.pdf，第7页。

推动中日两国青年交流。2007 年 12 月，小泽一郎还亲自率领由 1000 名国会议员、各界人士组成的庞大代表团访华，为促进新世纪中日关系的发展作出了有目共睹的贡献。在有关朝鲜发展核武器核绑架日本人质问题上，小泽一郎基本上是站在日本主流民意一边，对朝鲜持批评态度的，但是，他本人早在 1990 年就与当时的社会党委员长土井多贺子一同访朝，总体上还是主张通过与朝鲜的接触和对话，促使朝鲜融入国际社会的。2006 年 10 月，朝鲜进行核试验后，围绕朝鲜半岛局势是否适用《周边事态法》的问题，小泽与民主党代理代表菅直人、干事长鸠山由纪夫书记等"三驾马车"发表声明，态度鲜明地表示不能适用《周边事态法》。

与此形成对照的是，前原诚司集团一边批评自民党对美"一边倒"的单边外交，一边又在对华、对朝关系上持强硬态度。最典型的事例如在 2005 年 12 月 9 日，前原诚司在华盛顿演讲时称："中国军事力量的增强及其现代化是个现实威胁。日本必须采取毅然措施，抑制中国的膨胀。"[①] 两天后，他在北京外交学院演讲时再次宣称："中国的军事力量正以空军、海军和导弹战能力为中心迅速地向上提升，坦率地说这不能不让人们感到是一种威胁。"[②] 前原诚司及其追随者在处理朝鲜绑架日本人质问题上的强硬态度丝毫不比自民党的同行逊色。长岛昭久在众议院绑架问题特别委员会的讨论中呼吁立即启动对朝鲜的经济制裁，声称这是迫使朝鲜回到谈判桌前的唯一方法。长岛认为，日本在朝鲜绑架日本人质问题上必须"鲜明地表示不妥协的态度"，"平壤宣言已经毫无意义，应宣告无效"。[③] 前面提到民主党领导层在朝鲜进行核试验后明确表态否认朝鲜半岛局势已经到了可以适用《周边事态法》的程度，前原等人却利用他们所把持的民主党"外交防卫部门会议"通过决议，声称

① 裴军："日本最大在野党党首访华前称中国是现实威胁"，《中国青年报》，2005 年 12 月 12 日。

② （日）西冈省三："前原代表'中国军事力量是威胁'"《东京新闻》，2005 年 12 月 13 日。

③ （日）"对朝鲜发射导弹追加制裁的呼声日益高涨"，《产经新闻》，2006 年 7 月 7 日。

小泽一郎等“三驾马车”的观点不代表民主党的“正式见解”。

2009 年 8 月 30 日，民主党在第 145 届众议院选举中一举拿下 308 席，将自民党垄断了半个多世纪的众议院第一大党地位收入囊中。9 月 16 日，民主党代表鸠山由纪夫被选为日本历史上第 93 任、第 52 位首相，组成了民主党、社民党和国民新党的联合内阁。日本政坛的“变天”，为其内外政策的调整提供了难得的机遇。民主党固然在处理对外关系问题上缺乏经验，但它也没有历史包袱，可以按照自己的理念，施展一番拳脚。问题是新政权立足未稳，必须尽快拿出看得见的政绩。所以，对新政权来说，在最初的一年半载里，内政问题的处理绝对要优先于外交问题。而在处理外交问题时又必须谨慎从事，小步慢走。否则，就会给政局运营带来诸多变数。事实上，正如本书在第二编里将要叙述的那样，鸠山由纪夫坚持要构筑对等的日美关系，与美国拉开一定的距离。最终在美军驻冲绳的普天间基地的搬迁问题上碰了个大钉子，不得不提前下课，把“日本丸”的“舵轮”交给了担任副首相兼财务大臣的菅直人。

第三节　日本智库影响对外决策的途径

和许多发达国家一样，日本从中央到地方，都有一些专门从事公共政策研究的机构。它们涵盖了日本政治、经济和社会生活的各个领域，不断推出一系列政策报告。那么，智库在日本对外决策中究竟处于什么样的地位，发挥着什么样的作用呢?

一、日本智库的历史演变及现状

日本智库的历史可以追溯到战前。隶属于“南满铁路株式会社”的“满铁调查部”成立于 1907 年，专门对中国和苏联远东地区的政治、经济、社会等情况进行调研。“满铁调查部”在其存世的 40 年间先后出台各种专题报告 1 万多份，堪称当今日本智库的“祖师爷”。

战后，随着日本经济的高速增长与外向型拓展，需要应对国内外日趋尖锐复杂的矛盾，智库便应运而生。1959 年 12 月，前首相吉田茂创建了日本国际问题研究所（JIIA），并亲任首任会长。这是日本在外交领域的第一家智库，在国际上一直享有盛誉。2008 年 1 月 9 日，美国外交政策研究所公布了除美国外全球最具影响的十大公共政策智库的名单。日本国际问题研究所赫然名列其中。[①] 20 世纪 60 年代末，日本一跃成为仅次于美国的西方第二大经济实体。但 70 年代相继出现的“尼克松冲击”和石油危机不仅给日本持续十多年的经济高速增长划上了句号，也带来了一系列严重挑战。从中央政府到地方自治体乃至大企业都需要探索新的发展战略。正是在这样的背景下，“智库热”在日本悄然兴起，10 年里竟陆续有 100 多家智库呱呱坠地。其中，1974 年 3 月成立的综合研究开发机构（NIRA）财力雄厚，人才济济，在很长时间内被视为日本智库的“总管”[②]。

目前，日本全国约有 300 多家智库。按其组织形式大致可分 3 类：（1）拥有各类专业研究人员，独立开展研究；（2）以自身研究人员为主，延揽部分外部专家进行共同研究；（3）主要从事项目管理，研究课题基本上仰赖外聘专家。日本的智库基本上以第二、第三类为主。

根据 NIRA 在 2007 年进行的调查，研究人员和职员合计不到 10 人的智库占日本智库总数的 43.8%，10 至 19 人的占 29.7%，两者合计占智库总数的 73.5%。就组织形态而言，属于营利法人的为 48.8%；财团法人占 37.6%；社团法人占 8.5%；特定非营利法人和

① （美）外交政策研究所编：《智库与市民社会》，2008 年 1 月，http：/www.fbriorg/research/thinktanks/mcgann.globalgotothinktanks.pdf。

② NIRA 的首任理事长是曾任经济企划厅综合计划局局长的向坂正男；第二任理事长是前国土厅事务次官下河边淳；第三任、第四任理事长分别是前经济计划厅事务次官星野进保、盐谷隆英；现任理事长是东京大学教授伊藤元重。关于 NIRA 是日本智库“总管”的提法见宫川公男著“决策过程与智库”，《综合研究开发机构的回顾——NIRA30 年史》，2004 年 3 月，第 7 页。

独立行政法人分别占 3.0%和 1.1%。日本智库中营利法人的比例明显高于欧美国家。

日本主要从事外交和国际关系研究的智库分为两大类：一是具有政府背景，甚至是直接隶属于有关省厅的智库；二是民间筹资、独立运营的智库。

在官方色彩较浓的智库中，比较有代表性的是：日本国际问题研究所（JIIA）、亚洲经济研究所（JCIF）、和平安全保障研究所（RIPS）和防卫省防卫研究所（NIDS）等。日本国际问题研究所从诞生起就与外务省关系密切，它的历任理事长和所长除个别人以外都是外务省的退职大使，研究人员中也有相当一部分是外务省的派遣人员。[①] 麻生太郎在 2006 年 11 月和 2009 年 6 月，先后在日本国际问题研究所发表有关“自由与繁荣之弧”构想和“欧亚十字通道构想”，可见该研究所的地位之高。亚洲经济研究所的所长最初由内阁会议任命，目前虽已降格为隶属于日本贸易振兴会（JETRO）的研究机构，其规模在日本政府系统的智库中却仍然独占鳌头。和平安全保障研究所是以防卫厅和经团联为后盾建立起来的，主要接受政府有关战略问题的委托研究。防卫省防卫研究所前身是保安队的研修所，其所长、副所长均由防卫大臣任命。

民间智库中从事外交和国际关系研究的主要有：PHP 研究所（PHP Institute）、日本国际交流中心（JCIE）、日本国际论坛（JFIR）、世界和平研究所（IIPS）、冈本组合（OAI）、亚洲论坛日本会议（AFJ），东京财团（TKFD）、冈崎研究所（Okazaki Institute），等等。这些民间的外交智库或聘用多名退职的外交官，或干脆由前外交官主持。例如，日本国际论坛理事长是前外务省东南亚一课课长伊藤宪一；冈崎研究所的理事长兼所长是日本前驻泰国大使冈崎久彦；冈本组合的代表是前外务省北美一课课长冈本行夫。世界和平研究所由前首相中曾根康弘于 1988 年创建，并一直担任该所的会长。前任

① 从 20 世纪 80 年代以来担任理事长或所长的分别是日本前驻苏联大使中川融、新关钦哉、前驻美大使松永信雄和前驻联合国大使小和田恒和佐藤行雄。

理事长是日本前驻美国大使大河原良雄。现任理事长是防卫厅事务次官佐藤谦。该所在国际上有较高知名度，是美国外交政策研究所认定的美国以外全球最具影响的 30 个公共政策智库之一。[①]

冷战结束以后，在日本的外交决策过程中出现了一些引人注目的新变化。主要表现在：

第一，日本外交所面对外部环境日趋复杂。冷战的结束特别是苏联的解体，使得国际格局发生急剧变化。日本掌握的经济筹码分量越来越大，但面临的挑战也日趋深刻和复杂。这已不是外务官僚靠传统思维和有限的专业知识所能应付得了的。

第二，外务省在外交决策中的核心地位发生动摇。从 2001 年，外务官僚中连续爆出丑闻，对外形象受到严重损害，加上日本冲刺“入常”和处置某些地区事务的失当，导致外务省在外交决策中的地位相对下降，首相官邸开始更多地倾听外部专家和智库的意见。

第三，日本新生代政治家参与外交决策的意愿上升。随着日本政界新老交替步伐加快，战后出生和成长起来的新生代政治家逐渐站到政治舞台的中央，他们不甘心被外务官僚牵着鼻子走，寻求在对外决策中拥有更多的发言权。一些智库遂趁势而起，成为其谋士和智囊。

第四，在野党力求在外交政策上另树一帜。在日本政坛，自民党一党独大的局面不复存在，最大在野党民主党问鼎政权后实力明显增强，已不满足于在讨论外交政策时只是说“不”。由于它暂时还难以驾驭官僚集团，遂更多地利用学界精英和现有的智库为其出谋划策。

第五，日本大众传媒在引导舆论、左右政局方面的作用日益明显。“剧场型政治”大行其道的结果不仅让一些政治家迅速走红，也促使学界精英和智库越来越热衷于利用传播媒介造势，以试图影响外交决策。

总之，随着日本外交决策机制逐渐由一元化向多元化演变，智库扮演的角色日益加重。从 NIRA 在 2005 年对各类智库课题类型的调查来看，国土开发、环境、交通等领域委托研究的比例接近 90%，自主研究比例仅为 10%左右，而国际问题领域的自主研究比例却高达 60%。

---

① http：/www. fbri. . org/research/thinktanks/mcgann. globalgotothinktanks. pdf.

这说明日本智库越来越倾向于用自己的研究成果介入和影响日本的外交决策过程。[①]

二、日本智库影响对外决策的主要途径

日本的智库并不直接参与外交决策。它主要通过两大途径对外交决策施加影响。

第一种途径，适时发表有关政策建议和研究报告，用引导舆论、形成民意的方式来影响政府的决策过程。

冷战结束以后，日本的外交智库普遍重视用引导舆论、形成民意的方式来影响政府的外交决策。日本最大的4家外交智库是联合出版英文杂志《AJISS－Commentary》的日本国际问题研究所、和平安全保障研究所、世界和平研究所和日本国际论坛。近年来它们越来越热衷于将自己的政策报告公诸于世，不仅有文字版，还有网络版。[②] 这些政策报告所涉及的都是日本外交当前所面临的紧迫课题。例如，日本国际问题研究所从2005年以来先后向政府提出的政策建议有：《如何解决朝鲜核问题》（2005年7月）、《有关日本与东盟的安全合作的建议》（2006年1月）、《日本对黑海的政策——为实现“自由与繁荣之弧”的外交》（2007年3月）、《从上海合作机构着手推进我国的欧亚外交》（2007年3月）、《核能开发与可持续发展的未来》（2008年1月）。[③] 和平安全保障研究所从2005年以来先后撰写了《国际恐怖活动的现状与展望》（2005年5月）、《朝鲜经济状况调查》（2006年9月）、《欧盟共同外交、安全政策的现状与展望》（2007年7月）。2008年3月最新发表的报告

---

① （日）综合研究开发机构：《2007年智库动向》，http：//www.nira.go.jp/doukou2007.pdf，第24页。

② “AJISS”是The Association of Japanese Institutes of Strategic Studies的简称。

③ 见日本国际问题研究所网页：http：//www.jiia.or.jp/indx_teigen.html。

是《洞爷湖八国首脑会议前夕日本应对恐怖主义的对策》。[①] 日本国际论坛从1988年发表第一份政策建议《日本、美国和亚洲“四小”的结构调整》以来，总共发表了30份政策建议报告，其中11份报告是近7年出台的。其题目分别是：《变化中的亚洲与日本对华关系》（2006年10月)、《印度的崛起与日本的应对之道》(2007年9月)、《俄罗斯的国家本性及日本对俄战略》（2008年1月)。[②] 世界和平研究所从2005年以来，陆续推出了一些政策报告，例如，《21世纪日本的国家形象》(2005年)、《东亚共同体》（2005年)、《国际组织、地区共同体、国家和NGO在全球治理中的作用》（2006年)、《海洋国家日本的未来走向》。(2007年）和《日本的对华战略要看准中国的发展前景》（2007年)[③]

第二种途径，由智库代表充当首相的顾问或参与政府组织的各种恳谈会、顾问委员会及首相、官房长官的私人咨询机构，以此推介自己的主张。

这一特点在日本进入新世纪以后反映得特别明显。不过，在小泉、安倍和福田这3届内阁任内，其具体的表现形式不尽相同。小泉纯一郎是新世纪诞生的第一位日本首相。他上任伊始便延聘“东京财团”理事长、庆应义塾大学教授竹中平藏和“冈本组合”代表冈本行夫担任内阁参事。竹中平藏后来还曾出任小泉内阁的经济财政大臣、负责邮政民营化的国务大臣。他所代表的“东京财团”也因此成为日本最炙手可热的智库之一。冈本行夫也毫不逊色，他一度被任命为负责外交事务的首相助理，牵头撰写了题为《21世纪日本外交的基本战略》的报告。冈崎研究所的理事长冈崎久彦虽然没有拿到一官半职，却也是首相官邸的座上宾。小泉上任后于2001年6月29日至30日首次出访美国，在马里兰州的戴维营与布什总统会晤。冈崎受命提前赴美国“打前站”，进行

---

① 见和平安全保障研究所网页：http：//www. rips. or. jp/from _ rips/houkoku. html。

② 见日本国际论坛网页：http：//www. jfir. or. jp/j/index. html。

③ 见世界和平研究所网页：http：//www. iips. org/j—page2. ht。

私下沟通，足见其受小泉器重的程度。小泉曾经主张，日本只要搞好日美关系，日中关系、日韩关系自然就会改善。这是小泉“东亚外交”走进死胡同的根子，而这一想法恰恰来自冈崎久彦。[①]

在小泉之后继任首相的是安倍晋三。他与日本主要外交智库的关系也很密切。在安倍任内，“东京财团”主任研究员、东京大学教授北冈伸一颇受重用。北冈伸一是2006年12月启动的中日历史问题共同研究项目的日方召集人，也是首相官邸主导的一系列恳谈会和专家咨询小组的负责人。2007年6月29日，北冈伸一在“关于重新建立安全保障法律基础的恳谈会”上呼吁修改宪法解释，以便让自卫队可以拦截射向美国的弹道导弹。这一讲话被认为是对集体自卫权“禁区”的一次冲击，是安倍所倡导的“摆脱战后体制”的重要一环。

福田康夫在担任小泉内阁的官房长官时曾邀集一批学者专家就建立取代靖国神社的国立追悼设施问题进行探讨。但由于小泉执意参拜靖国神社，这些专家撰写的报告出台后就被束之高阁。2007年9月，福田康夫接替安倍晋三出任首相。他上任伊始就提出了既要重视日美同盟又要注意改善与亚洲关系的“共鸣外交”主张，明显地与其两位前任拉开了距离。2007年12月6日，福田内阁“外交智囊”的名单首次公诸报端。这个名为“外交政策学习会”的智囊班子由防卫大学校长、原神户大学教授五百旗头真牵头，成员中的冈本行夫本身就是智库代表，其他成员也多半在重要的外交智库中兼任研究委员或项目负责人。[②]

---

① 日中协会理事长白西绅一郎对笔者的介绍。

② 外交政策学习会的成员包括五百旗头真在内，共11人。五百旗头真以外的10人是冈本组合代表冈本行夫、庆应大学教授小此木政夫、东京大学教授北冈伸一、东京大学教授田中明彦、京都大学教授中西宽、政策研究研究生院大学副校长白石隆、经济同友会副代表干事小岛顺彦、日本国际协力银行前总裁筱泽恭助、日中友好会馆副会长（前驻华大使）谷野作太郎、日本贸易振兴机构前理事长渡边修等。其中，田中明彦兼任和平安全保障研究所的研究委员，是东京财团安全保障研究项目的负责人；白石隆是东京财团亚洲研究项目的负责人；北冈伸一是东京财团政治外交研究项目和联合国研究项目的负责人，中西宽是日本国际论坛的评议员。

第四节 日本大众传媒影响对外决策的途径

大众传媒通常是指拥有广大读者、听众和观众的新闻传播媒介，即报纸、杂志、广播电台、电视台等。它能集中反映国民的呼声和各种利益诉求，是公共舆论形成的渠道和载体，能对对外决策过程产生深刻的影响。在美国，大众传媒被认为是继行政、司法、立法之外的“第四权力”，它在美国政治生活中的作用可见一斑。大众传媒在日本的对外决决策中同样具有不可低估的作用。

一、日本对外决策过程中的舆论导向

日本的大众传媒包括报纸、杂志、书籍、电视、广播、电影等信息载体。根据各种信息载体的特征分，主要是文字传媒和视频传媒两大类。文字传媒主要是报纸、杂志和书籍等。视频传媒包括广播、电视和电影等。在日本，大众传媒一向被视为“无冕之王”，其发达程度及影响之深、影响之广在发达国家中也是名列前茅的。

据日本新闻协会 2004 年 1 月的调查，日本的报纸日发行量为 5300 万份，仅次于中国而居世界第二位；但日本每 1000 人拥有 644 份报纸，在主要国家中居首位。日本的报纸分为全国性报纸、地方报纸、行业性报纸和政党、团体的机关报等。5 大全国性的报纸不仅覆盖整个日本，且发行量巨大。其中，《读卖新闻》的日刊发行 1007.7 万部，晚刊发行 400.4 万部；《朝日新闻》的日刊发行 828.5 万份，晚刊 395.0 万份；《每日新闻》的日刊和晚刊分别为 395.7 万份和 165.5 万份；《日本经济新闻》的日刊和晚刊分别是 300.9 万份和 163.3 万份；《产经新闻》的

日刊和晚刊分别是208.6万份和63.7万份。[①] 美国虽说有1520种报纸，但总发行量仅5699万份，平均每1000人拥有212份，不及日本的一半。而且，美国没有日本那样的全国性报纸。发行量最大的《华尔街时报》也不过178万份。根据《读卖新闻》与美国盖洛普公司的联合调查，日本人对报纸的信任度最高，为60.5%，第二至第三位依次是医院（49.9%）和法院（49.2%）。[②]

日本开始电视广播是在1951年。随着电视机的迅速普及，这一传媒很快成了大众传播媒介的"第一主力"。日本的电视台分两类：一是公营的日本广播协会（NHK）系统；二是依靠广告收入维持经营的民间电视台及其网络。NHK在日本全国各地有75个播放中心和大量的差转台，民营商业电视台共有127家，其中半数左右加入了"朝日电视"（ABS）、"日本电视"（NBS）和"东京电视"（TBS）、"富士电视"（FBS）等5大网络。这两大系统再加上有线电视台和卫星电视台，基本上覆盖了日本城乡各地和一些偏僻的海岛。据统计，日本国民平均每天看电视3.09小时（节假日为4.13小时），远远超过阅读报纸和杂志的35分钟。比起文字传媒，视频传媒特别是电视的影响和冲击力还要大。因为它直接进入千家万户，可以在第一时间里大量、形象地传递信息，使广大受众在不知不觉中接受它所灌输的意见。

和世界上大多数国家一样，除了个别资深媒体人士外，日本的大众传媒并不直接参与对外决策。但是，大众传媒在形成公共舆论时具有决定的作用。这恰恰是政府官僚、朝野两大阵营的政治家和各类智库等各类对外决策因子在作出重大判断时不得不予以重视的外部环境之一。但是，舆论本身具有两重性。它既是决策者可资倚重的筹码，也可能是决策者难以摆脱的重负。舆论又处于不断的变化之中，没有谁能够保证舆论永远站在自己一边。从本质上看，公共舆论往往是一种"复合共鸣"，它反映的是政府决策者、不同利益集团和包括新闻工作者在内的精英人

① 2003年1月至6月的平均发行量，日本新闻协会统计。转引自《朝日新闻》编《JAPAN ALMANAC2004》2003年12月版，第239页。

② （日）《读卖新闻》，2003年12月12日。

物们大致相同的认识和态度。也就是说，在多数情况下，舆论操纵政府和政府操纵舆论是一个过程的两个方面。大众传媒在反映国民的呼声和各种利益诉求方面具有不可替代的优势，是公共舆论形成的主渠道和主要载体。而它所具有的快捷性、广泛性和持续性的特点，使之在对外决策过程中具有明显的舆论导向的功能。

进入新世纪以后，日本之所以在海洋问题上大动干戈，甚至不惜与中国等亚洲邻国直接冲撞，固然源于一批具有战略眼光的年轻政治家的带头发难，但与大众传媒的推波助澜、恶意炒作也大有关系。

如前所述，以武见敬三为首的“新国防族”议员早在 2003 年就成立了“海洋权益特别工作小组”，但其影响只限于国会内。在东海油气开发问题上打响第一炮的是《东京新闻》。2004 年 4 月，军事评论家平松茂雄和《东京新闻》记者乘坐直升飞机到中国在东海开发的“春晓”油气田上空转了一转。4 月 28 日，《东京新闻》刊出专稿，煞有介事地称中国正在所谓的“中间线”一侧掠夺原本属于日本的油气资源。接着，《读卖新闻》、《朝日新闻》等大报也纷纷跟进。6 月 9 日，日本发行量最大的报纸之一——《读卖新闻》发表社论，强烈批评日本政府“对中国顾虑太多，因而对中国紧锣密鼓地开发东海海底资源的举动反应迟钝”，“有损国家利益”，甚至要求政府彻底修改海洋战略，“毅然决然地向中国表明自己的态度”。正是由于日本各大媒体热炒这一话题，日本政府最终改变了原先不打算与中国交涉的态度，开始在东海油气开发问题上频频出招。

就在《读卖新闻》发表社论的当天，日本经济产业大臣中川昭一在马尼拉举行的“10＋3”能源部长会议上对中方与会的发改委副主任张国宝说，中国在东海开发“春晓”油气田很可能侵犯了日本的海洋权益，要求中方立即停止开发并尽快向日方提供东海专属经济区调查和开采石油天然气的相关数据。中国断然拒绝了这一无理要求。6 月 21 日，日本外相川口顺子又在青岛举行的亚洲合作对话会议上卯上了中国外长李肇星。川口指责中国开发东海资源有“越线之嫌”，称日本的权益有可能受到损害。差不多同一时候，日本政府成立了由小泉纯一郎首相主持的“海洋权益相关阁僚会议”，旨在制订综合性的海洋权益保护措施，维护日本的国家利益。① 就这样，中日两国在进入新世纪以后，围绕东海油气资源开发问题展开了一场旷日持久的角逐。

二、日本大众传媒影响对外决策的主要途径

那么，在进入新世纪以后，日本大众传媒又是如何进行对外决策的舆论导向的呢？

首先，是通过对局部的、个体的事件不断进行追踪、聚焦、放大，在短时间内凝聚公众的关注，推动事件迅速地上升到外交层面。这方面最典型的事例就是所谓的朝鲜绑架日本人质问题。早在 20 世纪七八十年代，日本各地陆续发生居民突然失踪的事件。1987 年 11 月大韩航空公司 858 航班爆炸事件后，主犯之一的朝鲜特工透露其日语教师是一位从日本绑架来的妇女。此后，有关朝鲜绑架日本人质事件便逐渐成为日本传媒报道的热门话题之一。2002 年 9 月，日朝两国首脑在平壤会晤时，朝方承认过去曾经有过针对日本人的绑架事件，并保证今后将杜绝此类活动。随后，朝鲜将一些遭绑架的日本人送回日本。但是，与朝方息事宁人的态度形成鲜明对比的是，日本媒体却依然对绑架人质问题进行铺天盖地的报道。"绑架家属联络会"和"支援绑架人员之会"等团体隔三差四地在报纸、杂志和电视台上露面，呼吁对朝鲜实行经济制裁，迫使朝方将全部绑架人士送回日本并严惩当事者。绑架问题遂成为阻碍日朝关系正常化的最大障碍。不仅日朝关系正常化谈判长期搁浅，就是为解决朝核问题而举行的六方会谈也因为日本坚持要将绑架问题纳入一揽子解决方案而趋于复杂化，以致朝方抨击日本的做法是"破坏"六方会谈，坚持要将日本"除名"。目前，由于大众传媒长期的"信息轰炸"，日本的舆论在日朝关系问题上异常强硬，朝野两大阵营的政治家都不敢逆潮流而动，造成了如一位日本资深外交官所说的"日本外交

---

① "攻击中国'抢采'资源，日想把东海油气问题闹大"，人民网 2004 年 7 月 1 日。见 http: //news. china. com/zh _ cn/domestic/945/20040701/11759781. html。

给绑架问题‘绑架’了”的事实。

其次，是通过各行各业的舆论领袖就特定问题发表见解，借助其专业背景或社会声誉，影响一般民众，推动有关涉外问题主流民意的形成。日本是一个崇尚权威的国家，一些所谓舆论领袖（Opinion Leader）往往具有“一言九鼎”的影响。差不多所有的全国性报纸和电视台都有其堪称“招牌”的明星级评论员。他们中间有政治家、退职官僚，更多的是学者和自由撰稿人。其政治倾向往往大相径庭，但共同的特点是能言善辩，拥有一定数量的“粉丝”。例如，在政治倾向比较右的《产经新闻》和富士电视台上经常发表言论的有石原慎太郎、中川昭一、中岛岭雄、古森义久、冈崎久彦、樱井良子、曾野绫子和中西辉政等。而在《朝日新闻》、朝日电视台上与他们唱对台戏的则有加藤紘一、船桥洋一、若宫启文、榊原英资、寺岛实郎、五百旗头真、山口二郎、朱建荣等人。日本广播协会（NHK）是国营的，在政治上严守中立，但由于它覆盖全国，拥有的观众最多，能够被邀请到NHK开讲的自然是大腕级的评论家了。但这样一来，他们的观点也比较容易影响一般民众，形成足以影响政府对外决策的主流民意。

最后，是通过定期发表的民意调查，在诸如修改宪法、派遣自卫队出国以及涉及日本与美国、转告、俄罗斯等大国关系的问题上，促使决策当局在有关政策选项上作出决断。日本民族从来就有靠大边、随大流的传统。在选举时喜欢把选票投给获胜把握大的候选人，而在判断事情的是非曲直时则习惯以大多数人赞成与否为准绳。在发达国家中，很少有像日本这样重视民意调查的。据日本内阁府调查，2005财政年度（从2005年4月到2006年3月），日本全国共实施了1218次民意调查，平均每个月都在100次以上。其中，由大众传媒进行的民意调查共128次。[①] 由于它们进行的调查结果很快便公诸于世，其影响力远较政府和科研机构进行的民意调查为甚。这也是它们在涉外问题上进行舆论导向的重要途径。事实上，日本的政治家始终盯着民意调查的结果，他们最大的本事无非就是挑民众最喜欢听的话大声说

① （日）吉田贵文：《民意调查与政治》，讲谈社2008年版，第25页。

出来而已。不过，日本大众媒体进行的民意调查，由于投入金钱和精力比较有限，充其量只有数百人乃至数千人的规模。虽然是随机抽样的，难免有挂一漏万之嫌。加上问题设置和提问方式的差异，有时候同样一个题目，不同的媒体会得出截然不同的结论。

日本政府也有对付大众传媒的如意法宝，这就是日本独特的记者俱乐部制度。

欧美发达国家也有记者俱乐部，但仅仅是联谊性质的，而日本的记者俱乐部则是各家媒体主要的采访基地。日本各中央省厅和各大政党都辟有专门的新闻发布室，随时向媒体发布消息，但只有加盟记者俱乐部的媒体才有资格派常驻记者，未加盟的则不得其门而入。日本媒体报道的新闻，近80%是从记者俱乐部得来的。而记者俱乐部一方面向媒体提供信息，同时也通过其内部规则对各家媒体施加限制。包括什么消息能发，什么消息不能发，都有相对一致的口径。中央省厅和各大政党还经常举行所谓的“吹风会”，给媒体透露一些不供发表的内幕消息和新闻背景。自然，如果有哪个记者违反了内部规则或擅自披露“吹风会”内幕，必然会受到惩处，轻者其本人被永远逐出记者俱乐部，重者则所属媒体也被打入“另册”，失去记者俱乐部的加盟资格。从这一意义上说，日本所谓的“报道自由”其实是大打折扣的。

三、日本两大报业集团设计的新世纪日本战略走向

《读卖新闻》和《朝日新闻》是日本最大的两家全国性报纸。就政治倾向而言，《读卖新闻》比较保守，而《朝日新闻》则较多地带有自由主义的色彩。这两家报纸间一直存在着激烈的竞争。但是，它们居然在2005至2007年间，不约而同地一齐推出了有关日本国家战略的专辑。

《读卖新闻》先拔头筹，从2005年5月1日至2006年6月25日以《思考国家战略》为题，刊登长篇连载，并于2006年11月，结集出版了题为《没有国家战略的日本》的论著。虽然是批评的口吻，却涉及到关系新世纪日本战略走向的一系列问题。从这本书各章节的标题来看，

诸如《科学技术立国的危机》、《漂流的海洋国家》、《没有自知之明的的资源贫乏国家》、《安全大国的幻想》、《摇摇欲坠的知识力的基础》，等等，颇有些发聋振聩、警示世人的架势。其实，在作者的批评中已经蕴含了解决的方略。正如这本书的前言中所指出的："（日本）如果始终没有中长期的战略，国力只会逐渐衰竭下去。而且，只是一般地说说'战略非常重要'，也不会有具体的解决方略。所以，有必要将各个政策领域的课题一一凸显出来，从这些具体领域开始考虑国家战略。"①

那么，在《读卖新闻》这本书里究竟有哪些关于日本未来战略走向的重要思考呢?

（1）要建立科学家的意见能及时反映到国家政策的机制。"日本在宇宙开发、生物工程等尖端科学技术的许多领域的国际竞争中不敌对手，如何应对这一严峻局面呢？专家们异口同声地指出，必须建立让科学家的意见能迅速、准确地反映到国家政策的机制。"②

（2）要树立专属经济区（EEZ）是"蓝色国土"的观念。"自从联合国海洋法条约承认200海里的专属经济区（EEZ）以后，岛屿作为专属经济区基点的重要性骤然升高。依照海洋法条约的规定，这样的岛屿必须是适合人类居住和维持经济生活的。中国现在正在灵活开发无人岛，以维持和确保自己的专属经济区。但是，专属经济区是'蓝色国土'的观念在日本却很薄弱。"③

（3）应该把节能和环保技术作为日本对华外交的战略王牌。"中日关系的难点在于好多问题光是靠对立是无济于事的。越是在政治领域的摩擦凸显的时候，越要充分发挥日本在节能和环保领域的优势，从战略高度上构建日本的对华外交。"④

（4）要充分意识到人才和技术优势是日本国力的源泉。"日本能够

① （日）《读卖新闻》政治部：《没有国家战略的日本》，新潮社2006年版，第8页。

② 同上书，第58页。

③ （日）《读卖新闻》政治部：《没有国家战略的日本》，新潮社2006年版，第84页。

④ 同上书，第158页。

确立世界第二经济大国的地位，很大程度上得力于人才和技术优势。”“人才是国力的关键。应对人口减少、改革大学教育、改变年轻人对前途感到悲观的现状，这中间的无论哪一项受到忽视的话，知识力量的基础就得不到保证。”①

无独有偶。《朝日新闻》从2006年4月23日起推出了题为《探寻新战略》的专辑，从各个角度论证日本在新世纪面临的挑战以及相应的应对方略。2007年5月3日，也就是《日本国宪法》实施60周年的这一天开始，《朝日新闻》以《关于日本新战略的建议》为总标题连续刊发了21篇社论，系统阐述了日本在新世纪应循的战略方向。

例如，它对日本未来的定位是“地球贡献国家”。这一系列报道的策划人、《朝日新闻》社论主干若宫启文如此解释道：“读者也许会问‘地球贡献’和‘国际贡献’究竟有什么区别。从语义来看，的确没有什么大的分别。但是，从海湾战争以来，日本在很多场合是从侧重军事贡献的角度使用‘国际贡献’这个词的。譬如说，‘日本为了履行国际贡献，必须修改宪法，更多地自卫队派遣出国。‘地球贡献’则主要针对气候变暖和环境恶化，无论是贡献的领域还是方法，都给人一种视野更开阔的感觉。”②

《关于日本新战略的建议》强调，日本要致力于扩大各国都能享受到的国际公共利益，以联合国为轴心，在促进集体安全保障、维护自由贸易、保护地球环境、弘扬人道主义等领域发挥“斡旋人”的作用。

《日本国宪法》第九条规定日本要放弃战争、不拥有军队。“建议”认为，这对构筑“地球贡献国家”的日本来说是最好的资产。宪法第九条是战后日本和平与繁荣的基础。它使亚洲国家对日本产生一种安全感。对日本来说，日美安保体制固然非常重要，但必须与美国谨慎地保持距离。宪法第九条就是“有效的防波堤”。关于自卫队的法律地位，

① 同上书，第205页、第245页。

② （日）朝日新闻社论委员室：《地球贡献国家与宪法》，2007年版，第3页。

可因通过制定作为“准宪法”的和平安全保障基本法予以明确。[①]

“建议”还呼吁日本、美国和中国应定期举行首脑会议和部长级会谈，就各自对地区形势的展望坦率地交换意见，以消除彼此间的误解。这对防止中国方面非常敏感的台湾问题的激化也是有用的。[②]

“建议”指出，世界各国不能光是靠硬实力，如果没有基于文化、价值观、外交政策等“魅力”的软实力，硬实力最终也会劳而无功。在提升日本的软实力时，要遵循日语中“不能置之不理”、“不能浪费”、“不轻易泄气”这 3 个词所体现的日本的文化传统。换句话说，日本对有求于自己的国家，要像电脑键盘上的“help 键”那样立刻做出反应，日本要在节能和资源回收上作出榜样，日本要以不懈的努力为破解地球人面临的种种难题做出表率。[③]

毋庸置疑，《读卖新闻》和《朝日新闻》为构筑新世纪日本的新战略开出的处方笺既有相似和重叠的内容，也有彼此尖锐对立之处。作为两家最大的全国性报纸，它们的见解究竟能在多大程度上被执政当局接受，尚待进一步观察。但是，大众传媒积极的参与至少引起了人们对新世纪日本战略走向的关注。

---

① （日）朝日新闻社论委员室：《地球贡献国家与宪法》，2007 年版，第 232 页。

② 同上书，第 258 页。

③ 同上书，第 279 页。

第　二　编

新世纪日本对外战略概要

在新世纪的第一个10年里，日本在国际舞台上积极的进取姿态引起了人们的普遍瞩目。如果说20世纪90年代初，日本首次通过参加在柬埔寨的联合国维和活动，向海外派出自卫队时还是左顾右盼、十分小心翼翼的话，在进入新世纪以后，它却连连采取让人们吃惊的举措。诸如发动“入常”攻势、在靖国神社问题上向亚洲邻国叫板、将陆上自卫队派往硝烟弥漫的伊拉克以及在全世界范围内推广日本的动漫文化，等等。这些年来，日本给人们的印象是，它要彻底摘掉“战败国”的帽子，堂堂正正地跻身世界强国之林了。

诚然，日本到现在为止也还没有一份类似美国经常发表的那种见诸于文字的对外战略报告。[①] 但是，只要仔细梳理近10年来日本有关外交、军事、经济和文化领域的各项战略和战略构想，人们还是能清晰地把握新世纪日本对外战略的脉络，进而勾勒出日本新的国家战略的大致轮廓。

---

① 2002年11月，小泉首相曾委托以首相助理冈本行夫为首的团队起草了一份题为《21世纪日本外交的基本战略》的报告。这份报告与政府名义发表的官方文件显然是有区别的。

第四章

新世纪日本的外交战略

对任何一个国家来说，外交活动最能体现其国家综合实力，也是维护其国家利益、拓展国际影响最有力的手段。日本也不例外。事实上，在进入新世纪以后，日本外交是日本各项对外活动中最活跃的领域之一。其表现之一是在争取加入联合国安理会常任理事国问题上呼声更高，力度更大；其二是将日美关系提升到“全球规模的同盟”这一前所未有的高度；其三是在大国间纵横捭阖，高层互访明显增多；其四是积极参与多边外交，并谋求在国际组织中发挥更大的作用。摸清日本在外交领域究竟有哪些战略思考，又有些什么样的战略举措，是人们在观察和研究新世纪日本对外战略时最直接、最有效的切入点。

第一节　日本外交战略与“入常”冲刺

联合国中心主义是日本外交的三大支柱之一。日本自从1956年12月加入联合国以后，一直重视利用这一平台提升自己的国际地位。经过半个多世纪的努力，日本目前已是仅次于美国的联合国第二大出资国，也是联合国成员国中当选安理会非常任理事国次数最多的国家。但是，对日本的当权者来说，它有一个更重要的目标，那就是早日跻身安理会常任理事国行列。这不仅是日本取得大国地位的标志，也是它彻底摘掉“战败国”帽子的象征。

一、日本为实现“入常”夙愿的准备

日本为争取“入常”走过了漫长的道路。冷战时期，日本的联合国外交比较低调。除了在20世纪六七十年代曾同美国“一唱一和”，先后抛出《重要事项提案》、《逆重要事项提案》以阻扰中国恢复联合国合法席位外，在大多数时候基本上是看着美国的眼色投票，很少有自己的声音。

随着东西方冷战的结束，大国关系进入了以综合国力竞争为主的新时代。日本掌握的经济筹码权重不断看涨，“大国梦”再度在日本朝野的政治家中膨胀起来。尽管日本在联合国成员国中当选安理会非常任理事国的次数最多。但它已经不满足这一现状了。因为联合国宪章规定，非常任理事国两年任期届满后，必须间隔两年才能再次竞选。在等待再次竞选的这两年里，日本驻联合国的代表就只能焦急地徘徊在安理会会场外的走廊里，向偶尔走出房间的代表打听安理会的讨论情况。对日本的外交官来说，这显然是很难堪的差使。尤其是在1991年的海湾战争中，日本先后为以美国为首的多国部队提供了130多亿美元的军费，但当事国的科威特却对日本没有一句感谢的话。不仅如此，由于是时日本恰好是安理会非常任理事国任期结束后的“轮空期”，它在海湾战争的善后处理问题上竟然没有一点半点的发言权。

在历届日本首相中，宫泽喜一是第一个在日本“入常”问题上表态的。1992年1月31日，宫泽喜一在联合国一次峰会上，声称联合国的宪章和安理会的组成有必要适应时代的变化进行修改和调整。“日本将积极地参与这一改革进程”[①]。同年7月，宫泽内阁正式致信联合国秘

① （日）宫泽喜一：“在联合国安理会峰会上的演说”，1992年1月31日，《外交蓝皮书1993》，第389页。

书长加利，表明日本愿意在安理会承担更大的责任。由于自民党在1993年的暂时下野，日本的“入常”进程一度中止。1996年1月，自民党再次推出自己的“本命”首相桥本龙太郎。同年9月，桥本在美国外交政策委员会发表演讲，再次按下了日本“入常”的启动键。他如此表示：日本将在“不行使宪法所禁止的武力行动的基本前提下”，“在联合国大多数成员国的赞同下”，“承担作为安理会常任理事国的责任”。[①] 3年后，时任外务大臣的高村正彦在联合国大会发表演讲，宣称日本“愿作为常任理事国履行更进一步的责任”。这是在进入新世纪前日本在“入常”问题最高调的表达。

日本为实现“入常”夙愿进行了长期的准备，主要表现在：

1. 加大对联合国的经费支援

1956年12月加入联合国时，日本向联合国提供的经费仅占1.97%，但很快就赶上英法等常任理事国的比重，1986年成为仅次于美国的第二大出资国，2000年更达到20.573%的巅峰。2004至2006年，日本的出资比例降至19.468%，仍超过美国以外其余4个常任理事国的总和。而随着联合国维和活动的规模与年俱增，日本在常规经费外再承担约20%的维和费用。有鉴于此，日本总是主张改组安理会时应按财力分担比例分配权力。它自认为这是“入常”的最大资本。

2. 在联合国及其下属机构占据重要职位

日本向联合国及其下属机构派遣的职员与年俱增，逐渐掌握实权。冷战结束以后，在联合国及其下属机构中担任高官的日本人有明石康（联合国副秘书长）、绪方贞子（联合国难民事务署高级专员）、中岛宏（世界卫生组织总干事）、松浦晃一（联合国教科文组织事务局长）等。他们以自己的出色业绩提高了日本在在国际社会的“能见度”，增强了日本在使联合国及其下属机构的影响力。

① （日）桥本龙太郎：“在外交政策委员会的演讲”，1996年9月24日，《外交蓝皮书1997》，第224页。

3. 竞选安理会非常任理事国席位

在永久的“入场券”一时难以到手的情况下，日本便退而求其次，紧紧抓住每一次非常任理事国改选的机会，以经援为代价四处拉票甚至诱使一些候选国家让位给日本。日本从1956年加入联合国后，先后10次当选为安理会非常任理事国，成为联合国成员国中当选非常任理事国次数最多的国家。2006年10月，朝鲜进行核试验后，日本利用在安理会担任轮值主席的有利条件促使安理会通过了1718号决议。决议虽排除了授权对朝使用武力的可能，但决定针对朝方核武器、导弹等大规模杀伤性武器相关领域采取制裁措施。这是日本加盟联合国半个多世纪来最出风头的一次外交表演。类似的业绩如能不断累积，显然是会对日本实现“入常”夙愿起到“加分”作用的。

二、功亏一篑的2005年“入常”冲刺

小泉纯一郎是进入新世纪后日本的第一任首相，也是迄今为止在“入常”问题上态度最积极的一任首相。2002年，小泉在联合国大会发表演讲时提出：“明年将是有关安理会改革讨论的第10个年头，日本认为有必要重点就安理会的扩大究竟以多大规模为宜进行磋商，并多方努力以实现扩大安理会的目标。与此相关联的是，应该讨论联合国宪章中尚存的‘旧敌国条款’这类的已经变得毫无意义的、20世纪遗产的问题。”[①] 两年后，小泉在联合国的讲坛上旧话重提：“现在是对联合国，特别是安理会的改革作出决断的时候。”“日本的作用是安理会权限中维持国际和平与安全过程中所不可缺少的，相信日本所发挥的作用是它成

① （日）小泉纯一郎：“在第57届联合国大会一般辩论时的演说”，2002年9月13日。见首相官邸网页：http：//www.kantei.go.jp/jp/koizumispeech/2002/09/13speech.html。

为安理会常任理事国的坚强基础。”①

2005年是联合国成立60周年。日本认为这是它实现“入常”夙愿的难得机遇。恰好在2004年春天，联合国成立了一个直接对秘书长安南负责的、由各国资深外交官组成的名人小组。名人小组提出了改革安理会的A、B两个方案，主张把联合国的安理会成员由15个扩大到24个。A方案是增加6个常任理事国和3个非常任理事国，B方案是新增8个可连选连任的常任理事国和1个非常任理事国。两个方案都规定新的常任理事国没有否决权。“入常”的话题再次被热炒起来。

根据联合国宪章，对包括安理会在内的联合国机构进行改革必须得到成员国2/3多数的认可，同时得到所有5个常任理事国的批准。不过，日本决策层的姿态空前积极，摆出了一副胜券在握、志在必得的姿势：第一，外务省一马当先，在2004年8月成立了“联合国改革对策本部”，破天荒地召开了驻外使节会议，将大使争取驻在国对日本“入常”的支持列为其首要任务。第二，频繁地展开访问外交，争取对日本“入常”的支持。尽管日本ODA的规模从20世纪90年代以来逐年萎缩，但为了赢得发展中国家的支持，小泉首相、川口外相出访时几乎无一例外地带着支票本，承诺大幅度增加来自日本的ODA的援助。鉴于联合国191个成员国中非洲国家占了53席，日本便将“拉票”的重点放在非洲。2004年底以来，逢泽一郎外务副大臣以及3位政务官相继访问了近10个非洲国家。第三，与以往不同的是，日本与印度、德国和巴西结成“四国集团”集体闯关。2004年12月1日，日本邀集德国、印度和巴西开会，一致同意在名人小组的A方案的基础上改革安理会。2005年5月16日，“四国集团”向联合国成员国散发了一项决议草案，要求将安理会理事国从15个扩大至25个，并增加包括以上4国在内的6个安理会常任理事国。新的常任理事国应该“拥有与现有常任理事国同样的职责和义务”，其中包括对安理会决议的否决权。按照

① （日）小泉純一郎：“在第57届联合国大会一般辩论时的演说”，2004年9月22日。见首相官邸网页：http：//www.mofa.go.jo/mofaj/anzetsu/16/ekoi_0921.html。

“四国集团”的“三步走”计划：第一步，要推动联和国大会6月份对草案进行讨论和表决；第二步，争取在7月中旬选举出新常任理事国；第三步，在9月中旬召开的纪念联合国诞生60周年的特别联大，包括小泉在内的4国首脑都能以安理会新的常任理事国首脑身份出席。

这段时期，日本屡屡在历史问题和领土问题上与中、韩等邻国交恶，但日本当权者以为“入常”已经胜券在握，根本就没有把东亚邻国放在眼里。结果，从2005年4月以来，中国、韩国均爆发了大规模的反日示威，其锋芒直指日本的“入常”冲刺。亚洲的反对声浪让全世界震惊。其实，中国在安理会改革问题上的态度非常鲜明。6月7日，中国政府公布了《中国关于联合国改革问题的立场文件》，首次以官方文件形式表示，中国主张联合国安理会改革首先要解决发展中国家代表太少的问题，“中方反对人为设限，反对强行表决尚有重大分歧的方案”。[①] 2005年底，中国外交部副部长乔宗淮对日本外务省综合外交政策局局长河野雅治介绍了中方对联合国改革的看法，强调当务之急是加紧落实联合国成立60周年首脑会议成果文件，推动联合国改革在已有较多共识的领域取得进展，发展问题应作为优先和重点。安理会改革应优先增加发展中国家，特别是非洲国家的代表性。改革需要通过民主协商，充分讨论，在广泛一致的基础上作决定。[②]

另一个让日本始料未及的结果是，“四国集团”遭到了“团结求共识”联盟的强烈反对。日、印、德、巴四国绑在一起固然扩大了声势，但同时也引来了反对国家的团结。四国在各自地区内都有竞争对手，以韩国、巴基斯坦、意大利和墨西哥为首结成的“团结求共识”联盟在2005年年初仅有40多个国家，3月下旬即增加到70多个国家。4月11日该集团在纽约举行聚会时，已达117个国家，超过联合国191个会员国的半数。非洲联盟本来是“四国集团”最大的“票田”，也是日本此

① “中国政府发表关于联合国改革问题的立场文件”，《人民日报》，2005年6月8日。

② “外交部副部长会见日本官员谈联合国改革问题”，人民网，2005年12月27日。

次拉票攻势的重点。为争取非盟支持，“四国集团”方案特意在新增加的6个常任理事国中为非洲留出了2席。但是，非洲国家还是没有领情。在2005年8月4日召开的非盟紧急首脑会议上正式否决了与“四国集团”合作的方案。这就意味着日印德巴四国拉拢非洲国家的计划彻底破产。

最让日本难堪的是，它一直寄予厚望的美国在关键时刻没有能坚定地站在自己一边。尽管美国总统布什在第62届联合国大会上力挺日本成为安理会常任理事国，声称“日本已够资格”，但同时他又表示“也应考虑别国”。时任美国国务卿的赖斯在记者问及美国如何支持日本“入常”时，更以“无可奉告”一句话搪塞过去。美国常驻联合国代表约翰·博尔顿则拒绝“四国集团”的提案，强调“美国政府支持的（改革）方案一个也没有”，“美国不赞成给安理会改革设置‘时间表’”。6月3日晚上，赖斯打电话给日本外相町村信孝，明确表示华盛顿不能支持包括日本在内的“四国集团”的提案。正如媒体人士所调侃的那样，美国在关键时刻从背后捅了日本一“刀”[①]。

事实上，在2005年9月联合国大会前夕，只有约30来个国家表态支持日印德巴四国提案。在亚洲仅有阿富汗、不丹和马尔代夫3国。“四国集团”的提案无疾而终。在“入常”冲刺失败已成定局后，还闹出一个小小的插曲。日本外务大臣町村信孝在接受英国《泰晤士报》专访时表示，目前日本承担联合国会费的比例“很不合理”，加上日本民众和议员对日本未能成为安理会常任理事国“感到失望”，政府“无法说服选民”继续缴纳这么高的会费。

三、日本依然没有放弃“入常”的战略目标

町村的发言给人们的印象是日本似乎像小孩子一样在赌气，有点破罐子破摔的感觉。不过，日本的主流社会倒是开始认真检讨这次“入

① 郭希文：“日本‘入常’最大的阻力是美国”，《南方日报》，2005年6月18日。

常”冲刺失败的教训。《读卖新闻》在一篇评论中批评外务省在日本“入常”问题上犯了“三个错误”：一是不该轻信美国的所谓“支持”；二是不该把中国的声音不当一回事，一意孤行要将“四国集团”方案付之表决，试图闯关；三是对日本经济援助的力量过于自信。

对于一心想与美国等大国平起平坐的日本来说，“入常”是它决不能放弃的战略目标。鉴于2005年这次“冲刺”的失败，日本在“入常”问题上采取“细水长流不断线”的做法，更加谨慎也更讲究实效。

第一，吸取小泉时代一味推行“冲撞”外交导致日本在东亚空前孤立的教训，致力于改善与中韩等邻国的关系。进入新世纪以后，身为首相的小泉纯一郎持续参拜靖国神社，致使中日关系、日韩关系严重恶化。联合国秘书长安南明确指出，日本要想成为安理会常任理事国，首先必须得到亚洲邻国的支持。安倍晋三出任首相，在参拜靖国神社问题上与其前任明显拉开距离，从而消除了日本发展与亚洲邻国关系的一大障碍。他上任伊始便对中韩两国进行了所谓的“融冰”之旅，使中日关系、日韩关系由寒转暖。在福田康夫任内，日本与亚洲邻国的关系明显改善。2008年5月，中国国家主席胡锦涛访日期间，两国首脑签署了《中日关系全面推进战略互惠关系的联合声明》。声明中写着这样一段话：“双方同意就联合国改革问题加强对话与沟通，努力增加共识。中方表示重视日本在联合国的地位和作用，愿意看到日本在国际事务中发挥更大的建设性作用。”尽管没有直接表明中国将支持日本“入常”，但对日方来说，“更大的建设性作用”这一提法给它提供了很大的想象空间。

第二，鉴于日本长期忽略非洲造成其在这块大“票田”全军覆没的教训，致力于开展积极的非洲外交。日本以往对非洲国家采取实用主义方针，特别是在冷战后美欧国家逐渐疏远非洲的大背景下，日本对非洲的兴趣也急剧下降。以2006年为例，日本对非洲的直接投资总额仅1.2亿美元，贸易总额227亿美元，而同年中国对非洲的直接投资总额37亿美元，贸易总额555亿美元。日本只在27个非洲国家保持大使馆，不到中国（47国）的60%。以日本的雄厚经济财力，这是相当令人费解的。2005年以后，日本有意识地加强对非洲的外交投入。2008

年5月，日本发起在东京召开了第四次非洲开发会议（Tokyo International Conference on African Development，简称 TICAD），有40个非洲国家与会，其中有16名政府首脑。福田首相在基调演讲中宣布，日本将在截止到2012年的5年时间里将日本对非洲的ODA金额翻一番，5年间将以道路为中心对非洲的基础设施建设提供40亿美元的日元贷款，5年里将日本对非洲直接投资翻一番，10年里实现非洲的大米产量翻一番。2008年7月，日本利用主办北海道洞爷湖八国峰会机会，邀请南非、阿尔及利亚、肯尼亚和尼日利亚非洲国家参加与八国首脑的对话。选择这些非洲国家自然首先考虑其幅员、人口及GDP规模，还有一个标准是它们是过去十多年里日本大力援助过的“亲日派”国家。日本政府有关人士称，“扩大支持（入常的国家），需要从巩固基础开始”，表明日本未来将大力争取非洲各国支持日本“入常”。

第三，鉴于“四国集团”集体闯关反而增加“入常”阻力的教训，试图撇开印度、德国、巴西等国提出单独“入常”的方案。美国从一开始就不希望大幅度扩大安理会常任理事国数目。日本了解到美国的让步底线是包括日本在内至多增加2个常任理事国席位，开始酝酿单独“入常”的方案。当然，为避免得罪“四国集团”的其他伙伴，日本在2009年2月联合国安理会启动的新一轮有关改革问题的政府间交涉中仍保持与印度、德国和巴西的密切接触。

第四，在安理会改革进程明显放慢的情况下，继续争取以非常任理事国身份保持在安理会的一席之地。由于2005年“入常”冲刺失利，加上非常任理事国的任期又在2006年届满，日本再次被关在了安理会门外。由于安理会10个非常任理事国中亚洲只拥有2个席位，而亚洲的联合国成员国却有39国。如果按常规排队，刚刚卸任非常任理事国的日本不知要等到何时才有参选机会。于是，日本便将视线转到亚洲最有希望入选的蒙古国身上。2006年8月，小泉在卸任首相前访问蒙古国，带去的见面礼是3.5亿日元的无偿援助；蒙古国总统恩赫巴亚尔在翌年访日时也受到隆重款待。日本外务省官员私下向蒙方挑明，以蒙古国的经济实力是难以承担在纽约房租最昂贵的曼哈顿区维持外交使团代价的，不如将参选资格让给日本。2007年1月24日，日本首相安倍晋三与蒙古国总统恩赫巴亚尔就联合国改革问题进行了电话会谈。恩赫巴亚尔表示，蒙古将退出于2008年秋季举行的联合国安理会非常任理事国选举，转而邀请日本代替蒙古国参选。对此，安倍欣然接受并表示感谢。[①] 2008年10月17日，日本击败伊朗第10次当选为安理会非常任理事国，任期从2009年1月至2010年12月。

第五，增加在联合国各级机构中的存在。2001年开始，日本负担的联合国会费比率连续7年逐年递减，从高峰时的20.573%下降为19.468%、16.624%和12.530%，“缩水”四成以上。尽管如此，日本向联合国各级机构派遣的职员却在不断增加。从1996年的428人发展到2009年的708人。日本驻联合国代表大岛贤三将这一策略概括为“椅子”和“人”，就是说要“尽可能确保尽可能多的高质量的‘椅子’或者说是‘职位’，然后派遣大量优秀的人才到这些职位上施展抱负”[②]。鉴于日本参与国际维和行动的所谓“人的贡献”也处于较低水平，截止到2006年10月底在全部112个派遣国家中居第81位。大岛呼吁，至少应该把最低目标定为与现任安理会常任理事国相当水平的30位以内。[③] 安倍内阁的官房长官盐崎恭久宣称，日本将把“入常”当做一项“全民运动”。可以想象，如此锲而不舍的努力，将使日本越来越接近实现其常年的夙愿。

第二节　日本外交战略和日美同盟

日美同盟是战后日本外交的基轴。同盟存在的必要条件是共同的敌人和共同的利益。冷战期间，由于苏联的威胁，日本对美国亦步亦趋，

① 严圣禾：“经济力量与联合国外交”，《光明日报》，2007年1月27日。

② （日）大岛贤三：“着眼50年后构筑新的联合国外交基础”，《外交论坛》，2007年1月号，第14页。

③ 同上文，第16页。

唯命是从。它是美国最放心的盟国之一，美国也对日本呵护有加。但是，随着冷战的结束，苏联威胁的消失，日美间的矛盾一度由于经济摩擦的加剧而日渐凸显，美国采取了一系列“敲打”日本的做法，日本也开始对美国离心离德，出现所谓同盟“漂流”的状态。从1995年起，日美两国通过对日美同盟的“再定义”，以共同应对日本周边地区安全威胁为由，走上了强化安全合作和协调的道路。在桥本龙太郎、小渊惠三和森喜朗担任首相期间，日美两国逐渐构筑起新的平台，双方在政治、经济、军事等领域的交流与合作日益加强。

一、日本在进入新世纪后进一步加强追随和依赖美国的态势

稳定的日美关系是日本带进21世纪的最大的外交资产。

2001年1月，乔治·布什接替克林顿出任美国总统。其智囊班子以助理国务卿阿米蒂奇为首，多为“日本通”。阿米蒂奇在就任助理国务卿前曾支持起草过一份政策报告，其中呼吁美国应遏制中国在亚洲日益扩大的影响，要进一步加强日美同盟关系，而日本则应成为“远东的英国”，在政治和安全领域发挥更大的作用[①]。这份报告在日本执政的自民党内引起了强烈的反响。在新世纪的最初几年里，日本似乎正是朝“远东的英国”这一方向努力的。

1. 日本在“9·11”事件后的阿富汗战争、伊拉克战争中坚定地站在美国一边

小泉纯一郎是近20年来执政时间最长的首相。在其5年半的首相任期内，他和美国总统布什间建立了类似20世纪80年代中曾根康弘与美国总统里根的亲密关系，而他在推进日美同盟的力度上则远远超出了

---

① 阿米蒂奇主持起草的这份报告是以美国战略与国际关系研究中心（CSIS）名义于2000年10月11日发表的，题为《走向成熟的同盟关系》的报告。日美媒体均称其为“阿米蒂奇报告”。

他的所有前任。

2001年6月29日至30日，小泉选择美国作为他就任首相后首次访问的国家。6月30日上午，布什总统选择在马里兰州的戴维营与小泉会谈。这是从里根会见中曾根以来美国总统首次在戴维营会见日本首相。会谈结束后发表的联合声明再次确认了同盟关系的重要性，并宣布日美两国将建立一项有利于双边、区域、全球经贸事务合作及参与的新架构。

同年9月11日，美国纽约世界贸易最中心和华盛顿五角大楼遭到恐怖分子劫持的民航机撞击并引起爆炸。其中世界贸易大厦两栋塔楼全部坍塌，造成重大伤亡。翌日，联合国安理会一致通过决议，谴责这起恐怖主义袭击事件。“9·11”事件发生后，日本是美国所有盟国中表态最快、支持美国的态度最鲜明的几个国家之一。9月15日，美国总统布什向全国发表电视讲话，表示要对袭击美国的恐怖主义分子全面开战，宣布正在阿富汗的本·拉登是这次恐怖袭击的首要嫌犯。9月25日，小泉再次访问美国，与布什总统举行了紧急会谈。在会谈后举行的记者招待会上，小泉称“9·11”事件是对自由和民主主义的重大挑战，日本作为美国的盟国将在医疗援助、救援难民、运输物资和搜集情报等领域与美国进行最大限度的合作。

10月7日，美国发动了对庇护本·拉登的阿富汗塔利班政权的军事打击。同月18日，在小泉的强势推动下，日本众议院全体会议通过了《反恐特别措施法》等3项法律。这3项法律在10月29日参议院全体会议通过后生效。《反恐特别措施法》规定日本自卫队可以在日本领域、公海及其上空以及得到允许的外国领域内，在没有战斗或不会发生战斗的地区，为美军运输武器弹药、提供情报和搜寻失踪人员。根据这项法律，海上自卫队于11月25日，派遣3艘护卫舰、补给舰前往印度洋执行为美军运输物资和侦察警戒任务。

日本海上自卫队在印度洋为参加阿富汗战争的美英等国军舰提供燃油的活动一直持续到2010年1月15日。期间，《反恐特别措施法》曾数度延长。海上自卫队派遣的舰艇初期主要是“朝雾”级护卫舰和扫雷母舰、补给船为止，后期将最先进的“宙斯盾”级护卫舰也派了出去，除护卫补给船外，还负责监视周边海域、空域，特别是美国在迪戈加西亚基地上空。在8年的印度洋供油活动中，海上自卫队总共派遣26批、共73艘军舰，约13000名官兵。主要是为美国军舰提供燃油，后期也为巴基斯坦、法国和英国等国的军舰供油，累计共939次，约5.1亿升燃油。① 日本在印度洋的供油活动，对从事阿富汗战争的美国来说堪称最好的配合。前外务省报道官谷口智彦如此总结道："海上自卫队的补给舰为各国海军无偿提供燃油，通过后勤支援这种国际贡献，对日本来说是风险很低，而回报很高的。"②

小泉内阁"对美一边倒"的姿态在2003年美国发动伊拉克战争后暴露得淋漓尽致。这一年的3月20日，美国在没有得到联合国的授权的情况下，以伊拉克拥有所谓大规模杀伤性武器为由，伙同英国发动了推翻伊拉克萨达姆政权的战争。美英联军凭借占压倒优势的军事力量，迅速粉碎了伊拉克军队的抵抗，并在战争打响后3周后攻占了首都巴格达，控制了伊拉克全境。

国际社会围绕这场战争出现明显的意见分歧。在美国的盟国中，法、德两国与俄罗斯站在一起持坚决反对立场。中国政府也对美英两国无视联合国调停擅自动用武力表示遗憾。但小泉却在战争打响后的第一时间内迅即表明了站在美国一边的立场。3月20日下午，小泉举行紧急记者招待会，宣布日本政府"理解和支持美国行使武力"。小泉内阁采取了一系列紧急措施，其中包括：加强日本国内的重要设施、美军基地和各国使领馆的戒备；对伊拉克难民提供人道主义援助；对约旦、巴勒斯坦等周边国家提供经济援助，等等。③

小泉内阁支持美国"倒萨"战争最为引人瞩目也是最有争议的举措就是向伊拉克派兵。伊拉克战争打响不久，小泉内阁便表示要吸取海湾战争中日本只出钱不出力，遭盟国非难的教训，为伊拉克战后重建提供

---

① （日）共同通信社："海上自卫队最后的作业　政权更迭给历时8年的供油划上句号"，2010年1月16日。

② （日）谷口智彦："海上自卫队的供油活动是低风险高回报"，《WEDGE》月刊2008年10月号。

③ （日）《每日新闻》，2003年3月21日。

必要的人力支援。6 月 13 日，小泉内阁向国会提出了“支援伊拉克重建特别措施法”。这项法律规定将派遣自卫队赴伊拉克从事人道主义援助及有关的运输任务。自卫队的活动地区限定在“非战斗地区”，武器使用仅限于正当防卫与紧急避难。

出乎小泉内阁意料之外的是，绝大多数日本国民反对美英发动的这场“倒萨”战争，更反对向伊拉克派遣自卫队。《朝日新闻》在 3 月 20 日和 21 日、3 月 29 日和 30 日举行的民意调查表明，反对美军攻打伊拉克的日本人从开始时的 59％增加到 65％，支持的却从 31％下降到 27％，支持政府向伊拉克派兵的不到 10％。[①] 包括最大在野党民主党在内的在野党也普遍持反对态度。但是，小泉内阁却执意要降低自卫队派兵出国的“门槛”，以凸显日美同盟的意义以及日本在国际事务中的影响力。7 月 4 日和 7 月 26 日，小泉内阁依靠执政联盟在国会的多数席位，相继让众议院和参议院通过了《支援伊拉克重建特别措施法》。在法案审议过程中，最大在野党民主党联合自由党、社民党、共产党曾先后提出对小泉内阁主要阁僚的弹劾案以及对小泉内阁的不信任案，终因势寡力薄遭到否决。

《支援伊拉克重建特别措施法》的成立，不仅标志着日本自卫队对美国发动的反恐战争的后勤支援已从海上发展到陆上，而且标志着日本自卫队在向海外派兵方面跨出了一大步。12 月 9 日，小泉内阁举行安全保障会议和临时内阁会议，正式批准了向伊拉克派遣自卫队的基本计划。根据这项计划，向伊拉克派遣的从事运输和供水活动的自卫队总人数约为 1000 人，装备 200 辆各种车辆、8 架军用运输机和 4 艘护卫舰。这是自卫队历史上第一次向仍处于战争状态的地区派兵，也是第一次组成包括陆海空三军的海外派遣部队。值得注意的是，陆上自卫队携带的装备中，包括轻型装甲车、无后坐力炮和便携式反坦克导弹等等重武器。与以往只能携带手枪、自动步枪到海外执行 PKO 任务相比，显然是大大前进了一步。

① （日）“‘不支持’伊拉克战争占 65％”，《朝日新闻》2003 年 3 月 31 日。

2. 日本在美国新一轮全球军事调整中地位显著上升

2005 年 8 月 16 日，布什总统在俄亥俄州辛辛纳提“对外战争老兵大会”上宣布，美将在未来 10 年内从欧洲和亚洲撤回 6 万至 7 万名美军，并相应调整海外军事基地，这是冷战结束后美军对冷战时期间全球部署的最大一次调整。这次调整的总的指导思想是：大幅度减少在欧洲的驻军，加强在东欧、中亚、中东的军事存在，对东亚地区的兵力部署和基地进行调整。

美国在这次全球军事调整中对日本青睐有加。首先，美国将统率西太平洋地区美军的指挥中枢设在日本。美国陆军唯一在海外的军团过去是驻扎在德国的第 5 军。第 5 军撤回美国国内后，原先设在华盛顿州的第 1 军司令部却转移到日本神奈川县的座间基地。第 1 军在战时不仅承担西太平洋地区的作战任务，还将覆盖印度洋和中东地区。其次，美国要求日本承担的“兵站”功能大幅度上升。在日美军基地中除 1996 年就承诺撤销的冲绳宜野湾市普天间基地外，撤销和缩减的基地并不多，横须贺、嘉手纳等大型基地的设施将进行升级强化。而且，美国还要求日本同意它在战时有优先使用日本成田、新千岁、关西、福冈、长崎、宫崎、鹿儿岛、那霸等 11 个机场及名古屋、大阪、神户、水岛、松山、福冈等 7 个港口的权利。最后，美国要求日本在战略上进一步加强与美国的协调。美国在新一轮全球军事调整中，改变过去将日本撇在一边的做法，通过“2 加 2”的磋商平台，加强与日本的战略磋商与协调。这些完全是美国从其全球战略出发、为维护其全球利益的举措，但以小泉为首的一些日本政治家却感到有些飘飘然。

2005 年 2 月 19 日，日美“2＋2”会谈发表联合声明，列举了日美安保的 21 个共同战略目标。这是美国就其全球军事调整与日本的第一次磋商。在同年 10 月的“2＋2”会谈中，日美双方就自卫队和美军的作用、任务、能力及驻日美军兵力构成调整达成初步协议；2006 年 5 月 1 日，“2＋2”会谈通过了有关上述问题日美磋商的最终报告。

这份最终报告的内容包括以下三方面：一是调整美国驻冲绳的兵力

结构和部署。报告规定在2007年3月前完成驻冲绳美军设施整合计划，2014年前将美国驻冲绳海军陆战队中的8000人转移到关岛，在总共为102.7亿美元的迁移费用中，59%即60.9亿美元由日方提供；2014年前，将美海军陆战队的普天间机场迁移至施瓦布营地沿岸地区[①]。这固然有缓和美军基地大量集中的冲绳居民反美情绪的考虑。但实际上在确保美军在太平洋地区高度机动性的基础上，将日本当作承受第一波打击的“盾牌”。[②] 二是将美国在西太平洋地区的指挥中心设立在日本，并通过将自卫队有关军兵种司令部迁移到同一基地，使之成为日美共同作战的指挥中心。三是为缓和当地基地对美军航空母舰舰载战斗机频繁进行夜间训练的反对声浪，将这一训练由神奈川县的厚木基地移至山口县的岩国基地。[③]

这份报告的出台不仅表明日美就美国全球军事调整涉及驻日美军的部分达成共识，也意味着日美同盟进入了一个新的阶段。美国《基督教科学箴言报》评论说，这意味着东京朝着在具有潜在不稳定的亚太地区，加强自身重要军事地位的方向又迈进了一步。这些规定有助于提升日美两国在地面和空中军事力量的协同作战能力。[④]

2006年6月29日，小泉纯一郎在即将卸任首相职务前，对美国进行了所谓的“谢幕”之旅。日美两国领导人在会谈后发表了题为《21世纪的新的日美同盟》的报告。报告称日美关系是“历史上最为成熟的两国关系之一”，“日美同盟是基于普遍价值观和共同利益的世界规模的同盟”。这是对小泉执政5年来日美关系的总结，也是针对小泉即将卸任而对其继任者的一种政治约束。第二天，布什用自己的“空军一号”专机载载小泉去田纳西州孟菲斯“猫王”故居参观，布什夫妇陪同前行。这次极富个人色彩的旅行对20世纪50年代以来一直是流行歌星

① （日）《日本经济新闻》，2006年5月2日。

② （俄）安德烈·费休恩：“日本和美国是否会并肩作战”，《新闻时报》2006年5月4日。

③ （日）《产经新闻》，2006年5月2日。

④ （美）“日本将加强自身在亚洲的安全作用”，《基督教科学箴言报》，2006年5月1日。

“猫王”“粉丝”的小泉来说是极大的荣誉。用《纽约时报》的话说，“布什对小泉的告别方式是一种奖赏”。

二、日美关系的结构性变化与新的调整

从小泉时代开始的“对美一边倒”路线到了他的几位后继者任内，逐渐开始发生动摇。

尽管安倍晋三、福田康夫和麻生太郎，甚至由民主党推举的鸠山由纪夫等历任首相都异口同声地强调日美同盟是“日本外交的基轴”，是新世纪“日本唯一的选择”，但早些年笼罩在日美关系上的耀眼光环却日渐黯淡，两国领导人之间也不再那么情同手足、亲密无间了。

日美关系之所以会出现某种程度的降温，其直接原因是：

第一，小泉时代的“对美一边倒”路线造成日本外交的严重失衡，迫使其继任者不得不作重大调整。

日本外交历来有3大支柱，即日美同盟、联合国中心主义和亚洲外交。然而，在进入新世纪以后，小泉在外交和安全保障领域一味地追随和依赖美国，甚至认为日美关系搞好了，中日关系、日韩关系自然就会好起来，在最容易伤害亚洲人民感情的参拜靖国神社问题上一意孤行、为所欲为。这种将“宝”全押在日美关系上的赌徒式外交自然是行不通的。

2005年日本“入常”冲刺之所以失败的一个重要原因就是中、韩等亚洲国家的坚决抵制。到后来，连美国也感到日本在东亚地区陷于孤立不符合美国的战略利益，反过来规劝日本应与亚洲邻国改善关系。2006年9月，安倍晋三继任首相后将中国、韩国列为其首次出访的国家，其目的就是要恢复对亚洲外交与对美外交的平衡，回到传统的外交路线上来。

第二，中国综合国力的增长促使美国更多地将注意力放在中国身上，日本有逐渐被“边缘化”的趋势。

美国是一个非常讲究现实利益的国家，它在亚洲从来都不是把日本当做唯一的伙伴和对手的。进入新世纪以后，中国的和平崛起越来越受

到国际社会的瞩目。中国的国内生产总值从2001年起接连甩过英、法、德国，直逼日本，外汇储备总额和对外贸易总额均已跃居世界第一。无论是解决朝鲜核问题、伊朗核问题，还是稳定世界金融、推动气候变化谈判，中国所发挥的作用都是任何一个国家所不能替代的。从2006年8月日本外务省在美国所作的舆论调查来看，美国精英阶层中有47%的人认为日本是美国在亚洲“最重要的伙伴”，中国是43%，但与5年前相比这一比例翻了一番。日本媒体为此惊呼：美国正越来越重视中国。①

事实上，在布什总统的第二任内，中美关系出现强劲改善势头，时任美国助理国务卿的佐利克将中国定位为负责任的“利益攸关方”，显示出美国在国际事务中越来越借重中国的配合与合作。2007年2月17日，美国战略与国际关系研究中心（CSIS）发表题为《美日同盟：和亚洲一起走到2020年》的对日政策报告。这份报告是由美国前副国务卿阿米蒂奇和哈佛大学肯尼迪行政学院院长约瑟夫·奈领衔起草的，又称第二份“阿米蒂奇报告”。与2000年10月第一份“阿米蒂奇报告”相比，对中国的调子发生了微妙转变。报告认为，这些年来，亚洲地区最大的变化就是中国可以称为爆发性的经济增长。而随着中国经济的快速成长以及军事现代化，对外影响力也与日俱增。东亚地区安定与否，美日关系的稳定自不待言，美日中三国保持良好的关系也是需要予以鼓励的。报告还强调美日同盟也需要与时俱进，适应时代的趋势和需求。②

2008年10月11日，布什政府宣布由于美朝在朝鲜核设施验证问题上达成协议，美国决定将朝鲜从所谓“支持恐怖主义国家”的名单中予以除名。由于日本政府一直反对在“绑架日本人质”问题取得进展前采取这一措施，而美国只是在正式宣布几小时前才将这一决定通报日

---

① 林雪原：“中国地位迅速在提升美国认为中日同等重要”，《环球时报》，2006年9月2日。

② （美）美国战略与国际问题研究所：“The U.S.－Japan Alliance：Getting Asia Right through 2020”。2007年2月17日。日文翻译见：http：//www.kyodo－center.jp/ugoki/kiji/070216armitage.htm。

本。这一事态被日本媒体称作新的“越顶外交”，在朝野两大阵营引起强烈反弹。正在华盛顿出席西方7国财长会议的日本财务大臣表示“深切遗憾”。

从深层次看，日美关系的调整还有如下一些结构性的因素：

一是美国在冷战结束后确立起来的“一超独霸”的局面已经不复存在。“9·11”恐怖袭击和2008年美国雷曼公司的倒闭是两大标志性事件，显示了美国引以为傲的政治、经济模式已出现破绽，特别是在阿富汗战争、伊拉克战争后，美国的硬实力、软实力都受到严重削弱，再也不能像以前那样随心所欲地操控国际局势，美国以外的其他力量中心势必会利用这一机会，在与美国的博弈中尽可能地为自己争取更有利新的地位。日美关系的调整不是孤立的、偶然的，它是国际体系、国际格局重新调整的必然产物。

二是以中国、印度为代表的新兴国家的崛起打破了全球各主要大国间的力量平衡。就日美关系而言，它已经不单纯是日美两国间的双边关系，美国也好，日本也好，彼此都受到来自中国等第三方的吸引和掣肘。例如，根据美国商务部的统计，2001年中美双边贸易总额为1162.07亿美元，占美国对外贸易总额的5.8%，2009年中美双边贸易总额为3569.78亿美元，占美国对外贸易总额的比重上升为14.0%；同期，按照日本财务省贸易统计，中日双边贸易总额也从2001年的107904亿日元骤升为216716亿日元，占日本对外贸易总额的比重也由11.8%上升为20.5%。且中国已超过美国成为日本最大的贸易伙伴。2009年中日双边贸易的比重远远超过了日美贸易所占的比重(13.50%)。[①] 中国因素已成为日美关系中不可或缺的平衡力量。

三、日美关系在日本政坛“变天”后经历重大考验

在新世纪即将进入第二个10年之际，日本政坛发生了剧变，最大

① 中美贸易统计源于U.S Department of Commerce Trades Stats Express，中日贸易统计来自日本财务省贸易统计，见http：//www.customs.go.jp/toukei/suii/html/data/y3.pdf。

在野党民主党在2009年8月的众议院选举中获得压倒性胜利，囊括了全部480个议席中的308个，执政半个多世纪的自民党被迫下野。9月16日，以民主党为主体的鸠山由纪夫联合政权正式问世。新政权的外交理念和实践，尤其是它将如何处理日美关系的问题引起了人们的普遍关注。

从民主党的竞选公约来看，在坚持日美同盟是日本外交基轴这一点上可以说和自民党毫无二致。最大的区别是，民主党要求与美国建立“紧密而对等”的关系。

民主党还处于在野地位时就一贯强烈反对所谓的“对美一边倒”外交。它在海上自卫队在印度洋为美国军舰供油问题上，在陆上自卫队向伊拉克派遣部队问题上都是持否定态度的。民主党内最大的实力派人物小泽一郎在2006年9月竞选连任民主党代表时发表题为《我的理念·我的基本政策》的政策主张，其中强调：“日美两国要确立相互信赖关系，构筑对等的、真正的日美同盟”。[①] 2009年2月16日，小泽在会见美国国务卿希拉里时进一步发挥了这一思想，他强调：“我是很早以来一贯主张日美同盟比什么都重要的政治家之一。但是，同盟不应该是一方从属于另一方的关系，而应该是相互交换意见，充分议论，寻求更好的结论，而且相互都要切实地维护这一共识。”[②] 鸠山由纪夫继任代表后，在《Voice》月刊上发表的《我的政治哲学》一文强调，日美同盟过去是，现在是，将来也是日本外交的基轴。但是，“日本不能忘记自己作为亚洲国家的主体性”。他在美国《纽约时报》上发表的文章如此断言：“在后冷战时期，日本受美国所主导的市场原教旨主义的不断冲击。这种奉资本为圭臬的原教旨主义，我们通常将其称之为全球化。在这里，人由‘目的’异化为‘手段’，人之为人的尊严荡然无存。”“《日美安全条约》将仍然是日本对外政策的基石。但与此同时，我们必须记

① （日）小泽一郎：“我的基本政策——建立公正社会和共生国家”，2006年9月11日，见 http：//www.dpj.or.jp/news/files/060912rinen（2）.pdf，第7页。

② （日）“小泽代表与克林顿国务卿会谈”，《日本经济新闻》，2009年2月17日。

住日本作为亚洲国家的身份。我相信，日益迸发活力的东亚必须被视为日本的立身之本。因此，我们必须继续努力在这一区域建立合作框架，借以实现稳定的经济合作和区域安全。”[①] 鸠山在就任首相后首次发表新的施政演说中明确提出，他这一届政府所期盼的是“紧密而对等”的日美关系。

民主党执政鸠山不久，日美关系就在驻冲绳的美军普天间基地搬迁问题上迎来了第一场也是迄今为止最严重的一次考验。

冲绳县位于日本列岛南端，在第二次世界大战以后一直由美国占领，直到 1972 年 5 月才将行政管辖权归还给日本。目前，日美军基地的 75％集中在冲绳本岛，大小数十个基地合计占到冲绳本岛总面积的 10％。其中，普天间机场是美国海军陆战队第 36 航空群的基地，它位于宜野湾市中央，周围都是民居，飞机起降时的噪音以及频频发生的坠机事件使居民不堪其扰，强烈要求美国从这一基地撤走。1996 年 4 月，日美双方达成协议，美国承诺在替代设施完成后 5 至 7 年内将这一基地归还给日本。可是，十多年过去了，普天间基地依然是困扰日美关系的一大难题。民主党为争取冲绳选民的支持，一贯主张在冲绳县以外甚至日本以外兴建普天间基地替代设施。在 2009 年这次众议院选举前，民主党两任代表小泽一郎、鸠山由纪夫都信誓旦旦地表示，不能再给冲绳居民增添新的负担。这一态度得到了当地居民的热烈拥护，并导致竞选时自民党在冲绳“全军覆没”。

鉴于 2006 年 5 月日美间曾达成过将普天间基地搬迁到冲绳县中部名护市施瓦布营地的协议，美方对鸠山新政权试图“另起炉灶”十分恼火。10 月 20 日，美国国防部长盖茨访日时，力促日本在奥巴马访日前作出是否同意在名护市兴建普天间替代设施的决定。他警告日方说，如果日本要将普天间基地搬离冲绳，美国将停止实施将海军陆战队转移关岛的计划。“日美同盟将出现难以弥补的裂痕”。这一强硬态度让东道主很不愉快。事实上，在 11 月 13 日奥巴马的首次日本之行中，双方未能

① （日）鸠山由纪夫：“日本的新道路”，《纽约时报》网络版，2009 年 8 月 27 日。

就普天间基地问题达成任何协议，奥巴马只得空手而归。

普天间基地问题还不是日美关系出现龃龉的唯一摩擦点。鸠山政权问世后，采取了一系列向美国“叫板”的行动，诸如彻查日美核密约问题、宣布停止在印度洋为美国军舰提供燃油、倡导建立“欧盟版”的东亚共同体，等等。凡此种种，表明民主党在改变对美国唯命是从的追随外交问题上是动真格的。而美国也还以颜色。丰田汽车公司在全球销售的汽车发现存在质量问题而被迫召回后，美国政府要求丰田汽车公司董事长丰田章男出席听证会，并扬言要课以巨额罚款。日本媒体怀疑，美国此举有报复日本的意图在内。

在鸠山由纪夫任内，日美关系渐趋降温。美国总统奥巴马甚至在国际会议期间故意冷落鸠山由纪夫。美国媒体则频频发出对日本的警告。日本在野的自民党和一些右翼色彩较浓的媒体乘机攻击鸠山政权的外交失误，民主党内非主流派也附和这种敲打鸠山的言论。最终，鸠山由纪夫在内外交困的情况下，不得不于2010年6月2日宣布卸任民主党代表和首相的职务，将包括普天间基地问题在内的一副烂摊子交给了继任者菅直人。

日美同盟毕竟是历经半个多世纪的安全框架。日本并没有打破现有安全框架的能力，美国也不愿意放弃它在日本享有的各种既得利益。以民主党为主体的联合政权与奥巴马政府围绕普天间基地等问题的博弈，充其量只是“茶杯里的风暴”，绝不会损害日美关系的基础。民主党联合政权将彻底结束小泉时代“对美一边倒”的极端做法，但是，日美双方毕竟有着共同的价值观、共同的战略利益，经过一段时期的磨合，两国将建立起既竞争又合作，而以合作为主的新型关系。

第三节　日本外交战略和东亚共同体

亚洲主义是日本外交的3大支柱之一。进入新世纪以后，亚洲地区特别是东亚经济的持续增长引起了全世界的瞩目。地处东亚的日本非常希望“近水楼台先得月”，最大限度地利用亚洲的强劲发展势头为自己“加分”。东亚共同体构想的出台可以说是新世纪日本亚洲外交战略的一大“亮点”。

一、东亚共同体构想的出台与小泉内阁的失败

进入新世纪以后，东亚地区的经济出现持续增长的良好势头。东盟和中日韩 3 国的人口大约是欧盟的 4.4 倍，北美自由贸易区的 4.7 倍，而按照购买力平价计算的国内生产总值则超过欧盟，与美国、加拿大和墨西哥的总和相匹敌。按照经合组织（OECD）编撰的、题为《2020 年的世界》的报告预测，如全球化和经济自由化进展顺利的话，中国在 1995 至 2020 年间将实现年平均 8%的增长，而同一时期印度尼西亚的年均增长率为 7%，新加坡、泰国、菲律宾、马来西亚则为 6.9%，大大超过欧盟、北美自由贸易区年均 2.8%、拉丁美洲年均 5.3%的增长速度。

日本早在 20 世纪 60 年代就提出了建立“太平洋经济圈”的构想。在 20 世纪七八十年代，随着日本对东亚地区的直接投资和贸易的不断增加，这一地区形成了以日本为首的“雁行模式”的国际分工格局。这段时期日本对东亚经济合作十分热心。最典型的例子是 1989 年，在日本和澳大利亚的倡导下，由东盟 6 个成员国与澳大利亚、新西兰、韩国、美国、日本组成的亚太经合组织（APEC）问世。迄今为止，APEC 已是亚太地区规模最大、最具影响力的国际组织。但在进入 20 世纪 90 年代以后，日本在东亚经济合作问题上态度趋向消极。这一方面是由于日本在“泡沫经济”瓦解后陷入了长期衰退，自顾不暇；另一方面则由于美国对东亚经济合作的疑虑加大，特别是时任马来西亚总理的马哈蒂尔在 1990 年倡议建立“东亚经济集团”（East Asia Economic Group，简称 EAEG，稍后改为“东亚经济论坛”，East Asia Economic Caucus，简称 EAEC）后，美国表示强烈反对，日本便对马哈蒂尔的构想一反常态地保持沉默。1997 年亚洲金融风暴发生后，日本虽然推出了“宫泽喜一构想”，向深受金融风暴困扰的韩国和东南亚各国提供了

一些资金援助，但由于日资银行纷纷从韩国和东南亚抽逃资金，加上日本政府容忍日元急剧贬值，致使日本在东亚地区的形象大受影响。

2001年11月，中国总理朱镕基在“10＋1”峰会期间，与东盟各国领导人达成了在10年内建成自由贸易区的协议。这让日本朝野受到极大震惊，很多人将它视为中国要在东亚取日本以代之的象征。在这种情况下，日本再次表现出对东亚经济合作的兴趣，“东亚共同体”构想便应运而生。

2002年1月9日至15日，小泉首相访问了菲律宾、马来西亚、泰国、印度尼西亚和新加坡等东盟5国，呼吁加强日本与东盟的“全面经济合作”。1月14日，小泉在最后一站的新加坡发表演讲，正式提出了建立“东亚共同体”的构想。

在这篇演说中，小泉强调日本将在继承20世纪70年代福田主义的基础上，将东盟各国作为“坦率的伙伴”，按照“共同行动共同进步”的理念，进一步加强面向未来的合作。具体来说：一是要重视教育和人才；二是建议将2003年作为日本东盟交流年；三是呼吁东盟各国与日本缔结一揽子经济合作协定；四是倡议召开“亚洲创意会议”；五是在包括打击恐怖组织、海盗活动等跨越国境的问题上加强安全合作。

小泉提出，东亚作为一个整体可以发挥出比各国简单相加起来更大的力量。“我们应该以构筑‘共同行动共同进步的共同体’为目标，在日本与东盟合作的基础上，不断扩大东亚地区的合作。”小泉主张，要最大限度地利用“10＋3”（东盟加日中韩）的框架。“日本、中国和韩国等3国深化合作，是建立这一共同体的巨大推动力，日中韩首脑会谈已经开创了很好的先例。”“日本和东盟的一揽子经济合作构想是东亚经济合作的重要基础。而东盟和中国的自由贸易区以及东盟与澳大利亚、新西兰的经济合作也能不负众望地作出同样的贡献……日本、东盟、中国、韩国、澳大利亚和新西兰将成为共同体的核心成员。”

小泉特意强调他所倡议的东亚共同体绝不是“排他性”的经济集团：“东亚的区域合作是在与地区以外的国家紧密合作的基础上进行的。尤其是从对东亚地区安全保障的巨大贡献以及与这一地区经济相互依存的紧密程度来看，美国的存在是必可不少的。日本将进一步加强与美国的同盟关系，加强与印度等西亚南亚国家的合作。通过亚太经合组织（APEC）与环太平洋各国的合作，以及通过亚欧会议（ASEM）与欧洲的合作也是非常重要的。”①

这一“东亚共同体”构想引起了各方面的普遍关注。《产经新闻》略带夸张地说它显示了日本“新的外交理念”。“首相提出的‘共同体’构想是日本继福田主义之后又一次揭示其对东亚的长期方针。”② 一时间，“东亚共同体”构想成为日本政要热心推销的主张。2003 年 12 月 11 至 12 日，日本与东盟各国首脑在东京举行特别首脑会议。会议发表的《东京宣言》专门写进了为构筑“东亚共同体”要进一步深化东亚地区的内容。③

小泉有关“东亚共同体”的构想并不只是说说而已。就在他发表这一演讲的前一天，即 2002 年 1 月 13 日，日本和新加坡缔结了“新时代经济合作伙伴关系协定（Japan－Singapore Economic Partnership Agreement，简称 JSEPA)”，其中规定两国间将取消除农产品外的所有关税。这是日本与外国缔结的第一个 FTA 协定，也是亚洲地区第一个两国间的 FTA 协定。根据同年 11 月日本外务省发表的《日本的 FTA 战略》，日本将与东盟缔结 EPA 协定置于优先地位，在小泉 2006 年 9 月卸任首相职务前先后与马来西亚（2005 年 12 月）、菲律宾（2006 年 9 月）签署了综合经济合作协定（EPA）。④

2005 年 12 月 14 日，首届东亚峰会在马来西亚首都吉隆坡召开。尽管东盟许多成员国主张其成员应局限于东盟加上中日韩 3 国。但是，在日本的强力游说下，澳大利亚、新西兰和印度也被邀请与会。这就使

---

① （日）小泉纯一郎：“东亚的日本与东盟——构筑坦诚相见的伙伴关系”，2002 年 1 月 14 日，见首相官邸网页：http：//www.kantei.go.jp/jp/koizumispeech/2002/01/14speech.html。

② （日）伊波兴作：“首相倡导东亚共同体　目标是牵制中国”，《产经新闻》，2002 年 1 月 15 日。

③ http：//www.kantei.go.jp/jp/koizumispeech/2003/12/12sengen.html。

④ 日本与东盟其他成员国缔结综合经济合作协定 EPA 协定的时间分别是：泰国，2007 年 4 月；印度尼西亚，2007 年 8 月；文莱，2007 年 6 月；越南，2008 年 12 月。2008 年 12 月，日本与东盟缔结了综合经济合作协定。

得会议名称变得十分怪异。不过，正如小泉从一开始倡导“东亚共同体”构想时就宣称过的那样，澳大利亚、新西兰应该成为“核心成员”。如果位处大洋洲的澳大利亚、新西兰能够加入，与日本关系密切的印度自然也不能拉下。这是日本的底线。

由于小泉在首相任内持续参拜靖国神社，导致日本与中韩两国发生了激烈的战略对抗。中日首脑互访中止，日韩首脑间的“穿梭访问”启动才一年便无疾而终，甚至连“10＋3”峰会期间中日韩 3 国一年一度的会晤也开不起来。日本在亚洲陷入了空前的孤立。在这种情况下，小泉的“东亚共同体”构想喧嚣了一阵便逐渐淡出了日本的外交舞台。

二、日本向亚洲的回归与“东亚共同体”构想的再启动

2006 年 9 月，安倍晋三接替小泉纯一郎出任日本历史上第 90 任首相，随即开始悄悄地对小泉的东亚外交进行调整。安倍选择中国作为他出任首相后第一个出访的国家。10 月 8 日，北京首都机场铺上了红地毯，在时隔 7 年后再一次迎来了日本首相的正式国事访问。安倍先后与中国国家主席胡锦涛、人大常委会委员长吴邦国和国务院总理温家宝进行了会谈。在会谈后发表的联合公报中，宣布两国将建立“战略互惠关系”。翌日，安倍又飞赴首尔，对韩国进行了闪电式的访问。安倍这次中韩之行被媒体称作“破冰之旅”，开启了日中关系、日韩关系改善的进程。

安倍和小泉同属自民党右翼，两人的政治理念基本相同，安倍的民族主义色彩更浓一些。这是安倍能成为小泉内阁重要成员和小泉选择安倍作为自己接班人的主要原因。安倍之所以能在当政后，对小泉时代的亚洲外交进行大幅度调整，主要还是形势使然。

9 月 29 日，安倍晋三在国会发表了他就任首相后的首次施政演说。这一演说的主题是要把日本建设成为“美丽的国家”。这里所谓“美丽的国家”包含 4 大要素：一是要尊重文化、传统、自然和历史；二是以

自由社会为本，守纪律，井然有序；三是要拥有面向未来的、持续发展的能量；四是要能得到世界各国的信赖、尊敬和爱戴，发挥领导作用。在提及亚洲时，安倍如此强调："要更加清晰地坚持'为了世界和亚洲的日美同盟'，推进积极地为亚洲的紧密团结作出积极贡献的外交。"

安倍的这篇演说一句也没有提到"东亚共同体"构想，代之以所谓的"亚洲门户"构想。安倍指出："为了将亚洲和海外的经济增长的活力引进日本，需要在加大与各国彼此开放、缔结经济合作协定的力度的同时，促进世贸组织的多哈回合谈判重新启动。要提前实现原定2010年将来自海外的直接投资占国内生产总值的比例翻一番的计划，以促进地方经济的振兴。要制定在动漫、音乐、食文化和传统文化领域增强国际竞争力和对外发信能力的《日本文化产业战略》。在今后5年里，日本举办的国际会议数量要增加50%，成为亚洲最大的会议主办国。要迅速加强包括便捷性在内的日本的国际航空港等的功能，在人员、商品、货币、文化和信息的流动方面，要推进"亚洲门户"构想，使日本成为亚洲与世界间的桥梁。"①

2007年1月26日，安倍在第166届例行国会上发表施政演说，在对外关系方面强调要推行"有主见的外交"，其三大支柱分别是：1. 加强与共同拥有自由、民族主义、基本人权和法治等基本价值观的国家之间的合作；2. 构筑开放而富有创造性的亚洲；3. 为世界和平与安全作贡献。安倍在这篇演说中对他3个多月前提出的"亚洲门户"构想又作了进一步的诠释。例如，他宣布日本将要在2010年将每年来访的外国游客增加为1000万人，各大城市的国际机场要实行24小时不间歇的营业。"日本要加快与东盟各国缔结综合经济合作协定、与中韩两国缔结投资协定的步伐，促进世贸组织的多哈回合谈判尽早取得成功。"②

---

① （日）安倍晋三："在第165届临时国会上的施政演说"，2006年9月29日，见首相官邸网站：http://www.kantei.go.jp/jp/abespeech/2006/09/29syosin.html。

② （日）安倍晋三："在第166届例行国会上的施政演说"，2007年1月26日，见首相官邸网站：http://www.kantei.go.jp/jp/abespeech/2007/01/26sisei.html。

新内阁成立不久，安倍就在内阁官房中设立了“亚洲门户战略会议”，自任主席，成员有东京大学教授、综合研究开发机构理事长伊藤元重、政策研究大学院副校长白石隆等人。战略会议从 2006 年 11 月 8 日至 2007 年 5 月 16 日连续举行 9 次会议。在它提出的最终报告中强调，日本要进一步对亚洲开放，要使日本经济能充分吸取和利用亚洲的活力。具体来说，日本要简化进出口贸易的手续，开放主要的国际机场，构建对亚洲用户最有魅力的金融资本市场，扩大吸收来自亚洲各国的留学生和高级人才，在动漫、音乐等领域培养有竞争力的“日本品牌”，向亚洲各国提供日本先进的环保技术和标准，等等。

踌躇满志的安倍仅仅当了一年首相便挂冠而去，表面上的理由是健康不佳，实际上是自民党在 2007 年举行的第 21 届参议院选举中遭遇历史性的惨败，导致执政联盟失去了对参议院的控制权。继任首相是和安倍同属自民党“清和会”的福田康夫。

福田康夫和他的父亲福田赳夫是日本历史上仅有的一对父子首相。当 1977 年 8 月福田康夫在菲律宾首都马尼拉发表了“福田主义”的演说时，福田康夫恰好担任他父亲的政治秘书，参与了酝酿和出台的全过程。也许是耳濡目染的缘故，福田康夫在自民党内一直以重视亚洲外交著称。

在福田康夫就任首相后的首次施政演说中，亚洲外交的分量显然要比他的两位前任要多得多。这也就是大众传媒所评价的“共鸣外交”。福田是这样说的：“为了让加强日美同盟与推进亚洲外交共鸣，使稳定与增长能在所有的亚洲国家扎下根来，要推进积极的亚洲外交。”“要和中国建立基于共同战略利益的互惠关系，共同为亚洲的和平与稳定做出贡献。要进一步加强与韩国的面向未来的信赖关系。要与东盟等国在经济合作等方面加强合作……”①

① （日）福田康夫：“在第 168 届临时国会上的施政演说”，2007 年 10 月 1 日，见首相官邸网站：http：//www. kantei. go. jp/jp/hukudaspeech/2007/10/01syosin. html。

“共鸣外交”表明福田意欲修正对美国“一边倒”的小泉外交，也与安倍声称的“加强为了世界与亚洲的日美同盟”拉开了距离，是日本重视亚洲外交的具体表现。事实上，在福田任内，中日关系、日韩关系全面回暖。小泉6次参拜靖国神社带来的阴霾至此一扫而光。

2008年5月22日，福田在东京举行的第14届未来亚洲国际研讨会上发表了题为《将太平洋变为“内海”——对共同进步的未来亚洲的5大承诺》的演说。这是他上任以来对日本亚洲外交的最清晰最完整的阐述。日本媒体将这篇演说称之为“新福田主义”。

福田在这篇演说一开头就提到，16世纪一位法国历史学家曾经预言地中海沿岸各国将把地中海作为内海频繁地进行交流，如今这一语言已成为现实。福田强调，全球化正在使地球变得越来越小，用16世纪时从地中海一头到另一头所花的时间可以绰绰有余地由东京直驶太平洋彼岸旧金山的金门大桥。福田呼吁包括日本、东盟、南北美各国、俄罗斯、中国、印度和澳大利亚、新西兰等环太平洋各国加强相互间的经济合作，在今后30年里将太平洋变成像地中海一样能够频繁进行人员及物资往来的“内海”。目前，环太平洋各国的GDP已占全球的60%，贸易占40%；再过30年，世界经济十强将全部集中在这一地区。

福田在演讲中就日本如何致力于将太平洋变成“内海”提出了5点承诺。正如在本书第2章里所介绍的。这5点承诺包括：(1) 要用更大的力度支持东盟的整合与发展，争取在2015年建成共同体，把未来30年内作为消除亚洲地区差距的30年；(2) 强化日美同盟，使之成为亚太地区的共同财富；(3) 日本将作为“和平合作国家”为实现亚太地区乃至于世界的和平尽心尽力；(4) 推动年轻人之间的交流，日本将推进将外国留学生增加到30万人、每年邀请6000名亚洲青少年访日的计划，同时，大力扩大亚太地区大学间的交流；(5) 致力于减排温室气体，防止地球温暖化的事业。尽快达成后京都议定书的框架协议，努力实现低碳社会。

可惜，福田的这些主张未及实施就被束之高阁。2007年9月2日，福田作为“日本丸”的“船长”突然弃“船”而走。福田辞职的原因主要是国会运营由于朝野两大阵营分别控制众参两院而屡起龃龉，而来自执政伙伴公明党乃至自民党内非主流派的掣肘也有关系。

自民党接连两任首相临阵脱逃，其对外形象无疑受到很大打击。福田辞职后，自民党内出现了5名候选人争抢总裁位置的激烈角逐。麻生太郎以较大优势胜出，顺利地入主首相官邸，了却多年的夙愿。

麻生在小泉内阁当过外相，曾倡导建立所谓的“自由与繁荣之弧”以应对中国的崛起。与此同时，他还发表过一篇题为《我的亚洲战略》的政策演讲。这篇于2005年12月7日在日本记者俱乐部发表的演说，以其特有的坦率口气强调日本应该做亚洲的经验领袖。麻生自始至终不断地重复说：“日本可以用它的经验领导亚洲。”“日本从19世纪中期开始，在政治、经济和社会的近代化方面，日本是亚洲最早实践的国家。在建立民主及市场经济方面，日本也积累了其他亚洲国家所无法比拟的丰富经验。”① 麻生当上首相后，在推行亚洲外交方面着力并不多。他作为首相在国会发表的第一份施政演说充斥着对最大在野党民主党的嘲讽和质问，显得非常“另类”。麻生列举的5大外交原则中，第二条讲的是“与中韩等邻国以及俄罗斯等亚太国家共同构筑地区的稳定与繁荣，一起向前发展”，只是一笔带过，极其笼统。②

不过，麻生的运气似乎特别坏，他这一届内阁成立之初的支持率是历年来最低的，而且很快就跌掉一半，最低时还不到10%。麻生在其任内，遭遇了全球金融危机和阁僚屡屡爆出丑闻的双重打击，可以说一直是焦头烂额，疲于应付。2008年8月30日，自民党在众议院选举中兵败如山倒，输掉了政权，而麻生作为自民党末代政权的领袖，在内政外交上几乎没有留下任何足以称道的业绩便灰溜溜地下台了。

---

① （日）麻生太郎：“我的亚洲战略日本是亚洲的实践的先驱者，经验的领导者”，2005年12月7日，见外务省网站：http：//www.mofa.go.jp/MOFAJ/press/enzetsu/17/easo_1207.html。

② （日）麻生太郎：“在第170届临时国会上的施政演说”，2008年9月29日，见首相官邸网站：http：//www.kantei.go.jp/jp/asospeech/2009/01/28housin.html。

三、民主党的“亲美入亚”路线与东亚共同体的展望

2009年9月16日，以鸠山由纪夫为首相的民主党、社民党、国民新党联合政权宣告诞生，标志着日本政坛自1955年以来第一次实行了真正意义上的政党轮替。

民主党领导层一贯批判自民党在小泉内阁时期疏远亚洲的对美“一边倒”外交，重视加强亚洲外交。2009年8月27日，美国《纽约时报》刊登了鸠山撰写的、题为《日本的新道路》的文章，其中提到“美国单边主义的时代也许会终结”，“我们不能忘记自己的身份：我们是位于亚洲的国家。我认为，正在日益显现活力的东亚地区必须被确认为日本的基本生存范围。所以，我们必须持续建立覆盖整个地区且稳定的经济合作和安全框架”。[①] 就在此文章发表的一个月前，民主党公布了它的竞选公约，其中明确写上了“以构筑东亚共同体为目标，加强亚洲外交”，并强调要与中国、韩国等亚洲各国建立信任关系，积极推进与亚太各国缔结综合经济合作协定（EPA）和自由贸易协定（FTA）的交涉，构建包括整个亚太地区的贸易、金融、能源、环境、救灾、防止大规模传染病等领域的合作体制。[②] 许多观察将鸠山和他的执政团队的这条外交路线概括为“脱美入亚”或“亲美入亚”。

事实上，鸠山由纪夫就任首相后第一次在国际上亮相，是9月24日在第64届联合国大会上发表的演讲。在这篇演说中，鸠山将建立东亚共同体列为日本面临的5大挑战之一，声称日本将本着“友爱精神”在东方和西洋间、发达国家和发展中国家以及各种文明间充当世界的“桥梁”。关于东亚共同体，鸠山是这样说的：“如今日本的发展道路与

---

① （日）鸠山由纪夫：“日本的新道路”，《纽约时报》2009年8月27日。http：//news. xinhuanet. com/world/2009－09/01/content _ 11976563. htm。

② （日）民主党 Manifesto2009，2009年7月27日，http：//www. dpj. or. jp/special/manifesto2009/txt/manifesto2009. txt。

亚太地区已经紧密联系在一起。按照‘开放的地区主义”原则，减少这一地区的安全风险，共同享有这一地区的经济活力，无论是对日本，还是对这一地区或者是国际社会都能带来巨大的利益。迄今为止，日本由于过去错误的行动造成的历史的原因，对于在这一地区发挥积极的作用还是比较犹豫的，新的日本将超越这段历史成为亚洲国家的‘桥梁’。我们期待，从 FTA、金融、货币、能源、环境和灾难救助这些领域开始，有关各国互相协作，一步一步的前进，经过持续的努力，东亚共同体是一定能问世的。”①

一个月后，在鸠山首相的首次施政演说中，他再一次阐述了对构筑东亚共同体的立场。鸠山说：“东亚地区尽管拥有多种多样的文化，但无论是在历史上还是在文化上都有很多共同点。即便在政治经济领域有棘手的交涉，在意识形态和政治体制上有一定的差异，但各国民众相互间还是可以不断加深对对方的理解和同感，进而形成国与国之间的信赖关系的”，“东亚各国在贸易、经济和环境等领域深化合作，再加上作为‘以人为本的经济’的一部分，加强在生命和文化领域的合作，就一定能推进对其他地区实行开放的、具有很高的透明性的东亚共同体构想。”②

半个月后，鸠山出席 APEC 首脑会议，在新加坡发表了有关东亚共同体构想的政策演说。这篇演说堪称迄今为止日本在东亚共同体问题上调门最高，措施也最明确的一次表态。

鸠山在演说一开头就开宗明义地表示：“日本新政府重视亚洲外交。而‘东亚共同体构想’就是亚洲外交的支柱。”“如果要问东亚共同体构想的思想渊源，那就是我非常珍视的‘友爱’思想。‘友爱’可以翻译为‘博爱’(fraternity)，就是要在尊重自己的自由和人格尊严的同时，

---

① （日）鸠山由纪夫：“在第 64 届联合国大会一般辩论时的演说”，2009 年 9 月 24 日，见首相官邸网站：http：//www. kantei. go. jp/jp/hatoyama/statement/200909/ehat _ 0924c. html。

② （日）鸠山由纪夫：“在第 173 届临时国会上的施政演说”，2009 年 10 月 26 日，见首相官邸网站：http：//www. kantei. go. jp/jp/hatoyama/statement/200910/26syosin. html。

也要尊重别人的自由和人格尊严。所以，也可以把它称作是‘自立和共生’的思想。我从政以来，一直认为日本与其他亚洲国家之间乃至日本与亚太地区的各国之间一定要用友爱的纽带联系起来。原因是日本曾经对许多国家特别是亚洲的邻国人民带来巨大的伤害和痛苦，60 年过去了还没有达到真正的和解。我的东亚共同体构想就是要依照‘开放的地区合作’的原则，通过有关各国在各种领域的合作，在这一地区建成一系列功能性的、共同体的网络。”

鸠山强调说：“欧洲大陆经历了两次惨烈的世界大战，迄今为止一直互相仇视的德法两国从煤钢联营开始经过不断的合作，以及在国民间的相互交流，形成了事实上的非战共同体。这种以德法为中心的合作机制经过艰难曲折的历程，才有今天的欧盟。欧洲的和解与合作的经验正是我的构想的原型。”

随后，鸠山又列举了为构筑东亚共同体所必须的 4 大领域的合作：（1）致力于共同繁荣的合作；（2）保护绿色亚洲的合作；（3）保卫生命的合作；（4）创建“友爱之海”的合作。

最后，鸠山发出呼吁说：“我们这一地区如果是东盟加 6 国的话就有 32 亿人，APEC 的成员国也有 27 亿人。这能迸发出多大的能量啊？生活在这一地区的人们假若能超越国境的话，一定能涌现无法想象的新的活力和智慧。”①

许多迹象表明，与自民党历届政府相比，鸠山内阁在推进东亚共同体问题上确是有诚意和有行动的。主要表现在：

第一，在历史问题上采取向前看的态度。正如鸠山所反复阐述的那样，日本过去曾经给亚洲国家带来伤害和痛苦，亚洲各国间还没有实现真正的和解。这恰恰是阻碍东亚共同体建设的一大历史遗产。鸠山内阁对待过去侵略战争历史的态度是十分鲜明的。小泉时代那种一边倡导东亚共同体一边参拜靖国神社的、拙劣的和自相矛盾的外交手法显然不会

① （日）鸠山由纪夫：“对亚洲的新承诺——为了实现东亚共同体构想”，2009 年 11 月 15 日，见首相官邸网站：http：//www.kantei.go.jp/jp/hatoyama/statement/200911/15singapore.html。

重演了。

第二，强调中日韩三国的核心作用。鸠山首相在10月9日北京举行的第二次中日韩首脑会谈上明确表示："中日韩三国是（东亚共同体构想的）核心。首先要从强化三国的经济合作开始。"[1] 也正是在这次首脑会议上，鸠山对日本过去一直态度消极的启动中日韩三国FTA协定问题表示了积极的态度。

第三，加大援助东亚发展中国家的力度。11月6日至7日，在日本倡议下，首届日本与湄公河流域各国峰会在东京召开。鸠山首相在会上承诺，日本将在今后3年内向湄公河流域各国提供总额为5000亿日元的政府开发援助（ODA）。

鸠山内阁近一时期表现出来的这种高频率、高姿态的亚洲外交堪称战后日本历史上的第一次。但是，正如鸠山自己在联大发言时指出的，"罗马不可能在一天内建成"，东亚共同体的实现也不可能是一蹴而就的。事实上，鸠山所倡导的东亚共同体目前只是构想而已，还没有一个清晰的轮廓。例如，东亚共同体究竟是在东盟和中日韩三国即"10＋3"的基础上构建还是要再加上澳大利亚、新西兰和印度即"10＋6"的基础上构建，它的"路线图"目前还存在着争议。与此相关的还有美国要不要成为正式成员的问题。2009年10月7日，鸠山内阁的外相冈田克也在外国记者协会演讲时明确表示，将在日中韩、东盟10国以及印度、澳大利亚和新西兰（"10＋6"）的范围内考虑东亚共同体的构成，东亚共同体不包括美国。然而，内阁官房长官平野博文第二天就否认冈田所言是政府的方针。显然，就算在鸠山政权内部，对这一问题也是有争议的。

此外，从新世纪头十年日本历届政府对待亚洲国家的态度来看，一直是有反复的。这也许是未来日本在推进东亚共同体建设时遭遇的最大难题。翻开日本战后的大事年表，会发现一个非常矛盾和"有规律"的现象，即日本一方面通过不断地道歉和反省，积极努力地致力于与亚洲

① （日）"东亚共同体是'长期目标'日中韩三国首脑会议决定加强经济合作"，《日本经济新闻》，2009年10月10日。

的和解。比如，韩日之间（1965 年）和中日之间（1978 年）都是在日本对过去的历史作了反省以后才实现邦交正常化，构筑起友好关系的。而另一方面，日本国内政治中，又涌动着一股强烈的民族主义和保守主义思潮。比如，确定“建国纪念日”（1966 年），制定“年号法”（1979 年），首相参拜靖国神社等。不难发现，这些截然相反而又有着重要意义的事件都是在前者发生的第二年。对于这一现象，日本著名政论家若宫启文将其命名为“翌年法则”①。

第四节　日本外交战略和价值观联盟

长期以来，日本一直以西方世界的一员自诩。就实行政党政治和市场经济，推崇自由、民主、人权的基本价值观而言，这的确是毫无疑义的。战后日本在推行以经济为中心的外交活动时本来并不是十分强调价值观的。20 世纪八九十年代，新保守主义思潮在美欧各国大行其道，动辄以意识形态为由对一些国家进行所谓的制裁。而日本却一直采取相对超然的态度，显得比较低调、务实。但是，在进入新世纪以后，日本外交却反而出现向“价值本位”倾斜的趋势，宣扬“人类普遍价值”和日本价值观的“价值观外交”成为其非常引人瞩目的“亮点”。这反映了日本对国际关系中“软实力”的重视，同时，又凸显了它在失去对中国的绝对经济优势后，试图占据所谓的“道德制高点”，进而主导亚洲未来发展的战略意图。

一、围绕“自由与繁荣之弧”构想的辩论

日本外交中的“价值本位”取向，在小泉时代的对华政策中已现端

① （日）若宫启文：《和解与民族主义》，吴寄南译，上海译文出版社，2007 年版，第 48 页。

倪，在安倍任内，以麻生外相有关“自由与繁荣之弧”的演说为标志一度达到登峰造极的地步。福田康夫担任首相后，有意扭转这一趋势。但是在麻生入主首相官邸后，“自由与繁荣之弧”的构想败部复活，并且在日本极力拉拢澳大利亚、印度等国构筑“价值共同体”过程中逐渐变为现实。

在新世纪的最初几年，由于时任首相的小泉纯一郎持续参拜靖国神社，导致日本在亚洲空前孤立。在这种情况下，为了夺回道德制高点及分化中韩两国，日本政府开始频频提出“自由”、“民主”等口号。2002年11月28日，小泉首相的私人咨询机构“对外关系工作组”发表的、题为《21世纪日本外交基本战略》的报告就强调：“为了亚洲的长期稳定，一贯推进自由与民主主义、维护人权、积极参与人道支援活动，是亚洲先进民主主义国家日本的义务及国家利益。但是，日本在贯彻这一主张时不必像欧美那样大声疾呼、直接行动，悄悄地、稳妥地行动反而更有效果。”[①] 2005年4月22日，小泉在纪念万隆会议50周年的亚非国家首脑会议上再次向与会者发出呼吁：“防止非法武器交易、普及法制以及推行自由、民主主义等普遍的价值观是我们要积极发挥作用的课题。”[②]

真正将“价值观外交”付诸实施的是小泉的继任者安倍晋三。安倍晋三在日本政坛属于极端强硬派政治家。他出任首相后，迫于来自国内外的强大压力，在改善日本与中国、韩国等邻国的外交关系上迈出了值得称道的一步。尽管如此，他推动修改《教育基本法》，将“爱国爱乡”教育列为中小学生的必修课，策划成立日本版的国家安全委员会，强化首相官邸的职能，在在显示出他企求成为像其外祖父岸信介那样的强势首相的意图。2006年9月29日，安倍在出任首相后的首次施政演说中提出了“有主张的外交”的口号。他在演说中如此强调：“日本作为亚

① （日）外交关系特别工作组：“21世纪日本外交的基本战略”，2002年11月28日，见：http：//ijs. cass. cn/japanese/xszl/21thrbwj. htm。

② （日）小泉纯一郎：“在亚非首脑会议上的演说”，2005年4月22日，见首相官邸网站：http：//www. kantei. go. jp/jp/koizumispeech/2005/04/22speech. html。

洲的民主国家，要在进一步推进与东盟合作的同时，与澳大利亚、印度等拥有共同的基本价值观的国家开展首脑级的战略对话，一起将自由社会的范围扩展到亚洲乃至全世界。”“我们的祖国日本是拥有足以向世界夸耀的美丽的自然环境和悠久历史、文化和传统的国家。……要让日本成为被世界各国人民憧憬和尊敬的、子子孙孙都能拥有自信和自豪的美丽国家。”①

2006 年 11 月 30 日，安倍内阁的外务大臣麻生太郎在日本国际问题研究所做了题为《创造自由和繁荣之弧》的外交演讲。这篇演讲标志着日本当权者在内推行“价值观外交”上达到了一个新的高度。

麻生指出，日本本来有两大外交基轴，第一是“强化日美同盟”，第二是“强化与中国、南韩、俄罗斯等邻国的关系”。现在要多一个新基轴，那就是向国际社会推广“价值观外交”，宣扬民主、自由、人权、法治、市场经济等“普遍价值”。

麻生是这样展开他的外交新理念的：“第一，在推进外交活动时，重视民主主义、自由、人权、法制以及市场经济等‘普遍的价值观’，就是‘价值观外交’。第二，有一批新兴的民主主义国家，它们位于欧亚大陆外缘，就象一条带子那样串在一起，这条‘自由与繁荣之弧’是我们想构建，也是一定要建立起来的。”

“我们日本今后要成为从东北亚，经中亚、高加索、土耳其，一直延伸到中东欧国家、波罗的海各国的这条‘自由与繁荣之弧’上的民主主义国家，在它们这场开始没有终点的马拉松赛跑时充当‘陪跑员’的角色。”

“日本是与世界秩序有着重大利害关系的大国之一。像日本这样大的国家，在追求自身的生存、稳定与繁荣这 3 大目标构成的国家利益时，无论在世界哪个地方发生什么事情，都不可能与日本没有关系的。”

“我一直坚信，美国自不待言，澳大利亚、印度、欧盟还有北约成员国，所有这些友好国家都有着同样的理念和利益。日本要和这些国家

---

① （日）安倍晋三：“在第 165 届临时国会上的施政演说”，2006 年 9 月 29 日，见首相官邸网站：http：//www.kantei.go.jp/jp/abespeech/2006/09/29syosin.html。

紧密地团结起来，为‘自由与繁荣之弧’的形成和扩大而共同努力。”①

麻生颇有些自负地介绍说：“日本外交其实在十六七年前就一点点地朝这个方向努力了。如今只不过是给它定位、冠名而已。”的确，在1990年1月柏林墙倒塌不久，时任日本首相的海部俊树就宣布向波兰、匈牙利提供总额为19.5亿美元的援助；1995年，日本向波黑提供5亿美元的援助，其规模仅次于美国；1996年，日本又向柬埔寨、老挝、越南以及蒙古、乌兹别克斯坦等国提供建立法制秩序所必须的援助；在1997至1998年的亚洲金融危机中，日本向韩国和东盟等深陷危机的国家提供了总额为300亿美元的援助，其中，韩国拿到84亿美元，印度尼西亚30亿美元。用麻生的话来说，韩国也好，东盟也好，10年后的今天都是“自由与繁荣之弧”上的冠军国家了。

“自由与繁荣之弧”很难说只是麻生一个人的思想。据日本媒体人士透露，麻生这篇演说的捉刀者是时任外务省事务次官的谷内正太郎。而安倍晋三在出任首相前出版的《致美丽的国家日本》一书中早就表达了日本要与其他亚洲国家共享自由、民主主义等普世价值观。麻生在其演说中提出有关“自由与繁荣之弧”的构想后，安倍也屡屡使用这一概念。例如，2007年8月22日，安倍在印度国会发表题为《两洋交融》的演说时强调：“日本外交如今正在为沿着欧亚大陆外延构建‘自由与繁荣之弧’而到处在推行各种各样的构想。日本和印度的全球战略伙伴关系正是这一进程的关键。日本和印度紧密地走到一起而形成的‘大亚洲’将把美国和澳大利亚也卷进来，形成可以覆盖整个太平洋地区的宏大的网络。”②

安倍和麻生，一个是首相，一个是外相，两人一唱一和，使日本外交在进入新世纪后出现了前所未有的热炒“自由”、“民主主义”等价值观外交的高潮，这一现象引起了人们的普遍瞩目。自民党从诞生以来从

① （日）麻生太郎：“创建自由与繁荣之弧”，2006年11月30日，见外务省网站：http：//www.mofa.go.jp/mofaj/press/enzetsu/18/easo_1130.html。

② （日）安倍晋三：“在印度国会的演说——两洋交融”，2007年8月22日，见外务省网站：http：//www.mofa.go.jp/mofaj/press/enzetsu/19/eabe_0822.html。

来没有如此为“自由”与“民主主义”热狂过，何以安倍、麻生要选择这么做呢？按照《朝日新闻》社论主干若宫启文的分析，主要有两大理由：

一是配合美国布什政权的全球战略。布什政权发动了伊拉克战争，却一直找不到伊拉克的大规模杀伤性武器，于是就将战争目的界定为在中东乃至世界上推广民主。布什在其第二任的就职演说中强调“必须扩大民主主义”。同年 11 月，布什在京都的演说中 80 次提到“自由”和“民主”。哈佛大学教授约瑟夫·奈在《外交事务》杂志上撰文称，美国 2006 年版《国家安全战略》（NSS）中 200 多次提到“自由”、“民主”，是 2002 年版的 3 倍。“安倍使用同样的语汇，无非是向布什传递其决心与美国站在一起的信息吧。”[①]

二是对中国进行牵制。安倍在就任首相前就如此主张：“根据情况，要举行日本、美国、印度和澳大利亚，即美国加上亚洲民主国家的定期磋商……随着这一磋商机制的建立，亚洲的结构会发生变化，中国将不得不改变对日本的态度。”他还说：“我们没有必要陷入认为自己在道德上逊于中国的错觉”，“日本是崇尚自由和言论自由的国家，应该堂堂正正地挺起胸来”[②]。这里溢于言表的是一种对中国的道德优势。

“自由与繁荣之弧”甫告问世便遭到激烈的批评。时事新闻社评论员铃木美胜揭露麻生所谓这一构想并非鼓吹封锁中国和俄罗斯的自我辩解时说：“如果这篇演讲不是包含了中国、俄罗斯因素，它无疑就是没有什么意义的计划。”[③] 日本综合研究所理事长寺岛实郎批评说：“以意识形态来划分世界的冷战时代早已结束。在国际关系被民族、宗教等多种复杂因素驱动的今天，仍以价值观为外交基础来描绘出的所谓‘自由

① （日）若宫启文：《和解与民族主义》，吴寄南译，上海译文出版社，2007 年版，第 37 页。

② （日）安倍晋三：《安倍晋三对话集》，PHP 研究所，2006 年版。转引自若宫启文前书，第 37、38 页。

③ （日）铃木美胜：“‘自由与繁荣之弧’新外交战略”，《世界周报》，2006 年 12 月 26 日，第 18 页。

与繁荣之弧’只能是一种虚构的幻想。”① 自民党前干事长加藤纮一也一针见血地指出：“自由与繁荣之弧”论“骨子里隐藏着反共意识”且早已过时，奉劝麻生、安倍等还是和他们的外祖父岸信介、吉田茂的时代“保持距离”。

不过，为“价值观外交”喝彩的人倒也不少。为首的就是时任自民党政调会长的中川昭一。2007年5月17日，自民党内成立了一个名为“推进价值观外交议员之会”，中川昭一任顾问，前经济产业副大臣古屋圭司任会长，这个跨派系的议员团体共有43人，大多是支持首相参拜靖国神社，美化侵略战争历史的右翼团体“日本会议国会议员恳谈会”的成员。中川在成立会上肯定“价值观外交”是“把欧洲、澳大利亚等的关系纳入视野的新思路，以自由和民主等价值观为杠杆向世界传播日本的想法，可成为未来改变日本的动力”。

不过，围绕日本外交“价值本位”的喧嚣，随着安倍晋三在2007年参议院选举惨败后黯然下台也画上了句号。福田康夫继任首相后，推行“创造和平的外交”，致力于加强与中韩等亚洲邻国的关系，“自由与繁荣之弧”的主张被束之高阁，冷冻了起来。而麻生在一年后入继大统，苦于应对全球金融危机的冲击和阁僚的丑闻，也无暇顾及自己曾经倡导过的价值观外交。在他就任首相后的第一次施政演说中居然一句也没有提到“自由与繁荣之弧”，直到翌年1月28日，麻生在第171次例行国会的施政演说中再一次出现人们暌违已久的这个词，给人的感觉是聊以点缀而已。

二、呼之欲出的日美澳印四国联盟

如果说构筑“自由与繁荣之弧”牵涉到从东北亚、东南亚、南亚和中亚、中东欧的一大批国家，实现的可能性还比较低的话，日美澳印四国的价值观共同体却可以说是正蓄势待发，呼之欲出了。这是日本在进

① （日）寺岛实郎：“麻生大臣，请正视美中两国的接近”，《文艺春秋》，2007年8月号，第325页。

入新世纪后推行“价值本位”外交最具标志性的一项工程。

日美澳印四国联盟构想的始作俑者是安倍晋三。2004 年 12 月 26 日，印度洋发生空前规模的海啸，造成印尼、斯里兰卡、泰国等 10 多个国家近 30 万人遇难。美、日、澳、印等国相继派出军舰到受灾最严重的印尼等国从事人道主义救援活动。期间，美、日、澳、印四国海军组成“核心小组”（Core Group）协调对印度洋海啸灾区的救援和重建，这可以说四国进行战略合作的最初尝试。2006 年 8 月，时任自民党干事长的安倍晋三在他撰写的《致美丽的国家日本》一书中首次提出由美国、日本、澳大利亚和印度组成四国战略同盟的构想。①

一个月后，安倍晋三接替小泉纯一郎出任日本第 90 任首相。如前所述，他在出任首相后的首次施政演说中强调，日本要和澳大利亚、印度等拥有共同的基本价值观的国家开展首脑级的战略对话。2006 年 11 月 30 日，安倍内阁的外务大臣麻生太郎发表有关“自由与繁荣之弧”的演讲，其中再次提出由价值观一致的国家建立战略同盟的构想。于是，围绕日美澳印四国联盟，日本政要展开了紧锣密鼓的外交日程。

2007 年 3 月 13 日，安倍首相与来访的澳大利亚总理霍华德举行会晤，签署了《日澳安全保障联合宣言》，宣布日澳间建立战略伙伴关系，定期举行外长和国防部长的“2＋2”会谈。日澳安全合作领域除救灾、反恐和联合国维和活动外，还包括情报共享及举行共同军事演习等。这是日本首次和美国以外的国家签署安全保障宣言。由于美日间早就有类似的磋商机制，此举预示着美澳日正式结成了三边安全机制。

2007 年 4 月 16 日，美国、日本和印度三国的精锐战舰在日本房总半岛南部海域举行了首次联合演习。以“不结盟”为标榜的印度将它的海军舰队由印度洋派到大平洋西侧的日本列岛，并且和世界最强的美国海军以及日本海上自卫队举行联合演习，堪称第二次世界大战后一项标志性事件。

2007 年 5 月下旬，美日澳印四国官员在马尼拉首次举行会晤。这

① （日）安倍晋三：《致美丽的国家日本》，文艺春秋出版社，2007 年版，第 160 页。

是四国官员首次坐到一起磋商安全问题。会前，中国表达了关切。印、澳两国强调四方磋商没有任何针对中国的内容。

2007年6月2日，日美澳四国国防部长和防卫大臣在新加坡举行三边磋商，就避免朝核问题引起的核扩散达成共识。这可以说是四国防卫首脑首次举行会晤。

2007年7月9日，新上任的日本防卫大臣小池百合子也加入了鼓吹“四国联盟”的合唱。她在与美国国务卿赖斯举行会谈时提出加强日美澳印四国在安全保障领域的合作。

2007年8月21日至23日，安倍晋三对印度进行国事访问。22日，安倍在印度国会发表演讲，强调：“日本与印度目前就建立‘全球性的战略伙伴关系’达成了一致……这一伙伴关系是基于自由、民主和尊重基本人权的共同价值观和战略利益基础上的结合。日本目前正在沿着欧亚大陆外延构建‘自由与繁荣之弧’而到处在推行各种各样的构想。日本和印度的全球战略伙伴关系正是这一进程的关键。日本和印度紧密地走到一起而形成的‘大亚洲’将把美国和澳大利亚也卷进来，形成可以覆盖整个太平洋地区的宏大的网络。”①

2007年9月2日，在澳大利亚悉尼举行的APEC领导人非正式会议期间，美国总统布什、日本首相安倍和澳大利亚总理霍华德举行首次三方战略对话。据媒体报道，三国首脑强调“从总体上”加强与印度的关系，但称印度加入三国战略对话的情形“近期不会发生”，暂定“以单独而不是集体的方式”加强同印度的关系。

2007年9月4日，日美澳印四国加上新加坡在孟加拉湾开始了为期5天的、代号为“马拉巴尔07”的大规模的联合海上军演。这是孟加拉湾有史以来最大规模的军演，动用了包括3艘航空母舰在内的精锐力量。这表明建立四国战略对话的倡议已开始付诸实践。

2007年9月12日，安倍晋三宣布因健康原因辞职。随着“价值观

---

① （日）安倍晋三：“两个海洋的交往——在印度国会的演讲”，2007年8月22日，见首相官邸网站：http：//www.mofa.go.jp/mofaj/press/enzetsu/19/eabe_0822.html。

外交”的主推手安倍晋三、麻生太双双下台，日美澳印四国联盟一时间失去了动力，陷入了搁浅状态。

继任首相福田康夫、外相高村正彦在随后的一年里，再也没有提起“自由与繁荣之弧”和“日美澳印四国联盟”构想。福田热心推动的是“创造和平的外交”，尤其是致力于改善和发展与中国的战略互惠关系。冷战色彩浓厚的“价值观外交”表面上似乎被束之高阁了。

然而，随着麻生太郎在2008年9月掌控日本的最高权力，日美澳印四国联盟的构想再次悄然启动。

2008年10月22日，印度总理辛格访问日本。在与日本首相麻生太郎会谈后，两国领导人首脑签署了《日印两国关于推进全球战略伙伴关系的联合声明》、《日印两国关于加强安全保障合作的联合声明》。其中，《日印两国关于安全保障合作的联合声明》是日本继美国、澳大利亚之后与外国缔结的第三份安全合作文件。《联合声明》规定，两国将定期举行有关防务问题的磋商，其级别从国防部长、防卫大臣一级到海军和海上自卫队的参谋一级。此外，两国还将举行联合军事训练和观摩第三国的军事演习。这标志着日美澳印四国战略合作的最后一个环节也链接了起来。在短短的2年多时间里，走到这一步实属不易。

日美澳印四国联盟构想的出台是日本外交向“价值本位”转型的重要标志。它表面上似乎只是以自由、民主主义等普世价值观为基础，以四国间的经济及战略合作为导向，实际上却是以美日军事同盟为基础，以美日澳军事联盟为过渡，再拉上觊觎印度洋霸主地位的印度入伙。该集团虽未明确针对中国，但明眼人都能看出它暗含牵制中国与平衡亚太战略力量的意图，是一张“对中国的包围网”，或者说是“亚洲版北约”。

事实上，就在安倍晋三在2007年8月卸任首相前访问印度时，日本许多有识之士就对拉印度反中国是否明智提出疑问。《朝日新闻》专门发表社论，提醒安倍，不要过分沉湎于所谓的价值观外交。社论说：“日本和美国、印度以及澳大利亚等共同拥有自由和民主主义价值观的国家携手合作，可以应付一切，这是安倍首相倡导的价值观外交。对首相来说，这次印度之行可以说是价值观外交的一次实践。可是，首相是否知道，即便有共同的价值观，彼此间要超越国家利益的对立也不是一件容易的事情呢！……况且，安倍首相的价值观外交带有包围中国的色彩。印度从2003年度起取代中国成了日元贷款的最大受援国，而且随着价值观外交的展开，日本的援助额将会不断膨胀。可是，对日本来说，中国的重要性是印度所无法比拟的。在中国的日本人已经超过10万人，而印度只有2000人，相互依存的程度完全不一样。为牵制中国而利用印度，这种外交手法很容易被识破。就印度来说，它也希望加深与中国的交流，并不是那种随便可以利用的国家。大声疾呼地倡导价值观、一厢情愿的外交是到了重新评估的时候了。”①

许多迹象表明，尽管日本非常希望通过日美澳印四国联盟构想，取得在亚太地区仅次于美国的“二掌柜”地位，并借此联合在本地区具有举足轻重影响的大国共同来牵制和围堵中国。但是，除日本外的其他三国都有各自的利益，加上国际格局已经进入你中有我、我中有你的“后冷战时代”，日本的这一战略意图成功的概率并不高。

首先，美国在解决东亚地区乃至于全球事务时越来越迫切地希望得到中国的合作，美中间也有日益密切的经贸关系，美国并不希望在日本、中国间选边站，更不愿意被日本拖进与中国的冲突。所以，在2007年8月9日日本防卫大臣小池百合子向美国国务卿赖斯提出加强日美澳印四国安全合作时，赖斯的反应是：“这有可能向中国发出意想不到的信号，应慎重推进合作。”

其次，澳大利亚不愿意追随美日卷入与中国的战争。早在2004年8月17日，澳大利亚外交部长唐纳就表示，如果大陆对台湾动武导致美国军事介入，澳大利亚并无义务根据《澳新美安全条约》助美协防台湾。只有在美国或者澳本土受到攻击时，缔约一方才有义务帮助另一方，“美国‘有义务’保护台湾，那是美台之间的事”②。澳大利亚对两

---

① （日）社论：“请安倍首相重新考虑价值观外交”，《朝日新闻》，2007年8月24日。

② “澳洲外交部长唐纳指不会自动助美护台”，http：//www.wangchao.net.cn/junshi/detail_10321.html。

岸通过和平谈判方式最终解决问题持乐观态度。2007年11月，澳大利亚政界著名的“中国通”陆克文接替霍华德担任总理后，澳在四国联盟问题上的态度更加消极。

最后，印度虽与中国存在恩怨和竞争情结，但就目前而言，印度也视二十一世纪初期为其发展和崛起的黄金时期；而且中国对印度的贸易地位远胜于日本对印度的贸易地位。正是出于这一原因，印度外交秘书希夫·尚卡尔·梅农在2007年8月20日曾告诫日本不要和中国展开“一方获益则另一方必然受损的零和游戏”。

《纽约时报》前驻亚洲记者理查德·哈洛伦指出：“这4个国家都与中国有着重要的贸易关系，它们的领导人肯定不想损害这种关系。而且，这4个国家在国内都面临政治上的制约因素，而这些因素将阻碍反华立场。例如，印度的民族主义者就反对新德里被纳入一种从属于美国的安全体系。没有任何官方人士在谈论像北约那样的正式联盟。官员们表示，他们实际上是在巩固现有的美日和美澳协定以及新式的美印安全关系。尽管受到制约，四国领导人仍然表示，他们担心中国的军事现代化可能终将构成威胁。他们正走在接触与威慑之间的刀锋上，两面下注以防备那一天的到来。”①

2009年9月，日本政坛实现了朝野易位、政党轮替。民主党在同年5月公布的竞选公约里明确写上了“推进能与价值观不同的社会共生的友爱外交”。10月26日，鸠山由纪夫在出任首相后的首次施政演说中，有一段话显然是针对其前任安倍晋三、麻生太郎的“价值观外交”的。鸠山说：“连日来，我与亚洲各国的领导人进行了坦率和真挚的意见交换。日本与韩国、中国以及东南亚等近邻各国，要相互尊重不同的价值观，努力寻找共同点和可以合作的领域，建立真正的相互信任关系，推进彼此间的合作。”② 这意味着以民主党为主体的联合政权将推

---

① （美）理查德·哈洛伦：“刀锋”，（香港）《南华早报》，2007年9月10日。

② （日）鸠山由纪夫：“在第173届临时国会上的施政演说”，2009年10月26日，见首相官邸网站：http://www.kantei.go.jp/jp/hatoyama/statement/200910/26syosin.html。

行一条与自民党截然不同的外交路线。

进入新世纪以后，价值观外交从喧嚣一时到暂时偃旗息鼓，凸显了日本外交在国际国内新的环境下正在进行艰难的摸索和探讨。它表明新世纪日本外交前进的轨迹将会是曲折和不断有反复的。这里，笔者借用一位国内著名学者的话作为结论："伴随着日本政治右倾化受到的抵制，所谓的价值观外交可能暂时沦为日本的非主流观点，但它所代表的政治势力和思想体系依然存在，未来是否会以某种形式重演，还有待结合未来日本政局和国际形势的发展做长期观察。"①

① 刘江永："论日本的价值观外交"，《日本学刊》，2007年第6期，第59页。

第五章

新世纪日本的对外军事战略

战后，日本在军事领域一直受到和平宪法和“专守防卫”、“武器出口三原则”等方针的束缚。在警察预备队基础上发展起来的自卫队尽管称得上是东亚地区一支装备精良、训练有素的武装集团，但由于它成立时日本国会曾通过严禁向海外出动的决议，这支力量基本上只是执行防御外敌入侵、参与国内灾难救助等任务。除了与美军开展联合演习、提供后勤支援以及派遣干部到美国军事院校进修外，自卫队基本上没有什么对外交流。

自卫队这种内向化发展的态势在冷战结束后发生了根本变化。20世纪90年代初期，日本打着履行国际贡献的旗号，通过参加联合国维和活动，迈出了向海外派兵的第一步；90年代中期以后，日本通过强化日美安保同盟，利用所谓的“周边事态”，试图在东亚地区的国际事务中发挥军事上的作用；新世纪的头10年里，日本在军事领域外向化发展的趋势更加明显，表现在日本对国际形势的关注明显上升，自卫队派兵出国的门槛也越来越低，对外防务交流日趋活跃，而迈向蓝色海洋、宇宙空间的步伐也大大加快。从新世纪初日本军事战略的动向来看，它已不满足在国际事务中扮演单纯的经济角色，而是渴求经济、军事两者兼而有之，最终突破战后体制的束缚，走向所谓的“正常国家”。

第一节　新世纪日本围绕军事战略的探索

进入新世纪以后，日本怎样判断国际军事形势以及它所面临的安全威胁，是它调整军事战略的基本依据。而它如果要在军事战略上有所突破，势必会冲击现有的宪法等法律框架。那么，这10年里日本当权者对国际军事形势究竟持何种看法？这些判断如何反映到防卫当局的实际运作中并产生一定的影响呢？

一、日本对新世纪国际军事形势变化趋势的把握和思考

了解日本官方对国际军事形势的判断以及军事战略的调整，人们一般都很重视《防卫白皮书》、《东亚战略概观》和《防卫计划大纲》等3大系列的文件。此外，作为制定《防卫计划大纲》依据的首相私人咨询机构“防卫问题恳谈会”不定期推出的报告也颇受瞩目。

《防卫白皮书》是1970年10月中曾根康弘担任防卫长官时首次发表的，从1976年起改为每年出版一册，由防卫省（厅）编撰，经过内阁会议批准后发表的，是了解日本防卫政策以及对国际军事形势和周边邻国军事态势的认识的最权威的文件。《东亚战略概观》由防卫省（厅）所属的防卫研究所从1997年开始编撰，也是每年发行一册。《防卫计划大纲》在1976年、1995年和2004年一共发表过3次。“防卫问题恳谈会”最早是1994年2月按照细川护熙首相指示设立的，由朝日啤酒公司董事长樋口广太郎任召集人。该恳谈会在当年8月推出了一份名为《日本的安全保障和防卫力量的应循状态——面向21世纪的展望》的最终报告。进入新世纪以后，日本在小泉内阁（2004年10月）和麻生内阁任内（2009年8月）先后推出两份防卫问题恳谈会报告。因为这两

个恳谈会的召集人分别为东京电力公司顾问荒木浩和东京电力公司董事长胜俣恒久，也有人将它们称之为“荒木报告”和“胜俣报告”。“防卫问题恳谈会”均由著名企业家领衔，其成员包括防卫省、自卫队的退职官员（将领）、学术界和传媒界的代表，大致能反映日本主流社会的意见。

从2001年至2009年，一共有9册《防卫白皮书》、9册《东亚战略概观》问世，加上2004年8月发表的“荒木报告”、2004年10月出台的《防卫计划大纲》以及2009年8月问世的“胜俣报告”，人们大致可以梳理出日本官方对新世纪国际军事形势的判断、日本军事战略调整的大致脉络以及在开展对外军事交流方面的一些新的动向。

综观上述官方出版物和“防卫问题恳谈会”的报告，不难发现近10年来日本对国际军事形势有如下一些主要判断：

第一，国际形势总体上趋于缓和，但来自非国家行为体的安全威胁明显上升。

2004年的“荒木报告”对新世纪的国际军事形势有这么一段分析：“安全保障领域的21世纪是从2001年9月11日开始的。在分析安全保障问题时主要考虑来自别国威胁的时代已经过去了。而如果不能认真地检讨来自恐怖组织和国际犯罪集团等非国家行为体的威胁，就不可能确立安全保障政策。”① 历年的《防卫白皮书》也一再重复这一观点。如2009年版《防卫白皮书》是这样写的：“‘9·11’恐怖袭击让全世界再次看清来自国际恐怖主义的威胁，成为以美国为首的各国与恐怖主义展开较量的开始。”②

第二，围绕领土、宗教和民族问题的对立日益凸显，地区性争端呈复杂化和多样化趋势。

2002年版《防卫白皮书》强调：“随着冷战的结束，以压倒的军事力量为背景的东西方军事对峙的结构趋于解体，发生世界规模的战争的可能性越来越小。但基于领土纠纷、宗教对立和民族问题的对立日益突

① （日）“防卫问题恳谈会报告”（“荒木报告”），2004年10月，第3页。

② （日）防卫省编：《防卫白皮书》，2009年版，株式会社行政，第8页。

出，地区性冲突日趋复杂和多样化。"[①] 到了 2005 年，《防卫白皮书》对这一点说得更加清晰："各种地区性争端的性质各各不同，分别发端于民族、宗教、领土、资源等问题，其表现形态不仅是武装冲突，也有军事上的对峙。有些地区，如中东、印度一巴基斯坦和朝鲜半岛的争端是从冷战时期一直沿袭至今的。而冷战后国与国之间依然有武装冲突，例如伊拉克入侵科威特、埃塞俄比亚和厄立特里亚间的边境战争等等。世界各地，围绕民族、宗教、资源问题的内战绵延不绝，与此同时发生的侵犯人权、难民、饥饿和贫困、恐怖活动则蔓延到国境线以外，出现国际化的趋势。"[②]

第三，由于大规模杀伤性武器扩散及网络技术的发展，国际安全环境的变数日益增多。

2004 年版的《防卫白皮书》对安全环境的不确定性、不稳定性说得比较透彻："冷战时期一直受到严格管理的核武器、生物武器和化学武器等大规模杀伤性武器以及弹道导弹的转移、扩散的危险日益增大，引起国际社会的强烈担忧……全球化趋势在迅速发展的通信手段和移动手段支撑下势不可挡，国与国之间的相互依存关系不断扩大和深化，但与此同时，某一国家在安全保障领域发生的问题，很可能在一瞬间超越国界蔓延到全世界。这就造成察觉威胁和不稳定因素的出现及凸显越来越困难。安全保障问题趋于全球化。而要预测究竟是谁，在什么时候，什么地方以及为什么要进行威胁和实施攻击，则更加困难。难以预测和安全威胁的复杂化、多样化、多层次化以及常态化，可以说是目前安全环境的一大特征。"[③]

第四，军事力量作用逐渐从维护一个国家利益扩展到维护地区和国际社会的共同利益。

关于这一点，历年的《防卫白皮书》都有所触及。2003 年版《防卫白皮书》是这么说的："过去，军事力量的存在重点是放在遏制上。

---

① （日）防卫省编：《防卫白皮书》，2002 年版，株式会社行政，第 2 页。
② （日）防卫省编：《防卫白皮书》，2005 年版，株式会社行政，第 13 页。
③ （日）防卫省编：《防卫白皮书》，2004 年版，株式会社行政，第 2 页。

冷战结束以后，随着地区性争端日趋复杂化和多样化，动用军事力量的门槛反而降低了。如今军事力量发挥的作用，不仅仅是防范威胁，还包括平时为谋求安全环境的稳定所采取的措施，为促进和平与稳定而积极行动。换句话说，军事力量的作用已经从原有的‘保卫国家’扩展到‘维护地区秩序’和‘世界范围的协调’。这种新的作用以‘非战争军事行动’（MOOTW）的形式得到广泛的认同。军事力量所维护的价值逐渐从‘一国的利益’扩展到‘地区和国际社会共同的价值’。”[①] 2009年版《防卫白皮书》更增加了对国际社会共同打击索马里海盗的叙述。它是这样展开叙述的：“为了取缔索马里湾和亚丁湾的海盗活动，根据联合国安理会通过的相关决议，各国都派出了舰艇，这是国际社会的共同行动……国际社会目前面对着从传统的国家间关系到新的威胁等多种多样的课题，这些课题又常常交织在一起。为应对这些课题，军事力量所发挥的作用已经从遏制和处理扩展到预防争端和冲突后的重建援助。而且，不光是军事力量，还要综合运用外交、警察、司法、信息和经济等多种手段。基于这一趋势，各国应按照各自的国情和国力在不断发展自身军事力量的同时，就国际安全保障领域的问题加强国际合作和相互支援。”[②]

如果说上述日本的官方文件对新世纪国际军事形势的变化趋势还算把握得比较准确的话，它们对东北亚国际安全形势特别是日本的周边安全环境的分析就很难让人们苟同了。

20世纪90年代的日本官方文件在分析日本周边安全环境时还会不时将苏联以及在苏联解体后取代它的俄罗斯称之为日本的“主要威胁”或日本周边的“不稳定因素”，但进入新世纪以后，不管是《防卫白皮书》，还是主要分析日本周边安全形势的《东亚战略概观》，有关朝鲜半岛和中国军事动向的篇幅都明显增多。从字里行间中不难看出日本已悄悄地将朝鲜和中国列为它的两大安全威胁。

---

① （日）防卫省编：《防卫白皮书》，2003年版，株式会社行政，第3页。MOOTW，是Military Operations Other Than War的简称。

② （日）防卫省编：《防卫白皮书》，2009年版，株式会社行政，第2—3页。

2004年12月出台的《防卫计划大纲》对日本周边的安全环境是如此概括的："冷战结束以后，俄罗斯远东地区的军事力量大幅度削减。但是，这一地区依然存在着包括核力量在内的大规模军事力量。与此同时，许多国家都在致力于军事力量的现代化。在朝鲜半岛和台湾问题上仍存在着不透明、不确定的因素。其中，朝鲜一边在开发、部署和扩散大规模杀伤性武器及弹道导弹，一边又保持着众多的特种部队。朝鲜的这种军事动向既是地区安全保障的重大不安定因素，也是国际社会防扩散努力的严重障碍。此外，对地区安全保障有着巨大影响力的中国，在提升核武器和导弹作战能力、推进海、空军力量现代化的同时，正在试图扩大在深海的活动范围，对这一动向今后有必要予以关注。"① 日本媒体注意到，这是从1976年以来日本的防卫计划大纲首次点中国的名。

历年《防卫白皮书》对朝鲜开发核武器和弹道导弹的动向都是浓墨重彩、大加渲染的。尤其是2009年朝鲜再次进行核试验后，这一年的《防卫白皮书》有关朝鲜的表述更加严厉。

《防卫白皮书》如此写道："朝鲜的核武器、弹道导弹的问题更加突出。2006年，朝鲜宣布它进行了弹道导弹和核试验，不仅对我国，而且对国际社会的和平与安全都构成了严重的威胁。"5月份的核试验表明朝鲜在"核武器开发上有可能取得了新的进展"，"不排除朝鲜短期内在核武器的小型化和弹头化的可能性"。"考虑到朝鲜还在提升作为大规模杀伤性武器运载手段的弹道导弹的能力，已构成对我国安全的重大威胁，也严重损害东亚地区以及国际社会的和平和稳定。这是绝对不能容忍的。"② 白皮书还罕见地提到了朝鲜最高领导人金正日的健康问题，指出："（金正日）委员长年届67岁，在不远的将来朝鲜的权力结构如果发生变化，不排除其体制发生动荡的可能性。"③

一般来说，日本的官方文件在涉及朝鲜时遣词用语更赤裸裸一些，

① （日）"平成17年度以后防卫计划大纲"，2004年12月10日。见防卫省网站。

② （日）防卫省编：《防卫白皮书》，2009年版，第3、36—37页。

③ 同上书，第42页。

而在提及中国时则有点欲言又止、“犹抱琵琶半遮面”的感觉。但是，仅从《防卫白皮书》这八九年来介绍中国军事动向的篇幅来看，明显呈增加趋势。2002年版的《防卫白皮书》总共400页，介绍中国军事动向共12页；到了2009年，在总共429页的篇幅中介绍中国军事动向的内容便增加到了17页。

《防卫白皮书》和《东亚战略概观》每年出版1册，基本上都是在承袭上一年度表述的基础上稍作调整，但从有关表述的变化中不难发现其中释放的“特定”政策讯息。例如，《防卫白皮书》从1999年起首次提出中国的中程导弹“将亚洲纳入射程”。2001年版的《防卫白皮书》便言之凿凿地称中国拥有“将包括日本在内的亚洲地区置于射程之内”等东风31型中程导弹约100枚；到2009年版，更增加了有关中国在外层空间进行导弹摧毁卫星试验的内容，对中国的指责可以说溢于言表。同样，《东亚战略概观》对中国的介绍也颇为引人注目。从日本官方文件对中国军事动向的分析来看，其侧重点首先是中国军费连续多年以两位数速度增长，而透明度却很低；其次，是断言中国海空力量的发展已经超出“阻止台湾独立”所需要的水准；再有，就是渲染中国海军逐渐增加在日本周边海域的活动。诸如，海军调查船围绕日本列岛的巡弋、中国核潜艇由接近太平洋第二岛链的海域返回母港时“侵入”日本领海，等等。2005年版《东亚战略概观》就前一年11月10日中国海军的核潜艇进入日本领海一事评论说：“中国方面主张这是‘例行的训练’，但是从潜艇被发现的海域及其航行轨迹来看，可以断言中国海军正在由近岸防御型逐渐向近海防御型迈进。从潜艇在日本沿海比较浅的海域长时间潜行可知其对周围海域的海底状况相当熟悉，而且正在寻求提高训练的水平。”[1]

二、新世纪日本调整对外军事战略的主要思路

战后，日本采取的军事战略一向比较保守，即在坚持“专守防卫”

---

① （日）防卫研究所：《东亚战略概观》，2005年版，第111页。

的原则下，保持“必要的、最低限度的作战力量”，不向海外出动，遵循“非核三原则”和”武器出口三原则”，等等。这固然是由于日本国宪法规定日本放弃作为主权国家的交战权以及不保持陆海空三军及其他武装力量，同时，它们也反映了日本为了让国际社会特别是周边邻国放心，作为其坚持和平道路的一种承诺。然而，从冷战结束以后，日本的军事战略开始了一系列重大的调整。最突出的就是以参加联合国维和活动为由给自卫队发放了派兵出国的“通行证”。其调整和变化表现在：自卫队的兵力部署由“保卫北方”转变为“防御西方”；军事力量的职能由“内向型”转变为“外向型”；对外来威胁的判断由“单一威胁”转变为“多元威胁”；日美同盟的性质由“国土保卫型”转变为“地区干预型”。

进入新世纪以后，日本对外军事战略调整的幅度和速度明显加快，出现了一系列试图突破原有框架和法律、制度约束的动向。除了“集体自卫权”这类争论了几十年的老问题外，有一些关于日本军事态势的新的思路和尝试颇为引人瞩目。最典型的例子莫过于麻生内阁任内出台的《防卫力量恳谈会报告》（以下称“胜俣报告”）。兹分别介绍如下：

1. 有关行使“集体自卫权”问题

1983 年 2 月，时任内阁法制局局长的角田礼次郎在国会答辩时曾明确提出行使“集体自卫权”是“违反宪法”的解释。此后，历届内阁一直不敢越“雷池”一步。进入新世纪后，美国一直要求日本在“集体自卫权”问题上自我松绑（“阿米蒂奇报告”）。自民党内更是一再有人呼吁修改沿袭已久的角田解释，允许日本行使“集体自卫权”。值得注意的是，“胜俣报告”在“集体自卫权”问题上也提出了若干新的见解：其一是以朝鲜不断提高弹道导弹射程为借口，赋予自卫队拦截射向美国的朝鲜导弹的权利。“胜俣报告”中如此强调：“由于朝鲜的弹道导弹性能不断提升，其射程不仅覆盖日本全国，还能到达关岛、夏威夷等美国的部分领土，成为日美两国共同的威胁。导弹防御系统本来就是通过日美两国的紧密合作发挥作用的，而关岛、夏威夷等又是日本一旦遭受攻击时美国驰援日本的据点，拦截射向美国的导弹，对日本的安全保障而言是完全必要的，应该运用一切可能的手段予以拦截。应该改变现有的有关集体自卫权的解释，使日本得以拦截射向美国的导弹。”① 其二是在日美两国舰艇共同执勤时，如果有针对美国舰艇的导弹袭击，即便这些导弹既不是针对日本本土的，也不是射向海上自卫队舰艇的，也应该制定有关的法律使自卫队的舰艇能对这些导弹进行拦截。② 这两个理由算是比较新的。不过，在日本的全国性报纸中，赞成上述见解的是《读卖新闻》、《产经新闻》和《日本经济新闻》，《朝日新闻》和《每日新闻》则持谨慎态度。

2. 有关“专守防卫”原则

1987 年，在中曾根内阁任内通过的有关防卫力量发展的方针一共有 4 条，分别是：(1)“专守防卫”；(2)“不做威胁别国的军事大国”；(3)“文官统制”；(4)“非核三原则”。“胜俣报告”在承认这 4 条方针一直是“日本防卫政策的根本”的同时，却又提出要按照主客观条件的变化重新审视这些原则。其矛头首先针对“专守防卫”原则。“胜俣报告”强调：“我们日本人即便想一直坚持‘专守防卫’，世界安全环境却根本不予置理，每时每刻地都在发生变化。威胁越来越趋向全球化、跨国化。弹道导弹等日益扩散的世界，根本不是当初确定‘专守防卫’原则时所能想象得到的……‘专守防卫’的内容毫无必要地被扩大解释，这显然是我们所不愿意见到的。”“对‘专守防卫’等反映日本基本态势的概念，确实有必要用今天的观点重新审视。”③

3. 有关“武器出口三原则”

“胜俣报告”认为“武器出口三原则”对日本的防卫产业过于苛刻，

---

① (日)“防卫问题恳谈会报告”，2009 年 8 月，见首相官邸网站：http://www.kantei.go.jp/jp/singi/ampobouei2/200908houkoku.pdf，第 49 页。

② 同上文。

③ 同上文，第 44 页。

很不妥当。理由是："美欧各国都已意识到在武器装备的性能提高、费用日益昂贵的情况下由单一国家开发成本太高，风险太大，正在着手建立国际分工机制。由这类跨国共同研究生产机制开发的先进技术和装备自然由成员国共享和优先得到供应，日本如果不参加这种国际共同研究生产机制，被国际技术发展淘汰的风险是很高的。"① 其实，日本政府在1983年曾决定向美国提供武器技术；2004年放宽了按照日美共同研究开发导弹防御系统的协议向美国出口有关技术和限制；2004年以后又规定符合反恐和取缔海盗目的的武器技术可以用个案处理的方式出口，但事实上还是在"武器出口三原则"上碰了壁。"胜俣报告"呼吁，为防止"武器出口三原则"成为制约日美加强防卫合作的瓶颈，可考虑用"部分解禁"的方法予以灵活处理。具体来说，"要在日本政府严格管理的条件下，将共同研究、开发、生产武器装备的对象限于拥有自由、民主主义等共同价值观的国家，以不违反和平国家的理念为底线。""与日本共同研究、开发、生产的对象国将有关成果转让给第三国，日本按照美国的许可生产的装备向美国出口，或者由美国再向第三国转移，只要是在确保严格管理的前提下，都不属于武器出口三原则的限制范围内。"②

4. 有关"先发制人"的战略问题

这其实与日本是否要坚持"专守防卫"原则是有密切关联的。早在2003年3月，时任防卫厅长官的石破茂在众议院安全保障委员会的答辩中表示，对日本是否应该拥有进攻敌方导弹基地的能力确实需要加以检讨。据透露，石破茂还曾指示防卫厅官员就引进在伊拉克战争中因实施"点穴式"精确打击而大出风头的美制"战斧"式巡航导弹进行秘密调查。航空自卫队则在绝密状态下研究利用F－15战斗机空袭朝鲜导弹发射基地，所得出的结论是对朝鲜制造核武器和弹道导弹基地"实施

① （日）"防卫问题恳谈会报告"，2009年8月，见首相官邸网站：http：//www.kantei.go.jp/jp/singi/ampobouei2/200908houkoku.pdf，第49页。

② 同上文，第50、51页。

空袭是可行的”。值得注意的是，“胜俣报告”专门写上了这样一段话：“关于拥有攻击敌国基地的能力，以充实导弹防御系统，或通过攻击力量进一步增强遏制功能的问题，可考虑以日美两国共同应对为前提，在与美国就适当的分工进行磋商使之具体化的同时，日本自身也要研究如何完善装备体系、运用方法和费用对效果等问题。”[①] 尽管措辞十分谨慎，但不能不说是给所谓“先发制人”的观点提供了法律和制度上的依据。

5. 有关多层次合作的安全保障战略

进入新世纪以后，日本在加强自身防卫力量和在日美同盟框架内加强双边合作的同时，更加重视与本地区乃至国际社会加强安全合作。“胜俣报告”明确提出要确立“多层次合作的安全保障战略”。它是这样展开叙述的：“（日本）新的安全保障战略应该由（1）日本自身的努力；（2）与盟国的合作；（3）地区内的合作；（4）与国际社会的合作等 4 个层次构成。在排除针对日本的威胁的同时，还要防止威胁出现，维持和构建国际秩序。”“回顾世界历史，凡是维持现状的国家实力下降而新兴国家迅速崛起时，国际社会容易出现动荡。而维持现状国家对新兴国家的戒备与不耐烦往往会引起新兴国家的不满，导致双方关系的恶化。过去几场大的战争都是由于大国间的力量对比发生变化而国际社会未能很好地加以管理而酿成的。下一次如果再出现这样的情况，世界末日就会来临。如今，主要大国间正开始加强协调，确立以培育合作‘幼苗’，消除冲突‘种子’的综合性、多层次、富有实效的多层次合作的安全保障战论是十分必要的。”[②]

从上述官方文件的介绍不难发现，日本其实已经悄悄地放弃了宪法第九条有关不使用武力的承诺，距离可以打仗的“正常国家”已经只有

---

① （日）“防卫问题恳谈会报告”，2009 年 8 月，见首相官邸网站：http：//www. kantei. go. jp/jp/singi/ampobouei2/200908houkoku. pdf，第 31 页。

② （日）“防卫问题恳谈会报告”，2009 年 8 月，见首相官邸网站：http：//www. kantei. go. jp/jp/singi/ampobouei2/200908houkoku. pdf，第 16—17 页。

一步之遥。那么，是什么原因导致日本朝野在行使武力问题上发生如此巨大的变化呢？东京大学教授猪口孝给出的回答是：日本的军事失败感正在逐渐淡漠，对美国霸权国家主导的秩序的敬畏感也意外地减弱。在近十多年间发生的诸多国际事件使日本对行使武力的看法出现变化。他在《世界周报》上发表的文章如此分析："在这10余年间连续发生的事件，使日本人感到行使武力原来离自己这么近。与北朝鲜特工船的枪击战、印度和巴基斯坦的核试验、美国在阿富汗和伊拉克的新型战争等，不仅通过电视得到了详细的报道，而且使用的武器从日本的技术水平来看是非常难以制造的，似乎除了美国，几乎没有国家有这个能力。而且，在乘飞机只需1小时（朝鲜）、3小时（中国台湾）、6小时（印度、巴基斯坦）、8小时（印度尼西亚的巴厘岛）就能够达到的近邻地区发生的事件，不仅对国家安全，而且对每个人的安全来说都令人觉得非常贴近自己。正因为如此，越来越多的人认为，即使贯彻'专守防卫'原则，也可以使用武力。"①

第二节　新世纪日本军事战略的调整

进入新世纪以后，日本在安全保障领域，相继采取了一系列重大举措，其调整的幅度之大和速度之快，是近20年来所罕见的。日本发行量最大的《读卖新闻》在其社论中如此写道："回头来看，2003年是日本悄悄地把舵轮扳过来，大转变的一年……有关确定政府针对外来入侵应对方针的3项法律，表明日本终于向'正常国家'迈出了一大步。"②

---

① （日）猪口孝："日本外交的新范例"，《世界周报》2004年新年合刊，第8—9页。

② （日）"舵轮开始转向'正常国家'"，《读卖新闻》社论，2003年12月28日。

一、自卫队派兵出国的门槛大幅度降低

冷战结束以后，日本自卫队按照 1992 年通过的《联合国维持和平活动合作法》，先后派出工兵部队和监视停战小组到柬埔寨、卢旺达、莫桑比克等地参与联合国维和活动。这是自卫队走出国门的第一步。根据 1997 年日美新的防卫合作指针以及 1999 年国会通过的《周边事态法》，自卫队又取得了在日本周边地区发生危及其安全的紧急事态时可以向美军提供后勤支援的名义派兵出国。时任首相的小渊惠三在回答在野党议员有关周边地区究竟包括哪些范围时不经意地抛出一句话：“印度洋总归不算周边地区吧。”

可是，仅仅两年后，海上自卫队的舰艇就公然到印度洋执勤，而且一呆就是 8 年之久。这是新世纪日本自卫队派兵出国门槛明显降低的例证。

1. 海上自卫队按照《反恐活动特别措施法》染指印度洋

促使日本将海上自卫队舰艇派遣到印度洋去的契机是 2001 年的“9·11”事件。2001 年 9 月 11 日，美国纽约、华盛顿相继发生了恐怖主义分子劫持 4 架民航机撞击世贸中心大厦和美国国防部所在地五角大楼的血腥事件。这一天，包括民航机乘客在内，有数千名无辜平民丧生，被视为纽约地标之一的世贸中心大厦等 6 栋大楼被完全摧毁，其他 23 座高层建筑遭到破坏，五角大楼也有部分结构坍塌。这起恐怖事件震惊了世界。

当晚 8 时，美国总统布什在白宫向全国发表电视讲话，称恐怖主义攻击可以动摇美国最大建筑物的地基，但无法触及美国的基础。

“9·11”事件发生后，时任日本首相的小泉纯一郎迅速表态支持美国反对恐怖主义的立场，并指示自民党立即研究如何支援美军反恐作战的问题。2001 年 9 月 19 日，小泉宣布了包括派遣自卫队向美军提供医疗、运输和后勤支援以及加强在日美军基地的警戒等 7 项方针。9 月 25 日，小泉访问美国，与布什举行会谈，称“9·11”事件是对自由和民

主主义的重大挑战，日本作为美国的盟国将在医疗救助、救援难民、运输物资和搜集情报等领域与美国进行最大限度的合作。

美国很快锁定由阿富汗塔利班政府庇护的本·拉登是“9·11”事件的策划者。2001 年 10 月 7 日，美国和英国对阿富汗发动了代号为“不朽的自由作战”（Operation Enduring Freedom）的战争。12 月 22 日，阿富汗成立了以卡尔扎伊为首的临时政府，但随后，塔利班势力逐渐恢复元气，卷土重来。阿富汗战争陷入了胶着状态。

2001 年 10 月 5 日，也就是阿富汗战争打响的前两天，小泉内阁向国会提交了一项名为《反恐怖活动特别措施法》的法案和《自卫队法修正案》、《海上保安厅法修正案》。这是继 1992 年通过《联合国维和活动合作法》（“PKO 法”）、1999 年通过《周边事态法》以来，日本在自卫队派兵出国问题上又一重大举措。

《反恐怖活动特别措施法》的主要内容是：日本自卫队可以在日本领域、公海及其上空以及得到允许的外国领域内没有战斗或不会发生战斗的地区，为美军运输武器弹药，提供情报和搜寻失踪人员，寻找和救助难民等。内阁会议将根据首相的要求，确定派遣自卫队的基本计划。如国会在 20 天内否决这项计划，得立即撤回自卫队人员。这项法律的有效期为两年，但在实施期间可以延长。《自卫队法修正案》是为《反恐怖活动特别措施法》配套的，它放宽了自卫队使用武器的限制，也就是说不仅自卫队员本人或其战友遭到袭击时可还击，即便是自卫队管理下的难民营受到袭击时也可以使用武器。《海上保安厅法修正案》增加的新内容是可以对拒绝海上保安厅巡逻船检查并逃跑的可疑船只开火。

日本众议院和参议院分别在 2001 年 10 月 18 日、2001 年 10 月 29 日以多数票通过了这 3 项法律。日本传媒评论说这是战后日本防卫政策的一次重大转折。它标志着日本自卫队派兵出国出现新“突破”：今后可以在地球任何一个地方，哪怕是最偏远的地区执行所谓反对恐怖活动的军事任务了。2001 年 11 月 16 日，日本内阁会议通过了自卫队支援美军反恐军事行动的基本计划。2001 年 11 月 25 日，海上自卫队的 3 艘军舰载着 460 名官兵分别从横须贺、佐世保和吴基地出发，在日本近海汇合后驶向印度洋，执行向从事“不朽的自由作战”一环的海上警戒任务的美国军舰提供燃油的任务。

这是日本战后在日本以外发生战争的情况下首次向海外派兵。最大在野党民主党在审议《反恐活动特别措施法》过程中，要求自卫队向外派遣必须得到国会的事先承认，但执政的自民党和公明党拒绝了这一要求，民主党遂采取抵制态度，在表决时投了反对票。2003 年 11 月，《反恐活动特别措施法》期限届满前，自民党、公明党再次依据多数席位将这一法律延长 2 年。2005 年 10 月和 2006 年 11 月，又分别延长了一年。

起初，海上自卫队只是向美国军舰提供燃油，以后逐渐扩大到巴基斯坦、法国、德国、加拿大、英国、新西兰、丹麦、希腊、荷兰、西班牙等，共计 11 国。但一半以上的燃油是无偿提供给美国的。而且，就在海上自卫队在印度洋展开供油活动期间，美英两国又在 2003 年 3 月发动了伊拉克战争。由于海上自卫队给美国的燃油 90%以上是加注到美军补给船的，结果有相当一部分燃油转用于“小鹰”号航空母舰等参与伊拉克作战的美国军舰。而且，海上自卫队还篡改航海日志，掩盖其工作中的失误。这些问题曝光后，日本传媒和在野党进行了严厉的追究。结果，《反恐活动特别措施法》在 2007 年 11 月期限届满后未获国会批准延期，海上自卫队不得不中止在印度洋作业的舰艇。2007 年 11 月 13 日，众议院通过了《补给支援特别措施法》。然而，由于民主党的反对，参议院于 2008 年 1 月 11 日否决了这一法案，当天下午，执政联盟占多数的众议院再次表决并通过这一法案使之得以生效，海上自卫队的供油舰艇再次返回印度洋。

2009 年 9 月，鸠山内阁问世后立即宣布，现行的反恐活动特别措施法期满后，不再继续延长。2010 年 1 月 16 日，海上自卫队的舰艇在完成对巴基斯坦海军的供油任务后起航回国。这项持续 8 年之久的供油活动终于画上了句号，但它的影响却是长远的。

第一，海上自卫队在印度洋的供油活动对新世纪日美同盟而言是不可多得的“润滑剂”。

尽管海上自卫队提供的燃油只占美国特种舰队消费量的 10%，但由于是无偿提供的，等于间接地补贴美国的军费。而且，从 2002 年 12

月起，海上自卫队宙斯盾级护卫舰“雾岛”、“金刚”、“妙高”和“鸟海”轮流被派往印度洋参与执勤。表面上的理由是宙斯盾级护卫舰上的空间较大，舱室里装有空调，适宜官兵在酷暑的印度洋海上长期作业，但实际上另有隐衷。位于英属查戈斯群岛的迪戈加西亚岛上有美国在印度洋上最大的海空军基地，也是伊拉克战争爆发后美军的主要出击基地。但由于美英两国无暇顾及基地上空和周边海域的警戒任务，于是，拥有相控阵雷达、可超视距监视海空目标的海上自卫队宙斯盾级护卫舰就成为美军最忠实可靠的“哨兵”。宙斯盾级护卫舰在印度洋的部署一直延续到2005年初。美国总统布什在2007年会见安倍首相时专门向日本表示感谢，而美国国会也专门通过决议感谢日本在反恐战争中给予美国的援助。

第二，海上自卫队在印度洋的供油活动是凸显日本在国际上军事存在的“标志牌”。

战后，日本派遣舰艇到海外执勤总共只有3次。一次是朝鲜战争爆发后根据美军要求到朝鲜沿海扫雷，一次是海湾战争结束后到海湾扫雷，再就是这一次内印度洋为外国军舰提供燃油。但此番在同一海域逗留8年之久，堪称第一次。海上自卫队总共对美英等国的军舰提供燃油939次，累计达5.1亿公升。其中，巴基斯坦等国在印度洋参与OPF的舰艇几乎90%以上的燃油仰仗日本供应。印度洋又是由中东到日本的海上航线的必经之地。海上自卫队的舰艇利用往返轮替之际，陆续访问了印度洋沿岸一些港口和周边的伊斯兰国家，并通过与有关国家海军的联合训练和亲善活动，推进了日本与这些国家的军事外交与防务合作。

第三，海上自卫队在印度洋的供油活动也是日本提高远距离兵力投送能力的“试验场”。

从2001年11月海上自卫队由“浜名”号补给船、“鞍马”号护卫舰和“雾雨”号护卫舰组成新的第一梯队前往印度洋执勤，到2010年最后2艘舰艇撤回国内。海上自卫队总共派出26批、67艘次的舰艇到远离日本本土1万多公里的印度洋执行提供燃油的任务。总共有四分之一的兵力去过印度洋。这无论对海上自卫队幕僚部的指挥调度，还是对远离本土执勤的舰艇在通信联络、后勤补给乃至提高普通官兵在陌生海域的适应能力都是十分难得的训练和提高的机会。

8年里，除了分别因心脏病、车祸和忧郁症死亡的3名士兵外，无一起事故，也无一人受伤。正如海上自卫队幕僚长赤星庆治在结束印度洋供油活动举办的记者招待会上所夸耀的，长达8年的印度洋供油活动“足以能够显示海上自卫队的实力”[①]。据日本媒体报道，根据在印度洋供油活动中发现的问题，日本决定将现有的“十和田”型补给舰逐步替换为适宜在内海外执行补给任务的、与美英等国同类舰艇有较多共通性的“摩周”型补给舰。而且，从2006年起，海上自卫队还新组建了一支由5艘补给舰组成的第一海上补给队。这显然大大提高了日本海上自卫队的远距离兵力投送能力。

2. 将自卫队派到伊拉克从事复兴援助进一步突破派兵出国的禁区

海上自卫队在印度洋的供油活动只能说甩开了自卫队派兵出国的地域限制，真正使日本得以象“正常国家”一样出现在交战地区的契机则是伊拉克战争。

2003年3月20日，美国在没有得到联合国的授权的情况下，以伊拉克拥有所谓大规模杀伤性武器为由，伙同英国发动了推翻伊拉克萨达姆政权的战争。美英联军凭借占压倒优势的军事力量，迅速粉碎了伊拉克军队的抵抗，并在战争打响后3周后攻占了首都巴格达，控制了伊拉克全境。

国际社会围绕伊拉克战争问题出现明显意见分歧，法德俄三国带头反对这场未经联合国授权的战争。中国政府也对美英两国无视联合国调停擅自动用武力表示遗憾。但是，日本却在美英对伊开战后迅即表明了站在美国一边的立场。2003年3月20日下午，小泉纯一郎首相举行紧急记者招待会，明确表示“理解和支持美国行使武力”。他还声称：“美国是唯一将日本遭到攻击视同本国遭袭的国家。日本国民不能忘记对那

---

① (日)“印度洋供油活动‘能够显示实力’”,《产经新闻》,2010年1月12日。

些企图攻击日本的国家来说，美国是威慑力量。”[①] 在随后举行的安全保障会议和临时阁僚会议上，成立了以小泉本人为本部长的“伊拉克问题对策本部”以处理相关事宜。小泉内阁采取的紧急措施有：（1）加强日本国内的重要设施、美军基地和各国使领馆的戒备；（2）确保海上航线安全和石油供应；（3）确保在伊拉克以及周边各国的日本侨民的人身安全；（4）加强对石油、金融和证券市场的监控，努力稳定国内经济；（5）对由于战争造成的难民提供人道主义援助。日本政府还宣布将对约旦、巴勒斯坦等周边国家提供经济援助，为伊拉克战争重建和销毁大规模杀伤性武器提供援助，等等。[②] 在美英联军控制伊拉克全境后，日本政府向美国国防部主导下建立的“复兴与人道主义援助办公室（ORHA）”派遣文职官员。2003 年 10 月 15 日，日本政府又宣布向伊拉克提供 15 亿美元的无偿援助用于恢复电力、自来水供应和教育、卫生设施的重建，并视伊拉克基础设施建设的需要，提供 35 亿美元的日元贷款。

小泉内阁支持美国“倒萨”战争最为引人瞩目也是最有争议的举措就是向伊拉克派兵。

伊拉克战争打响不久，小泉内阁便表示要吸取海湾战争中日本只出钱不出力，备遭盟国非难的教训，宣布日本将为伊拉克战后重建提供必要的人力支援。2003 年 6 月 13 日，小泉内阁向国会提出了“支援伊拉克重建特别措施法”。这项有时限的法律规定自卫队将赴伊拉克从事人道主义援助及有关的运输任务。自卫队的活动地区限定在“非战斗地区”，武器使用仅限于正当防卫与紧急避难。

出乎小泉内阁意料之外的是，绝大多数日本国民反对美英发动的这场“倒萨”战争，更反对向伊拉克派遣自卫队。《朝日新闻》在 2003 年 3 月 20 日和 21 日、3 月 29 日和 30 日举行的民意调查表明，反对美军攻打伊拉克的日本人从开始时的 59％增加到 65％，支持的却从 31％下降到 27％，支持政府向伊拉克派兵的不到 10％。包括最大在野党民主

---

① （日）《读卖新闻》，2003 年 3 月 20 日晚刊。

② （日）《每日新闻》，2003 年 3 月 21 日。

党在内的在野党也普遍持反对态度。但是，小泉内阁却执意要降低自卫队派兵出国的“门槛”，以凸显日美同盟的意义以及日本在国际事务中的影响力。2003年7月4日和7月26日，小泉内阁依靠执政联盟在国会的多数席位，相继让众议院和参议院通过了《支援伊拉克重建特别措施法》。在法案审议过程中，最大在野党民主党联合自由党、社民党、共产党曾先后提出对小泉内阁主要阁僚的弹劾案以及对小泉内阁的不信任案，终因势寡力薄遭到否决。在众议院表决时，自民党前干事长野中广务、古贺诚与前自治大臣西田司相继离场表示弃权。在自民党历史上，两位前干事长共同反对某一法案堪称破天荒第一次。

《支援伊拉克重建特别措施法》的成立，不仅标志着日本自卫队对美国发动的反恐战争的后勤支援已从海上发展到陆上，而且标志着日本自卫队在向海外派兵方面跨出了一大步。这项法律生效后，日本政府从8月中旬起先后派遣由外务省与防卫省组成的政府调查团以及由陆海空三军自卫队军官组成的调查团前往伊拉克实地调查。12月9日，小泉内阁举行安全保障会议和临时内阁会议，正式批准了向伊拉克派遣自卫队的基本计划。根据这项计划，向伊拉克派遣的从事运输和供水活动的自卫队总数约为600人，装备200辆各种车辆、8架军用运输机和4艘护卫舰。这是自卫队历史上第一次向仍处于战争状态的地区派兵，也是第一次组成包括陆海空三军的海外派遣部队。

2003年12月26日，航空自卫队的先遣队赴伊拉克。翌年1月22日，赴伊拉克航空自卫队主力约200人分乘3架C130运输机抵达目的地科威特的阿里·阿尔萨勒姆空军基地，负责在该基地与伊拉克南部的纳西里耶近郊塔里尔机场间往返飞行，为陆上自卫队提供给养、运送兵力。在陆上自卫队撤走后，继续为多国部队和联合国有关机构运输人员和物资。自2004年3月3日至2008年12月12日，共飞行821次，运输物资673吨。

海上自卫队派遣的是运输舰和护卫舰，约330人，主要负责运输陆上自卫队的70余辆车辆。

最为人们所瞩目的是陆上自卫队。先遣队于2004年1月16日出发，主力于2004年2月3日抵达位于伊拉克南部，治安状况相对比较好的塞马沃。派遣到伊拉克的陆上自卫队分两种类型：伊拉克复兴援助业务队，每批 100 人，每半年轮换一次；伊拉克复兴援助支援群，每批 500 人，每 3 个月轮换一次。截止 2006 年 6 月 20 日，陆上自卫队各方面队总共有 5500 人到伊拉克执行过所谓的复兴援助任务。值得注意的是，陆上自卫队携带的装备中，包括轻型装甲车、无后坐力炮和便携式反坦克导弹等等重武器。与以往派遣参加联合国维和活动的官兵只能携带手枪、自动步枪到海外执行 PKO 任务相比，显然是大大前进了一步。

虽说伊拉克的萨达姆政权已经被推翻了，但是，依然有不少武装势力与以美国为首的多国部队断断续续地交火，他们彼此间也一直兵戎相见，冲突不断。陆上自卫队在塞马沃期间，基本上龟缩在面积约 800 平方米、用沙袋和钢板围起来的营房里。离开营地的时间严格控制在 3 小时以内，后来又缩短为 1 小时。为了维持与当地居民的良好关系，即便如此，外出时总共遭到过 13 次迫击炮和火箭弹的袭击，所幸无一人伤亡。陆上自卫队至 2006 年 7 月撤退，在总共 2 年多一点的时间里在塞马沃地区向当地居民供水约 5.35 万吨（日均 2200 吨），总共 1200 万人次受益；修复学校 36 所，道路 31 处总长约 80 公里。向伊拉克派遣陆上自卫队的总费用 743 亿日元，真正用在复兴援助上的仅为 30 亿日元，绝大部分消耗在运输费、器材费和各种补贴上了。

从小泉内阁到安倍内阁、福田内阁和麻生内阁，日本国内围绕自卫队该不该去伊拉克一直存在着激烈的争论。《支援伊拉克重建特别措施法》在 2004 年 12 月 14 日期限届满前，自民党和公明党控制的国会在同年 12 月 9 日决定将这项法律延长 1 年；2005 年 12 月 8 日再次延长 1 年；2006 年 6 月 20 日，修改后的《支援伊拉克重建特别措施法》获得通过，派遣期限延长为 2 年；至 2009 年月，这项法律因期限届满最终失效。

虽然陆海空自卫队先后撤出了伊拉克，但是日本政府不顾民众和在野党的强烈反对，坚持向尚处在战斗状态的伊拉克派兵，堪称战后日本在防卫领域的一大突破。《反恐活动特别措施法案》只允许对阿富汗战场的行动提供后勤支援，《支援伊拉克重建特别措施法》却允许自卫队进入仍在交战的国家领土。自卫队派兵出国的门槛一次比一次降得更低。

二、构筑战争动员和战争准备的法律框架

在小泉纯一郎任内，日本在调整军事战略过程中取得的最重要的成果就是所谓有事法制的成立。它标着着日本向“正常国家”迈出了一大步。

所谓有事法制实际上就是战争动员和战争准备有关的法律体系。其主要内容是说在发生针对日本的武力攻击事态后或者是预测到可能会出现针对日本的武力攻击事态时，日本的中央政府和地方自治体特别是自卫队如何应对的规定。早在1977年，当时的首相福田赳夫就曾指示防卫厅秘密研究确立有事法制问题，分3种类型，即：（1）在防卫厅管辖范围内的法律；（2）防卫厅管辖范围外的法律；（3）尚不清楚由哪一省厅管辖的法律。但是，由于在野党和舆论的激烈反对，一拖就是20多年。

1. 阿富汗战争和伊拉克战争催生了日本的有事法制

2000年10月，美国战略与国际关系中心（CSIS）推出的“阿米蒂奇报告”呼吁日本应尽快就建立有事法制进行准备。以此为契机，日本政府再次启动了对有事法制问题的内部研究。但是，真正起到“临门一脚”作用的正是“9·11”事件及随后爆发的阿富汗战争和伊拉克战争。

日本民族历来有强烈的危机意识。“9·11”事件表明，即使向美国这样的超级大国也会在恐怖主义精心策划的袭击下遭到惨重损失，更何况军事力量相差一大截的日本。“9·11”事件后，日本一度也出现风声鹤唳、草木皆兵的现象。2001年12月21日，日本海上自卫队的P3C巡逻机在鹿儿岛县奄美群岛以西水域发现一艘不明国籍的船只。海上保安厅出动多艘巡视船企图拦截，但未能成功。22日晚10时，日本巡视船与可疑船发生交火。最终，日方在可疑船驶入中国专属经济区后将其击沉。

2002年2月4日，小泉在国会施政演说中明确提出："为确保国民的安全，构建能应对非常事态的国家机器，将与执政党紧密合作，加快制定应对非常事态的法律，在本届国会上提出相关法案。"① 同年4月，小泉内阁就向国会提交了包括《应对武力攻击事态法》、《自卫队修正法》和《安全保障会议设置修正法》等3项法律草案。

《武力攻击事态法案》规定了"有事"的定义、首相的权限、政府采取的对策及国民给予合作的义务。"有事"不光是指战争，也包括恐怖行动、劫持绑架等所有威胁国民生命财产安全的事态；甚至别国有在沿海集结舰船等可能动武的迹象，日本也可以判定是属于对方已进入武力攻击的"预测事态"。据此，首相有权召集内阁会议并向自卫队发布"准备防卫出动命令"。而国家、地方团体及国家指定的公共机构有义务向采取军事行动的自卫队提供物资、设施及劳务支援。

《应对武力攻击事态法》规定政府须在日本遭受武力攻击或有武力攻击威胁时制定"基本方针"，实施"应对措施"，并向国家行政机关以及地方自治体等发布具体的对策指示。

《自卫队修正法》规定自卫队在接到防卫命令后，为保证军事行动的顺利展开，可以强制征用私有土地以及改变房屋的形状，构筑阵地；在调遣部队时可不受《道路法》的约束，并得以征用民用车辆运输军需物资等；并允许自卫队在自我防卫或保护同僚时使用武器。

《安全保障会议设置修正法》强化了安全保障会议的机能，并规定可设置由防卫厅、外务省干部等组成的应对事态专门委员会来作为其辅佐机构。这3项法案一旦通过的话，将是从1978年福田内阁开始研究"有事法制"以来，日本在安全保障领域立法方面取得的最重要的突破。

由于最大在野党民主党对这3项法案持反对态度，加上公明党以及自民党内的一部分议员态度暧昧，在2002年7月31日结束的第154届例行国会和12月13日闭幕的第155届临时国会上这3项法案都没有能

① （日）小泉纯一郎："在第154届例行国会上的施政演说"，2002年2月4日。见首相官邸网站：http：//www.kantei.go.jp/jp/koizumiphoto/2002/02/04sisei.html。

付诸表决。2003 年 1 月 20 日开幕的第 156 届例行国会再次审议这 3 项法案。

随着伊拉克战争的全面打响，尤其是朝鲜核危机的不断升级，朝野两大阵营反对这 3 项法案的力量逐渐趋于减弱。为确保法案顺利“过关”，自民党加强了与民主党的幕后磋商，众议院有事法制特别委员会首席理事、前防卫厅长官久间章生同民主党“影子内阁”负责安全保障的“大臣”前原诚司进行了“一对一”的会谈。在谈判中，与其说是自民党作出大幅让步，还不如说是民主党在前原诚司的游说下逐步向自民党靠拢。2003 年 5 月中旬，自民党按照民主党的要求对法案作了一些无关痛痒的修改，如在“保障基本人权”前加上“最大限度”字眼，增加了“如国会作出决议即可中止政府有关应对武力攻击事态所采取的措施”等条款。2003 年 5 月 13 日，小泉以自民党总裁身份与民主党代表菅直人进行会谈，最终确定了提交国会审议的法案文本。2003 年 5 月 14 日，众议院特别委员会通过了修改后的“有事三立法”；翌日，众议院全体会议通过了《应对武力攻击事态法》、《自卫队修正法》和《安全保障会议设置修正法》等 3 项法律。2003 年 6 月 6 日，参议院以与众议院同样的超过 90％的压倒多数票通过这 3 项法律。

小泉纯一郎在接见记者时，称赞“有事法制”的通过是战后日本政治史上一个具有划时代意义的变化。事实上，“有事法制”的成立标志着日本国内的战争准备和战争动员法律框架已基本形成。《读卖新闻》在 6 月 7 日的社论中如此概括道：“（日本）终于向‘普通国家’迈出了一步。在遭受武力攻击时确定政府应对方针的有事三法成立了。它们规定了在紧急事态下政府进行决策以及自卫队展开行动等与此有关的一系列手续。作为一个国家来说这是理所当然的体制，如今总算大功告成。”① 相反，一直反对这 3 项法案的日本共产党、社民党则予以严厉谴责。日本共产党委员长志位和夫在参议院 6 月 6 日通过“有事三法案”后发表讲话指出，“制定有事法制是彻底破坏宪法第九条的暴举”。日本社民党党首土井多贺子则认为，“‘有事三立法’必将在历史上留下

① （日）《读卖新闻》，2003 年 6 月 7 日社论。

祸根”。

小泉内阁一不做二不休，在第二年3月又提出了另外7项有事立法，包括《武力攻击等事态时有关国民保护措施的法案》、《武力攻击等事态时有关美军行动措施的法案》、《武力攻击等事态时有关特定公共设施利用的法案》、《有关处罚重大违反国际人道法行为的法案》《武力攻击等事态时有关限制外国军事物资海上运输的法案》、《武力攻击等事态时有关处置俘虏的法案》和《自卫队法修正案》等。其中，《武力攻击等事态时有关国民保护措施的法案》规定，在发生武力攻击等非常事态后，国家、地方自治体有责任保护民众的生命和财产安全，将破坏和损失减少到最低限度。而国民也有责任协助官方应对非常事态。首相在紧急情况下可以决定调用自卫队，各市町村长在紧急情况下也可以直接向防卫厅长官提出派遣自卫队的要求。这就大大简化了日本自卫队出动的程序，并使物资征用等的权限更加集中到中央政府和地方自治体当局手中。《武力攻击等事态时有关限制外国军事物资海上运输的法案》规定在武力攻击等事态发生后，海上自卫队根据防卫出动命令可对日本领海以及包括日本的专属经济区在内的国际公海上航行的、运输外国军用物资（含武器和人员）的船舶实施登船检查或带入日本港口予以处置，不服从命令者可使用武器迫使其就范。①

2004年5月20日，日本众议院不顾日本共产党、社民党等在野党的强烈反对，通过了上述有事7法；6月14日，这7项立法在参议院也获得了通过。它们和2003年6月通过的有事3法一起构成了日本完整的“有事法制体系”，即战争准备和战争动员的法律框架。

2. 2004年新防卫计划大纲与日本的军事转型

《防卫计划大纲》是日本防卫建设的纲领性文件。迄今为止，日本一共出台过3份《防卫计划大纲》。1976年10月问世的《防卫计划大纲》提出了“基础防卫力量构想”的建军理论，强调日本应保持一支小

① （日）防卫厅编：《防卫白皮书》，2005年版，第205、207、209、210和211页。

规模的但质量较高的防卫力量以应对“有限的、小规模的侵略事态”；1995年11月出台的《防卫计划大纲》将防卫日本、对付大规模灾害、参与国际安全事务规定为自卫队的3项任务；2004年12月的《防卫计划大纲》是进入新世纪后日本颁布的第一份《防卫计划大纲》（以下称“2004年大纲”），是表明日本在军事领域开始外向型发展的一份纲领性文件。按2004年大纲所指引的方向，在随后的五六年里，日本的军事转型速度明显加快。

在2004年大纲正式出台前，为它作铺垫的是小泉首相私人咨询机构“防卫问题恳谈会”提交的报告。这份由东京电力公司顾问荒木浩领衔起草的报告有几点特别引人瞩目：第一，报告建议对1957年制定的《国防基本方针》进行重新研究，呼吁日本应从“保持最小限度的基础防卫力量”向完善“灵活的防卫力量”转变；第二，报告强调尽快实现日本向“海外派兵”的恒久化、法制化；第三，报告建议进一步加强日美军事同盟，进行日美战略分工协作，为此制定新的《日美安全保障联合宣言》和《日美防卫合作指针》；第四，报告建议修改“武器出口三原则”，至少应放宽对美国的武器技术出口限制，以推动日美联合开发导弹防御系统；第五，报告建议就“先发制人”和“集体自卫权”问题进行谨慎的探讨。

2004年12月10日，小泉首相召开内阁会议，正式通过了新的《防卫计划大纲》。与冷战结束后的1995年11月问世的上一份防卫计划大纲相比，2004年大纲有以下一些引人注目的变化。

第一，2004年大纲在判断日本周边安全环境时更加突出国际恐怖主义、大规模杀伤性武器和弹道导弹扩散这类新危机，强调日本的安全战略不仅要消除针对本国的直接威胁，而且要通过改善国际安全环境，防止威胁波及日本。

第二，2004年大纲强调自卫队要主动、积极地开展“国际和平活动”，将自卫队到海外执行任务由“附带活动”升格为“本职活动”。

第三，2004年大纲强调有必要继续加强日美同盟，要主动配合美国应对恐怖主义、弹道导弹扩散等新的、多元化的威胁进行战略对话。

第四，2004年大纲放弃了沿袭多年的基础防卫力量构想，代之以多功能、灵活反应的防卫力量构想。在自卫队兵力部署和装备建设上进行了重大调整。例如，冷战时期为防范苏联入侵，北海道是自卫队部署的重点，2004年大纲则将部署重点向西南方向倾斜，规定要新建一支直属防卫厅长官的中央快速反应集团，用来应付不测事态的发生。自卫队的坦克和火炮有较大幅度的削减，但明显加快了部署导弹防御系统的步伐。再加上引进远程运输机和空中加油机，大大增强日本对外投送兵力的能力。

根据2004年大纲，自卫队预期的编制目标如下：

陆上自卫队：定员15.5万人，其中现役人员14.8万人，预备役人员7000人（日文所谓“即应预备自卫官”）。主要战斗部队包括：各方面队部队共计8个师和6个旅；机动部队1个装甲师和中央快速反应部队；地空导弹部队8个高射群。坦克数量约600辆，火炮等“特科”装备数量约600门。这其中，需要将目前的1个师和2个混成团改编为3个旅。

海上自卫队：基干部队包括：联合舰队，含4个护卫队群（8个护卫队）；地方队共5个护卫队；潜艇部队含4个潜艇队；此外还有1个扫雷艇群和9个巡逻机队。驱逐舰数量为47艘，潜艇16艘，战斗飞机约150架，这其中，需要撤销一个现有的地方队所辖护卫队。

航空自卫队：航空警戒管制部队8个群，20个警戒队，以及一个警戒航空队（含2个飞行队）；战斗机部队（12个飞行队）；航空侦察部队（1个飞行队）；航空运输部队（3个飞行队）；空中加油运输部队（1个飞行队）；地空导弹部队（6个高射群）。主要装备作战飞机约350架，其中战斗机约260架。

此外，2004年大纲还要求完成弹道导弹防御作战的实战部署，其中包括4艘“宙斯盾”驱逐舰，以及7个警戒群4个警戒队的航空警戒管制部队和3个高射群的地空导弹部队。

根据与2004年大纲配套的《中期防御力整备计划》，2005至2009年，日本自卫队预备购买的主要战斗装备包括：陆上自卫队：坦克49辆；火炮（不包括迫击炮）38辆；装甲车104辆；AH－64D型武装直升机7架；CH－47JA型运输直升机11架；中程地空导弹8个中队。

海上自卫队：完成3艘“宙斯盾”驱逐舰现代化改装；新建驱逐舰5艘，潜艇4艘，其他舰艇11艘，共计20艘5.9万吨；新型固定翼巡逻机4架；SH－60K型直升机23架；MCH－101型扫雷运输直升机3架。航空自卫队：F－2型战斗机22架；新型战斗机7架，新型运输机8架；CH－47J型运输直升机4架，KC－767型空中加油运输机1架；此外还要完成26架F－15战斗机和2个群的“爱国者”型地空导弹现代化改装工作，以及地空导弹教育部队的现代化改装工作。以上计划的施行，共需防卫费用24万2400亿日元（以2004年价格计算），约合2200亿美元（以1美元等于110日元计算）。

2004年大纲问世后，在防卫厅和自卫队的机构改革和部队的编制部署上陆续有一些大的动作。兹列举如下：

第一，设立统合幕僚监部（联合参谋本部）。2006年3月27日成立。取代原先的统合幕僚会议，在自卫队内第一次建立起统一的军令系统。陆海空自卫队过去分别有自己的幕僚监部，由幕僚长（参谋长）负指挥全职。但是彼此间缺乏协调，各行其是。2005年，日本修改了《防卫厅设置法》，设立统合幕僚监部，统一指挥海陆空三个自卫队的幕僚监部。第一任统合幕僚长由原统合幕僚会议议长先崎一出任，作为海陆空自卫队的代表对防卫厅长官负责。统合幕僚监部下设总务、运用、防卫计划、指挥通信系统等4部，由统合幕僚长直接管辖。统合幕僚监部的问世使得日本自卫队进一步与美国接轨，有利于协同作战。

第二，将防卫厅升格为防卫省。2006年12月15日，日本国会通过《防卫省设置法》，将原防卫厅升格为防卫省，并获得单独制定预算和在内阁会议上提出议案的权力。2009年8月1日，防卫省废除原先只限文职人员担任的防卫参事官，新设了职业军人也可以担任的防卫大臣助理的职位。此举改变了防卫领域的重大决策均由大藏省（财务省）、警察厅派到防卫省（厅）的官员说了算的局面。这自然让一些职业军人大受鼓舞。防卫厅升格为防卫省表明，日本保守政治家多年的夙愿终于付诸实现，朝“正常国家”的方向走出了关键的一步。

第三，组建中央快速反应部队（Central Readiness Force，简称CRF）。2007年3月28日组建。该部队为防卫大臣直辖部队，下辖空降、陆航、侦察、防化、卫生、特种兵等多个兵种，可进行低强度作战、反恐、抢险救灾等多种任务，而以执行联合国维和等国际任务为主。总兵力4200人。现任司令官系前统合幕僚学校校长、陆上自卫队中将宫岛俊信担任（相当于方面队总监）。其主要任务是负责联合国维和部队的训练、作战以及在日本国内发生紧急事态时作为应急部队使用。该集团成立后，已多次向戈兰高地、索马里和海地出动。

三、日本进一步敞开对外防务交流的大门

进入新世纪以后，自卫队外向化发展的趋势日趋明显，对外防务交流的大门进一步敞开。

在战后很长一段时间里，日本除了与美国有一些防务领域的交流外，基本上不与外界往来。1978年2月，时任防卫厅长官的金丸信出访比利时和联邦德国，总算跨出了与美国以外的国家进行防务交流的第一步。但是，在此后的10多年里，4任防卫厅长官总共出访6次、共12个国家（其中比利时之行主要是访问北约总部）。而除了海上自卫队的远洋航海训练（从1957年开始）、防卫大学校接受外国留学生（1958年起），基本上没有进行过有固定概念并定期磋商的交流。冷战结束以后，随着自卫队开始跨洋过海，走出国门，对外防务交流日渐活跃。“防务交流”这一用语也开始在官方文件中正式亮相（1993年版的《防卫白皮书》）。1995年11月发表的《防卫计划大纲》给防务交流的定位是“为构建更加安定的安全环境作出贡献”，表明它已成为日本军事战略的重要组成部分。

1. 新世纪日本对外防务交流的基本思路

进入新世纪以后，日本在对外防务交流方面的态度更加积极，成效也更加明显。例如，2004年10月发表的新版《防卫计划大纲》，“国际和平合作”从自卫队附带任务升格为主要任务，而与国际社会的合作特别是对外防务交流被提到了突出位置。《大纲》如此强调：“对日本的安全保障战略而言，今后越来越重要的是为应对世界各地的威胁而与国际

社会进行合作……而与各国军方间的安全对话与交流同样也是国际合作的一大支柱。”①

2007年4月，防卫厅专门颁布了一份题为《防务交流的基本方针》的文件。其中，关于防务交流的目的，《基本方针》是这样阐述的：“为了构建和加强有关应对安全保障领域共同关心事项的国际合作，消除安全保障领域的隐忧、防止不稳定因素的凸显，其基础必须是基本的相互理解、信任和友好关系。如果没有这种基本的相互理解、信任和友好关系，要解决具体问题（包括将来可能发生的问题）是非常困难的。而增进这种基本的相互理解、信任和友好关系，就是我们和所有的国家，在所有的领域（高层交流、实务交流、部队交流）开展防务交流的意义和目的。”“当初以防止偶发的军事冲突、以与近邻诸国建立互信为主要目的的防卫交流，期待其发挥的作用出现了变化，人们正在认识到，包括建立互信在内，构建、加强与国际社会的合作关系是防卫交流的主要意义之所在。”② 显然，日本对防卫交流的期盼已经从单纯的与近邻国家建立互信关系向前迈进了一步。

《防务交流的基本方针》将防务交流分为六大层次：

（1）高层交流：大臣、副大臣、大臣政务官和事务次官、参谋长一级的互访和意见交换；

（2）实务交流：指防卫局长乃至事务次官一级就具体问题进行的定期磋商和交流；

（3）部队交流：指一线部队指挥官间的交流，舰艇、飞机和军乐队的互访以及互相邀请对方参观己方的军事演习、开展联合训练，等等；

（4）教育研究交流：派遣或接受军事留学生、教官和研究人员间的交流乃至建立双边或多边的研究网络；

（5）情报交流：由负责情报的官员就国际形势等交换意见；

（6）装备、技术领域的交流。

---

① （日）《防卫计划大纲》，2004年10月，第9、10页。

② （日）防卫省：《防务交流的基本方针》，2007年4月13日，见防卫省网站：http：//www.mod.go.jp/j/defense/exchange/01.html。

据防卫省人士统计，上述各种层次的防务交流在进入新世纪以后都呈频率加快、范围扩大的趋势。以防卫首脑的高层交流为例，1990至2000年的11年间，日本防卫首脑出访除美国外的国家共有34次，接待来访的美国以外的外国防卫首脑也是34次，平均每年是3.09次；但从2001至2009年的9年间，出访和接待来访的次数分别是31次和45次，年均3.44次和5次。而防卫领域除日美两国以外的实务交流的次数，从1990至2000年是72次，2001至2009年是149次，呈急剧增加的态势。其中，印度、巴基斯坦、越南、菲律宾和新西兰都是2001年以后与日本开展定期防务磋商的。①

值得注意的是，日本的对外防务交流也包括多边的安全对话：一方面是积极参加本地区的多边安全磋商。例如，1997年问世的东盟地区论坛（ARF）、2002年由英国国际战略研究所（IISS）创办的香格里拉会议，等等。日本都派遣防卫大臣（长官）与会，通过介绍日本的防务政策等方式致力于提高透明度，加强与各国防务首脑的政策磋商。

另一方面，日本自身也由防卫省和防卫大学校出面召集一系列的多边安全磋商会议。其中，由防卫省主持的“东京防务论坛”从1996年开始每年举办一次，邀请亚太地区各国的防务首脑与会；防卫研究所从1999年起每年举办安全研讨会；防卫大学校也从1998年起每年举办国际士官会议。2009年3月，日本邀请东盟各国的高级事务官员参加日方举办的“亚洲太平洋地区共同安全问题防务当局高级事务官员会议”，对地区安全的各种问题进行直率的对话。2009年2月7日，日本防卫大臣浜田靖一首次出席慕尼黑安全会议，与欧洲各国的国防部长级官员进行了会谈。

2. 新世纪日本对外防务交流中若干值得注意的动向

根据2007年4月发表的《防卫交流的基本方针》，日本在对外防务

---

① 根据历年《防卫白皮书》统计，转引自广濑行成“日本的安全防务交流的历史”，第10届中日东北亚安全问题研讨会论文集，中国国际友好联络会与日本笹川和平财团，2010年2月。

交流方面不仅停留在单纯的对话及磋商上，力求对象上的多元化、形式和手段上的多样化。[①]

第一，与外国防务当局签署有关防务交流的备忘录。日本最早是在1999年与俄罗斯缔结了《关于构建发展对话与交流基础的备忘录》（该备忘录于2006年修订）。进入新世纪后，日本分别与澳大利亚（2003年）、英国（2004年）、韩国（2009年）和新加坡（2009年）签订了类似的备忘录。此外，也有在防务首脑会晤后以联合声明形式发表有关双边防务交流的协议的情况。例如，2006年日本与与印度签署了日印防务首脑联合公报。从2007年起，中日防务首脑每次互访后也发表联合新闻公报。2007年3月和2008年10月，在澳大利亚总理霍华德以及印度总理辛格访日后还分别签署了《日澳安全联合宣言》、《日印安全联合宣言》。这是除《日美安全联合宣言》外，日本与外国政府首脑缔结的第二、第三份安全联合宣言。

第二，防务领域的实务交流发展势头迅猛，且渐趋制度化、框架化。如前所述，在进入新世纪以后，尽管在防卫首脑一级的高层交流与20世纪90年代相比略有增加，但是实务层面的交流却翻了一番，呈空前活跃的态势。日本与美国以外的17个国家及北约间差不多每年都有近20场定期的安全磋商。与韩国、新加坡、印度和澳大利亚之间的防务交流已臻制度化、框架化。这些安全磋商中，还有一部分是与双方的外交当局一起举行的。

第三，部队间的交流包括舰艇、军用飞机之间的互访以及一线部队的指挥官级别的交流日趋频繁。对外防务交流在质与量上都不断充实。例如，2001年以后，日本陆上自卫队方面队总监与韩国陆军第2军司令部间共进行了6次互访（日、韩各3次）。海上自卫队舞鹤地方总监部与韩国海军第一舰队司令部也分别在2008年12月与2009年5月进行了互访。航空自卫队西部航空方面队与韩国空军南部战斗司令部在2007年（平成19年）6月后共进行了3次交流。日俄两国从1998年至

① （日）防卫省："防卫交流的基本方针"，2007年4月13日，见防卫省网站：http：//www. mod. go. jp/j/defense/exchange/01. html。

2008年间先后举行了10次舰艇互访及搜救联合训练。2002年10月，在俄罗斯太平洋舰队司令官访问日本期间，俄罗斯的潜艇参加了在东京湾举行的国际海军阅兵式。这也是第二次世界大战以后苏联及俄罗斯军舰第一次驶入日本港口。

第四，中日防务交流在停滞多年后逐渐走上健康稳定发展轨道。中日邦交正常化以后，两国在1974年分别向对方国家派遣武官，揭开了两国防务交流的序幕。80年代，两国在军事医学领域有一些交流，一直到中国国防部长张爱萍过境日本，在会见日本防卫厅长官栗原祐幸时表示赞同进行更多的防务交流。1985年，日本防卫厅事务次官夏目晴雄访华，1986年中国人民解放军副总参谋长徐信进行了回访。1987年5月，日本防卫厅长官栗原祐幸正式访华，并邀请中国国防部长回访。这是日本防卫厅长官第一次正式访华。但是，在“六·四”政治风波后，两国的防务交流中断。中国国防部长迟浩田直到1998年2月才正式访问日本。进入新世纪后，中日关系由于日本政要参拜靖国神社而跌入低谷。2006年10月，安倍晋三首相访华后，两国关系逐渐回暖。从2007年起，中国国防部长曹刚川、日本防卫大臣浜田靖一、中国国防部长梁光烈等分别对对方国家进行了访问。2007年11月28日至12月1日，中国海军导弹驱逐舰“深圳”号首次访问日本。翌年6月，日本海上自卫队“涟”号驱逐舰访问了中国广东省湛江港。这意味着中日两国在第二次世界大战结束半个多世纪后终于实现了舰艇互访，具有深远的历史意义。

第三节　自卫队的新边疆：深海与太空

日本自卫队的前身是1950年9月根据盟军最高总司令成立的警察预备队。以后才改名为保安队、自卫队。但是，在相当长一段时间里，它的活动空间受到严重限制。一直到冷战结束以后，自卫队才开始在联合国维和活动的旗号下，公然跨洋过海，派兵出国。进入新世纪以后，日本自卫队不仅大大提高在国际事务中亮相的频率，而且越来越向深海和外层空间进军。它在开拓新边疆方面的努力虽然还远不及美国，但与英法等欧洲发达国家相比却是有过之而无不及了。

一、自卫队为日本推行“海洋战略”打头阵

日本一向以海洋大国自诩。早在20世纪二三十年代，它就曾拥有过一支足以与英美等国并驾齐驱的庞大海军舰队。在日本一些迷恋昔日荣耀的右翼势力看来，那是日本最辉煌的一段历史。随着日本在第二次世界大战中遭到惨败，这支舰队也宣告解散。但没过几年，海上自卫队又重新升起了“旭日旗”。经过将近60年的苦心经营，目前它已成长为西太平洋地区仅次于美国第七舰队的、最强大的一支海军力量。

1. 新世纪日本海上自卫队扮演的新角色

进入新世纪以后，日本政府赋予海上自卫队的任务明显增多。除了前面提到的在印度洋为美英等国军舰提供燃油和警戒支援外，又有一些新的使命，诸如在日本与近邻各国围绕海洋权益发生争端时提供武力支援、参与海上防扩散演习以及打击印度洋的海盗活动等等，带有浓厚的军事对抗色彩。

从更深的层次看，这也表明海上自卫队越来越积极地为日本推行其海洋战略提供实力支撑甚至扮演打头阵的角色。近年来，随着世界人口的迅速增长，资源匮乏的矛盾日益突出，加上人类开发和利用海洋资源能力的提高，导致世界范围内出现了一场“蓝色圈地运动”，各国竞相颁布有关法律，加强对领海、专属经济区及其拥有的岛屿、岛礁的管辖权。

1996年，日本批准《联合国海洋法公约》后，相继通过《专属经济区和大陆架法》、《海岸带管理暂行规定》、《无人海洋岛的利用与保护管理规定》等一系列法律法规。进入新世纪以后，日本朝野对海洋权益的关注程度日益提高，在海洋问题上采取了越来越咄咄逼人的态度。其表现是：(1) 重申对俄罗斯和韩国控制的北方四岛、独岛等

岛屿的主权，强化对钓鱼岛的实际控制；（2）挑起与中国的海上争端，最大限度地在东海专属经济区划界和油气资源开发问题上捞取实惠；（3）无理要求将不具备人类生存条件的冲之鸟岛周围200海里的水域作为日本的专属经济区；（4）对日本周围大陆架进行大规模地质勘查，通过向联合国大陆架界定委员会提交调查数据的方式扩张日本的“蓝色国土”。

为了服务日本的这一基本国策，凸显在世界海洋舞台上的军事存在，海上自卫队在进入新世纪以后出现了一些引人瞩目的动向：

第一，在围绕海洋权益的争执中实施武力介入或威胁使用武力。

随着海洋权益问题在日本政坛日渐成为热门话题，2003年11月，在执政的自民党内成立了以“新国防族”代表人物武见敬三为首的“海洋权益问题工作小组”。2004年春季以后，在中日围绕东海油气资源开发的对立逐渐升级的过程中，日本明显加大了海洋立法和海洋经营的步伐。“海洋权益问题工作小组”先是在2004年9月升格为“海洋权益特别委员会”。两年后又摇身一变为“海洋政策特别委员会”，并以研究制定《海洋基本法》等综合性海洋政策作为其主要任务。在此基础上，日本还成立了由首相领衔的海洋对策本部。

2007年4月3日和4月28日，《海洋基本法》和《关于设定与海洋构筑物有关的安全水域的法律》相继在众议院全体会议和参议院全体会议上获得通过。后一项法律规定，在日本海上设施周边500米范围是所谓安全区域，非经国土交通大臣批准，任何国家的飞机、舰艇都不得入内。这两项法律的出台，无疑为海上自卫队维护日本的所谓海洋权益采取实力行动提供了法律依据。

事实上，海上自卫队的P3C巡逻机和护卫舰早在这两项法律正式出台前就明显增加了在东海争议海域巡逻的频率。2001年12月21日，日本海上自卫队P3C巡逻机在鹿儿岛县奄美群岛以西水域发现一艘不明国籍的船只。日本的准海军力量——海上保安厅立即出动多艘巡视船进行拦截。22日晚10时，日本巡视船开始对可疑船只实施射击，该船甲板起火后开枪还击，但最终在进入被击沉中国专属经济区后被日舰击沉。这是1953年以来日本海上保安厅首次对外籍船只进行直接射击，而击沉这类船只还是第一次。

海上自卫队所拥有舰艇无论是吨位和火力都大大超过海上保安厅的巡视船，一旦在日本与邻国发生海洋争端时进行武力介入的话，其后果要严重得多。人们注意到，日本一些持强硬立场的媒体在《海洋基本法》和《关于设定与海洋构筑物有关的安全水域的法律》生效后言之凿凿地警告中国，海上自卫队完全可以在几小时内不费吹灰之力地摧毁中国海军。

第二，积极参与海上防扩散演习。

海上防扩散演习（Proliferation Security Initiative，简称 PSI）。根据美国总统布什的倡议，澳大利亚、法国、德国、意大利、日本、荷兰、波兰、葡萄牙、西班牙、英国和美国等 11 国决定联合发起对装载有可能导致武器扩散的可疑船舶、飞机进行拦截和强制搜查。第一次海上防扩散演习于 2003 年 9 月 10 日起在毗邻澳大利亚的珊瑚海举行。以后，陆续在世界各主要海域举行。日本作为东道主，在 2004 年 10 月 26 日至 28 日、2007 年 10 月 13 日至 15 日分别在相模湾和伊豆半岛东部海域举办了两届 PSI 演习。在相模湾的第一次演习，日本还有点羞答答，只是出动了海上保安厅巡视船拦截和搜查了怀疑装载有沙林毒气的“货船”。第二次则由自卫队披挂上阵。海上自卫队的护卫舰、陆上自卫队的防化学部队以及航空自卫队的 E767 预警机（AWACS）等精锐尽出，大大“秀”了一把。

关于海上防扩散问题，联合国安理会在 2004 年 4 月曾通过一项决议（1540 号），表示“欢迎多边安排在防扩散领域所作的努力”，吁请各国“按照本国法律授权和立法，并遵循国际法，采取合作行动，防止非法贩运核生化武器及其运载工具和相关材料”。但是，公海的航行自由又是国际法明确肯定的。所以，许多国家对 PSI 演习的合法性持有异议。中国学者强调，这类行动必须有授权，有根据，有监督；应尊重并顾及专属经济区所属国家的权益；必须履行国家责任原则，拦截行动只限于紧追、登临检查、命令改航、押解回港和武力攻击等，不能滥用执法措施。[①]

第三，参与在印度洋打击海盗的行动。

近年来，印度洋西侧索马里湾和亚丁湾海域的海盗活动日益猖獗。2009年，这里共有217起海盗袭击事件，是2007年的两倍半，占全世界的一半以上。各国根据联合国安理会的呼吁，相继派出海军舰艇为这一带航行的本国船舶护驾保航。日本在这一海域平均每天有四五艘油轮和货船通过，其运输的原油占日本年进口量的20%。而打击海盗也给日本海上自卫队向外出动的最好理由。根据麻生首相的指示，日本防卫大臣浜田靖一于2009年3月13日按照自卫队法第82条向海上自卫队发出“海上警备行动”的命令。翌日，海上自卫队就派遣2艘护卫舰赴索马里海域执行护航任务。其活动内容是监视该海域航行的船只和护航、命令海盗船停船及登船检查等。从2009年6月11日起，又派海上自卫队的P2C反潜巡逻机到吉布提，负责对亚丁湾一带航行的船舶进行监视。同年4月23日和6月19日，日本众参两院分别通过了麻生内阁提交的《处罚海盗行为及有关海盗活动对策的法律》。这项法律大大放宽了对自卫队打击海盗时在保护对象范围和武器使用方面的限制。不但允许自卫队员进行正当防卫，还允许海上自卫队在海盗进行武力抵抗时使用武器。

海上自卫队在推行日本的海洋战略，凸显其军事存在的同时，每年举行的例行演习的规模和范围不断扩大，针对性也越来越强。

海上自卫队每年秋季都举行综合演练，隔5年举行一次大规模的综合演练。2003年11月举行的一次综合演练，共有约80艘舰艇、170多架飞机和2.5万名自卫队官兵参加。为时10天的演练分“周边事态”和“防卫出动”两大类内容，其中，“周边事态”设想为与日本毗邻的两个亚洲国家，正准备向日本发射弹道导弹，并意欲并吞日本的西南群岛。于是，海上自卫队的主力即自卫舰队护送美国航母特混舰队前往战

---

① 任筱锋：“专属经济区内沿海国的国家安全利益与其他国家的航行和飞越自由”，载北大法律信息网法律在线，见 http://article1.chinalawinfo.com/Article-Detail.asp?ArticleID=31607。

区，并掩护陆上自卫队在西南群岛登陆。如果不是海上自卫队佐世保基地的一名士兵违规将演习的绝密资料带回家中，被媒体曝光，这次演戏的“重头戏”人们恐怕无从知悉。

无独有偶，日本自卫队在2006年1月首次与美军举行在炮火下强行夺回敌占岛屿的登陆演习。演习假设日本冲绳或九州的偏远岛屿被外国小股武装占领，美日随即联合发起登陆作战，击退外敌，夺回失岛。演习在美国加利福尼亚州圣迭戈举行，演习的主力是自卫队2002年3月新组建的、应对游击队攻击岛屿的“离岛防御特种部队”。

2007年11月2日，日本和美国的100多艘大中型军舰在日本海进行了代号为“ANNUALEX 18G”的联合军事演习。参演的美军兵力达8500人，13艘舰船，日本海上自卫队更是不惜血本几乎倾巢而出，共出动了全部150多艘舰艇中的92艘，300多架飞机中的130余架。这样规模的军事演习，不仅是两国历史上规模最大的联合军演之一，在西太平洋实属罕见，就是在日本军事历史上也是空前的。英国《金融时报》文章在评估上述一系列动向时断言：“最近的事件表明，无论领导日本的是安倍晋三、麻生太郎，还是其他什么人，这个国家都将实现海洋大国之梦……日本重返正常国家之列，将既是经济重返，又是战略重返。”①

2. 海上自卫队为适应新形势的编制和装备更新

进入新世纪以后，海上自卫队对其编制、构成进行了引人注目的调整，外向化、大型化发展的趋势越来越明显。

海上自卫队成立之初，其主力舰队配备的是从美国租借来的18艘1450吨的“达科马”级驱逐舰，这是第二次世界大战中建造的、用于海岸警卫的中小型舰只。日本第一艘国产护卫舰是1956年编入现役的“春风”号驱逐舰，标准排水量提高到1700吨，配有3门38mm的火炮和深水炸弹等武器。在20世纪80年代陆续编入现役的“初雪”级驱逐

① （英）维克托·马利特：“日本要当‘海洋大国’”，《金融时报》，2007年3月27日。

舰，标准排水量进一步提高到 2900 吨，装备“鱼叉”式巡航导弹和反潜直升飞机。“朝雾”级驱逐舰作为“初雪”级的改良型，分别于 1986 至 1989 年间下水，标准排水量增为 3500 吨。90 年代问世的“村雨”级驱逐舰标准排水量提高到 4550 吨。而差不多同一时期编入现现役的“金钢”级“宙斯盾”级驱逐舰标准排水量更提高到了 7250 吨，是目前世界上造价最昂贵，性能最高级的驱逐舰。[1] 海上自卫队主力驱逐舰吨位的提高，意味着其续航能力的增加，也是海上自卫队由沿海海军走向远洋海军或者说“蓝色海军”的标志。

目前，海上自卫队总共拥有 57 艘大型水面舰艇，其中具有海空作战能力的“金刚”级宙斯盾驱逐舰共有 6 艘，是亚洲除美国外最大的编队。尽管如此，在中国海军从俄罗斯引进 4 艘 7800 吨级的“现代级”驱逐舰后，日本立即推出了新一轮的造舰计划。列入 2005 至 2009 年中期防卫力量整备计划的有：2 艘改进型“金刚”级宙斯盾驱逐舰（最终可能建造 4 艘）、2 艘（现在已改为计划建造 4 艘）1.35 万吨级直升机驱逐舰。“高波级”护卫舰的后续舰将继续建造，以替换护卫舰队中剩余的几艘初雪级和朝雾级驱逐舰。

海上自卫队第一艘拥有直通甲板的“大隅”号两栖运输舰是在 1998 年编入现役的。这是日本在追逐航母梦想上迈出的重要一步。2006 年，1.35 万吨级直升机驱逐舰“日向”号下水时，曾有美国媒体惊呼：“这是日本二战后的第一艘航母”。事实上，这艘 1.35 万吨的军舰采用全通式甲板和位于右舷的舰岛设计，配备有 FCS—3 小型宙斯盾相控雷达系统。它在通常情况下可搭载 2 架 SH — 60K 反潜直升机和 l 架 MCHl01 大型扫雷/运输直升机。最多时可搭载 11 架各种型号的直升机。这不仅意味着它在执行反潜作战任务时的覆盖范围大大超过现有的“榛名”级和“白根”级直升机驱逐舰，还有条件承担对陆攻击和对岸垂直兵力投送的两栖作战任务，可以作为自卫队舰队中的主力舰。

为贯彻 2004 年大纲有关“多功能、灵活作战”的要求，海上自卫队从 2008 年 3 月 26 日起实行了自成立以来最大规模的整编。海上自卫

---

① （日）《自卫队装备年鉴》，朝云出版社，1996 年版，第 186—202 页。

队自卫舰队司令及各地方队司令均成为军令系统的指挥官，而护卫舰队、航空集团、潜艇舰队、扫雷群等的司令则成为负责训练等任务的军政系统指挥官，作战时为前者提供兵力，并接受其指挥。原先的各护卫队群由“旗舰加3个护卫队”的体制变为“DDH群加DDG群”，DDH群编为第1至第4护卫队，每队辖1艘DDH、1艘DDG和2艘DD；DDG群编为第5至第8护卫队，每队辖1艘DDG和3艘DD。第1护卫队和第5护卫队组成第1护卫队群（横须贺）；第2护卫队和第6护卫队组成第2护卫队群（佐世保）；第3护卫队和第7护卫队组成第3护卫队群（舞鹤）；第4护卫队和第8护卫队组成第4护卫队群（吴）。这种划分明显提高了海上自卫队应对多种事态时的灵活性。[①]

未来的日本海军将发展成为由一艘“日向”号这样的1.35万吨级直升机驱逐舰作为旗舰，“金刚”级和改进型“金刚”级驱逐舰、“旗风级”护卫舰、“高波”护卫舰、“村雨级”护卫舰等性能各异、高低搭配均衡的舰队。最迟在2012年以前就可以编组成由48艘主力驱逐舰组成的、4支可以承担远洋作战任务的蓝水海军舰队。

二、日本的导弹防御计划和太空计划

加紧推行导弹防御计划，增强对外威慑能力，是日本新世纪军事战略的重要组成部分。

1. 日本的导弹防御已进入实战部署

在20世纪美苏冷战的巅峰时期，双方在推行“相互确保摧毁”的核战略过程中都曾斥巨资研制导弹防御系统以抵消对方的导弹威胁。但由于技术和政治原因，双方在1971年签署了《反导条约》（ABT），暂时中止了发展导弹防御系统的步伐。但是到了20世纪80年代初，里根

① 日本海上自卫队的护卫舰中，DDH代表直升机护卫舰（Helicopter Destroyer）；DDG代表导弹护卫舰（Guided Missile Destroyer），其中包括6艘“宙斯盾级”护卫舰；DD代表护卫舰（Destroyer）。

上台伊始便提出了著名的“星球大战”计划。2001年12月，美国总统小布什更是干脆撕毁了《反导条约》，开始不遗余力地推行导弹防御计划（MD）。

日本作为美国在西太平洋地区的主要盟国，自然是美国推销其导弹防御计划的主要对象。日本政府从1993年起先后花费了约5.6亿日元进行可行性研究，但由于耗资巨大，且缺乏技术支撑，因而始终举棋不定。促使日本狠下决心推进导弹防御计划的是1998年8月31日朝鲜进行的一次远程导弹试验。这次试验让日本朝野大感震惊的是，弹头越过日本列岛，溅落在三泽东北580公里的太平洋水域，射程估计超过了1600公里，足以覆盖日本全境。9月21日，日美两国举行安全协商会议，决定联合发展导弹防御计划。日本内阁安全保障会议立即予以批准，决定在1999年度预算中列入9.63亿日元的经费，将迄今为止有关TMD的基础研究升格为技术研究。

据日本报刊透露，日美联合推进的导弹防御计划包括三个部分：低层空间的弹道导弹防御系统，主要依靠美国研制的改良Ⅲ型“爱国者”导弹，高层空间的陆基拦截导弹系统（THAAD）则由美国单独研制；在公海上拦截弹道导弹的系统（NTWD）则由日美双方共同研制。NTWD大致上是利用海上自卫队现有的“宙斯盾”级驱逐舰，依靠美国早期预警卫星提供的情报，首先由“宙斯盾”级驱逐舰发射导弹，在海上进行拦截。目标是到2007年可投入实战配备，总耗资约为200亿至300亿美元。

到2003年为止，日本政府为发展导弹防御系统总共投入了150亿日元的资金。但是，日本政要始终强调它只是进行研究而没有考虑实际部署。2003年8月28日，朝鲜在北京举行的有关核问题的六方会谈中宣布，朝鲜已拥有核武器并打算进行核试验。受此消息的刺激，日本政府第二天便正式宣布决定引进美国导弹防御系统，以保护其主要都市中心不受朝鲜导弹袭击。为此，日本政府计划2004财政年度提供1341亿日元的资金，至2007年度达到5000亿日元（约为46.2亿美元）。同年12月19日，小泉纯一郎首相先后主持安全保障会议和内阁会议，决定为拦截针对日本的弹道导弹，从2004年度起购买美国现有的反弹道导弹以建立日本的导弹防御系统。此举表明日本的MD已从论证、开发阶段跨入了实际部署阶段。

日本政府在2004年12月通过新《防卫计划大纲》和《自卫队法》的修正案，规定在未来5年里完成弹道导弹防御系统的实战部署。2005年，《自卫队法》再次修改，规定在来不及得到首相批准的紧急情况下，防卫厅长官可根据《紧急应对要领》先下达导弹拦截命令，由现场指挥官负责执行。

2006年7月4日，朝鲜解冻停止导弹发射的承诺，在近海接连发射导弹。日本乘机加快导弹防御系统实战部署的步伐，于同年12月提前3个月在1艘宙斯盾驱逐舰上配备了“标准—3”型海基拦截导弹，并计划在2010年前将完成实战配备的宙斯盾驱逐舰增至4艘。

2007年3月，航空自卫队在位于东京周边的埼玉县入间基地部署“爱国者—3”型地对空导弹，标志着日本正式开始部署陆基导弹防御系统。年内，东京周边的习志野、武山、霞浦基地都部署了“爱国者—3”型地对空导弹。从2008年开始，日本又开始在中部地方、九州北部部署“爱国者—3”型地对空导弹。预计在2010年前，将完成日本全国11处、16支部队的实战部署。更有甚者，2008年7月28日，陆上自卫队特意将部署在首都圈基地的“爱国者—3”型拦截导弹拉到位于东京新宿的防卫省大院内。由导弹发射车、指挥车组成的车队在众目睽睽之下，开进了东京闹市区，其象征意义远远大于实际意义。

为加强对弹道导弹发射的探测、跟踪和拦截导弹的引导，驻日美军于2006年3月在日本北部部署了一套可探测朝鲜导弹发射数据的X波段的雷达系统，为日本提供朝鲜发射导弹的早期预警。与此同时，日本防卫厅也从2006财政年度开始，用每年1套的速度将现有的7套“FPS—3”雷达更新为新开发的、探测距离达数百公里的“FPS—XX”新型雷达。每个财政年度将斥资150亿日元（1.27亿美元）。第一套“FPS—XX”新型雷达已部署在山口县，未来还计划在鹿儿岛县、新潟县部署6个新型雷达。

2007年12月18日上午，日本自卫队在美国夏威夷考爱岛海域实施了首次导弹拦截试验。海上自卫队“金刚”号宙斯盾驱逐舰配备的

“标准—3”型海基拦截导弹将一枚模拟的“朝鲜导弹”成功击落。这次成功的试验加上此前已经开始部署的“爱国者—3”型导弹，标志着日本的导弹防御系统已经初步建成。

2. 从侦察卫星起步的日本太空计划

在新世纪日本军事战略中，太空开发是受到重点关注的领域之一，也是自卫队孜孜以求的新边疆。

日本的宇宙开发始于1955年，由被誉为日本“宇宙之父”的东京大学生产技术研究所的教授系川英夫率领的研究团队迈出第一步。初期主要是高空探测火箭，积累了许多经验。1964年4月，东京大学成立宇宙航空研究所（1981年改名为文部省宇宙科学研究所，Institute of Space and Astronautical Science，通称ISAS）。另一方面，科学技术厅于1963年4月设立宇宙航空部门，以后改称为宇宙航空技术研究所（National Aerospace Laboratory of Japan，简称NAL）。翌年4月，科学技术厅又设立了宇宙开发推进本部。

受美国“阿波罗”登月计划的刺激，日本政府于1969年10月在宇宙开发推进本部的基础上成立了特殊法人“宇宙开发事业团”（National Space Development Agency of Japan，简称NASDA）。但就是在这一年的4月，参议院通过了一项决议明确禁止军事用途的开发。尽管日本在1970年2月用“L—4S”火箭成功地将“大隅”号卫星送入地球轨道，成为继苏联、美国和法国之后第四个具有卫星发射能力的国家。但是，国会的这一纸禁令让日本的宇宙航空事业始终迈不开步子。

世纪之交，朝鲜一次失败的导弹试验成为日本突破禁区、进军太空的契机。如前所述，1998年8月31日，朝鲜进行了一次导弹试验，弹头越过日本列岛，溅落在日本青森县三泽基地东北580公里的太平洋水域。尽管几天后，朝鲜方面宣布发射的是人造卫星，俄罗斯和美国官方也先后证实是一次失败的卫星发射。但日本仍一口咬定朝鲜发射的是弹道导弹，而且，导弹的射程表明朝鲜已经掌握了射程足以覆盖日本全境的弹道导弹技术。

在日本针对朝鲜发射卫星的一系列反应中，最引人注目的是乘机推出了日本发展战区导弹防御系统（TMD）和侦察卫星的构想。导弹防御系统的问题前面已有展开。这里只介绍日本乘机发射侦察卫星的问题。

1970～2006年，日本使用自己研发的运载火箭先后发射了30颗科学试验卫星。其中，有科学试验卫星（“菊”系列）、电离层观察卫星（“梅”系列）、气象卫星（“向日葵”系列）、通信卫星（“菖蒲”系列和“樱”系列）、广播卫星（“百合”系列）、地球资源卫星（“芙蓉”系列）、海洋观察卫星（“桃”系列）以及热带降雨观测卫星（TRMM），等等。但是，由于受到国会决议的约束，日本虽拥有相对发达的运载工具，却不能发展军事侦察卫星。自卫队一直依靠购买美、法两国商业卫星提供的照片进行判断。而这些照片的分辨率分别只有30米和10米，无法识别飞机、船只的种类，也不可能观察到设施的详细情况。

朝鲜这次失败的卫星发射试验给了日本最好的借口。1998年9月7日，日本政府与自民党的联席会议上决定研制“多用途卫星”，11日，以前外相中山太郎为首的、自民党有关侦察卫星课题组的主要成员便启程赴美进行游说和考察。11月16日，日本内阁会议正式决定在2003年度发射一组4颗除军事目的外，还可以用来观察自然灾害的所谓“多用途情报卫星”。这4颗卫星中，2颗卫星是配备望远镜头和电子照相机的光学摄影卫星，另外2颗是雷达卫星，可以在夜间或天气状况欠佳时作为摄影卫星的补充。4颗卫星的研制、发射费用，加上建造地面站和接受、分析卫星发送图象数据的日常费用在内，5年内总共需要约2000亿日元的资金。12月11日，日本国会批准了1998年度的第三次补充预算，其中包括侦察卫星计划的启动经费。①

2003年3月28日，日本从种子岛基地将两颗多用途卫星送入绕地轨道。这两颗卫星分别装有光学照相机和雷达成像系统，分辨率在1米

---

① （日）田冈俊次：《侦察卫星是日本走向“情报独立”的转机》，载Asahi Shinbun Weekly，AERA，1999年1月11日号，第46页。

至 3 米间，可以不间断地向地面发送图像信息。这表明日本已初步掌握了从宇宙空间监控热点地区动向的战略情报搜集能力。虽然同年 11 月 29 日两颗后续卫星的发射陷于失败，不过，2005 年 2 月 26 日的再次发射取得了成功。发射就位的有光学、雷达卫星各一颗。这些卫星都是设计为每 4 天绕地球一周的，4 颗卫星构成的侦察卫星体系可以确保日本每天一次在 490 公里的宇宙空间对朝鲜扫描一次。

日本发射侦察卫星用的是自行研制成功的、完全使用日本技术的“H－2A”型火箭。“H－2A”属捆绑式两级火箭。火箭直径 4 米，高度 53 米。除 2 台主发动机外，它还安装了 4 台固体助推火箭，具有将 3.8 吨至 5.8 吨的载荷送入地球外围静止轨道的能力。“H－2A”于 2001 年 8 月进行首次成功发射后，2002 年进行了 3 次发射，2003 年进行了 2 次发射，显示出日本进军太空的宏大计划和急切心情。

2008 年 5 月 14 日，日本众议院全体会议通过《宇宙基本法》。这项法律在 5 月 21 日由参议院全体会议通过后于 8 月 27 日起开始实施。根据这项法律，日本正式解除了 1969 年以来严格禁止对航天领域进行军事开发的禁令。自卫队今后将可拥有高性能的侦察卫星和早期侦知弹道导弹发射的预警卫星。一年半以后，也就是在 2009 年 11 月 28 日，日本成功发射了分辨率为 0.6 米的一颗光学侦察卫星，用来淘汰 6 年半前发射就位的第一颗侦察卫星。据日本媒体透露，日本还将在 2011 年发射第四颗光学侦察卫星和第三颗雷达卫星，而 2014 年将发射分辨率仅为 0.4 米的第五颗光学侦察卫星。这将标志着日本的侦察卫星技术跻身世界一流水平的行列。

不过，侦察卫星还只是日本进军太空的第一步。日本早就决心在宇宙空间与美欧俄等先行者决一雌雄。2003 年 10 月 1 日，日本 3 个与太空计划有关的政府机构：文部科学省宇宙科学研究所（ISAS）、航空宇宙技术研究所（NAL）以及宇宙开发事业团（NASDA）合并为宇宙航空研究开发机构（Japan Aerospace Exploration Agency，简称 JAXA）。此前，宇宙科学研究所专司宇宙与行星的研究；而宇宙航空技术研究所则侧重航空研究。据日本共同通讯社报道，宇宙航空研究开发机构正就日本几十年后的宇宙开发长远规划进行研究。方案中包括了利用机器人技术在月球表面建设无人基地，在不受大气影响的环境下进行天体观测，以及为载人太空活动积累技术经验等内容。此外日本方面还计划用30年到50年的时间，在离地球大约150万公里处太阳和地球的重力保持平衡的特殊稳定空间内，悬浮一个无人的太空基地，以此构筑“深层空间站”。该空间站将可以用来设置望远镜观测宇宙，或是作为探测火星和木星等行星时的中转站。

2007年9月14日，载有日本大型月球探测器“月亮女神”的“H－2A”火箭在种子岛宇宙中心升空。这是自美国“阿波罗计划”以来规模最大的月球探测项目。“月亮女神”由围绕月球运转的主卫星、中继卫星、VRAD卫星的2颗副卫星，共计3颗卫星构成。中继卫星对地上监测站和主卫星之间的通信进行实况转播。VRAD卫星测试月球周围的重力场，研究月球的内部构造。“月亮女神”搭载了15种探测装备，是迄今为止精度最高的月球全球探测，也代表了日本的卫星的研发能力。日本宇宙航空研究开发机构表示，继“月亮女神”之后，日本将于2010年以后实现探测器登月计划。

第六章

新世纪日本的对外经济战略

日本是个人口众多而土地有限、资源贫乏的国家，它的经济建筑在利用进口资源和能源，并将产品打进国际市场、赚取外汇的基础之上。20世纪五六十年代，它关心的是如何尽可能地拓展海外市场，缩短与欧美的技术差距；20世纪七八十年代，其对外经济战略的焦点转移到如何确保资源、能源的进口，尽可能地缓和其经贸伙伴迫使它开放国内市场的压力上来。进入新世纪以后，日本对外经济战略的重点又有所调整，那就是最大限度地保持自己在国际经济体系中的优势地位，实现自身利益的最大化。这一战略反映在日本通过缔结双边自由贸易协定，为自己争取最有利的贸易条件；推进“10＋1”、“10＋3”框架内的合作，增强日本在东亚区域经济合作的核心地位；综合运用政府开发援助(ODA)，维护自身的战略利益；推行能源资源外交和环境外交，为日本争取更多的话语权和主导权。

日本推进对外经济战略的推手，外务省毋庸置疑是主角，但财务省、经济产业省特别是经济产业省所属的资源能源厅也是不可或缺的角色。

第一节　日本推进东亚经济合作的战略

长期以来，日本一直是仅次于美国的世界第二经济大国，也是东亚地区唯一的G8成员国。在20世纪80年代，东亚地区一度曾形成以日本为首，亚洲“四小”紧随其后，然后是东盟、中国的所谓“雁行模式”的国际分工框架。到目前为止，日本仍然是这一地区仅次于美国的第二大制成品出口市场、最大的投资国和技术提供国。泰国和菲律宾外来直接投资中的四成以上、印度尼西亚和马来西来外来直接投资中的二成以上都来自日本。但是，由于中国的迅速崛起，日本的主导地位开始受到严峻挑战。

一、加快缔结双边自由贸易协定的进程

日本经济在向全球拓展的过程中，最感头疼的是动辄遭遇国外贸易保护主义的壁垒。有鉴于此，日本一向对关贸总协定或世贸组织框架内的多边贸易谈判非常热心，而对双边贸易谈判比较忽视。20世纪90年代以来，鉴于多哈回合的谈判一再搁浅，有关国家和地区间签署双边自由贸易协定（Free Trade Agreement，简称FTA）蔚然成风。截至2005年底，全世界一共诞生了约300个FTA。其中，比较有影响的有北美自由贸易协定（NAFTA）、欧盟（EU）、南美南部共同市场（MERCOSUR），等等。

在东亚地区，在推进FTA建设方面迈出第一步的是东盟。1992年1月，东盟第四次首脑会议决定创建东盟自由贸易区。其目标是在2003年前将水泥、纤维、肥料、电子和化学品等15种商品的关税降低到5%以下，并撤除配额管制和所有的非关税贸易壁垒。在越南等印支4国加入东盟后，由于东盟新老成员间在经济发展程度上存在差异，东盟对自由贸易区建设的时间表作了调整，印支4国外的东盟6国将在

2010年实现地区范围内的零关税，整个东盟将在2015前建成自由贸易区。期间，东盟地区的贸易自由化将逐步由商品贸易领域扩展到金融、通信、旅游、海运和建筑行业等服务业领域。

进入新世纪后，随着中国与东盟经贸关系的迅速发展，中国与东盟接轨的速度也大大加快。2000年11月，在新加坡举行的第四次东盟与中国领导人会议上，中国总理朱镕基提出建立中国东盟自由贸易区的建议，得到与会东盟各国的热烈响应。在翌年11月文莱举行的第五次东盟与中国领导人会议上正式提出了10年内建成自由贸易区的时间表。2002年11月，中国和东盟领导人签署了《中国与东盟全面经济合作框架协议》，启动了中国—东盟自由贸易区的建设过程。从2003年10月起，中国和泰国正式实施两国间蔬菜及水果产品贸易的零关税。这是按照《框架协议》的"早期收获"规定，中国和东盟为加速取消关税，建成世界第三大自由贸易区这一目标而迈出的重要步伐。从2005年7月起，7455种原产于中国、文莱、马来西亚、印度尼西亚、缅甸、新加坡、泰国等国的产品相互给予优惠关税。

如前所述，这一进展使日本朝野受到极大震惊，很多人将它视为中国要在东亚取日本以代之的象征。据日本媒体透露，2002年1月，小泉首相匆忙访问东盟，发表与东盟建立经济共同体的设想，很大程度上是为抵消中国的影响。同年11月，日本外务省发表题为《日本的FTA战略》的报告，强调："就日本而言，充分认识到东盟的经济稳定对东亚地区的稳定是不可缺少的，必须通过缔结FTA或EPA协定加强与东盟的均衡关系，为促成东亚地区的经济合作，日本与东盟的FTA或EPA必须是东亚经济合作的核心。"[①] 这样，日本就将它与东盟各国缔结EPA协定的问题提上了议事日程。

日本政府一改以往对双边自由贸易协定消极的态度，于2002年1月率先与新加坡签署了"新时代经济合作伙伴关系协定"（JSEPA）。这是日本与外国缔结的第一个FTA协定，也是亚洲地区第一个双边的

① （日）外务省："日本的FTA战略"，2002年10月，见外务省网站：http://www.mofa.go.jp/mofaj/gaiko/fta/policy.html。

FTA 协定。2003 年 10 月，日本与东盟签署《日本与东盟全面经济合作伙伴框架协议》，决定于 2012 年建成日本一东盟自由贸易区。这是日本与区域性经济合作组织签署的第一个自由贸易协定。与此同时，日本与东盟各成员国间的贸易谈判相继展开。目前，东亚地区与日本缔结了 EPA 协定的有泰国（2005 年 9 月）、马来西亚（2005 年 12 月）、菲律宾（2006 年 9 月）、印度尼西亚（2007 年 8 月）、文莱（2007 年 6 月）和越南（2008 年 12 月）等国。2008 年 4 月日本与东盟正式签署了综合经济合作协定（EPA）。

日本与东亚各国签署的协定没有用 FTA 的名称，而是称 EPA（economic partnership agreement），这是别有深意的。从理论上说，建立自由贸易区的目的是要实现生产要素的最有效配置，以求用既有的生产要素获得最大的生产效益，在此基础上提高国民的生活水平和社会福祉。这就要实现商品、资本、技术、劳动力在两国间的充分自由流动。但是，出于保护国内市场尤其是日本国际竞争力最弱的农产品市场，日本不能像欧美一些主要发达国家那样，将重点放在实行“零关税”和完全开放市场上，而是区别各种情况，采取灵活对策，以涵盖投资、金融和人员交流等多领域的经济合作协定为重点。即以日本与新加坡的 EPA 协定为例，其中不仅包含要逐步降低贸易壁垒的内容，更突出在包括金融业在内的服务业实现自由化、推进通关手续的电子化，并且在信息技术领域和人才交流方面加强合作。[①]

2004 年 12 月 21 日，小泉内阁的阁僚会议通过了《有关推进 EPA 协定的基本方针》，其中明确规定：“EPA 协定要在经济全球化进程中，作为对以 WTO 为中心的多边自由贸易体制的补充，促进我国对外经济关系的发展和确保我国的经济利益。与此同时，EPA 协定还要有助于促进我国与对象国的结构改革……EPA 协定要促进东亚共同体的构建，在政治和外交上，要有利于形成对我国有益的国际环境。”“为尽快缔结

① （日）外务省：“日本有关 EPA 协定的谈判——现状与问题”，2009 年 10 月，见外务省网站：http：//www.mofa.go.jp/mofaj/gaiko/fta/pdfs/kyotei_0910.pdf。

EPA 协定，政府各部门要密切合作，全力以赴。”①

日本在缔结 FTA 或 EPA 协定上的基本立场和政策取向主要表现在以下 3 个方面：

1. 最大限度地维持日本的主导地位

日本在进入新世纪后，加快了与东盟国家缔结 EPA 协定的步伐，并紧随中国之后与东盟缔结了经济合作伙伴框架协议。这是它在东亚地区缔结的第一个多边经济合作协定。在此后的五六年间日本陆续与东盟主要成员国缔结了双边的 EPA 协定。尽管在这些协定中，日本向对方承诺的贸易自由化比率都不足 95%，大米、牛奶、牛肉等甚至被排除在贸易自由化的框架外，但这些协定中不仅包含有传统的 FTA 要素如彼此降低关税等，还包括撤销非关税壁垒、改善投资环境、保护知识产权和促进人员交流等一系列涉及非商品领域的承诺，对东盟国家还是有一定吸引力的。日本则通过与东盟国家缔结 EPA 协定，在提升区域经济合作水平的同时，最大限度地维持了日本的主导地位。

2. 本国利益至上，国内政治优先

贸易自由化顾名思义就是要打破一切壁垒，实现人员、商品和资金、信息的自由流通。但是，由于日本国内政治结构上的原因，特别是存在着所谓“农林族”的政治家和既得利益集团，致使日本不愿意完全开放农产品市场，也不愿意在引进外国劳动力问题上降低门槛。这是日本与有关国家在谈判 EPA 协定过程中最大的“瓶颈”。例如，日本在与泰国谈判时，有关开放泰国大米进口问题一直是双方争执不下的焦点。而它在与马来西亚、菲律宾等国谈判时，有关马来西亚按摩师、菲律宾护士到日本就职的问题也一直有着激烈的讨价还价。日本传媒界人士尖锐地指出：这些谈判完全成了日本的国内问题。“霞关的官僚们仰仗国

---

① （日）内阁阁僚会议：“有关今后推进 EPA 协定的基本方针”，2004 年 12 月 21 日，见外务省网站。

内压力团体的鼻息，将谈判弄成了一场混战。”[①]

3. 尽可能推迟和搁置与中国的有关谈判

尽管中国已成为日本最大的贸易伙伴，但在日本谈判 FTA 协定的程序表上，中国排在相当靠后的位置。日本始终没有启动与中国缔结 EPA 协定的进程。近年来，中国领导人多次倡议就缔结中日或中日韩自由贸易协定进行磋商。例如 2002 年 11 月，朱镕基总理在中日韩首脑峰会上倡议中日韩三国就缔结 FTA 协定可行性问题进行磋商，小泉纯一郎当即回答说：“中国刚刚加入世贸组织，要看中国的表现再加以检讨。”[②] 事实上将中方的倡议顶了回去。翌年，有关中日韩 FTA 的议题在峰会上再次提出。日本不便拒绝，却提出三国应先就缔结投资协定进行磋商。据日本媒体透露，日方对谈判和缔结中日 EPA 协定态度消极的理由主要是：中国刚刚在 2001 年加入世贸组织，需要一段时间观察中国是否总是履行入世时的承诺；中国在保护知识产权方面的表现并不尽如人意，一旦签署 EPA 协定将会使日方蒙受巨大损失。

截至 2008 年底，日本与东盟成员国缔结的 EPA 协定已有 6 项生效，加上它与东盟本身缔结的综合经济合作协定也已生效。目前，日本对外贸易的 13.0％（其中出口 12.2％，进口 13.9％）已经实现了自由化。虽然与美欧国家相比，这一比例明显偏低，但它给日本带来的好处是非常明显的。据统计，2000 年日本与东亚的贸易占其对外总额的 39.6％，而恰恰是这一地区的非农产品的关税税率最高。例如，马来西亚是 14.5％，菲律宾 25.6％，印度尼西亚更达 37.5％。[③] EPA 协定签订后显然可以为日本商品进入这些国家进一步打开大门。

---

① （日）加藤晓子：“从 FTA 谈判暴露出来的日本的不作为”，《Foresight》2003 年 2 月号，第 92 页。

② （日）“日中韩首脑会议的要点，”《朝日新闻》，2002 年 11 月 5 日。

③ （日）外务省：“日本的 FTA 战略”，2002 年 10 月，见外务省网站：http：//www.mofa.go.jp/mofaj/gaiko/fta/policy.html。

二、按照“10+6”的路线图推进东亚经济合作

早在20世纪60年代，很多日本政治家和学者就曾提出建立“太平洋经济圈”的构想。此后，随着日本对亚洲的直接投资和贸易的不断增加，日本通过推行“雁型模式”确立了它在这一地区的经济主导地位。“太平洋经济圈”之类倡议就很少有人提起了。1990年，当时的马来西亚总理马哈蒂尔就提出了东亚经济合作的概念。马哈蒂尔最初提出的是“东亚经济集团”（EAEG），稍后改为“东亚经济核心”（EAEC）。但是，由于美国担心这一构想有可能演变为将美国势力驱逐出亚洲，始终持强烈反对态度。日本慑于美国的压力，对马哈蒂尔的构想一直保持沉默。

1. 东亚经济“雁行模式”的破绽与“10+3”的兴起

第二次世界大战以后，世界经济的不平衡发展在东亚地区反映得十分明显。20世纪五六十年代，日本经济实现了高速增长，被誉为世界经济的“奇迹”；进入20世纪70年代以后，日本经济中长期累积的一些矛盾逐渐暴露出来，经济增长的速度显著放慢，但以韩国、新加坡、香港和台湾组成的“亚洲四小”却异军突起，它们的经济起飞吸引了全世界的注意，“亚洲四小”也因此被称为“第二个日本”；20世纪80年代，风水轮回，东盟和中国经济开始驶上了“快车道”。但由于日本、“亚洲四小”、东盟和中国之间在产业结构和经济发展水平上存在较大的差异，构成了在不同层级的轨道上运行的经济秩序。在很长一段时期，这种状况被日本经济学者概括为“雁行结构”。但从1992年以后中国经济的持续增长从根本上颠覆了“雁行结构”理论。

中国经济在这10多年来的发展，有3个显著的特点。首先，中国经济的规模是“亚洲四小”和东盟各国所无法比拟的。目前，中国已成为世界第三贸易大国，每年的进口规模居亚洲第一，不要说“亚洲四小”和东盟各国仰仗对中国的出口，就连日本从2002年1月开始的新一轮经济复苏，很大程度上也是由对华出口所带动的，日本财界称之为

足以与朝鲜战争特需和越南战争特需相比美的“中国特需”。其次，中国的总体技术水平虽然还比较低，规模堪称世界第一的制造业目前还是以低端的加工组装为主，但是，中国拥有包括航天技术、生物工程技术在内的一系列先进技术，在某些方面不仅在亚洲遥遥领先，在世界上也是属于第一流的。最后，中国社会安定、基础设施完备，而且拥有几乎可以无限供应的廉价劳动力，加上未来的市场无可限量，欧美跨国公司争先恐后地前来中国投资。从 20 世纪 90 年代中期开始，中国每年吸收的海外直接投资仅次于美国。其结果，一是由中国制造并主要是对美国出口的产品“挤占”了东盟国家传统的劳动密集型产品的对美出口份额，从而使“雁行结构”的区域内贸易收支循环在其垂直分工链的最底部受阻；二是欧美跨国资本出于抢占潜力巨大的中国市场的需要，在几乎所有的产业领域向中国大量投资，促使中国的产业结构和出口商品的结构迅速升级，打乱了 20 世纪 80 年代以来日本企图通过对华投资把中国纳入“雁行结构”的国际垂直分工体系的安排。中国不再是亦步亦趋、无足轻重的“小雁”、“随从雁”，而是成为引领亚洲“雁群”的“超级大雁”，至少是与日本并驾齐驱的“领头雁”之一。

“雁行构造”在进入新世纪以后事实上已不复存在，这就势必导致东亚经济的重新洗牌。在这种情况下，“10＋3”便应运而生了。1997 年 12 月，东盟首脑在吉隆坡举行第七次会议，邀请中日韩 3 国领导人与会。“10＋3”机制由此诞生。在此之前，东盟和中日韩 3 国已于 1996 年参加了在曼谷举行的首届亚欧会议。在会议准备期间，东盟和中日韩分别举行了经济部长会议和首脑会议，为“10＋3”机制的问世作了铺垫。

2002 年 7 月 30 日，中国外长唐家璇在东盟与中日韩（“10＋3”）外长会议上发表讲话，提出了三点建议：(1)“10＋3”应在以经济合作为重点的同时，逐步拓展新的合作领域；(2) 进一步加强各个合作机制之间的协调；(3) 以“10＋3”为主渠道，推动东亚区域的整体合作。[①] 至

① 吴定保、杨晴川：“东盟与中国外长会议举行唐家璇出席并发表讲话”，《人民日报》，2002 年 7 月 31 日。

此，中国已明确提出了在“10＋3”基础上推进东亚区域合作的思路。

截至2009年底，“10＋3”峰会已经连续举行了12次，形成了一系列部长级的工作机制。如经济部长会议、外长会议、劳动部长会议、农业部长会议、旅游部长会议和能源部长会议等等。其中最享盛名的是自2000年起每年一度召开的财长会议。首届财长会议在泰国清迈召开，签署了建立区域性货币互换网络的协议，即《清迈协议》（Chiang Mai Initiative）。《清迈协议》主要包括两项内容，一是扩大东盟货币互换协议的规模，二是建立中日韩3国与东盟国家的双边货币互换协议。截至2003年12月，东盟与中日韩3国间共签署了16个双边协议，累计金额达440亿美元。全球金融危机爆发后，东盟与中日韩均感到进一步加强区域金融合作的必要性。“10＋3”财长在第九届会议时决定将局限双边货币互换的《清迈协议》升格为多边协议。2010年3月24日，“10＋3”财长和央行行长以及中国香港金融管理局总裁共同宣布《清迈倡议多边化协议》正式生效。在总额为1200亿美元的融资总额中，中日韩3国贡献的总份额为80％，东盟10国贡献剩余的20％。各国在启动双边货币互换过程中，将执行集体决策机制。至此，《清迈协议》距离设想中的“亚洲货币基金组织”（AMF）仅仅只有一步之遥（尚缺独立的区域经济监测机构）。这是亚洲货币金融合作所取得的最为重要的制度性成果。

2. 围绕“10＋3”还是“10＋6”的路线图之争

在“10＋3”框架内的区域经济整合取得重大进展的情况下，包括中国在内的东亚各国无不希望日本作为世界第二经济大国，在推进区域经济整合过程中发挥积极的作用。从日本主要经济省厅一度表现的积极态度来看，东盟和中、韩两国的期盼也是有一定把握的。但是，从2001年起，日本国内的主流舆论突然对“10＋3”构想提出了异议。2002年1月，小泉纯一郎在东盟之行的最后一站新加坡发表演讲，呼吁在原有的“10＋3”框架基础上，吸收澳大利亚和新西兰参加，建立东亚共同体。这一演讲被认为是小泉这次东盟之行的“压轴戏”。

那么，是什么原因促使日本政府在“10＋3”问题上改变初衷了呢？

日本政府一直没有透露。但是，拓殖大学校长渡边利夫的主张一定程度上回答了人们的疑虑。

渡边利夫是著名的发展经济学家，著述颇丰，曾因《成长的亚洲，停滞的亚洲》获“吉野作造奖“，因《西太平洋的时代》一书获“亚洲·太平洋奖”。他对包括“亚洲四小”、东盟、中国在内的东亚经济发展一直持积极肯定的态度，但近年来却成了唱衰东亚经济合作的“主角”。典型的说法是他在2006年投书《中央公论》，称“在幕后推动东亚共同体的是中国的地区霸权主义……东亚共同体对日本来说自不待言，对整个东亚来说都是十分危险的道路”。① 渡边在2008年出版的《新“脱亚论”》这本书里更进一步指出：“我现在终于理解明治18年福泽瑜吉写《脱亚论》的心情了。”“中国之所以倡导东亚共同体，目的是要通过把日本吸纳到东亚共同体从而离间日美两国，而日美两国分道扬镳的话，中国便能充当东亚共同体的主角，其霸权地位就得以巩固……日本必须避免让东亚共同体这个仿佛‘鵺’一样的怪物把自己吞并掉。”②

持渡边利夫这种极端态度的人在日本毕竟还是少数。但是，日本国内确实有很多人对中国与东盟以及韩国的关系日益密切感到担忧，非常警惕中国有可能在“10＋3”的合作框架中取得凌驾于日本之上的主导权。于是，日本便针锋相对地提出了将澳大利亚、新西兰和印度一起吸纳进“东亚共同体”的方案。2002年1月小泉在新加坡演讲时就主张吸纳澳大利亚和新西兰。此番又增加了印度这样一个人口居世界第二的南亚大国。人们注意到，澳大利亚、新西兰和印度不仅与日本的关系密切，而且都是实行议会民主主义，共同尊崇自由、民主和基本人权等价值观的国家。其中，印度又与中国有着边界纠纷和历史宿怨。这3个国家加入到东亚共同体来，可望大大增加对中国的牵制。这样，围绕东亚

① （日）渡边利夫：“亚洲屈服于中国支配的这一天”，《中央公论》，2006年3月号，第222页、第224页。

② （日）渡边利夫：《新“脱亚论“》，文春新书，文艺春秋出版社，2008年版，第12页、284页、285页。“鵺”是日本传说中源赖政从紫宸殿射下来的一种猿头、狸身、蛇尾、手足如虎，鸣声如画眉的怪物。

经济合作的途径问题便出现了“10＋3”与“10＋6”的路线图之争。

2005年8月，在日本“东亚共同体评议会”（CEAC）提出的《东亚共同体构想的现状、背景和日本的国家战略》的政策建议报告中，将“东亚共同体”定位为以“自由、民主、人权”等普遍价值为基础、实现东亚地区的“和平、繁荣、进步”，并且具有“开放性、透明性、包容性”理念，可以灵活参加的共同体框架组织。主要成员是“10＋3”和参加东南亚友好合作条约的国家。日本必须说服各国在扩大成员国方面采取灵活态度。报告还明确指出：日本必须推动“自由、民主、尊重人权和实行法治”的价值在共同体的实现，阻止共同体未来成为“专制、压迫或国家霸权的秩序”。其中，影射和遏制中国，以西方价值观主导东亚合作的企图昭然若揭。①

让印度、澳大利亚和新西兰这3个地理上与东亚地区相隔甚远的国家参加东亚峰会，在东盟国家中引起强烈的争议。新加坡、印度尼西亚等国由于同印度或澳大利亚关系密切，赞成将局限于“10＋3”的东亚区域合作扩大为“10＋6”，而马来西亚等国则反对另起炉灶。在各方争论和妥协的基础上，2005年12月14日，在马来西亚的吉隆坡举行的第一届东亚峰会，印度、澳大利亚和新西兰也被邀请与会。在峰会通过的《吉隆坡宣言》中强调：“东亚峰会将为地区共同体的形成发挥重要的作用。”而在两天前召开的“10＋3”峰会上则在其宣言中表明：“‘10＋3’是达成东亚共同体这一目标的主要手段。”基本上在两种意见之间维持了一定的平衡。②

不过，没过半年情况又发生了变化。针对韩国倡议的、由“10＋3”构成的东亚自由贸易圈构想（EAFTA），时任日本经济产业大臣的二阶俊博于2006年4月提出由东亚峰会16国构成的东亚综合经济合作协定（Comprehensive Economic Partnership in East Asia，简称

① （日）东亚共同体评议会：《东亚共同体构想的现状、背景和日本的国家战略》，2005年8月，第41、42页。

② （日）国立国会图书馆：“各国有关东亚峰会和东亚共同体构想的调查”，2006年3月24日，见国立国会图书馆网站：http：//www.ndl.go.jp/jp/data/publication/issue/0525.pdf。

CEPEA)。计划从2008年开始交涉，在10年内完成。同年8月23日，二阶俊博在东盟·日本经济部长会议上进一步提议，日本将为实现这一构想斥资100亿日元筹建东亚东盟经济研究中心。

东亚峰会的现状为未来地区外的其他国家，如美国、加拿大、俄罗斯、巴基斯坦等援用这一先例参加东亚峰会埋下了伏笔。不难想象，这些地区以外的大国参与东亚峰会，只是时间迟早的问题。不过，这样一来，东亚峰会就很难发展为像欧盟那样的具有约束力的国际组织，充其量只能是一个松散的论坛。

2009年9月，鸠山内阁问世后，日本在“10＋3”还是“10＋6”的问题上态度有所松动。在外务省汇总的《日本有关EPA协定的谈判——现状与课题》中，分别描绘了3幅蓝图：一是由东盟和中日韩3国构成的东亚自由贸易圈设想（EAFTA)：二是由东亚峰会目前的16个成员国构成的东亚全面经济伙伴关系设想（CEPEA)：三是由APEC成员国组成的亚太自由贸易圈设想（FTAAP)。[①] 而同年10月，鸠山由纪夫在北京举行的第二届中日韩峰会上又强调要以中日韩3国为核心，以欧盟为样板推进东亚共同体。这似乎又让钟摆回到了“10＋3”的原点上来。

3. 东亚经济合作的前景与日本的作用

在东亚地区加强经济合作过程中，日本的优势是比较明显的。首先，从战后60多年来日本在东亚地区苦心经营的结果，使得它在许多国家特别是东盟各国都拥有大量投资，且控制着重要的贸易资源。这是其他国家很难望其项背的。其次，日本拥有本地区最丰富的技术积累，特别是在环保和节能领域掌握着许多世界一流的技术，这是东亚地区许多国家所渴望得到的。东亚地区新一轮的经济发展与日本究竟在多大程度上愿意向这一地区转移技术是分不开的。最后，日本长期以来一直是

---

① （日）外务省：“日本有关EPA协定的谈判——现状与问题”，2009年10月，见外务省网站：http://www.mofa.go.jp/mofaj/gaiko/fta/pdfs/genjo_kadai.pdf。

东亚地区主要的资金提供者，特别是在世纪之交发源于亚洲的金融危机中，日本通过总额为300亿美元的“新宫泽构想”向资金濒于枯竭的泰国等重灾国提供了援助。正是由于这些原因，日本在东亚地区的经济合作过程中掌握一定的话语权和规则创制权。

但是，日本要真正主导东亚经济合作，也存在着一系列难以逾越的障碍。

第一，日本在参与推动区域合作的进程中，尚缺乏正确的平衡心态和理性的战略理念。如果“10＋6”只是为了牵制中国，显然会让东亚共同体变成遥遥无期的目标甚至是“空中楼阁”。把澳大利亚、新西兰和印度弄到东亚共同体内，首先在名称上不符合，其次也会增加建设自由贸易区的难度。澳大利亚与美国一样是农产品出口大国，而农产品市场恰恰是日本力图要保护的对象。从日本与东盟各国谈判EPA的过程来看，农产品贸易的自由化与否始终是双方争执的焦点。日本又怎么会特别对澳大利亚另眼相看，洞开一面呢？日本如果不能放弃与中国争夺主导权的冷战思维，不仅无助于改善与发展与中国的双边关系，也一定会对东亚区域经济合作带来严重的负面影响。

第二，日本尚未摸索出发挥东盟整个团队作用的有效机制。日本要主导东亚经济合作的进程，除了要和中、韩两国坦诚相见、互利共赢外，按照东盟目前在东亚经济合作进程中所处的地位，发挥东盟整个团队的作用至关重要。然而，东盟的现状是内部涣散、缺乏向心力。印尼一贯坚持在东亚共同体的建设中，东盟应作为一个整体发挥领导作用。但是，当马来西亚倡议将“10＋3”的事务局和东亚峰会事务局设在吉隆坡时，印尼却表示反对，因为它担心早就设在其首都雅加达的东盟事务局因此被边缘化。而围绕“10＋3”、“10＋6”的路线图之争，客观上也造成东盟内部的意见分歧，对立加剧。东盟国家最担心的是由于大国的介入，导致内部四分五裂，失去团队力量，而“10＋6”构想的出台恰恰会造成东盟内部的意见分歧。

第三，东亚各国在经济一体化过程中尚需“磨合”。东亚地区各个经济体的经济发展水平不同，且具有不同的历史文化背景和宗教信仰，意识形态和社会制度也存在着很大的差异。东亚地区马上实现自由贸易区还很困难。东亚各国要采取积极灵活的姿态，彼此通过“接触”和“沟通”，增信释疑，双赢共进，走出东亚经济一体化过程中人为设定的“政治困境”。

第四，如何处理与美国的关系也是一个非常棘手的难题。美国在东亚地区有巨额投资，贸易往来的规模也很大，且与东亚峰会成员国中的日本、韩国、澳大利亚和新西兰都结有双边军事同盟关系。而日本则是它最主要的盟国。如果美国一直像在小布什任内那样，对东亚地区的“10＋3”、“10＋6”采取旁观态度，日本自然也不用费心。问题是奥巴马上任后积极谋求“重返亚洲”，公开表示不能缺席东亚共同体建设。日本外相冈田克也曾表示东亚共同体不包括美国，在遭到美国反对后，鸠山首相又表态不会排除美国。如果东盟和中国强烈反对美国介入的话，日本势必会陷入进退两难的境地。

第二节　为走向“正常国家”铺路的新ODA战略

日本一向擅长经济外交。从20世纪50年代中期以来，日本政府推行政府开发援助（Official Development Assistance，简称ODA）为其经济外交注入内涵。ODA包括日元贷款、无偿援助和技术合作等3方面。其中，日元贷款是有偿援助，但利率低，偿还期长，广泛利用在受援国的铁路、桥梁、港口码头、机场、地铁等基础设施的建设以及环境保护、农业开发、人才培养、医疗卫生等方面；无偿援助顾名思义是赠与受援国的，约占ODA总额的20%左右；技术合作则以向受援国派遣专家和有关人才，也是比较受欢迎的。

一、ODA是日本走向“正常国家”的战略资产

长期以来，日本一直以ODA大国自诩。这是它在第二次世界大战

以后坚持走和平道路，积极履行对国际社会贡献的象征。

日本对外提供ODA始于20世纪50年代。1954年，日本与缅甸签署了赔款协议，承诺在10年内向缅方赔款2亿美元，以后又追加了1.5亿美元的无偿援助和3000万美元的日元贷款。这是日本对外提供ODA的滥觞。随后，日本向菲律宾、印度尼西亚也提供了ODA。随着日本经济的高速增长，尤其是1964年加入经济合作组织（OECD），成为发达国家一员后，对外提供ODA也逐步走上轨道，成为日本对外拓展外交影响的重要手段。

从1977年起，日本外务省先后制定了6次ODA的中期规划。其中，第一次是1977年制定的，规定自1978年至1980年，每年提供的ODA总额由14亿美元增加到28亿美元，翻了一番。第二次是1981年制定的，期限为1981年至1985年，5年间提供的ODA总额达214亿美元，比前5年合计的107亿美元翻了一番。第三次是1985年出台的，期限为1986年至1992年的7年间。由于1985年日本的贸易顺差首次突破500亿美元大关，日本政府遂宣布从1986年起以“返还黑字”的名义，分3年向发展中国家提供总额为100亿美元的ODA。第二年，又为应对日元急剧升值导致的不景气，将这笔款项增加到300亿美元。7年间累计提供400亿美元。第四次是1988年制定的，期限为1988年至1992年，5年间由250亿美元增加到500亿美元。第五次是1993年制定，期限是1993年至1997年，总规模为700亿美元至750亿美元。第六次是1999年制定，期限是1999年至2004年，没有数量目标，主要是进行重点配置，提高ODA中无偿援助和不附带条件的项目比例。[①]

从1991年至2000年，日本每年向外提供ODA的金额在发达国家中始终名列第一。2000年日本的ODA总额达135亿美元。这是它的巅峰时期。

与美欧等发达国家相比，日本的ODA大致有以下特征：

---

① （日）山下道子：“日本ODA政策的现状与课题”，2003年2月，见内阁府经济社会综合研究所网页：http：//www.esri.go.jp/jp/archive/tyou/tyou010/tyou003a.pdf。

第一，日本提供ODA主要通过多边和双边两种形式。多边是通过联合国儿童基金（UNICEF）、联合国开发计划（UNDP）以及世界银行等国际组织向发展中国家提供援助；双边则是通过两国政府间的协议进行。从2008年的援助实绩看，通过国际组织的为27.56亿美元，双边援助的为68.23亿美元，分别占总额的28.8%和71.2%。①

第二，日本的ODA由无偿援助、无偿技术合作和有偿援助（日元贷款）3部分组成。无偿援助以赠与为主，无偿技术合作包括接受对象国研修人员、派遣专家、推进技术合作项目等。有偿援助即通常说的日元贷款，其利率较低，且偿还期长。以2001年洽谈的贷款看，其利率仅0.75%至2.2%，偿还期为30年至40年，对受援国来说，还本付息的负担较轻，有利于兴办一些大型基础设施和偿还期较长的事业。

第三，日本的ODA是它按照和平宪法履行国际贡献的特殊手段。日本既然不能在军事领域发挥作用，就只能通过援助发展中国家经济建设的途径为国际社会的和平与稳定做出贡献。另一方面，战后日本致力于拓展全球市场，赚取了巨额的贸易顺差，它从贸易盈余中拿出一部分资金"还流"给发展中国家，一定程度上也能缓和美欧等贸易逆差国对日本的不满。

第四，日本的ODA提供对象遍及全世界，但主要集中在亚洲。1970年高达94.4%，1980年跌至72.8%，1990年为61.7%，2000年为60.1%，2008年为50.4%。② 这是因为亚洲地区无论是在政治、经济还是在文化领域都与日本有密切的关系。随着日本在不同时期亚洲政策的侧重点的变化，印度尼西亚、中国和印度曾先后成为日本ODA的最大受援国。

第五，日本的ODA初期多为规定必须购买日本产品和服务的、附

① （日）外务省："ODA白皮书"，2009年版，见外务省网站：http://www.mofa.go.jp/mofaj/gaiko/oda/shiryo/hakusyo/09_hakusho_pdf/pdfs/09_hakusho_0201.pdf。

② 同上。

带条件的援助。这种做法自然有利于日本企业对外拓展产品和机械出口，具有既赚名声又获实利的“一箭双雕”的效应。不过，随着受援国对这种变相扩大出口的援助反感日益上升，从20世纪80年代起不附加条件的ODA逐渐增多，到90年代初已下降到30%以内。

由于日本经济在20世纪90年代以后持续滑坡，政府不得已只能削减对ODA的资金投入。在进入新世纪以后，日本终于失去了ODA世界第一的桂冠。根据经合组织“发展援助委员会（DAC）”的统计，2001年美国取代日本跃居第一；2006年日本又被英国赶上，降至第三位；到2007年，德国和法国也超过了日本，日本跌至第五位。根据日本政府发表的《ODA白皮书》，2001年至2004年日本的ODA总额分别为98.47亿美元、92.83亿美元、88.80亿美元和89.22亿美元。2005年和2006年，由于日本政府勾销伊拉克、尼日利亚的大笔债务的缘故，日本的ODA总额再次上升为131.47亿美元和111.87亿美元。但2007年即骤降为76.9亿美元，比上一年净减30.1%。这一下降幅度在“发展援助委员会”成员国中为绝无仅有。而同年，ODA前四名的美国、德国、法国和英国的ODA援助额分别为217.5亿美元、122.7亿美元、99.4亿美元、99.2亿美元。美国几乎是日本的3倍。2008年，由于日元升值和大幅度增加给国际组织的援助额的缘故，日本的ODA总额增长24.7%，达95.79亿美元（按日元计算仅增加9.68%），是3年来的首次增长。不过，日本的排名依然在美国、德国、法国和英国之后，屈居第五位。①

再看日本ODA占国民总收入的比例，2001年，这一比例是0.23%，2002、2003年分别为0.20%和0.19%；同样，由于勾销伊拉克、尼日利亚对日欠债的因素，2004、2005年ODA占国民总收入比例分别上升至0.28%、0.25%，但2007年则跌至0.17%。这是日本从1964年加入经合组织以来的最低值。在发展援助委员会中的排名为第

① （日）外务省：“ODA白皮书”，2009年版，见外务省网站：http://www.mofa.go.jp/mofaj/gaiko/oda/shiryo/hakusyo/09_hakusho_pdf/pdfs/09_hakusho_0201.pdf。

20位。而根据2000年通过的联合国千年发展目标，发达国家的发展援助资金应该占本国国民总收入的0.7%。换句话说，日本还不到这一比例的1/4。

从趋势看，由于日本政府的财政状况日益窘迫，未来日本的ODA规模虽然个别年份上下会有些波动，但总的趋势是还将继续缩减。

二、日本政府在提供ODA问题上的战略考量

日本的政府开发援助在促进受援国经济发展的同时，也使日本受益很大。首先，日元贷款虽然规定有一定的宽限期，但都是需要连本带利偿还的。其次，日本政府提供的日元贷款中相当一部分是附带条件的，如规定要从日本的企业中招标，从日本购进工程建设所需材料或机器设备，等等。所以，日元贷款为日本企业产品出口提供了机会，减轻了产品库存压力，增加了日本产品销路。最后，受援国利用日元贷款建设铁路、公路、港口等基础设施，大幅改善了其投资环境，为日本企业提供了能获利的投资机会。同时，受援国的经济发展增强了国内的需求和国民的购买力，也为日本企业提供了巨大的市场。当然，最重要的还是让日本赢得国际社会的好感。对外援助的业绩以及受援国的良好口碑已成为日本软实力的重要组成部分。

ODA在日本对外经济战略中一直扮演着重要的角色。早期的ODA往往与战争赔款挂钩，是日本用赔款形式重新占领发展中国家的重要手段。20世纪70年代，日本ODA政策开始更多地考虑政治安全因素，意图通过经济援助维护综合战略利益，非经济性的战略意图日趋明显，ODA政策开始逐渐从“开发援助”转向“战略援助”。

1992年6月30日，日本首次提出《政府开发援助（ODA）大纲》，明确提出：在实施政府开发援助时，要遵循联合国宪章有关尊重主权、平等和不干涉内政等各项原则，根据对象国的要求及综合考虑其经济社会状况和双边关系等条件。《大纲》列出了ODA的4大原则：（1）环境保护和经济开发并重；（2）避免使用于军事目的及助长国际争端的项目；（3）在维护和加强国际和平与稳定的同时，从发展中国家应将其本

国的资源适当地、优先地用于自身的经济社会开发的观点出发，对发展中国家的军事开支、开发和制造大规模杀伤性武器与导弹及进出口武器等动向予以充分的注意；（4）对发展中国家有关促进民主化和引进市场导向型经济的努力及其保障基本人权和自由的状况予以充分的注意。[①]显然，这4项原则带有浓重的政治和意识形态色彩，表明日本的ODA绝不是所谓的"免费午餐"，而是为日本的对外战略服务的。就在这一《大纲》问世的第三年，日本政府以中国进行核试验为由，宣布中止对华无偿资金援助，在试图运用ODA对中国内政施加政治压力上开了一个恶劣的先例。

1992年问世的这份《大纲》通篇没有提到日本的国家利益，似乎还有点欲言又止的感觉。不过，这一缺陷在2003年8月出台的新的《政府开发援助（ODA）大纲》中就看不到了。据参与起草的外务省经济合作局局长古田肇透露，当时日本国内围绕要不要继续实施ODA出现激烈争论。内阁府的外交舆论调查表明，主张尽可能削减ODA预算的比例为22.5%，明显超过主张继续提供ODA的19%。[②]正因为如此，新《大纲》对日本的国家利益十分强调。它是如此叙述的："我国实施ODA的目的是要为国际社会的和平与发展做出贡献，以此确保我国的安全与繁荣……我国作为世界主要大国之一，决心积极利用ODA，率先解决这些问题。其结果将促进我国与各国的友好关系和人员交流，增强我国在国际社会的立场，为我国自身带来各种各样的利益。"[③]

新《大纲》沿袭了1992年版大纲有关ODA四原则的提法，但根据国际形势的变化，另外加入了"消灭贫困"、"可持续发展"、"解决地球规模的问题"以及"构筑和平"等内容，强调日本要通过与国际社会

① （日）外务省："政府开发援助大纲"，1992年6月30日，见外务省网站：http：//www.mofa.go.jp/MOFAJ/gaiko/oda/seisaku/taikou/sei_1_1.html。

② （日）古田肇："作为外交战略的经济合作——日本的ODA究竟为了什么?"，《外交论坛》，2004年10月号，第27页。

③ （日）外务省："政府开发援助大纲"，2003年8月29日，见外务省网站：http：//www.mofa.go.jp/mofaj/gaiko/oda/seisaku/taikou.html。

的合作，共同解决地球变暖、大规模传染病蔓延、毒品走私和国际犯罪等全球性问题。

关于ODA援助的重点，新《大纲》一如既往地强调要把与日本有紧密关系、对日本的安全与繁荣有着重要影响的亚洲作为重点。但是，考虑到亚洲各国的经济社会状况的多样性，要通过灵活运用ODA，在加强与东盟为首的东亚地区经济相互依存关系的同时，致力于缩小地区间的差距；对存在着大量贫困人口的南亚要给予充分的重视；而中亚地区包括高加索地区在内，要支持这些地区各国的民主化与市场化进程。

新《大纲》还有一个鲜明的特色就是突出所谓的“个人安全保障”。强调：“我国应实施通过人才培养增强地区社会开发能力的ODA，要在从争端到走向复兴、开发的各个阶段，为使人们能够尊严地生活，为保护个人和加强其能力而进行合作。”①

从20世纪60年代以来，日本对外提供ODA均由官房长官下属的“对外经济协作关系阁僚会议”决定，而由国际协力事业团（Japan International Cooperation Agency，简称JICA）付诸实施。进入新世纪以后，一方面是朝野各界对ODA的效率低下、缺乏透明度啧有烦言；另一方面也是为了在政策决定过程中凸显首相官邸主导的需要，时任首相的小泉纯一郎决定将ODA的决策权从官僚手中夺回来，于是，便在2002年5月成立了一个名为“ODA综合战略会议”的智囊班子。由外务大臣川口顺子任议长，拓殖大学校长、著名的开发问题专家渡边利夫任召集人。从2002年6月27日至2006年6月22日，4年内召开26次会议，就日本ODA的基本问题以及对斯里兰卡、越南、印度等国的ODA援助计划等进行了深入的磋商。2006年起，“ODA综合战略会议”改由首相亲任议长，渡边利夫改任代理议长，其权限得到进一步的加强。与此同时，在内阁中也成立了由首相、官房长官、外相、经济产业相等人组成的“对外经济合作战略会议”，负责制定ODA的综合战

① （日）外务省：“政府开发援助大纲”，2003年8月29日，见外务省网站http：//www. mofa. go. jp/mofaj/gaiko/oda/seisaku/taikou. html。

略和基本方针。如此一来，ODA 的决策权更加集中，ODA 以政治为主导的战略意义更加凸显出来。

2008 年 10 月，日本政府对 ODA 的主管部门又进行了一次大的改革。此前，国际协力事业团在 5 年前改组为独立行政法人的基础上，根据政府提交国会通过的有关法律，接管了原先由国际协力银行主管的业务，实现了 ODA 的一元化管理。

三、新世纪日本在对外提供 ODA 问题上的动向

截至 2008 年，全世界一共有 181 个国家和地区接受过或正在接受日本的 ODA 援助。亚洲唯一没有接受过日本援助的是朝鲜。这应该是一份相当不错的成绩单了。但是，自从进入新世纪以后，日本在对外提供 ODA 的问题上越来越面临着严峻的挑战。主要表现在两个方面：

首先是国际社会对日本 ODA 的日益增长的需求与日本的实际提供能力之间存在着巨大的差距。2001 年的“9·11”事件后，国际社会在消灭贫困与遏制国际恐怖活动、构筑和平和可持续发展等全球性议题上日渐取得共识，包括美国在内的世界主要大国均扩大了 ODA 的预算。但日本却由于财政状况每况愈下，每年提供的 ODA 总额呈急剧减少的趋势。长此以往，势必会影响日本在国际社会的发言权和外交能力。

其次是日本国内对通过 ODA 帮助实现日本国家利益的期盼与日本 ODA 的实际运作能力之间存在着巨大的差距。内阁府的调查表明，有 37%的民众认为日本的 ODA 缺乏透明性，有 34%的人认为日本的 ODA 没有看得见的成就。日本国内出现了要求从“质”的方面提升 ODA 品质，将它作为未来提高日本国际地位“投资”的强烈呼声。

应该说，“ODA 综合战略会议”的问世就是日本政府应对上述挑战，对迄今为止的 ODA 政策进行重新审视，力求在有限的财力支撑下，使 ODA 得以发挥最大战略效应的尝试。

从新世纪头 10 年的 ODA 的区域布局、投放重点与相关的配套政策来看，有一些值得注意的动向：

1. 日本在亚洲地区的ODA援助重点逐渐由中国向印度、越南等国家倾斜

在相当长一段时期，印度尼西亚、中国曾先后成为日本对外ODA的最大受援国。自1979年到2008年，日本政府累计向中国提供了3.6兆日元的经济援助。但是，随着中国国力的增强，日本对华ODA在近七八年内出现逐年递减。以日元贷款为例，2000年达到颠峰的2143.9亿日元后，2001年即骤降为1613.7亿日元，2002年为1212.1亿日元，2003年为966.9亿日元，2004年至2006年分别为858.8亿日元、747.9亿日元和623.3亿日元。到2008年奥运会前夕，中国已正式从日本ODA的受援国行列中“毕业”。

与此同时，日本有意识地加强对印度、越南等中国周边国家的援助额。从2003年度起，印度一跃为成日本ODA的最大受援国。2003年度日本提供给印度的日元贷款为1250亿日元，首次超过中国；2004年至2008年，分别为1345亿日元、1555亿日元、1849亿日元、2251亿日元和2360亿日元，印度连续6年是日本ODA的最大受援国①。截至2008年底，印度接受日本ODA的累计总额已达3兆1822亿日元，就金额而言已经接近1979年至2008年的30年间日本对华ODA的总额。印度用日元贷款修建了首都新德里全长为10公里的地铁，这也是全印度的第一条地铁线路。目前，正在展开的援助项目有加尔各答的地铁工程、海德拉邦德外环道路、泰米尔纳德邦的城市基础设施等等。此外，日印间还就兴建德里和孟买间的高速铁路系统和“产业走廊”问题进行了频繁的磋商。日本对越南等印度支那半岛的兴趣也非常浓厚。越南从2000年至2007年，每年接受日本的日元贷款总额分别是709.04亿日元、743.14亿日元、793.30亿日元、793.30亿日元、820.00亿日元、

① 2003至2007年历年数据和累计金额见外务省编：《ODA白皮书》，2008年版，财务省印刷局，第137页。2008年数字见外务省网站：http://www.mofa.go.jp/mofaj/area/india/data.html。

950.78 亿日元和 978.53 亿日元。[①] 如果把无偿援助、无偿技术合作和日元贷款加在一起，从 1992 年至 2007 年，越南接受来自日本的 ODA 总额是 1 兆 5570 亿日元，占越南接受外国政府援助的 30%，日本是越南最大的外援国[②] 2007 年，日本对越南总共提供 1052 亿日元的 ODA，2008 年更增加为 1450 亿日元。

2. 日本将对外提供 ODA 与获取稳定的能源、资源供应捆绑在一起

日本过去在提供 ODA 时格外照顾印度尼西亚等盛产天然气和石油的国家。进入新世纪以后，日本在实施 ODA 过程越来越倾向于将 ODA 与确保稳定的能源、资源供应紧紧捆绑在一起。例如，2007 年 4 月 29 日至 4 月 30 日，日本经济产业大臣甘利明率领 200 人的庞大代表团访问中亚的哈萨克斯坦和乌兹别克斯坦。在哈萨克斯坦，甘利明代表日本与哈方签署了包括合作兴建轻水反应堆核电站、研发核能技术以及共同开采哈境内哈拉桑 1 号、哈拉桑 2 号铀矿等 20 多份核能合作协议。日方还承诺向哈萨克斯坦国家原子能公司提供 5 亿美元贸易投资保险、帮助哈萨克斯坦培训核电站所需技术人才，等等。哈萨克斯坦已探明的铀矿储藏量达 90 万吨，仅次于澳大利亚而居世界第二位。日本通过提供旨在提高其附加值的铀矿加工技术，换取哈萨克斯坦向日大量出口核燃料。在乌兹别克访问期间，双方就共同勘查乌境内的矿产资源达成协议。甘利明还承诺增加对乌兹别克斯坦的日元贷款。在对记者介绍访问成果时，甘利明强调，今后日本将把政府开发援助项目（ODA）与获取能源挂钩，使之成为“战略性 ODA”，在与相关国家签订双边贸易协定时也要把能源供应作为一项条款。

---

① （日）外务省：“各国和地区形势—亚洲·越南”，见外务省网站 http://www.mofa.go.jp/mofaj/area/vietnam/data.html。。

② （日）Blue Chip Consulting Co. Ltd：“日本继续扩大对越南的政府开发援助”，《BCC 投资新闻》。http://www.bcc－jp.com/member/news/economy/20100305－2301.html。

3. 日本从提升自身国际影响力着眼强化对非洲国家的援助

日本对非洲国家的援助始于20世纪60年代。在巅峰的1989年曾达10.42亿美元。1993年，日本首次在东京举行与非洲国家领导人的峰会（TICAD），每5年举行一次。2008年5月28日至30日，第四届非洲开发会议在横滨举行。本次会议共有51个非洲国家与会，其中40个国家派了总统、副总统和总理级别的代表与会。日本首相福田康夫在会上发表基调报告，宣布将在2012年前将日本对非洲的ODA增加一倍，达到每年2000亿日元（约合19亿美元）的规模。7月7日至9日，八国集团在日本北海道的洞爷湖举办峰会，日本又利用东道主的特权，安排阿尔及利亚、肯尼亚等非洲7国与峰会成员国对话。在日本的坚持下，非洲发展问题被确定为八国峰会成员例会时的一个议程。

日本加强对非援助的目的非常明确：资源、市场和实现“入常”宿愿所必须的“票仓”。首先，非洲大陆拥有丰富的矿产资源。2006年，日本从非洲进口猛增为1.54万亿日元，其中主要是石油、铁矿石、铂金和可可等。其次，非洲人口超过9亿，发展水平较低，对各类商品需求甚殷。最后，也是最重要的是非洲有53国是联合国成员国，是任何一个大国都不能忽视的大“票仓”。日本在2005年与印度、德国和巴西等4国捆绑式入常方案以失败告终，其中一个重要原因是没有取得占联合国四分之一席位的非洲“大票仓”的支持。痛定思痛，日本开始加强对非援助。无怪乎福田首相在第四次非洲发展会议期间，对非洲代表，无论大国、小国一律亲自会见。日本媒体援引不愿透露姓名的外务省官员的话：“会谈内容主要以增加日本对非洲ODA倍增等经济问题为中心，但是几乎每场会谈中，首相都主动谈到了‘入常’问题。”

第三节　日本的能源资源外交与环境外交

进入新世纪以后，随着经济全球化趋势的深入发展，能源和资源的供需矛盾日益尖锐，而从产业革命以来大量消耗矿物性燃料的结果，地球变暖问题越来越成为国际社会普遍瞩目的议题，迫切需要解决如何将经济增长转到可持续发展的轨道上来的挑战。有鉴于此，日本在拓展对外经济关系过程中，最大限度地运用自身的资金、技术优势，推进能源、资源外交和环境外交，在确保国民经济顺利运行和国民生活安全线的同时，尽可能提高日本在国际社会的话语权和主导权。

一、日本大力推进能源资源外交的战略意图及其发展趋势

日本是一个资源贫乏的国家。其能源自给率只有4%，即使将核电计算在内也只有18%，远不及美国的71%、中国的95%、英国的96%、德国的39%和法国的50%。此外，日本国内也没有任何值得称道的矿产资源。这是日本经济发展最大的“瓶颈”之一。

尽管能源资源外交的提法只是近几年才出现在日本政府的出版物上，但是，日本在20世纪七八十年代就曾尝试过通过外交运筹，缓和能源资源短缺带来的严重困难，顺利渡过了前后两次石油危机。

1973年12月，正值第一次石油危机的颠峰，日本副首相三木武夫率团访问中东8国。三木向东道国承诺提供经济技术援助，并且在巴勒斯坦问题上表态支持阿拉伯国家，以此赢得了阿拉伯石油输出国的好感，打开了解决石油危机的通道。1978年9月，在第二次石油危机“山雨欲来风满楼”之际，时任首相的福田赳夫亲自率团访问伊朗、卡塔尔、阿联酋和沙特阿拉伯，并在与沙特的《联合公报》中呼

吁以色列从阿拉伯被占领土上撤军。这一未雨绸缪的外交努力增进了日本与中东产油国的关系，使其顺利渡过了同年12月开始的第二次石油危机。

进入新世纪以后，历届日本内阁都将确保国家能源安全摆在突出的位置上，明显加大了能源外交的力度。外务省在2002年第一次明确提出了“能源安全保障外交”的概念。翌年1月，时任首相的小泉纯一郎在访问俄罗斯期间，提出了由日方购买俄罗斯东西伯利亚的石油并协助铺设安格尔斯克至纳霍德卡的输油管、的计划。这是日本谋求能源来源多元化的一个引人瞩目的大动作。从2002年至2006年，先后出台的有关能源资源的法律、法规和中长期规划有《能源政策基本法》（2002年6月）、《能源基本计划》（2003年10月）、《新国家能源战略》（2006年5月）、《能源基本计划修改案》（2007年3月）等等。在短时期内如此密集地出台这些文件，反映了日本政府解决能源问题的急迫心情和锐意突破经济发展“瓶颈”的决断。

安倍内阁的经济产业大臣甘利明在解释日本政府缘何如此重视能源资源外交时如此表白：“政府过去的基本姿态是不插手、不干预民间企业扩大进口资源的活动。然而，由于资源国开始加强国家对资源的管理，以及资源民族主义情绪逐渐高涨，因此政府开始转变对石油等资源的看法，将其从一般商品变为将其视为战略物资。况且民间企业在资源争夺战中日益陷入困境，日本国民开始担心在确保资源方面日本要落后于人。正是在这种背景下，政府才开始加强资源外交。”①

那么，日本政府究竟是如何加强能源资源的战略筹划，又采取了哪些措施呢？大致可以概括为如下几条：

1. 综合运用提供经济援助、开展技术合作等多种手段，确保石油、天然气的稳定供应

以往，日本主要依靠签订长期贸易协定进口石油、天然气。近年

① （日）饭冢隆志：“以技术为武器确保资源经济产业相谈日本的资源外交”，《产经新闻》，2007年5月12日。

来，日本政府为确保石油、天然气的稳定供应，综合运用提供经援、培训人才和建立融资渠道等多种手段，与资源提供国建立战略关系。安倍晋三首相在2007年4月底至5月初访问沙特阿拉伯、阿联酋、卡塔尔、埃及和科威特等中东5国时就有一些不同寻常的新举措。例如，安倍在与沙特国王阿卜杜拉会谈时建议由日本向沙特提供部分位于冲绳的国家储油设施的使用权。作为交换，希望沙特给予日本在紧急状况下的石油优先购买权；安倍在访问阿联酋期间，与东道主就建立部长级联合经济委员会、加强包括人才培养在内的能源合作达成协议。同时，日本国际合作银行与阿联酋国营石油公司签署了抵押融资协议。根据这项协议，日方将在2007年内为阿联酋国营石油公司融资约1200亿日元（约合10亿美元）。作为交换条件，日本石油企业获准与该公司签署长期供应石油的合同。[①]

在争取石油、天然气稳定供应的过程中，日本政府特别注重提高由本国公司自主开发、开采的所谓“日之丸”石油在石油总进口中所占的比例。按照2006年5月出台的《新国家能源战略》规定，到2030年这一比例将从目前的15%提高到40%。[②] 鉴于日本在海外的能源开发企业普遍规模较小，缺乏国际竞争力，日本政府决定通过政府系统的“石油天然气金属矿产资源机构”（JOGMEC）向它们提供金融、财政支持。据《2007能源白皮书》披露，JOGMEC从2006年起对石油开采等能源开发行业风险贷款的上限已由总投资的50%提高到75%。[③]

2. 积极开辟石油、天然气进口的新渠道，摆脱能源进口严重依赖中东地区的局面

日本能源进口来源相当集中，尤其是从中东进口的石油占其总进口的88%，而美国的这一比例仅为25%，英国为4%，德国为7%，

---

① “日本政府大力开展能源外交”，新华社东京2007年5月2日电，finance. sina. com. cn/j/20070502/18353563538. shtml。

② ［日］《新国家能源战略》，转引自《Imidas2007》，集英社出版，第278页。

③ ［日］《2007能源白皮书》，第161页，http：//www. enecho. meti. go. jp/index _ topics. htm。

法国为41%，意大利为36%。[①] 随着中东局势的持续动荡，为避免来自这一地区的石油进口被人为阻断，日本在新一轮能源外交攻势中，把开辟能源进口新渠道，规避能源供应风险列为最重要的课题之一。

俄罗斯作为世界数一数二的石油、天然气生产国，自然是拓展日本能源外交的首选目标。从20世纪末以来，日本先后参与俄罗斯远东地区“萨哈林－1”和“萨哈林－2”等大型油气项目的建设，总投资已超过10亿美元。2003年底，日本首次从俄进口了200万桶石油。小泉首相在2003年1月的莫斯科之行中，亲自向俄罗斯总统普京兜售安格尔斯克至纳霍德卡输油管方案（在小泉访俄前，日本外务大臣川口顺子和经济产业大臣平沼赳夫已经向俄方游说过这一方案）。小泉在与普京的会谈中许诺日本将提供100亿美元用于修建输油管和油田开发；输油管接通后，日本每天向俄罗斯购买100万桶原油——这差不多是东西伯利亚油田产量的上限。[②]

中亚地区尤其是里海附近的石油、天然气储量仅次于中东。前苏联解体后，日本虽然在1992年便与中亚各国相继建立了外交关系，但直到2004年日本外相才第一次出访中亚。当年8月，川口顺子访问了乌兹别克斯坦、哈萨克斯坦、塔吉克斯坦和吉尔吉斯斯坦4国，并在哈萨克斯坦首都阿斯塔纳出席了第一次“中亚加日本”外长会议。会议发表的《联合宣言》声称日本将与中亚各国发展能源领域的全面合作。2006年6月初，“中亚加日本”第二次外长会议在东京举行。这次会议的议题之一是就兴建由中亚经阿富汗、通往印度洋的公路和油气管道计划进行磋商。为此，日本特意邀请阿富汗与会。在日本政府能源外交的示范效应下，日本能源企业纷纷进入中亚地区。例如，伊藤忠石油勘探公司和国际石油开发公司分别拥有里海南部3个油田3.92%和10%的股份。国际石油开发公司还拥有哈萨克斯坦卡沙甘油田8.33%的股份。日本国际合作银行为兴建巴库—第比利斯—杰伊汉管道提供高达5.8亿美元

---

① （日）经济产业省资源能源厅网页 www.enecho.go.jp。

② “小泉要走日俄‘新路线’撇开领土争端先谈经济”，《新闻晨报》，2003年1月14日。

的贷款。①

3. 努力寻求扩大核燃料铀矿的进口，为实施能源结构转型和可持续发展奠定基础

日本总共拥有55座核电站，总功率4958万千瓦，核发电量占总发电量的31%，仅次于美国和法国。长期以来，日本核电站所需燃料主要依靠加拿大、澳大利亚提供。2006年8月8日，日本的综合资源能源调查会原子能部会通过的《原子能立国计划》指出，必须通过与海外共同开发铀矿、建设新型高速增殖炉以及加快核燃料回收再加工等，把日本的核能利用提高到新水平。② 就在这份计划出台的8月28日，小泉首相开始了对哈萨克斯坦和乌兹别克斯坦为期4天的访问。这是日本首相首次出访中亚。值得注意的是，小泉在哈萨克斯坦逗留期间，日哈两国政府就合作开发哈萨克斯坦的铀矿交换了合作备忘录。翌年4月，安倍内阁的经济产业大臣甘利明率领29个与核能相关的企业、共200人组成的庞大代表团访问哈萨克斯坦，与哈方就共同开采铀矿、加工铀燃料问题签署了具体的协议。据甘利明透露，随着日哈战略伙伴关系的建立，哈萨克斯坦在日本铀进口中所占的份额有望从目前的1%猛增到30%—40%③。

4. 建立稀有金属的国家储备

稀有金属通常指在自然界中含量较少或分布稀散的金属，但在现代工业中有广泛的用途，如用于制造特种钢、超硬质合金和耐高温合金，在电气工业、化学工业、陶瓷工业、原子能工业及火箭技术等方面。中国是世界稀土资源储量最大的国家，日本是使用最多的国家之一。如燃

---

① 香港《亚洲时报》在线网站：《日本加入能源竞争》，2006年7月28日。转引自“金融家”网站 http://news1.jrj.com.cn/news/2006-07-31/000001565037.html。

② （日）经济产业省资源能源厅网页，http://www.enecho.meti.go.jp/topics/060810-keikakukosshi.pdf。

③ “日本在哈萨克斯坦大规模采铀”，《瞭望新闻周刊》，2007年5月16日。

料电池和控制汽车排放的装置中要用到铂，在液晶显示器中会用到铟，在混合动力汽车中会用到稀土元素。日本早在20世纪80年代，就逐步设立稀有金属国家储备制度，规定国家和部分有关企业必须储备一定数量的钒、锰、钴、镍、钼、钨、铬等稀有金属。近年来，中国出于保护环境和资源的考虑，逐渐收紧对稀土原料的出口管制。在这种情况下，日本由经济产业省牵头，从2006年春季起组织了由稀有金属供应商、稀有金属用户等产业界以及有关专家学者等参加的研讨会，共同研究确保钒、铬、锰、钴、镍、钼、白金、银、铜、钨、铟以及稀土等31种稀有矿物资源稳定供应的对策。同年6月日本政府正式出台“国家能源资源战略规划”，明确规定要扩大稀有金属品种的储备范围，通过官民并举的方法储备足够的资源。目前，日本储备的稀有金属已能满足数年使用的需求。

二、日本在环境领域谋求“世界领袖”的地位

1.“环境牌”是日本手中为数不多的外交筹码之一

日本在环境治理与环境保护方面走过了一段曲折的过程。战后，日本在20世纪五六十年代的经济高速增长时期，由于片面追求GDP的扩张，环保意识淡漠，致使大气污染、水质污染的问题日渐突出，在一些地方出现了“水银中毒”、“骨痛症”等病症，直接危害民众生命安全、影响国民经济的正常运行。从20世纪六七十年代起，日本政府在公众的压力下，加大了环境治理和环境保护的力度，先后出台了《公害对策基本法》、《大气污染防治法》、《噪音规制法》、《水质污染防治法》、《海洋污染防治法》、《恶臭防治法》和《自然环境保护法》等一系列法律，形成了较为完整的环境法规体系。与此同时，政府督促企业界加紧淘汰严重污染环境的落后设备，严格控制污染物质的排放，在不到20年的时间里成功遏制了环境质量下降的趋势。如今，日本山青水绿、空气清新的环境已足以与北欧、澳大利亚和新西兰等国相媲美。

在控制温室气体排放方面，日本也走在世界前列。20世纪70年代的两次石油危机以后，日本政府高度重视产业结构的“轻量化”，积极

推行各种节能措施，制定相应的政策和法规，并以税收、财政、金融等手段，引导和规范全社会的节能活动。由于节能技术的推广，加上替代能源的发展，日本的石油进口量逐年减少。1973年，日本进口石油约29013万公升，1987年降为18391万公升，以后虽有所回升，但2002年也仅有24190万公升，低于石油危机时期的水平。[①] 但这段时间，日本的GDP却成倍增长。如1973年度日本的GDP为116.71万亿日元，2001年度为500.81万亿日元，差不多翻了两番（由于日元升值，日本的GDP用美元计算增加的倍数还要多）。20世纪90年代末，美国平均1万亿美元GDP的产出，消耗相当于2.64亿吨石油，而日本仅消耗0.96亿吨石油。[②] 日本政府的上述应对措施，原本的目的是想控制和减少高度依赖海外市场的石油进口，最终结果却是"一箭双雕"：既减少了石油进口，又减少了燃烧石油所产生的温室气体排放。

这些年来，国际社会日益关注导致地球变暖的温室气体排放问题。减排温室气体关键是要提高能源效率，用最低的能源消耗满足经济与社会发展需要，同时，它也与推广使用零污染的太阳能、风能等清洁能源有关。而日本无论是在节能技术还是在发展新能源方面都走在世界前列，拥有较大的话语权和主导权。1997年12月，联合国气候变化框架公约参加国在日本京都举行了第三次会议，通过了《京都议定书》。这是人类历史上第一个限制温室气体排放的法规，也是目前世界上唯一用日本城市命名的环境项目。

进入新世纪以后，随着日本在ODA排名榜上的座次不断下滑，未来究竟应该如何发挥国际影响的话题日益受到重视。麦肯锡咨询公司日本分公司所进行的一份调查表明，环境技术优势应该是日本提升国际影响力的"突破口"。调查从3个侧面展开：第一是日本自己希望发挥作用的领域（根据麦肯锡对10多位日本政治家、企业家的采访，他们几

---

① 据日本财务省《贸易统计》，转引自《Japan almanac 2004》，朝日新闻社出版，第148页。

② 丁敏："日本的能源战略及其调整"，载《中国社会科学院院报》，2004年5月12日。

乎众口一词地主张应该在环境领域施展影响，2006 年度日本内阁府所进行的外交舆论调查，在解决地球环境问题上履行贡献一举超过国际维和活动，成为日本最具影响力的领域）。第二是国际社会希望日本发挥影响的领域。根据日本外务省对英、德、法、意、荷等国有识之士的调查，除意大利外几乎所有国家都希望日本在环境领域发挥影响。第三是日本具备发挥领导能力的实力的领域。虽然从总体上说，日本的经济实力及其影响力呈逐步下降趋势，但日本在提高能源利用率和减排温室气体方面都达到了世界一流水平。若日本能充分发挥这独一无二的技术优势，必将在全球减排温室气体过程中发挥先导作用。所以，麦肯锡这家日本分公司的结论是，要“以环境问题为突破口，提升在国际社会的影响力”[①]。

2. 新世纪日本在推行环境外交方面的主要政策构想及其展望

20 世纪 60 年代。瑞典政府为应对北欧地区日益严峻的酸雨问题，通过一系列外交活动终于成功地争取到在斯德哥尔摩举办联合国人类环境会议。从此，“环境外交”一词也就不胫而走，盛行一时。日本著名智库的报告认为，环境外交是一项要求极高知识水平的工作，在 21 世纪有着与安保外交同等重要的意义。[②]

以《京都议定书》的问世为标志，日本政府适应环保呼声在全球范围内不断高涨的形势，力求通过参与甚至有关环境保护的国际会议以确立日本在这一领域的话语权和外交主导权，为日本走向“正常大国”的战略目标铺平道路。进入新世纪以后，日本历届内阁在环境领域尤其是在有关减排温室气体的京都议定书后续行动方面表现非常积极。其中，安倍晋三、福田康夫和鸠山由纪夫这 3 位首相都致力于环境外交，提出了颇为引人注目的政策构想。

① （日）兴乔、本田桂子：“以环境为基轴发挥作用谋求全球领袖地位”，《日本经济新闻》，2007 年 12 月 5 日。

② （日）日本国际论坛：《里约热内卢峰会 10 周年：日本的环境外交》，2001 年 10 月，第 10 页。

(1) 安倍晋三的“美丽星球50”计划

鉴于《京都议定书》将从2013年起进入下一回合的磋商，如何将中途退出《京都议定书》框架的美国拉回这一机制？如何让发展中国家和发达国家一起投入减排温室气体的全球行动？这些问题越来越尖锐地摆在《京都议定书》诞生国日本的面前。2007年5月24日，时任日本首相的安倍晋三推出了一项名为“美丽星球50”的行动计划。“美丽星球”指的是地球，“50”指的是到2050年将温室气体的排放量减少到1990年的50%。为实现这一目标，安倍提出了三项原则：第一，让地球上所有的人都参加，特别是二氧化碳排放量分别居世界第一、第二和第五的美国、中国、印度也要参加并承担义务，这就可望取得超出《京都议定书》的成就；第二，建立兼顾各国国情的灵活多样的框架；第三，灵活运用节能技术，力求让环境保护与经济发展得到同步发展。安倍在这个讲话中还宣布，日本政府将推进旨在实现《京都议定书》设定目标的国民运动，要求温室气体排放量较大的企业和家庭追加限期达到《京都议定书》减排目标的计划；呼吁所有的企业和家庭检讨和改变现有的生活模式，通过减少垃圾量，将白炽灯换成荧光灯等措施，力争每人每天减排1千克的温室气体，等等。6月8日至11日，在德国海滨小镇海利根达姆举行的八国首脑会议上，日本成功地说服了东道主德国与其他与会国等，在会议公报中正式提出了到2050年将温室气体排放量减少到1990年的50%的目标。首次参加八国首脑会议的安倍毫不掩饰他的得意，他对记者表示：“日本的主张得到了承认。特别是到2050年温室气体排放量减少一半及构筑主要排放国都能参加的、具有实效的框架这两条写进联合公报，真是太好了。”① 日本媒体还以显著位置报道了联合国秘书长潘基文对安倍发言表示肯定的谈话，并借潘基文的话语赞颂安倍提出的“美丽星球50”为八国首脑会议的讨论作出了

① “G8达成协议，到2050年温室气体排放减少50%”，[日]《朝日新闻》，2007年6月8日。

贡献[①]。

（2）福田康夫的“凉爽地球”构想

福田康夫继任首相后，一直致力于推行环境外交。2008年1月26日，福田在瑞士达沃斯举行的世界经济论坛上发表了有关气候变化对策的特别演讲。在这篇演讲中，福田提出了“凉爽地球”构想作为对其前任安倍晋三的“美丽星球50”的补充和将其付诸实施的途径。福田列举了3大项目，即《京都议定书》的框架、国际环境合作和技术创新。他认为：“为在全球范围内遏制温室气体增加的势头，地球上所有国家特别是主要排放国都能参加的机制是必不可少的……在制定排放目标时一定要强调公平负担。”“日本能够做的就是将自己卓越的环境技术提供给尽可能多的国家。只要美国、中国和印度普遍运用日本高效的燃煤发电技术，这3个国家减少的二氧化碳排放量就可达13亿吨，几乎是日本全年的排放量。”福田宣布，日本政府将斥资100亿美元，推进旨在向发展中国家推广节能和环保技术的“凉爽地球伙伴计划”[②]。

2008年的八国首脑会议，恰好是日本担任东道主。所以，福田康夫在会议召开的一个月前，即6月9日，在东京的记者俱乐部再次就气候变化问题发表演讲。其中提出，日本将在2050年力争将温室气体排放量减少到目前的60％至80％，中期目标是在2020年达到与欧盟同样的减排14％水准。为此，日本将从2008年秋天起试行碳排放交易制度；到2030年将太阳能发电量提高为目前的40倍；通过设立“凉爽地球日”提高国民的温室气体排放意识，等等。在洞爷湖八国首脑会议上，气候变化问题果然在福田首相的强势推动下，成为与会各国讨论的主要议题。然而，由于在八国集团内部及发达国家与发展中国家间的意见对立，这次会议只是通过了一系列空泛的声明便匆匆收场。两个月

① “‘美丽星球50’联合国秘书长也予以赞赏”，［日］《读卖新闻》，2007年6月9日。

② （日）福田康夫：“在达沃斯会议上的特别演讲”，2008年1月26日，见首相官邸网站：http：//www. kantei. go. jp/jp/hukudaspeech/2008/01/26speech. html。

后，福田也像他的前任一样，突然宣布辞职而结束了为期一年的首相任期。

（3）鸠山由纪夫的“削减排放量25%”目标

2009年，日本政坛变天，以民主党为首的联合政权取代执政半个多世纪的自民党掌控了日本的最高权力。新首相鸠山由纪夫甫上台就不同凡响。他就任首相不到一星期，便于9月22日在纽约举行的联合国气候变化峰会上宣布，日本将通过向世界各国提供高效率的发电设备和生物燃料、低油耗汽车等节能技术，为减少全球温室气体作出贡献。日本自身则将力争到2020年将温室气体排放量较1990年削减25%。这是他的自民党前任麻生太郎承诺的削减量的3倍。不过，他也没有忘记呼吁中美两国及印度参与新的全球气候变暖对策的国际框架。鸠山的发言数次被与会者热烈的掌声打断。日本首相在联合国的发言还从来没有受到过如此高度的关注。

不过，日本企业界的反应却十分严厉。温室气体的排放量削减到如此程度，不能不对日本的经济复苏带来若干负面的影响。在日本产业界看来，这个承诺势必导致企业增加设备投资，由此可能降低日本企业的竞争力。

综上所述，从安倍、福田到鸠山的历任日本首相都在环境外交上倾注了巨大的热情和精力。日本在节能和环保领域拥有世界一流的技术确是事实，而且，自从2008年福田康夫在达沃斯发表有关“凉爽地球伙伴计划”后，日本外务省已经实际启动了这项耗资1兆5000亿日元（约合100亿美元）、计划花5年时间实施的工程。其中，约2500亿日元用在地热等可再生能源的利用，5000亿日元作为资助发展中国家用于削减温室气体排放以及与环境有关的经济发展的日元贷款项目，还有5000亿日元是用来资助新能源产业技术综合开发机构（NEDO）等民间项目的。其中包括在亚洲开发银行设立由日本提议的绿色能源基金，用来促进亚太地区的新能源开发事业。①

---

①（日）外务省：“‘凉爽地球伙伴计划’的基本思路”，见外务省网站：http：//www.mofa.go.jp/mofaj/gaiko/oda/bunya/environment/cool_earth_j.html。

日本作为仅次于美国的世界第二发达国家，环境外交确实是它施展拳脚，发挥影响的广阔舞台。但正如中国社科院一位研究员所指出的，日本的环境外交存在着一些制约因素：第一，日本自身的生活方式、发展模式的局限性。例如它是最大的粮食进口国之一，人口仅占世界的不到2.3%，粮食进口量却占世界的15%至20%。日本应对粮食原产地国家的自然环境破坏以及世界粮食分配不平衡负有相当的责任。第二，日本一方面积极扮演“环保大国”的角色，对外大量提供环境资金和技术援助，另一方面又向海外转移污染严重的企业，破坏他国的环境资源。第三，日本在削减温室气体排放问题上基本上是站在发达国家一边，无视发达国家数百年来在工业化过程中对地球环境造成破坏的累积效应以及在人均资源消耗量上与发展中国家存在的巨大差距，无理要求发展中国家承担和自己一样的减排义务。“从这一点来看，日本距离成为一个负责任的、具有理性主导权的‘环保大国’尚需时日。”①

① 吕耀东：“试析日本的环境外交理念及取向”，《日本学刊》，2008年第2期，第13、14页。

第七章

新世纪日本的对外文化战略

从20世纪80年代以来日本一直谋求增强文化领域对外发信能力和吸引力。这已构成日本加强其软实力的重要组成部分。“软实力”（Soft Power）的概念是哈佛大学教授约瑟夫·奈首创的。依据他的观点，软实力是通过吸引力而非威逼或利诱达到目的的一种能力。其来源首先是文化，是让别的国家感受到其魅力的文化。一国的软实力越强，国际社会对它的好感度也越高。文化输出和对外渗透具有“随风潜入夜，润物细无声”的特点，对提升特定国家在大国博弈中的地位至关重要。

第一节　日本推行文化外交的战略及实践

从20世纪90年代以来，日本在经济方面的表现一直不尽如人意，但它在科学文化方面却不乏上乘表现。例如，日本每年申报的专利数名列世界第一，研究开发经费占国内生产总值的比例排名世界第三，书籍、杂志和CD等音乐产品的销售量名列世界第二，诺贝尔奖获得者的数量亚洲第一，日本在时装、美食、流行音乐、建筑乃至艺术领域拥有引领世界潮流的影响力，而日本的动漫文化以及电子游戏的软件更是称雄世界，广受青少年和一般民众的欢迎。日本在上述领域的优势是它在新世纪推行文化外交的强大后盾。

一、日本推行文化外交的战略思考

与亚洲大陆隔海相望的日本开发得比较晚，依靠与中国大陆、朝鲜半岛以及东南亚地区舟楫往来，逐渐吸收来自外部世界主要是中国大陆的先进生产技术和文化，形成了自己独特的文明。公元前1世纪，中国的制陶、农耕、炼铁技术经过朝鲜半岛传入日本，使日本从石器时代跳过青铜时代直接进入铁器时代。自《后汉书·倭传》开始，中国的正史中一直有关于日本的记载。公元57年日本倭奴国王遣使东汉，为最早的中日外交交涉；公元593年，圣德太子摄政，在他的大力倡导下，汉学与佛教在日本广为流行。隋唐时期，日本多次派遣遣隋使、遣唐使渡海求学，将中原的生产技术、文化艺术、宗教哲学和政治制度等大量引进日本。但是，日本并没有百分之百地照抄照搬中国大陆的制度、文化，它对称之为“兰学”的由荷兰商人带来的西洋文化同样崇敬和学习。明治维新以后，日本转而向西方学习，成功地走上了资本主义的发展道路。

以《文明的冲突》一文享誉世界的美国学者塞缪尔·亨廷顿将世界上的文明概括为七大文明，除了西方文明、儒教文明、伊斯兰文明、印度文明外，日本文明也是其中之一。他认为“世界格局在很大程度上将取决于七大文明或八大文明的相互作用”，而日本文明在其中是只包括“单一民族国家”的文明。[①]

战后，日本在经济复苏和高速增长的同时，加大对文化教育领域的投入。就像它在汽车、家用电器领域由进口国转变为世界最大的出口国一样，日本在文化领域也开始了瞄准世界一流水平的进军。1968年，

① （美）塞缪尔·亨廷顿：“文明的冲突”，《外交》季刊1993年夏季号。

日本的国内生产总值超过联邦德国，一跃成为仅次于美国的世界第二经济大国。也正是在这一年，文部省设立了文化厅。赋予它的重要使命之一就是通过与世界各国缔结“国际交流年”协定，将日本文化推介到世界各地。

1. 文化外交的历史渊源和相关的立国战略

日本的当权者中最早意识到文化的重要性、明确提出“文化立国”口号的是大平正芳。1979 年 1 月 25 日，大平正芳在就任首相后的首次施政演说中提出，日本已经从“经济中心的时代过渡到了重视文化的时代”。同年，大平创设了名为“文化时代研究小组”的咨询机构，邀集多名有识之士讨论加强对外文化交流的战略措施。就在“文化时代研究小组”活跃的同时，大平首相又让日本最大智库综合研究开发机构（NIRA）牵头，酝酿制定日本的综合安全保障战略。其中强调日本未来应以日美安保条约为前提，综合运用经济、文化和科学技术等各种非军事手段，为日本争取稳定的国际环境。这实际上就是今天所说的“大战略”。可惜大平正芳在 1980 年自民党内所谓“40 天抗争”的派系斗争中心力交瘁，于 6 月 12 日骤然去世。综合安全保障战略未能真正付诸实施便束之高阁。

中曾根康弘出任首相后，根据著名学者梅原猛的倡议，日本于 1986 年在京都设立了国际日本文化研究中心，通过召集国际学术会议、举办世界博览会、扩大外国学者交流人数、强化文化机构、推动对外文化交流等各种途径，在全球范围内推广日本文化。1989 年，日本在联合国教科文组织内设立了“文化遗产保存日本信托基金”。1993 年又设立了“无形文化资源保存日本信托基金”（主要面向亚洲地区），以此作为日本国际文化传播战略的一部分。

20 世纪 90 年代，日本经济出现持续滑坡的低迷局面，10 年里 2 次出现负增长，政府财政状况拮据，债台高筑。日本政局也进入了相对动荡的时期，内阁更迭犹如走马灯一样频繁。这 10 年里，尽管历届内阁都没有大幅度削减对文化事业的经费投入，但对外拓展日本文化则显得心有余而力不足。1995 年，在村上内阁任内，日本政府出台过一篇题为《21世纪日本的文化立国战略》的报告。但由于没有相应的措施跟进，很快就不了了之。

进入新世纪以后，在小泉纯一郎担任首相期间，日本一度出现与文化有关的立国战略层出不穷的局面，诸如“知识财富立国”、“观光立国”等等。从某种意义上可以说它们是新世纪文化外交战略出台的一种铺垫。

小泉纯一郎作为新世纪诞生的第一位日本首相，入主首相官邸整整5年半，堪称近30年来执政时间最长的首相。政局的相对稳定，日本经济重振雄风，以及大国博弈中越来越突出软实力竞争的国际潮流，这些都促使日本政府比以往更加重视把文化和经济结合起来，加大向世界输出日本文化的步伐。这是小泉为首的日本当权者推出一系列与文化有关的立国战略的背景。

2002年2月4日，小泉纯一郎在国会发表施政演说时首次提出“知识财富立国”战略。小泉在演说中如此指出：“我国拥有在世界上数一数二的专利等知识产权。要把研究和首创活动的成果作为知识财富从战略的高度加以保护和运用，增强我国产业的国际竞争力。这应该是举国一致的目标。为此，要成立知识财富战略会议，强有力地推进必要的政策。”[①] 这次演说后，小泉内阁迅即成立了由东北大学校长阿部博之任召集人的知识财富战略会议，并于同年7月3日推出了一份名为《知识财富战略大纲》的报告。

《知识财富战略大纲》明确提出：“21世纪，要使我国在世界上继续占有重要的地位，必须将知识财富立国作为国家目标，尽快实施为实现这一目标所必须的综合性的措施。”[②]《大纲》规定，为了将日本建成拥有世界一流的知识财富的国家，必须推进“创造战略”、“保护战略”、“活用战略”和加强人才队伍的基础建设，等等。同年11月4日，知识

---

① （日）小泉纯一郎：“在第154届例行国会上的施政演说”，2002年2月4日，见首相官邸网站：http://www.kantei.go.jp/jp/koizumispeech/2002/02/04sisei.html。

② （日）知识财富战略会议：《知识财富战略大纲》，2002年7月3日，第6页。

财富战略会议又公布了日本第一份《知识财富基本法》，并在翌年3月1日改组为更具权威性和实际运作力的知识财富战略本部。由此拉开了紧锣密鼓的一场大戏的序幕。

在“知识财富立国”被列为日本国家战略目标的同时，“观光立国”的口号也开始响彻一时。日本成为世界经济大国以后，每年都有上千万的日本游客涌出国门，其足迹遍及全世界。但是，与此形成鲜明对照的是，来日本旅游的海外游客总是徘徊在五六百万人左右。这不仅与日本在国际社会的地位极不相称，也不符合日本当权者向世界输出包括日本文化的初衷。有鉴于此，2003年2月，小泉纯一郎在国会发表施政演说时宣布成立“观光立国恳谈会”，负责制定有关振兴观光业的战略构想。“观光立国恳谈会”在议长、东京大学名誉教授木村尚三郎主持下召开多次研讨会，于同年4月提出了一份报告书，明确提出在2010年将访问日本的海外游客增加到1000万人的目标。半年后的9月22日，小泉首相任命时任国土交通大臣的石原伸晃兼任观光立国担当大臣。新设立负责观光事业的阁僚职位表明小泉内阁对振兴观光事业有着很高的期盼。

2005年12月，日本国会通过了《推进观光立国基本法》，这是1963年日本出台《观光基本法》后又一次为振兴国际观光事业提供法律依据。这项法律涉及4方面内容：一是促进地方自治体加紧培育具有国际竞争力和巨大魅力的旅游景点；二是为提升观光业的国际竞争力而大力加强相关人才的培养；三是加强日本与海外观光业的交流；四是采取各种便捷措施促进海外游客来日本观光并确保海外游客的安全、舒适。2008年10月，日本政府在国土交通省内新设了观光厅，作为落实观光立国战略的推手。这是8年来日本首次在中央省厅新设厅一级的机构。首任长官、运输省出身的本保芳明上任伊始，便着手协调各都道府县落实旅游景点的建设。

值得注意的是，日本吸引海外游客的目标再次加码。在“观光立国恳谈会”基础上成立的“观光立国战略会议”提出，2020年日本要吸引2000万海外游客来访。与小泉首相提出的吸引1000万海外游客的目标相比，整整翻了一番。从近七八年日本吸引海外游客的实绩来看，10

年翻一番的中期目标并不算太离谱。从 2003 年 4 月日本开始名为“访问日本推广运动”后，短短 4 年里新增海外游客 340 万人，差不多相当过去 17 年累计增加的人数。如果不是全球金融危机的波及和 H1N1 流感的爆发性蔓延，2010 年实现吸引 1000 万海外游客的目标完全不成问题。

2. 日本文化外交的基本理念及行动指针

2003 年 3 月和 4 月，日本文化厅所属的“国际文化交流恳谈会”和国际交流基金麾下的“国际交流研究会”分别发表题为《关于今后国际文化交流的推动》及《新时代的外交及国际交流基金的新角色》的报告。两份报告都提出日本必须大力推进国际文化交流。

在此基础上，小泉首相请法政大学大学院特任教授青木保牵头，于 2004 年 12 月成立了名为“推进文化外交恳谈会”的首相私人咨询机构。恳谈会经过前后 7 次讨论，于翌年 7 月 11 日向小泉首相提交了名为《创造“文化交流的和平国家”日本》的最终报告。报告阐述了文化外交的“发信”、“接纳”和“共生”等 3 个基本理念以及为弘扬这 3 大理念的行动指针，就强化文化外交的推进机制、重点区域等提出了一系列建议。

报告强调：“21 世纪文化外交的目标：一是要促进外界对日本的了解，提升日本的对外形象；二是要增进不同文化与文明间相互理解，避免彼此间的冲突；三是为培育全人类共同价值与理念做出贡献。”而文化外交的对象决不局限于国家和政府，“对象国的国民、传媒、NGO、NPO 以及教育、研究机构等各种各样的对象都在其视野内”。日本的外交空间大大地拓展了。

报告指出，日本推行文化外交必须遵循“传播”、“吸收”和“共生”等 3 大理念，并坚持将其具体地、有效地予以落实的 3 大支柱。第一大支柱是要以普及日语、流行文化和现代艺术等为切入点，积极地在世界范围内培育追求“21 世纪型的酷”、“爱好日本动漫的一代”，使他们对博大精深的日本文化形成更进一步的兴趣；第二大支柱是积极地接纳能进行跨文化交流的人才，通过“创造性的吸收”使日本成为 21 世纪的、充满活力的“文化创造据点”；第三大支柱是要向世界传达日本“尊重和谐与共生”这一普遍的理念，致力于成为“沟通多元文化和价值观的桥梁”。

报告强调，随着承担对外文化交流的载体日益多元化，发挥各自的强项，灵活运用各机构的人脉网络和有关的知识与经验，对日本推行文化外交是极其重要的。为了能将国内国外两种资源融为一体，在各种载体间进行调整，从战略高度制定政策并有效地予以实施，日本政府尽快建立由相关省厅、机构以及企业和民间的专家、有识之士组成的“文化外交推进会议”。

报告建议，日本应将东亚与中东作为日本开展文化外交的重点。东亚地区各国与日本围绕历史认识问题存在着许多沟通上的困难，但同时日本与东亚各国有着长期的思想、知识和技术的交流，拥有共同的文化和价值观。这一地区能不能和平共处、共同发展不仅对日本，而且对世界的稳定与发展都是不可缺少的。①

这份报告堪称新世纪日本推行文化外交的“蓝图”。无论是文化外交的目标、理念，还是具体的载体和手段都有明确的界定。而且，配合日本总体国家战略的意识非常强烈。例如，报告中提出要将东亚和中东作为日本文化外交的重点。至于为什么选择中东为重点的缘由，报告中只是提到近几年来“日本一阿拉伯对话”富有成效。但局外人一眼人就能看出中东地区既是日本进口石油的主要来源地，也是美国从“9·11”事件后重点经营的地区。日本在战略上配合美国自然是题中应有之意。

差不多同一时期，设在内阁府的经济财政咨询会议在酝酿 21 世纪日本的发展蓝图时确立了要将日本变成“开放的创造文化的国家”的定位（2005 年 5 月），总务省也提出了“增强软实力”的口号，而经济产业省则大力推进一项旨在创造日本品牌的项目。

日本之所以这样做，很大程度是受到美国的启迪。20 世纪中叶，

---

① （日）推进文化外交恳谈会：《创造“文化交流的和平国家”日本》，2005 年 7 月，第 2 页，见首相官邸网站：http：//www. kantei. go. jp/jp/singi/bunka/kettei/050711houkoku. pdf。

美国经济在走向世界过程中推行的战略可以概括为“让贸易跟着电影走”（Trade follows the film）。好莱坞电影、电视剧和流行音乐风靡世界的结果是美国生活方式逐渐渗透到世界的各个角落，人们对美国充满憧憬，这就自然而然地造成了美国商品在全世界的泛滥。

不过，日本所追求的不仅仅是日本商品在全球范围内的畅销不衰，更重要的是推介日本的国家形象，提高日本的国际地位。

二、新世纪日本推行文化外交的主要载体

正如《创造“文化交流的和平国家”日本》这份报告所指出的，在日本从事国际文化交流的载体为数不少，在推进文化外交时需要加强协调、共同发力。事实上，日本外务省早在2004年夏就设立了负责推行文化外交的“广报文化交流部”。而文部科学省下属的文化厅也是以推进国际文化交流为自己主要职责的。两个“司令部”并存显然不利于推进文化外交。这也是“推进文化外交恳谈会”倡议成立跨省厅、整合政府和民间两股力量的协调机构“文化外交推进会议”的根本理由。

2005年11月24日，日本政府决定改组1989年就成立的国际文化交流推进会议，由内阁官房副长官助理担任议长、内阁官房审议官、外务省大臣官房广报文化交流部部长和文部科学省文化厅副长官担任副议长，其成员包括内阁府、总务省、法务省、经济产业省和国土交通省等各主要省厅的负责官员。另外，还遴选前“推进文化外交恳谈会”议长、法政大学大学院特任教授青木保等有识之士作为智囊，具体负责实施《创造“文化交流的和平国家”日本》这份报告所提出的各项措施。这就使得新世纪日本的文化外交从一开始就有较高的起点，成为各有关省厅、机构、NGO、NPO和研究教育机构密切配合的一项综合性工程。

目前，日本国内与推进文化外交有关的主要载体大致可分为三大类：政府出资的国际交流基金、国际日本文化研究中心属于“国家队”；地方自治体尤其是47个都道府县的国际交流部属于“地方队”；而以财

力雄厚的日本财团为代表的各种具有企业、财阀背景的基金会以及名目繁多的NGO则可以称之为“别动队”。

1. “国家队”

(1) 国际交流基金 (Japan Foundation)

这是日本首家从事国际文化交流的机构，是由外务省管辖的独立行政法人。现任理事长是日本前驻法国大使小仓和夫。它的前身是1934年成立的财团法人国际文化振兴会。1972年后改组为由政府和民间共同出资、性质为特殊法人的半官半民团体。2003年起，变成政府100%出资的独立行政法人。国际交流基金的宗旨是加深国际间的相互理解，特别是世界各国对日本的理解，履行日本在文化等领域的国际贡献，营造良好的国际环境，促进日本对外关系的顺畅发展。具体来说，基金的主要工作是向海外推介日本文化、支持日语的普及和海外的日本研究等。例如，向海外派遣艺术表演团体，介绍歌舞伎、文乐、狂言等日本传统艺术，举办有关花道、茶道、柔道等日本传统文化的讲座，培养日语教师，资助海外的日本研究人员赴日研修或撰写有关日本的博士论文，等等。目前，国际交流基金除在东京设总部，京都设分部外，还在海外20个国家设立22个事务所。

以2008年度为例，国际交流基金的业务支出为133.44亿日元，其中用于文化艺术交流事业的占17.1%；普及日语教育为29.3%；资助日本研究和学术交流的为15.8%。这3大项就占去了近2/3（62.2%）。除政府资金外，国际交流基金还接受个人和企业的捐赠。2008年度一般赞助为7436.5万日元，特定赞助为6.89亿日元。截至2008年度末，总共接受一般赞助和特定赞助各为24.16亿日元和648.44亿日元。

(2) 国际日本文化研究中心 (International Research Center for Japanese Studies)

该中心由日本文部科学省管辖，是作为大学共同的研究基地而成立的。1987年5月正式成立，时任日本首相的中曾根康雄起了关键的作用。首任所长是京都市立艺术大学校长、著名哲学家梅原猛。现任所长是大阪大学经济学院教授猪木武德。

占地3万多平方米的研究中心集中了一批日本顶尖学者从事日本文化的基础性研究。与此同时，它也十分重视支援海外的日本研究活动。中心除经常邀请海外的日本学者来此作客座研究外，还不定期地举办全球性的日本研究专业研讨会。并与世界各国的大学和科研机构在海外联合举办有关日本学的研讨会。毋庸置疑，国际日本文化研究中心堪称全球日本研究的重镇，发挥着重要的示范和引领作用。

2. “地方队”

日本一共有47个都道府县、1727个市町村。地方自治体作为促进国际文化交流的“推手”，主要从3方面着手：一是“姐妹城市”交流。1955年，长崎市率先与美国的圣保罗市缔结了“姐妹城市”关系。到2003年为止，日本47个都道府县和1299个市町村与国外城市缔结的“姐妹城市”合计有1414对。“姐妹城市”间广泛开展各类人文、科技交流，在弘扬日本文化，促进国际交流方面发挥了不可替代的作用。二是推广“国际交流员”制度。这是鸟取县知事片山善博在自治省任职期间首创的，由各都道府县出面邀请外国人到地方自治体有关部门短期实习的制度。其规模呈扩大趋势，覆盖面超过市町村的70%。1987年全年仅848人，而2001年就增加到6190人。截至2003年，累计邀请来自39国的32000人在地方自治体进行实习。三是实施“JET计划”。“JET计划”是“The Japan Exchange and Teaching Programme”的简称，是日本政府为了充实外语教学、增进日本与外国的相互理解而开展的计划。负责指导各地方自治体推广“JET计划”的主要是财团法人自治体国际化协会（Council of Local Authorities for International Relations，简称CLAIR）。它在纽约、伦敦、巴黎、新加坡、首尔、悉尼和北京都设有事务所。

3. “别动队”

日本企业近年来也非常重视国际文化交流。在日本政府的积极谋划下，日本企业界成立了各种名目的、以推动日本与包括亚洲邻国在内的世界各国文化交流的基金会、财团。其中，比较有名的有笹川和平财团、住友财团、富士节太郎纪念财团等。这些基金会、财团特别愿意资助海外的日本研究。例如，由笹川良一运用其经营赛艇、赛车积聚的巨额财富创建了笹川和平财团是日本最大的从事国际交流的民间机构。该财团现任会长是笹川良一的三子笹川阳平，他曾策划和领导一系列世界规模的社会活动。如切尔诺贝利核电站事故发生后连续10年对20万受害儿童进行体检；与美国前总统卡特、诺贝尔和平奖获得者布劳格博士一起，连续20年推进非洲粮食增产运动；与捷克的哈维尔总统一起共同发起和实施持续了10多年的“2000论坛”，汇聚各国的有识之士纵论全球性议题。笹川平和财团日中友好基金会是目前日本最大规模的民间对华友好基金，多年来一直推动中日间的民间交流活动。例如，创设招聘2000名中国医生赴日研修；资助翻译出版100余册有关当代日本政治、经济和思想文化的书籍等系列图书；安排中日两国的青年军官互访，等等。与笹川和平财团一样颇享盛名的还有住友财团。它是由住友化学、住友金属工业、三井住友银行等住友集团的各家企业共同出资，于1991年创建的。现任会长是国立癌治疗中心名誉会长杉村隆，理事长是住友家的第17代户主住友吉左卫门。住友财团赞助的范围包括日本的基础科学研究、环境科学研究、修复文物等，而资助亚洲各国的日本研究也是它的一大特色。住友财团每年的赞助总额约为3.5亿日元。就一个企业集团而言，应该说出手是相当大方的。

可以说，正是在这种多管齐下、全方位的推进下，日本的国际文化交流日趋活跃。

三、新世纪日本推行文化外交的主要手段

长期以来，日本一直注重利用文化交流提升自身形象，改善国际环境。但一直到进入新世纪以后，才逐渐将这种文化交流定位为文化外交，在充实其内涵的同时，不断拓展其外延，努力增进国际社会对日本追求其国家利益和大国地位的的理解于支持。在新世纪，日本推行文化外交的主要手段是：

1. 着眼全球布局，推动日语教育普及

语言是国际文化交流的重要媒介，普及日语自然是日本推行文化外交的重头戏。2006 年的调查显示，全球有 127 个国家开展了日语教育，日语学习者的数量约为 298 万人。与 2003 年相比，增加了 62 万人，而与 1990 年相比更增加了 200 万人。

长期以来，在海外普及日语教育一直由国际交流基金负责。进入新世纪后，国际交流基金明显加大了推介日语的力度。从全球学习日语人数的激增不难发现它的努力是有结果的。近年来，国际交流基金在普及日语教育方面的主要做法是：

（1）借鉴“孔子学院”全球扩展的模式，大量增设海外的日语教学点。近年来，随着全球“汉语热”不断升温，中国已陆续在海外设立 300 多所孔子学院。尤其是在学习日语人数最多的东南亚，孔子学院遍地开花，使日本倍感威胁。日本政府已在 2008 年度预算案中编列了 2.1 亿日元（约合 1500 万人民币），用于增加 70 处海外日语教学点，最终准备增至 100 所。外务省还打算效仿便利店利用加盟来扩充连锁店的方式，采取向拥有日语专业的大学以及民办的日语学校提供教材和教学经验，并派遣教师的方式来增加教学点。教学点拟采用“紫式部日本语讲座”的名称，以区别于中国的孔子学院。

（2）适应学习日语人数迅速增长的需要，不断扩大海外日本语能力测试的网点。日本语能力测试是针对母语非日语的学习者于 1984 年设置的，分一、二、三、四级考试，其中一级最高，难度相当于大学日语专业本科毕业水平，四级为初级入门考试。目前大多数日本大学招收外国留学生时，要求留学生提交该考试的一级证书，将其作为录取的语言水平依据。1984 年全球参加这项考试的仅为 7000 余人。海外的考试点自然不多。但到了 2007 年，全世界共有 52.4 万人报名参加，海外的考试点也相应地增加为 49 个国家和地区的 137 个城市。

（3）适应海外日语教育的多层次要求，有针对性地向海外的日语教育研究机构派遣专家。过去，日本向海外派遣的日语教育专家以中高级专家为主。根据海外交流审议会的建议，日本开始派遣志愿者到海外的大学甚至中学教授初等日语，并将日语教育与介绍动漫、电影、茶道和插花等日本的文化结合起来，籍以增加日语教育对青少年的吸引力。与此同时，昔日日语教育的“空白点”也逐渐消失。随着日本与中东欧国家的关系日益密切，外务省在 2008 年派遣 30 名教师，分别前往匈牙利、保加利亚、荷兰和罗马尼亚执教。

值得注意的是，海外的日语推广是由日本外务省主导，而非文部省这一主管教育的机构负责，这就给日本在海外日语推广增添了很多政治和外交意味。

2. 弘扬人文精神，推介日本影视文学

20 世纪 80 年代，电视连续剧《阿信》曾经创下日本收视率纪录。国际交流基金购买其版权后无偿提供给中国、新加坡等世界 59 个国家和地区播放，向世界展示日本人善良、坚韧和同情弱者的人性之光。在 20 世纪 90 年代的 10 年里，日本的影视文化相对比较沉寂，没有推出特别优秀的作品。进入新世纪后，以《白色巨塔》、《千与千寻》、《情书》等为代表，日本的影视剧又开始崭露锋芒，并在日本政府的大力扶植下进军海外市场，在创造巨额票房收益的同时，也大大弘扬了日本民族勤奋、敬业、爱好和平的形象。

在 1968 年和 1994 年，日本作家川端康成和大江健三郎先后获得诺贝尔文学奖。这证明日本文学在世界上具有一定地位。从 2003 以来，在亚洲一些国家和地区悄然兴起了一股“村上春树热”，村上春树一度成为 2007 年度诺贝尔文学奖呼声最高的后选人。“村上热”又带动了其他日本作家的作品在亚洲各国热销一时。据韩国《中央日报》透露，首尔最大的书店 2007 年的最畅销的 10 本小说中翻译自日文的就有 6 本，远远超过韩国本土作家的 2 本。该报不由得感叹道：想不到连小说也兴起了“日本流”。

3. 紧扣时代主题，提升日本研究水准

在推动海外的日本研究方面，国际交流基金和国际日本文化研究中心无疑是两大主力。国际交流基金成立以来，一以贯之地以振兴海外的日本研究为己任。如每年资助海外的日本研究学者赴日研修或撰写博士论文，资助日本的各类专家到海外讲学，资助海外的日本研究机构的有关研究项目直至举办有关国际学术研讨会，向海外的大学、研究机构赠送图书资料、资助海外出版有关日本的书籍、光碟资料，等等。这类开支通常要占到国际交流基金业务经费支出的15%—20%。国际日本文化研究中心则每5年发表一份有关海外日本研究机构的调查报告。该中心还经常邀请海外学者来中心作为期3个月至1年的客座研究，通过与日本顶尖专家的切磋交流，逐步提升海外日本研究的水准。

截至2007年2月，除日本外全世界总共有1654家日本研究机构。以欧美居多，亚洲次之。就研究内容而言，欧美的日本研究机构以哲学、历史为主，亚洲、大洋洲则以语言、文学居多。近年来，海外的日本研究机构出现退潮迹象。国际日本文化研究中心所长猪木武德在《日本经济新闻》载文指出："从70年代后半期到90年代，海外学者的研究以颂扬日本为特征，如今却是越来越少，受经济利益的驱动正不断向增长迅速的中国、印度靠拢，或者是从政治议题着眼，关心伊斯兰国家……但是，正如日本的动漫文化在全世界受到欢迎所表明的，日本还是有一些领域能引起世人关注的。如果能支持'知识领域的日本后援团的培养'，在外交上一定是能大有益处的。"①

事实上，日本国际交流基金在进入新世纪以来，正有意识地引导海外的日本研究机构对动漫文化等日本目前居于世界领先地位的议题加强研究，它所资助的研究课题也逐渐朝研究日本政治、经济、法律等领域的新情况、新趋势的方向引导。还有一个迹象就是地区性、全球性议题的现状及其解决之道也开始纳入基金资助的范围。海外学者与日本学者的知识交流项目就是日本国际交流基金在进入新世纪后推出的一项颇受欢迎的事业。

新世纪日本推行文化外交还有许多新的尝试。例如，增加NHK的国际广播的时间与频道，让流行文化的主角进入日语教科书以增加其对

① （日）猪木武德："海外的日本研究正在退潮"，《日本经济新闻》晚刊，2008年4月9日。

青少年的魅力，在海外广泛设立日本文化中心，等等。其中最引人注目的是充分发挥日本在动漫领域的世界领先地位，不拘一格地开展动漫外交。这是新世纪日本在提升软实力方面最成功的一项事业，也是最具有战略意义的文化交流活动。

第二节 动漫领域：日本文化外交的制高点

2008年3月19日，日本外务省举行了一次别开生面的“任命仪式”。憨态可掬的卡通形象机器猫“哆啦A梦”被日本外务大臣高村正彦任命为日本历史上第一位“动漫文化大使”。“哆啦A梦”在中国的别名叫“机器猫”、“小叮当”，在亚洲甚至全世界都是家喻户晓的卡通形象。

其实，这并不是日本第一次利用漫画人物进行宣传。2007年11月，日本外务省在开展海外安全宣传活动时，就曾起用铁臂阿童木担任“海外安全大使”。铁臂阿童木长期以来给人们的印象就是“安心与安全”。起用漫画人物担任日本的形象大使，可谓是用心良苦。

一、引领世界潮流的日本动漫文化

漫画是日本文化的一大强项。世界上很少有哪一个国家的民众像日本人这样喜爱漫画。全国有400多种漫画周刊、月刊、季刊，内容涉及科幻、探险、政治、经济、奇闻逸事、恋爱、体育、历史、科学、宗教、幽默玩笑以及文艺小说、纪实报告等，并按照幼儿、少年、少女、青年、中年等年龄段进行市场细分。漫画的内容极其丰富，既源于生活，又有超前的意念、超凡的想象，其绘画的技巧也是风格多样，或简约或精致，都很吸引人。漫画杂志和单行本的发行量在90年代的鼎盛期几乎占图书发行总量的一半，迄今仍保持1/3的比例。

战后，日本的动画片曾经一度是美国好莱坞作品的天下，但从20世纪60年代起日本的动画片开始向海外出口，以其低廉的价格很快打开了欧美市场。由漫画家手冢治虫创作的《铁臂阿童木》动画片是第一部真正意义上的日本国产电视动画系列片。从1963至1967年在日本富士电视台连播4年，取得全国平均30%的收视率佳绩。其后此片被译成各种语言，销往世界各地。以此为开端，日本动画片以其独特的魅力逐渐征服了许多国家的观众。宫崎骏在2001年推出的《千与千寻》更囊括了柏林国际电影节金熊奖、奥斯卡长篇动画片奖等多项国际电影奖项。日本经济产业省的统计显示，在全世界放映的动画片中有近六成是日本制造的。2003年，日本销往美国的动画片以及相关产品的总收入为43.59亿美元，是日本出口到美国的钢铁收入的4倍。①

动画片在日本被称作“アニメ”（anime），它是从英语animation演化过来的。而由于日本动画片风靡全球，这个所谓的“和制英语”反而在英语圈流行起来。在美国，“anime”几乎成了日本漫画的同义词。近年来，日本将动画（anime）、电子游戏（game）和漫画（comic）融为一体，将其英语名的第一个字母合起来称之为“AGC”产业，也就是动漫产业。其总产值相当日本国内生产总值（GDP）的一成以上。日本全国有400多家动漫制作公司，拥有一批国际顶尖级的漫画大师、动画片导演以及大量漫画和动画片的绘制者。电视和网络传媒的普及和发展，传播手段的不断完善，为日本动漫市场的发展奠定了坚实的基础。

日本的动漫作品除了少数充斥色情暴力的粗制滥造的劣作外，一般都比较贴近生活，内容多元，有较为鲜明的主题。例如，“团结就是力量”（代表作是《圣斗士星矢》和《灌篮高手》）、“为人类的福祉而奋斗”（《铁臂阿童木》）、“尊重他人，回归人性”（《千与千寻》）、“摆脱束缚，率直天真”（《蜡笔小新》）、“渴望胜利，为梦想而拼搏”（《足球小

---

① （日）日本贸易振兴会市场部调查报告：“美国动漫市场的现状与展望”，2003年3月，见日本贸易振兴会网站：http://www.jetro.go.jp/jfile/report/05000622/05000622_007_BUP_0.pdf。

子》）等，大多包含了积极的现实意义和日本式的人文关怀。美国好莱坞动漫作品中的人物往往善恶分明，流于脸谱化，而日本动漫中的主人公性格却相当复杂，在心理刻画上非常细腻，体现了东方民族隐忍、含蓄的特征。日本动漫的故事情节的展开一般都是跌宕起伏、扣人心弦的……一部部风格各异、色彩纷纭的日本动漫作品把日本的历史从群雄割据的战国时代、五色缤纷的江户时代直到新世纪秋叶原一族，大跨度、全方位地展现在各国的读者和观众面前。日本独特的生活方式、道德观念就这样通过一系列引人入胜的故事和鲜活、富有个性的人物形象，深深地印在人们的头脑中。

日本动漫作品在世界各国成功地培养起一个对日本人和日本文化有好感的庞大群体。动漫文化的主要受众是青少年。对于许多国家的年轻人来说，在提起日本时他们最先想到的可能并不是哪一位曝光度很高的政治家或实业家，甚至也不是曾经在历史上叱咤一时的将军武士或文人墨客，而是从《铁臂阿童木》、《千与千寻》到《哆啦 A 梦》等一系列动画片或漫画作品中的主人公。在亚洲、欧洲，乃至贫穷的非洲地区，随处都能发现起源于台湾的“哈日族”现象①。很多年轻人就是因为酷爱日本的动漫文化才选择了学习日语的道路；而来日本观光的海外游客也总是在东京临海新都心 12 米高的变形金刚雕塑前留连忘返，很多人就是因为钟爱日本动漫作品而特意来主人公们生活的舞台一睹风采的。

近年来，世界各地陆续举办了一些以日本动漫为主题的博览会和模仿秀，参加者动辄数万人。其中，已经形成品牌的有巴黎的“日本动漫博览会”、巴塞罗那的“漫画展览会”和罗马的“ROMICS”等。2008 年，在日本政府完全没有介入的情况下，这 3 个展览会的规模分别达到 13 万人、6 万人和 5 万人。这一切都是在日本人毫不知情的情况下悄然兴起的。即使是日本的动漫业者也是直到 2009 年才知道有巴黎“日本

① “哈日族”原先是指崇拜日本流行文化的台湾青少年族群。“哈”字来源于满语。满语里管拍马屁、献媚叫做“hadaba”。

动漫博览会”这回事。[①]

随着来自海外的、有关日本动漫文化热正在席卷全球的信息逐渐反馈到东瀛列岛，日本政府开始紧紧抓住这一机会，开展所谓的动漫文化外交，以此提升日本的国际影响力和为日本的国家战略服务。

二、日本用动漫外交提升国家的软实力

2002年，美国政治分析专家道格拉斯·麦克格雷在《外交政策》上撰文，高度评价日本在动漫、电子游戏、流行音乐、时装和美食等领域的成就。麦克格雷文章的题目是《日本国民酷总值》。文中称，衡量一国的实力除了“国民生产总值”（Gross National Product，简称GNP）外，还有一个重要的指标是“国民酷总值”（Gross National Cool，简称GNC），它是国家软实力的一种形态。这里所说的“酷(Cool)”原本是冷的意思，20世纪60年代成为美国青少年的流行语，初期是指一种冷峻的、反主流的行为，后来泛指可赞美的一切人和物。麦克格雷所说的“酷”指的是类似日本动漫作品那样的一种不落俗套、不断标新立异，因而拥有众多崇拜者和仰慕者的文化。他认为，既然可以将经济实力数据化，用“国民生产总值”（GNP）来衡量，为什么不能将文化力量也概念化，引进“国民酷总值”（GNC）的指标呢？日本正是在“酷总值”上遥遥领先，继20世纪80年代成为经济大国后一跃成为文化强国。换句话说，对于21世纪的日本来说，“魅力”远比“经济”更能成为有用的指标。[②] 差不多同一时候，《华盛顿邮报》也以《“酷”帝国——日本》为题，发表一组专题报道，盛赞日本是“地球上最酷的国家”，称日本的漫画、动画、时装和电影正风靡全球，成为日本最大的出口产品。《时代周刊》亚洲版也刊出关于日本大众文化的特

---

① （日）樱井孝昌：“动漫犹如父母亲一般”，《外交论坛》，2009年7月号，第22—23页。

② 吴咏梅：“浅谈日本的文化外交”，《日本学刊》，2008年第5期，第90—103页。

辑，指出日本正从一个“产品制造大国”向“文化产业出口大国”转变，正从出口产品转为出口“酷文化”。

日本一些有识之士敏锐地觉察到，应该将日本在动漫文化领域的优势尽可能地转化为提升日本国际形象和实现日本国家利益的有力手段。一位名叫樱井孝昌的流行文化专家在其撰写的《动漫文化外交》一书中指出，痴迷日本动漫的粉丝不仅在发展中国家，就是在发达国家也比比皆是，其数量让人们吃惊。日本不仅应该充分挖掘动漫文化推动日本经济增长的潜力，还要把它作为一种外交手段来使用，增加国际社会对日本的理解与关心，并进而形成新的、在国际上也能被普遍接受的的社会道德。2002 年 10 月问世的隶属于外务大臣的咨询机构“海外交流审议会”从 2006 年 3 月起专题讨论如何增强日本的对外传播能力。一些专家郑重建议，日本政府应设立以海内外新锐漫画家为对象的“日本漫画大奖”，并任命若干在国际上享有声誉的漫画家为“动画文化大使”，等等。

这些建议得到身居高位的自民党政治家的响应。其中，尤以麻生太郎为甚。麻生每星期平均要浏览 20 本左右的漫画杂志和单行本，在担任总务大臣任内甚至在办公室里张贴着他最心仪的漫画《骷髅 13》中主人公的大幅海报。2005 年 10 月，麻生出任小泉最后一届内阁的外务大臣；在 2006 年 9 月安倍继任首相后又被留任至 2007 年 8 月。在麻生担任外相期间，日本对动漫文化的强调可以说达到了登峰造极的地步。

麻生经常挂在嘴上的一句话是，漫画能起到外务省官员极尽所能都起不到的作用。作为日本政界头号漫画迷，麻生就任外相后一直希望能让日本发达的动漫文化服务于外交，借动漫文化提高日本的软实力。2006 年 11 月，“海外交流审议会”有关设立“日本漫画大奖”和任命“动漫文化大使”的建议得到麻生的高度肯定。

2007 年 4 月 28 日，麻生太郎在位于东京秋叶原的数字好莱坞大学发表题为“文化外交的新构想”的演讲，提出以动漫文化武器开展外交活动的战略。麻生强调，当今各国的外交已进入“品牌形象”的竞争之中，它越来越不是外交官的专属品，而是受到由非常普通的人们所形成的舆论的极大制约。应该将对大众拥有强烈渗透能力的流行文化作为我们的盟友。“要舍弃外交仅仅是外交官们进行秘密交涉、说一些冠冕堂皇大话的传统观念，要让人们一听到‘日本’这个词马上浮现出来的印象是明快、温暖、漂亮，感到很酷。从长远来看，日本的外交就是要让日本的主张容易在国际上行得通，能顺利展开，一步一步地接近目标。”①

麻生在数字好莱坞大学的这些听众面前，高度称赞日本的动漫作者将现代的日本文化推向世界，让包括中国在内的各国年轻人从心底里倾慕日本，成为日本的“粉丝”，这是外务省的官员无论怎么努力都做不到的。他呼吁未来要集日本全国之力，官民协同，共同为振兴日本的文化外交而作出努力。麻生说：“我们这代人是在吸收莎士比亚、贝多芬等西欧文化的精神食粮过程中成长起来的。今天，我们要让漫画、动画、日本料理和大相扑等源自日本的文化，成为世界各国民众特别是年轻人的毫不逊色的精神食粮。”②

麻生在他的这篇讲话里提出了若干具体的设想：

（1）设立一个 24 小时用英语向海外播出日本动画和电视剧的电视频道，要让海外观众了解一个真实的日本，成为日本外交的支持者。

（2）举办以海外年轻漫画家为对象的国际性的漫画大奖赛。要让这种奖项成为漫画界的“诺贝尔奖”。获奖者可以应邀访问日本，在日本知名漫画家指导下进一步研修漫画技术。

（3）将日本优秀的动漫画家作为“动漫文化大使”推向世界。要对日本在海外的 116 个国家、189 个使领馆实行“总动员”，努力将他们和他们的作品介绍给世界各国。

（4）在海外的年轻人中间物色“文化交流实习生”。日本各驻外大使馆、总领事馆可在当地的青少年中物色一些人从事推介日本文化的工作，每期一至两个月，对有贡献者由日本大使或总领事颁发“研

---

① （日）麻生太郎：“文化外交的新设想”，2007 年 4 月 28 日，见外务省网站：http：//www.mofa.go.jp/mofaj/press/enzetsu/18/easo_0428.html。

② 同上。

修证书”。[1]

麻生的这篇演说堪称日本推行动漫外交的一份纲领性文件。演说中提出的一系列设想很快就得到落实：

举办国际漫画奖。2007 年 5 月创办国际漫画奖，到 2010 年为止，共举办了 4 届。首届国际漫画节有 26 个国家和地区的 146 部作品参选，中国香港的漫画家李志清的作品《孙子攻略》获得最优秀奖。麻生外相亲自接见了李志清等获奖者，并表示希望通过这项活动使漫画成为沟通世界的桥梁。第二届、第三届的参选国家和地区分别增加到 46 个和 55 个，参选作品分别为 368 部和 303 部，有大幅度的增长。国际漫画奖的实行委员会均由外务大臣担任委员长。

向海外赠送动漫作品。外务省决定从 2007 年度 ODA 的预算中拨出 24 亿日元购买动画片版权，无偿提供给发展中国家用以在电视台的黄金频道播放。例如，《足球小子》的版权由外务省买断后提供给伊拉克电视台播映。派驻伊拉克塞沃马地区的日本陆上自卫队在送水车上特意漆上《足球小子》的卡通像，一下子拉近了与当地居民特别是青少年的距离。

任命动漫大使。在麻生太郎之后继任外相的高村正彦在 2008 年 3 月 19 日将机器猫“哆啦 A 梦”任命为“动漫文化大使”。由真人扮演的“哆啦 A 梦”在随后的一年里先后访问了海外的 60 多个城市；而“哆啦 A 梦”的剧场版翻成英、法、西、俄、中 5 国外语后，由日本驻外使领馆累计上映了 120 多场。

日本政府如此大张旗鼓地推行动漫外交堪称史无前例。《动漫文化外交》一书的作者樱井孝昌兴高采烈的说：“‘政府’和‘民间’用各种方式进行合作，通过以动漫为代表的流行文化推销日本，一个开拓新的机遇的时期正在到来。”[2] 美国《基督教箴言报》则断言日本正在悄悄

---

① （日）麻生太郎：“文化外交的新设想”，2007 年 4 月 28 日，见外务省网站：http：//www. mofa. go. jp/mofaj/press/enzetsu/18/easo _ 0428. html。

② （日）樱井孝昌：“动漫犹如父母亲一般”，《外交论坛》，2009 年 7 月号，第 25 页。

的谋求全球领导地位。该报指出："如今，作为从环保汽车到流行文化的一个先导者，日本寻求作为'软实力大国'在世界事务中发挥更大作用。这个国家非常成功地把日本企业的单面形象变为多面形象，工业化世界里的许多企业现在在能源创新等关键领域争先恐后地仿效这种多面形象。"①

三、日本动漫文化的软肋及动漫外交的前景

2008 年 9 月，麻生太郎在自民党总裁选举中顺利当选，出任日本历史上第 92 任首相。人们注意到，麻生在自民党总裁选举中曾专门前往秋叶原电器街发表街头演说。秋叶原一向被认为是日本动漫爱好者即所谓的"御宅族"的"大本营"。麻生在演讲中直接向"自称为御宅族的各位"发出呼吁。迄今为止还从来没有哪一个政治家如此重视过"御宅族"过，麻生此举自然在网络上引起热议。用日本媒体的话来说，"麻生太郎热爱漫画的形象受到年轻人的欢迎"。

2008 年 9 月，美国雷曼兄弟公司倒闭后，一场席卷全球的金融危机导致日本经济急剧衰退。麻生内阁迅即推出总规模为 56.8 万亿日元的、旨在刺激经济的 2009 年度补充预算。在麻生太郎的强势推动下，日本政府决定在东京临海副都心（台场）兴建俗称"动漫殿堂"的"国立媒体艺术综合中心"。专门收藏日本历年发行的电影、动画、漫画等作品，并担负着有关调查研究和人才培养的任务。总面积 1 万平方米，投资额为 117 亿日元。建成后，预计每年能有 60 万名观众。

日本的在野党和舆论对如此庞大的公共工程究竟能在多大程度上刺激内需普遍表示怀疑，甚至讥讽它将成为"国营漫画吧"。但是，麻生仍执意要推进这一项目。鸠山内阁问世后，在削减自民党政权浪费公款的项目时，第一刀就砍掉了这笔预算。这也许是近年来一直被视为日本外交"救星"的动漫文化事业的第一次挫折。

---

① （美）阿梅莉亚·纽科姆："日本悄然谋求全球领导地位"，《基督教箴言报》，2008 年 12 月 17 日。

日本的动漫文化目前虽然风光一时，但从长远来看也存在着一些问题。主要是：

第一，日本的动漫业面临中国、韩国的激烈追赶。日本的动漫业作为一种文化创意产业，已经形成较为完整的产业链。在产业链的高端主要是一些知名的出版社总揽其成，但其末端则由为数众多的创意公司和工作室组成，且多为小规模、作坊式的机构。承担基础作业的主要是一些酷爱动漫的年轻人，但由于薪酬被压得很低，加上工作条件艰苦，使得这一行业很难留住人才。面临劳务成本相对较低且具有规模优势的中国、韩国等后起国家的追赶，日本的动漫王国地位已经动摇。

第二，日本的动漫作品面临世界范围内大量盗版作品的冲击。随着“动漫热”的不断升温，模仿日本动漫作品甚至非法复制、贩卖的盗版动漫作品在世界各国日益猖獗。盗版的猖獗扭曲了动漫作品的定价模式，不仅损害原作者利益，更使动漫产业的基础遭到严重的侵蚀。

第三，日本的动漫作品出现劣质化的趋势。日本动漫作品就其主流而言，大多是激励人们向上、行善的，有不少值得称道之处。但是，不可否认，其中也包含一些浅薄、粗俗，甚至为追求刺激而露骨宣扬色情、暴力、诲淫诲盗的内容。韩国等一些亚洲国家在很长时间内对包括动漫在内的日本流行文化采取拒绝态度就是这个缘故。而日本国内也有不少有识之士从保护青少年身心健康发展的角度，一直呼吁要对某些劣质动漫严加取缔。东京都议会在 2010 年 3 月就专门审议了一项在面向 18 岁以下的未成年人的漫画杂志中禁止性描写的地方法案。

第四，日本的动漫作品中还存在着美化侵略战争的糟粕。鉴于动漫作品的巨大影响，日本一小撮右翼势力也试图将其政治化，用精心炮制的动漫作品向青少年一代灌输反动的历史观和战争观。小林善纪就是一个典型。他在漫画界出道后，于 1986 年以漫画《乌龙少爷》获手冢赏与小学馆漫画赏。1995 年，日本新兴宗教团体奥姆真理教由于沙林毒气事件被取缔，而此前小林善纪恰好同奥姆真理教有过一场笔墨官司，这使得他声名大噪。随后，小林善纪就推出名为《傲骨宣言》的“思想漫画”系列。如漫画《战争论》要求日本人摆脱所谓的“自虐史观”，重新检视大东亚战争；漫画《台湾论》则宣称是日本人给台湾带来现代化，台湾用日本人“勇敢、决绝”的精神奋勇抵抗了“中国人的统治”，等等。这本书在台海两岸激起强烈反应，认为这是为殖民统治唱赞歌的典型。台湾一些民众甚至发起拒绝小林善纪入境的示威。

综上所述，日本虽然目前在动漫领域占有相当的优势，风头很足，但如果日本的当权者不能审时度势，趋利避害，适时地将这些优势转化为日本的软实力，在提升其国际形象的同时，最大限度地为实现日本的国家战略目标服务，优势地位是会逐渐削弱甚至丧失的。

第三节　国际人员交流与日本的文化外交

近年来，日益活跃的国际人员交流为日本推行文化外交奠定了坚实的基础。这种人员交流是双向、互动和多层次、跨界别的。从文化输出和文化渗透的角度来看，扮演主要角色的除了外交官、学者、作家和艺术工作者以外，还有遍布全球的日本企业家、各种 NGO、NPO 团体的志愿者等等。而来自海外的访客，不管是短期观光的旅游者，还是长期逗留的研修人员、留学生也能在近距离的接触中感悟和吸收日本文化的精髓。目前，日本每年大约有 1500 万人次出境，而入境的外国人则在五六百万人之间，总体趋势还在不断增加。

就文化交流的角度而言，日本的青年海外协力队和日益增多的外国留学生是两个需要特别加以观察的群体。

一、青年海外协力队是传播日本文化的志愿者

这些年来，日本的各种 NGO、NPO 团体在海外非常活跃。以柬埔寨为例，来自日本的民间团体竟然有 40 多个。他们无论是在城市还是在穷乡僻壤，长年累月地从事不计报酬、不讲条件的教育、医疗和扶贫等活动。同样，在中国西北地区，也有很多来自日本的志愿者从事义务植树尤其是在治理沙漠第一线忘我地工作。他们在给当地居民实实在在

的好处的同时，无形中也传播了日本的文化与价值观，提升了日本的国际形象。

不过，这些民间团体虽然有时也能从日本政府设立的有关基金中申请到一些资助，但多数是自主、自立的。真正由政府出面组织的志愿者活动当数日本的海外青年协力队。

1965年，日本政府仿照美国的"和平队"创建了日本青年海外协力队（Japan Overseas Cooperation Volunteers，简称JOCV）。青年海外协力队成立初期，主要派遣到亚洲、非洲、中东、中南美和大洋州各国。应该说，青年海外协力队作为日本政府开发援助的一环，在提升日本的国际形象，改善日本与发展中国家关系，特别是输出日本的"软实力"方面发挥着不可替代的作用。

日本青年海外协力队从创建开始就一直接受外务省的指导，它隶属于外务省管辖的国际协力机构（Japan International Cooperation Agency，简称JICA），是一支由志愿者构成的队伍。迄今为止，日本总共向约80个国家派遣了30000名以上的青年海外协力队员，他们与派遣地区的居民共同生活，一起劳动，既传授技艺，培养人才，也加强沟通，播种友谊，收到了很好的效果。向日本政府要求派遣青年海外协力队的国家与年俱增。日本派遣青年海外协力队来华工作始于1986年，迄今已有20个年头。截至2006年11月底，向中国派遣的青年海外协力队累计有600多人。援助方面涉及工、农、林、水产、文教以及卫生等各领域。

青年海外协力队员年龄限制在20至39岁间，采取公开招募方式，从社会上广泛吸收。每年的招募规模都在七八百人左右。职业根据派遣国的要求每年有所调整，有所扩充，主要集中在农林水产、教育和保健卫生等领域，可细分为120多行业门类。近年来，要求派遣青年海外协力队员的不仅是第一产业、第二产业，就连日语教师、图书馆管理人员、数理科教师和地区开发规划师也成为"热门"行当。

希望加入青年海外协力队的青年必须通过笔试和面试，予以筛选。录取者必须在日本接受80天左右的语言训练和任务培训，然后到派遣国工作两年。日本一些企业和政府机关还实行"现职派遣制度"。经过允许后，可保留原有岗位。派遣期间，国际协力机构最多可以贴补原工资的80%。国内培训期间，食宿都是免费的，每月还能有5万日元的零用金。但如果语言考试通不过，必须接受再训练的话，食宿得自己负担。

青年海外协力队员每年分4批向外派遣。分别是6月底、9月底、12月底和翌年3月底。在派遣国的工作形态分4类：（1）村落型，尽可能融入当地农村社会，进行巡回指导、示范和普及技艺；（2）教室型，这主要是派到学校和职业训练所的。他们或者是对学生讲课，进行实习指导，或者是培训当地人出身的教师；（3）现场工作型，他们被派往政府部门和研究机构，参与实际工作，并向当地职员传授经验；（4）总部和试验场型，这是以办公室和研究机构为据点，给当地职员提供建言，或共同从事研究活动。大多数青年海外协力队员在回国以后，都能继续与派遣单位持联系。这种“草根型”的交流对日本来说是至为宝贵的。

根据日本国际协力机构（JICA）的调查，青年海外协力队员中开展教育文化活动的占43%，与农林水产有关的技术指导占16.9%，从事保健卫生工作的占16.4%，其他还有体育、企业经营咨询和土木建设等。来华的青年海外协力队员中有很多人被派往条件艰苦的边远、内地甚至贫困地区，与当地人民生活在一起，开展最基层的利民活动。他们用自己脚踏实地的工作确确实实地促进了日本与所在国的民间交流，增加了彼此间的相互理解。

青年海外协力队员属于国际志愿者的范畴。参加者是在不计报酬或收入的条件下，参与一系列旨在推动国与国之间相互理解，促进社会进步和服务社区的工作。志愿者的这种精神反映了个人对生命价值、社会、人类和人生观的一种积极态度。近年来，来自日本的志愿者在促进中国边远地区的发展，尤其是在北方沙漠地区植树造林，改善生态环境中，写下了中日民间交流的动人篇章。

从青年海外协力队运作机制来看，首先是派遣国政府部门提出要求，然后由国际协力机构予以认可；并作出派遣决定的。这样就产生了两个问题：

一是青年海外协力队员派遣地区的政府负责人、国际协力机构总部以及现场负责人之间的协调问题。如果三者间出现意见分歧，在第一线的青年海外协力队员就会感到莫衷一是，无所适从。

二是青年海外协力队员实际工作量与预期目标是否吻合的问题。由于派遣国提出要求至青年海外协力队员实际到位有一段时间差，加上派遣国接纳机制上存在的问题，青年海外协力队员到现场后，常常会发现实际工作量并不如预期的那么多，或者恰恰相反，实际工作量远远超出队员的负担能力。这里就有一个灵活调配，均衡工作的问题。

就国内问题而言，企业和机构既要设法保留派遣队员的工作岗位，又要在派遣期间设法缓解人手不足的困难，这是一对矛盾。这也是许多企业和机构对自身职工应募青年海外协力队态度消极的原因。

二、新世纪日本扩大吸收外国留学生的举措及其成效

第二次世界大战以后，世界上一些主要大国都非常重视吸收来自国外的留学生。美国政府推行的“富布赖特”计划，用优厚的奖学金吸引了大批来自世界各地尤其是亚洲的留学生。苏联除了开放国内内一流大学外，还专门设立以刚果民族主义政治家卢蒙巴名字命名的“卢蒙巴大学”为发展中国家培养各类人才。英法等国也制定了一系列吸引政策和措施，吸引原殖民地国家的留学生。20 世纪 80 年代，中曾根康弘出任首相后，提出了到 20 世纪末吸收 10 万海外留学生的雄心勃勃的计划。这是日本在完成追赶欧美的历史任务后，为实现政治大国目标的重要举措。

冷战结束后，留学生教育除了扩展本国影响的政治考虑外，追求经济收益的意图也日趋明显，吸收留学生的数量多寡成为国与国之间综合国力竞争的重要内容之一。正是在这样的背景下，20 世纪 50 年代全世界留学生不过数万人，80 年代即突破 100 万人，90 年代中期

更增加为150万人。2015年估计为500万人，2025年将突破700万人。美国至今仍然是全世界学子最向往的地方。2006年全世界有57万名优秀学生到美国大学及研究所注册就读。英国也是吸收海外留学生的“大户”，2006年共有36万外国留学生入学[①]。

与美欧相比，日本无论是吸收外国留学生的数量还是吸收留学生的机制都存在着较大的差距。中曾根内阁提出的吸收10万名外国留学生的目标一直到2003年才勉强实现。在2005年以后，一直徘徊在十二三万人的水准。外国留学生约占日本大学生总数的3%。与日本同为非英语圈的德国，这一比率为12.3%，法国11.9%；而英语圈的英国则占到25.1%[②]。

进入新世纪以后，在历届首相中最早呼吁大力增加外国留学生的是安倍晋三。2007年4月，安倍首相的私人咨询机构“教育重建会议”提出了一项雄心勃勃的“100万人留学生计划”，即到2025年日本将吸收100万外国留学生，日本每4个大学生中就有1人来自海外[③]。这意味着日本未来在吸收外国留学生数量上将与英美等国并驾齐驱。但从当时的实际情况看，这一目标未免过于大胆。所以，在一个月后举行的“亚洲门户战略会议”上，安倍内阁悄悄地将100万人的目标修正为30万人。由于安倍不久便辞去首相职务，这一计划就由继任的福田康夫来实现了。

2008年1月18日，福田康夫在国会的施政演说明确提出，要制定吸收30万人留学生的计划并付诸实施，“通过企业界、学术界和政府的

---

① （日）竹岛一登：“吸收100万留学生计划：预计将纳入第二次报告”，《每日新闻》，2007年4月18日。

② （日）日本留学综合指南，http：//www.studyjapan.go.jp/jp/toj/toj09j.html。

③ （日）教育重建会议：“第9次教育重建分科会议事要旨”，2007年4月18日，见首相官邸网站：http：//www.kantei.go.jp/jp/singi/kyouiku/3bunka/dai9/9gijiyoushi.pdf。

共同努力，扩大将海外优秀人才吸引到日本的研究生院和企业中来的规模”①。与此同时，福田成立了直属内阁的“教育重建恳谈会”，负责落实包括扩大吸收外国留学生在内的各项改革。同年5月16日和5月26日，福田康夫亲自在“教育重建恳谈会”主持了有关扩大吸收外国留学生的讨论。他在致辞中强调，扩大吸收外国留学生，“在外交上是必要的，在经济上是必要的，对日本社会也是必要的”，“要从战略的高度去处理”②。“教育重建恳谈会”在汇总的第一份审议报告中规定，将外国留学生中研究生与本科生的比例由现行的3∶7增加到5∶5，部分研究方向可以用英语写论文或答辩并获得学位。要在全国遴选30所大学作为接收、培养留学生的“重点大学”，达到留学生占学生（大学、专门学校等）总数20%的目标，全部课程中要有30%课程使用英语教学，在留学生比较多的学部录用的外国人教员要占教员总数的30%。报告还要求将吸收30万外国留学生的计划纳入政府经济财政运营的基本方针中去③。

多年来，日本吸收的外国留学生始终停留在较低水准的主要原因是日本的留学费用过于昂贵和取得硕士、博士学位的门槛太高以及日本企业对外国人有意无意的排斥。这些原因导致外国的学子在选择海外留学对象时总是对日本敬而远之。有鉴于此，日本政府采取了一系列措施以增加日本对外国留学生特别是来自亚洲国家的留学生的魅力。这些措施主要是：

1. 简化留学申请手续，让海外学生更容易赴日本深造

在福田宣布这份计划的同时，日本外务省已决定从2008年8月1

---

① （日）福田康夫：“在第173届例行国会上的施政演说”，2008年1月18日，见首相官邸网站：http：//www.kantei.go.jp/jp/hukudaspeech/2008/01/18housin.html。

② （日）教育重建恳谈会：“第四次审议会议事录”，2008年5月26日，见首相官邸网站：http：//www.kantei.go.jp/jp/singi/kyouiku_kondan/kaisai/dai4/4gijiyousi.pdf。

③ （日）教育重建恳谈会：“第一次审议报告”，2008年5月26日，见首相官邸网站：http：//www.kantei.go.jp/jp/singi/kyouiku_kondan/houkoku/matome.pdf。

日起简化到日本大学留学的外国人的入境签证的审查手续。校方代理申请人办理逗留资格认定时只要提出申请即可。过去需要耗上两个月的审查时间也大大缩短。此外，为便于吸收外国留学生，日本政府将促使有关大学增加用英语授课的课程，并考虑逐步实行每年 9 月份开始新学期的制度。

2. 增加面向留学生的奖学金名额

文部科学省和经济产业省从 2007 年度开始实施一项特别的奖学金制度。凡是来自亚洲国家、在日本大学里就学并且有意到日本企业就职，参加专门面向留学生的讲座或日本商务讲座的留学生可享用学费减免、生活费补贴等相当于每月 20 万至 30 万日元的津贴。享用这一奖学金的留学生总数为 2000 人左右。①

3. 鼓励大企业招聘外国留学生

迄今为止，导致外国年轻人对日本留学踌躇不前的一个重要原因就是日本企业的就职“门槛”太高。福田计划明确规定，今后要通过企业、政府和学校的合作，甚至考虑开放中央政府的部分职位，逐步实现外国留学生的一半左右毕业后能在日本企业就职。当然，这势必会增加日本的大学毕业生的就业难。为此，日本政府打算设立护士、护工等需要国家认定的逗留资格，让外国留学生通过这些不太受日本年轻人青睐的职业能够在日本居留。

4. 降低在日本居留的资格门槛

根据新颁布的具体政策，申请居留日本的外国人，若达到日本政府规定的日语程度，居留期限可从当前的 3 年延长到 5 年。

5. 放宽对已毕业留学生在日本国内就职的签证管理

国民健康保险对获准在日本居留一年以上的外国留学生敞开大门。

---

① “提供生活补贴，鼓励到企业就职”，《朝日新闻》，2006 年 8 月 20 日。

大阪市等地方自治体还从市财政中拨款为外国留学生提供每月500日元的保险费补贴。2008年11月26日，新成立的日本国土交通省观光厅宣布招聘4名外国人留学生进行为期3个月的研修。这是日本政府旨在吸引外国留学生的一项新举措。

据统计，2006年5月1日，在日外国留学生总数为117927人，其中自费留学生为106102人；到2009年5月1日，外国留学生总数已达132720人，其中，自费留学生119317人，3年里分别增长了12.4%和12.5%。中国留学生由74292人增至79082人，增长6.4%。中国留学生在留学生总数中约占60%左右。自2006至2009年的3年里，入住由学校和公益团体准备的宿舍里的外国留学生由27767人增加到31429人，增长率为13.2%，高于留学生的增长幅度，表明日本政府为改善留学生基础设施的举措收到初步成效。①

日本国际教育协会在2002年进行的一次调查表明，从海外来到日本的留学生对日本有好感的，在来日本前约为34.5%，离开日本时高达78.3%。② 日本学生支援机构的调查也表明，海外留学生对日本印象在离开日本时变好了的占68.0%，高于变坏的3.8%；对日本人的印象变好了的占59.6%，高于变坏了的6.0%；对留学日本总体感到满意的占86.1%，高于感觉失望的1.0。%③

很长一段时期以来，中国的留学生始终占据在日外国留学生的半壁江山以上。在赴日留学的学子中，多数人完成学业后回国报效，也有不少人留在日本继续发展。其中最早赴日的留学生在日本逗留的时间已在20年以上。20多年来，先后有5000名中国留学生获得日本的博士学位。目前在日本各大学和研究机构从事教育和研究工作的中国学者多达

---

① （日）日本学生支援机构："平成21年度外国人留学生在籍调查结果"，2010年3月，见http：//www.jsso.go.jp/statistics/inti _ student/data09.html。

② （日）日本国际教育协会："对原日本留学生的调查"，2002年12月，见文部科学省网站：http：//www.mext.go.jp/b _ menu/shingi/chukyo/chukyo4/007/gijiroku/030101/3—17.htm。

③ （日）日本学生支援机构："2007年外国自费留学生生活实态调查"，2008年12月，见http：//www.jasso.go.jp/scholarship/documents/ryujchosa19p04.pdf。

3500人，其中仅教授就有200人之多，副教授约为400人。他们不仅向日本学生教授专业知识，同时也热心地介绍中国，为加深两国的相互理解辛勤耕耘，这当中的佼佼者在日本社会已具有相当的知名度。此外，还有不少留学生毕业后从事中日经贸交流。中日两国之间的经贸交流发展到今天这样的规模，也有他们的一份功劳。回国效力的留学生，也不时利用自己在日本的人际关系，积极为双方的学术或经济技术交流穿针引线。

为了扩大吸收外国留学生，日本政府每年邀请近万名亚洲各国的高中生到日本短期访问。这一计划始于2005年10月，时任官房长官的安倍晋三决定由外务省出面邀请100名来自中国各地的高中生访问日本两星期左右，期间安排他们参观日本的学校、工厂、农场和名胜古迹，与日本的青少年交流，还到日本市民家庭住宿，体验普通日本人的生活。2006年，这项计划被命名为“日中21世纪青少年交流事业”，规模也扩大到每年1200人。2007年1月，已出任首相的安倍晋三在第二届东亚峰会上正式提出“21世纪东亚青年大交流计划”（JENESYS Programme），宣布日本在今后5年里每年将邀请东盟、中国、韩国、印度、澳大利亚和新西兰的青少年6000人访问日本。这项计划的经费总共达350亿日元，由外务省和国际交流基金承担。

据外务省官员透露，邀请高中生访日的理由是，这个年龄段的青少年比较单纯，对日本没有先入为主的偏见。通过短期的访日可以使他们对日本产生良好的印象，其中一部分人今后还可选择到日本留学交流。

第 三 编

新世纪日本对外战略构想实施的前景及其制约因素

近年来，日本朝野围绕新世纪究竟应该推行怎样的对外战略进行了认真的思索和大胆的实践。然而，如同一幅正在制作中的画卷一般，它的有些部位清晰可见，有些部位则模糊含混，甚至涂上颜料后又一点不留痕迹地悄然刮去。在最终撤下画架前，很难给它一个总体的评价。但是，有一点是确信无疑的，那就是新世纪的日本绝不会继续按过去半个多世纪的旧轨迹亦步亦趋，必然会另辟蹊径，闯出一条新路来。

任何一个民族都不可能总是得到历史机遇的眷顾，日本自然也不会例外。历史上，它曾经有过几次风云际会、锋芒毕露的辉煌时光，也屡屡经历失败的厄运。那么，在进入新世纪以后，给“日本丸”掌舵的政治家们提出的一系列对外战略构想能不能使日本重铸辉煌、再续伟业呢？

第八章

新世纪日本对外战略构想实施的前景

日本从1968年超过联邦德国，位居世界经济第二已经过去40多年，近代史上还从来没有哪一个国家能如此长久地保持它在世界经济排行榜上的“亚军”位置。即使日本的GDP总额在2010年以后被中国超过，它依然名列世界第三，而且，在未来10至15年里还不会有哪一个国家能替代它的这一位置。

日本作为亚洲最大的发达国家，一个投资和贸易遍及全世界、在科技领域尤其是节能和环保领域处于世界领先地位的国家，它未来选择走怎样的发展道路，采取什么样的对外战略，不仅会对周边邻国和地区格局拥有举足轻重的影响，而且对整个国际体系乃至世界均势都会产生深刻的影响。

第一节　未来10—15年日本的发展趋势

一个国家在世界上究竟能发挥怎么样的作用，很大程度上取决于它的综合国力及其综合运用自身所有经济、政治、军事和文化资源的能力。那么，按照这些年来日本当权者所设计的发展蓝图，未来10至15年里日本的综合国力究竟可提升到怎样的程度呢?

一、国际上对日本未来的预测存在较大分歧

物理学上有一条“测不准”定律，说的是由于物体运动时受到毗邻阻力的影响，而这种毗邻阻力又与物体的运动状态有关，因而物体运动的时候，其状态就不可能准确测量。其实，在预测国家未来发展以及国与国之间关系时，“测不准”的现象可以说比比皆是，所有的预测都会在一定程度上出现较大的偏差。预测日本的未来尤其如此。

美国哈迪逊研究所所长赫尔曼·肯在1967年出版的《公元2000年——33年后的世界》一书中曾预言，2020年日本将超过美国成为世界第一。肯的预言在很长时间里一直是日本人乐此不疲的话题。尤其是在1989年，日本经济如日中天之际，索尼公司总裁盛田昭夫和众议员石原慎太郎合著的《日本可以说“不”》成为再版20多次的畅销书。在这本书里，盛田昭夫和石原慎太郎言之凿凿地宣称：“美国是在近代历史的末期取代欧洲成为世界第一强国的。现在却已出现了日薄西山的症候，在很大程度上将要取代美国的，竟是他们眼里根本不值得一提的有色人种的日本。”[①] 谁曾料想两位的大话言犹在耳，日本却在这本书问世的第二年开始了一场持续十多年的经济衰退。从1990年到2000年，日本经济年均增长率仅为1.75%，在发达国家中位忝末尾。1990年日本的GDP总额约为440万亿日元，2005年增加到530万亿日元，15年间增加约1.2倍；但同期美国的GDP总额却由5万亿美元增加到12万亿美元，增加2.2倍。[②] 日美两国在GDP总额上的差距不仅没有缩短，

---

① （日）盛田昭夫、石原慎太郎：《日本可以说“不”》，光文社，1989年版，第41页。

② （日）第一生命经济研究所：“探索日美两国经济增长差距的根源”，2006年1月25日，见 http：//group. dai－ichi－life. co. jp/dlri/news/pdf/nr2005_31. pdf。

反而逐步扩大。

其实，对日本未来走向看走眼的又何止赫尔曼·肯和盛田昭夫、石原慎太郎这些人呢。就是同一个人，在不同的时候也会对日本的未来走向做出截然不同的预测。

1989年，就在日本许多精英沉浸在很快就能赶超美国的美好憧憬之时，英国《经济学家》驻东京记者比尔·艾默特写了一本题为《太阳也会西沉》的书，断言日本的好日子已经结束。事实很快就验证了艾默特的预见。以1990年东京股市暴跌和由此引发的房地产泡沫破裂为起点，日本经济在十多年里持续衰退，元气大伤。但是，2005年10月已经升任《经济学家》主编的比尔·艾默特却在该刊有关日本经济的特集中断言“日本正在复苏”，日本经济已经到了“拐点”，今后15年日本要比过去15年“光明”得多。翌年，比尔·艾默特以《太阳再次升起》为题出版了一本专著。他在序言里将日本比喻为伊索寓言中同“兔子”赛跑最终取得胜利的“乌龟”：“日本如果能证明自己是实实在在地走向繁荣的、可以信赖的‘乌龟’的话，对亚洲国家来说，它将是比中国更有魅力的存在。”“日本的人口比较少，不可能永远是凌驾中国之上的经济大国，但‘太阳’已经开始再次升起，如果继续进行改革以促进竞争、高效化和提高生产率的话，日本必将为亚太地区乃至全世界的繁荣与和平作出贡献。”①

看好日本的不仅是比尔·艾默特，哈佛大学肯尼迪行政学院院长，在克林顿任内曾任国防部长助理的约瑟夫·奈也是乐观派之一。他在《美国应该怎样对待日本》一文中提出：“日本的崛起带有戏剧性色彩……值得惊叹的是日本占世界总产值的比率在30多年的时间里上升至原来的8倍。日本已成为世界最大的债权国。日本的工业产品出口已是世界的第三位。在许多高技术领域，日本已成为世界第一。日本对联合国和世界银行的出资已占第二位，对外援助已超过美国，成为世界第一位的资金供应国。80年代土地和证券的暴涨所带来的特殊情况使日

① （英）比尔·艾默特：《太阳再次升起》，东京，草思社，2006年2月出版，第13—14页。

本经济实力看上去比实际的要强，但从高储蓄率、投资能力和技术力量等方面来看，日本的崛起是基于扎实的基础的。”①

约瑟夫·奈对日本的期盼似乎是一以贯之的，他在2007年6月如此写道：“大多数关注亚洲国家崛起的人都把注意力集中于中国和印度。他们常常忘记，日本经济总量达5万亿美元，位居全球第二，超过中国和印度的总和；它的人均收入是中国的10倍。另外，日本每年在国防上斥资400亿美元，拥有排名世界第五的军队。任何对东亚大国的认真分析必须纳入日本这个重要因素。”

约瑟夫·奈认为，日本在近代曾两次重塑自己，一次是明治维新，一次是战后的改革。“如今，随着中国实力的增长，本世纪一个最重要的问题将是，日本会作何反应……日本越来越愿意使用自己的力量，对外部力量平衡的变化意识越来越强。日本正在崛起，以什么方式呢？正如一位日本自由派人士所说：‘这是我们第三次对全球化作出反应，这次我们能起什么作用呢？’”②

华盛顿大学教授肯尼思·派尔被认为是美国研究东亚问题的顶级专家。他在2007年出版了新著《日本崛起：日本实力和意志的复苏》。这本书的主要观点是：当前的日本已经重拾信心，正在重新崛起。在坚守了半个多世纪的和平主义和孤立主义后，日本开始准备让自己成为21世纪国际政治中的一名主要角色。日本之所以能崛起，除了日本民族的勤奋刻苦和善于模仿等因素外，还存在着战略文化方面的原因，即日本的精英分子自明治维新以来一直具有的那种强烈的强国意识，以及为实现此目的善于不断调整和变革自己，以求能最大限度地利用当时的国际秩序和国际机制的战略文化取向。在派尔看来，这是一种尽量“以最小的代价谋取最大成果”的战略文化。派尔在这本书中呼吁，再度归来的日本必然会积极谋求在国际事务中发挥更大作用。华盛顿必须重新将东

---

①（美）约瑟夫·奈：“美国应该怎样对待日本”，《世界》月刊，东京，1993年3月号，第52页。

②（美）约瑟夫·奈：“日本的第三次崛起”，《南华早报》，新加坡，2007年6月19日。

京视为最主要的战略考虑对象，应该重新梳理美日同盟关系，给予日本更大的自主权。[①]

当然，也有一些智库和学者不怎么看好日本。2008 年 11 月 20 日，由美国中央情报局等 16 个部门组成的美国国家情报委员会（the National Inteligence Council，简称 NIC）发布了题为《全球趋势：2025》的预测报告。这份报告认为，由于中国、印度的崛起，世界的财富和经济实力将由西向东转移，多极化的趋势将进一步加强。由于美国左右国际局势的能力下降，西方盟国的影响力将日渐式微。其中，中国将是未来影响力增加最迅速的国家，不仅将确立军事大国的地位，而且到 2025 年将超过日本成为的世界第二经济大国。

这份报告的分析可能让很多日本人不舒服：日本的经济规模将相继被中国、印度超越，排名跌至第四位，且随着就业人口的减少，维持一定的增长率将十分吃力，在国际上将保持“中等偏上”的地位。日本的外交政策主要受中国和美国的影响，夹在中美之间，受美中两国如何出牌的影响。日本未来走向大致有 4 种可能性：一是中国目前的经济增长模式对日本经济日益重要，东京将继续同中国保持良好政治关系。二是中国经济增长放缓，或对周边国家的政策趋于强硬，日本可能通过与东亚民主国家的合作及继续加强军力的方式，展示其影响。在这种情况下，日本将要求美国给予强大支持，并通过塑造本地区的政治和经济和环境来孤立或限制中国。但对地区内其他国家来说，日本的军事力量令人不安，中国控制周边各国的潜力让人担忧，在两者间作出选择实属不易。三是美国削弱对日本的安全承诺或给日本留下这样的印象，日本可能在地区问题上向中国靠拢，最终与其达成安全安排，并在事实上让中国在日本周边海域扮演维护稳定的角色。四是中美两国在该地区实现政治和安全合作，美国认可中国在该地区的军事力量，并重新调整军事部署或削减驻军，日本会适应这一趋势，进一步向中国靠拢以便纳入地区

---

① （美）肯尼思·派尔：“日本崛起：日本实力和意志的复苏”，转引自《华盛顿观察》，2007 年 5 月 7 日。

安全和政治安排①。

二、未来10—15年日本综合国力的发展

冷战结束以后，大国之间的竞争已不仅仅取决于军事力量的强弱，还取决于综合国力的对比。一般来说，综合国力指的是一个主权国家所赖以生存与发展的全部实力及其国际影响力的合力。其内涵非常丰富，既包含与生俱来的自然禀赋如人口、领土等基础条件，也包含在国家在其发展过程中形成的能力；既包含物质的力量，也包含精神的力量。它是综合人口、领土等基础条件和经济能力、军事能力、科技文化能力、战略意图以及贯彻国家战略的意志等多方面因素构成的合力②。

那么，未来10—15年日本的综合国力究竟会达到怎么样的水准呢？大致可有如下判断：

1. 日本在未来10—15年可望坐稳世界经济第三的位置

日本内阁府发表的统计表明，1956至1973年日本的国内生产总值（GDP）年均增长9.1%，1974至1990年降为3.8%，而1991至2007年则进一步跌到了1.3%。根据日本经济研究中心等智库的预测，2010年以后日本的GDP年均增长率有可能回升到2%左右。2009年12月30日，鸠山首相召集内阁会议通过了2010至2020年度的“经济增长战略”基本方针。其中规定，到2020年度日本的名义国民生产总值将达为650万亿日元，相当于2009年度GDP预估额的1.4倍。这就意味

① （美）美国国家情报委员会编，中国现代国际关系研究院美国研究所译《全球趋势：2025》，时事出版社，2009年版，第51—52页。

② 较早尝试用量化指标估量一国综合国力的是美国乔治敦大学战略与国际研究中心主任R.S.克莱因教授，他提出了著名的“国力方程”，即 $P_P=(C+E+M)\times(S+W)$。这里，P_P是指被确认的国力，C是基本实体，E是经济能力，M是军事能力，而S和W分别代表战略意图和贯彻国家战略的意志。参见黄硕风著：《综合国力论》，中国社会科学出版社，1992年版，第24页。

着今后 10 年里日本经济的年均增长率保持在 2%的水准。应该说这并不是一个难以达到的目标。

根据高盛公司在 2007 年发表的世界各主要大国到 2050 年为止经济增长预测，日本在 2010 年、2015 年、2020 年和 2025 年的 GDP 分别为 4.60 万亿美元、4.86 万亿美元、5.22 万亿美元和 5.57 万亿美元。按照现行的 90 多日元兑 1 美元的汇率，高盛公司预测日本在 2020 年 5.57 万亿美元的 GDP 水准比日本自己预测的 650 万亿日元略低一些。但是，日本的 GDP 总额即便在 2010 年被中国超出，未来 10 至 15 年却再也没有哪一个国家能赶上它了。紧追其后的印度、德国和俄罗斯到 2025 年的 GDP 总额分别只有 4.31 万亿美元、3.63 万亿美元和 3.34 万亿美元。①

2. 日本在科技创新、商品开发等领域依然处于领先地位

GDP 总额只是衡量经济实力的指标之一。日本在世界上处于领先地位的还有它的科技创新能力、商品开发能力、制造业的技术水准。

2006 年度，日本的科研费用占 GDP 的比例达 3.61%，远远高于美国的 2.62%，欧盟 27 国的 1.84%。② 日本科研费用的 80%是企业承担的，这也是日本每年申请专利数量在全世界遥遥领先的主要原因。如果日本政府的“知识财富立国”战略等构想能顺利实现的话，它在新材料、新能源、信息技术和遗传工程等领域可望在世界上继续处于领先地位。

长期以来一直被认为是“世界工厂”的日本，随着中国的迅速崛起，不得不让出了这一位置。但是在很多需要精细技术的尖端科技产品依然由日本独占鳌头。例如，全世界用来加工半导体芯片的切割机 70%是由东京大田区一家叫迪斯科的公司提供的。而东京田无市一家生

① （美）高盛公司：“2050 年的 GDP 预测”，2007 年 4 月 17 日，转引自“Webilo 词典”，见：http：//www.weblio.jp/wkpja/content/BRICs _ 2050%E5%B9%B4%E3%81%AEGDP%E4%BA%88%E6%B8%AC。

② （日）文部科学省：“科学技术白皮书”，2008 年版，见文部科学省网站 http：//www.mext.go.jp/b _ menu/hakusho/html/hpaa200801/08060518/015.htm。

产电子表核心元件振动子的工厂，年产 2.5 亿，除为西铁城钟表公司配套外，还销售给其他厂家，掌握了全球市场份额的 40%。住友化工公司在四国新居浜的一家工厂生产的、用于封装半导体芯片用的环氧乙烷树脂占全世界供应的 68%。东海大学一位教授如此断言："如果日本突然停止高科技产品出口一个月的话，全世界的工厂将会出现大恐慌。还不如说进入 21 纪后，只要日本在提供技术方面稍稍迟疑一点，就会听到岂有此理的抱怨。"①

在全球普遍重视发展低碳经济的情况下，日本在节能和环保领域拥有的技术优势无疑是它掌握的一张重磅级的"王牌"。日本资源能源厅的统计表明，单位 GDP 所消耗的一次能源，如果以日本为 1 的话，欧盟 27 国平均为 1.8，美国为 2.0，韩国 3.1，中国 7.9，而俄罗斯则需要 17.5。② 随着日本官民一体，大力发展节能技术和开发新能源，鸠山由纪夫首相提出将日本温室气体减排 25%的口号，应该说是有付诸实现的充分把握的。这是日本在未来 10 至 15 年引领世界潮流的最大本钱之一。

3. 庞大的个人金融资产是支撑日本国际地位的重要筹码

根据日本银行的资金循环统计，日本的个人金融资产约为 1400 万亿日元，相当于 GDP 的 3 倍。其中，现金和银行存款合计占 54%，股票约 7%，投资信托和债券分别为 4%和 3%，购买保险和养老金等合计约 27%。与美国的个人金融资产中现金、存款占 11%，债券占 10%，股票和投资信托占 47%相比，安全性是比较强的。③ 目前，日本的银行存款利率接近"零"，而银行存款的 20%、邮政储蓄的 90%是用来购买国债的，等于日本国民在税收之外又用自己的存款支撑日本的财

① （日）唐津一：《今后 30 年，日本的太阳必然会升起》，PHP 研究所，1997 年版，第 16—17、86 页。

② （日）资源能源厅：《能源白皮书》，2009 年版，财务省印刷厂，第 63 页。

③ （日）越智诚："国际比较：个人金融资产 1400 万亿日元"，《日银季报你》，2003 年春季号。转引自日本银行网站：http：//www.boj.or.jp/type/exp/seisaku/exphikaku.htm。

政。而且，只要日本政府将存款利率调高到5%，立马就可增加40万亿日元的消费。而日本政府只要用上这笔资产的5%，也足以建立凌驾任何现有主权基金规模的政府基金。

4. 日本在国际事务中发挥军事作用的潜力不可低估

进入新世纪以后，日本不断加大对军事领域的投入，远距离投送兵力的能力显著提高，而随着自卫队派兵出国的门槛不断降低，日本在国际事务中所能发挥的军事作用也日益凸显。2009年，海上自卫队决定建造2艘标准排水量为1.95万吨的新型直升机驱逐舰22DDH，可望在2015年前后编入现役。加上航空自卫队引进续航距离较大的运输机，并将引进美国研制的第五代主力战斗机F－35战斗机更新在20世纪90年代开始服役的F－15战斗机。日本的自卫队仍将是东亚地区一支装备精良、训练有素的武装力量。

5. 日本的文化产业将成为其拓展国际影响的“顶梁柱”

未来10至15年，构成日本综合国力的最引人注目的部分也许是它以动漫文化为核心的文化产业。尽管日本的动漫业越来越面临来自中国和韩国的低成本动漫作品的挑战，但是它所拥有的一些优势是其他国家很难在短时期内所能取代的。例如，日本的动漫业已形成完整的产业链，市场细分明确，始终将时尚性作为追逐和引领的方向，并拥有从品牌培养到保护知识产权的一整套销售和推广的网络。[①] 在可预见的将来，如果日本政府培育文化产业、推行文化外交的战略设想逐步予以推进，日本作为世界“动漫王国”地位将是不可撼动的。这对日本拓展其对外影响，营造有利日本实现其国家利益的外部环境是十分重要的。

毋庸置疑，日本在未来10—15年里会遭遇一系列困难和挫折，政局的动荡和改革的滞后势将导致日本的国际竞争力的停滞甚至下降。与新兴大国蓬勃向上的发展势头相比，日本作为传统大国终究是相形见拙

① 胡月明：“日本动漫产业的七大优势”，《中国文化报》，2010年4月7日。

的。但正如俗话所说的，“瘦死的骆驼比马大”，日本毕竟是一个成熟的发达国家，拥有这么多年累积起来的技术、人才储备以及堪称全球第一的金融资产，在 2020 年或 2025 年依然是在亚洲乃至世界上拥有重大影响的国家。美国《国际先驱论坛报》对日本的未来作过如此判断：“日本再次强大起来，而这次并非只是在经济领域。就其军事、外交、文化影响力以及在全球范围内的总体活跃表现而言，日本自身正在迅速发生变革，而其目标不仅是成为一个‘正常国家’，而是在各个领域成为一个强大国家。”①

三、国际社会对日本的好感度逐渐提升

在分析一个国家在国际上的地位和影响时，“好感度”即它被人们接受的程度也是一个非常重要的指标。

日本从明治维新以后走上了对外侵略和实行殖民统治的错误道路，给亚洲近邻尤其是中国和朝鲜、韩国带来了深重的灾难和难以磨灭的浩劫。

战后，日本走上了一条和平发展的道路，在半个多世纪里既没有发动战争，也没有对外动过武。日本在恪守和平宪法、致力于发展经济的同时，还积极参与援助发展中国家和解决金融危机、气候变化等全球性议题的活动，这是颇为难能可贵的。正如中国总理温家宝 2007 年 4 月在日本国会的演说中所指出的：“在一个国家、一个民族的历史发展进程中，无论是正面经验或是反面教训，都是宝贵财富。从自己的历史经验和教训中学习，会来得更直接、更深刻、更有效，这是一个民族具有深厚文化底蕴和对自己光明前途充满自信的表现。”“日本战后选择和平发展道路，成为世界上主要的经济大国和国际社会有重要影响的一员。作为贵国的友好邻邦，中国人民支持日本人民继续沿着这条和平发展道

① （美）戴维·豪厄尔：“日本旭日重升”，《国际先驱论坛报》，2005 年 1 月 22 日、23 日。

路走下去。”①

众所周知，日本国内总是有一小撮右翼势力念念不忘昔日在亚洲称霸的风光日子，力图为侵略和殖民统治翻案。日本政要参拜供奉着东条英机等甲级战犯的靖国神社，给颠倒历史、美化侵略战争的反动教科书开绿灯，其实都是这股逆历史潮流而动的暗潮的反映。日本与中国、朝鲜、韩国等亚洲近邻围绕历史问题，差不多每隔几年就会有一次尖锐对立和摩擦。从这个意义上说，日本和它的亚洲邻国还没有实现真正的和解。

正是因为这个原因，日本在国际社会的评价总是出现两个极端：一方面，日本政要不能正确地对待历史问题总是使它难以获得亚洲近邻各国的好感。但另一方面，由于它在战后走上和平发展道路，崛起为世界第二的经济大国，这又使它在许多国家获得较高的评价。

从 2004 年起，英国 BBC 广播电视台委托国际著名调查企业 GlobeScan 公司与美国马里兰大学 Program on International Policy Attitudes（PIPA）在全球 33 国共同实施一项调查，了解各国对美国、俄罗斯等国在世界上所发挥作用的评价。从 2005 年起，日本也被列入调查对象。2005 年 10 月至 2006 年 1 月的调查结果表明，日本在所有 33 个被调查的国家中平均好感度是 55%，居第一位。其中，评价最高的是东南亚国家，例如印度尼西亚人对日本持肯定评价的占 84%，菲律宾是 75%。西班牙有 69%的人对日本在世界上的作用持肯定态度，英国、德国、意大利和法国分别为 57%、54%、48%和 47%。美国、加拿大和澳大利亚对日本持好感的也分别占 66%、62%和 60%。但是，唯有在中国和韩国，日本的负面评价大于正面评价，分别是 16%对 71%和 44%对 54%。

2007 年初，BBC 推动的这项调查将范围缩小到了 27 个国家，日本在所有国家中获得的正面评价是 54%，与加拿大并列第一。而在 2008 年初发表的调查结果中，日本在所有参加调查的 34 个国家中和德国均

① 温家宝：“为了友谊与合作—在日本国会的演说”，《人民日报》，2007 年 4 月 13 日。

为56%，并列第一。但这两年，中韩两国对日本的评价仍然是负面评价为主。如2007年中国是正面13%对负面63%，韩国是正面31%对负面58%；2008年中国是正面30%对负面55%，韩国是正面37%对负面52%。不过，从上述数据也能看出，即便在中韩两国，对日本持正面评价的比例也在逐步上升。①

2008年，日本《读卖新闻》社和英国BBC在34个国家对包括日本在内的14个国家和国际组织在政治、经济和安全保障领域对世界的影响进行了一次联合调查。结果，有56%的被调查者认为日本在世界上发挥了好的作用，德国也是56%，在征询对象的14个国家和国家组织中，日德并列第一，超过了欧盟的52%和英法两国的50%。其中，对日本评价最高的是肯尼亚的78%。在34个国家的调查中，认为日本有负面影响的比例平均为21%。其中，中国为55%，韩国为52%。认为美国有负面影响的比例是47%，明显高于正面评价的35%。②

从2008年11月到2009年2月，《读卖新闻》和英国的BBC又进行了一次联合调查，认为日本有贡献的比例依然是56%，但排名落到了德国（61%）、英国（58%）和加拿大（57%）之后。尽管如此，日本在国际社会的评价总体上还是比较高的。③ 2009年4月发表的最新调查结果是，认为日本在世界上发挥好的作用的比例是53%，比上年有所降低，但与欧盟并列第二，仅次于德国的59%。④

日本的国际形象为什么比较好呢？原因大概有3条：第一，世界上大多数国家没有直接遭受过日本的侵略和殖民统治，缺乏中国、朝鲜和

① （日）Weblio词典："BBC的国际舆论调查"，转引自http://www.weblio.jp/wkpja/content/%E7%89%B9%E5%AE%9A%E3%82%A2%E3%82%B8%E3%82%A2_BBC%E3%81%AE%E5%9B%BD%E9%9A%9B%E4%B8%96%E8%AB。

② （日）"BBC和读卖新闻社联合调查：'对世界具有好的影响'，日本与德国并列第一"，《读卖新闻》，2008年4月2日。

③ （日）"BBC和读卖新闻社联合调查：'日本对世界有好影响'为56%"，《读卖新闻》，2009年2月7日。

④ （日）"BBC和读卖新闻社联合调查：'对世界好影响'日本居第二位"，《读卖新闻》，2010年4月19日。

韩国那样的“切肤之疼”；第二，西方主流媒体在报道中国和日本时多少会掺入一些意识形态的因素，对日本以正面报道为主，而对中国则挑剔、批评，以负面报道居多，这自然会给人们先入为主的印象；第三，也许是最值得我们深思的，是日本在战后半个多世纪里没有直接卷入任何一场战争，对发展中国家业内有不少经济援助，加上日本产品的质量高，口碑好，国际竞争力强，而日本游客在海外也给人们留下谦和、礼貌和遵守纪律的良好印象，这些都是给日本加“分”的。

毋庸置疑，日本在国际社会的“好感度”较高对它在未来 10 至 15 年里在国际事务中发挥比过去更大的作用是十分有利的。

第二节　新的战略为日本开拓新的边疆

恩格斯指出：“历史是这样创造的；最终的结果总是从许多单个的意志的相互冲突中产生出来的……这样就有无数互相交错的力量，有无数个力的平行四边形，而由此就产生出一个总的结果，即历史事变，而这个结果又可以看做一个作为整体的、不自觉地和不自主地起着作用的力量的产物。”[①] 事实上，新世纪日本提出的各种对外战略构想，最终也会在国际国内各种力量互相交错、碰撞、重叠和对立的基础上，在无数个力的平行四边形汇合成的“合力”的推动下为日本开辟一条崭新的发展道路。

一、日本的国家战略目标渐趋明朗

从 20 世纪 90 年代以来，在日本的精英层中围绕日本未来的国家战略目标一直存在着激烈的争论。在完成赶超欧美的历史任务后，日本究

① 恩格斯：“致约·布洛赫”，1890 年 9 月 21 日至 22 日，《马克思恩格斯选集》，人民出版社，1972 年版，第四卷，第 478 页。

竟是要凭借日益强大的硬实力和软实力，在东亚地区构建由日本主导的势力范围圈，实现日本向“正常国家”的转型？还是将“全球民生大国”作为日本追求的目标，与亚洲国家和睦相处，共同发展？应该说，在相当长一段时间里，各种意见纷纭对立，莫衷一是。一些评论家由此得出的结论是：日本正处在没有海图的“漂流”状态之中。但事实究竟是什么样的呢？

进入新世纪以后，随着国内外环境发生深刻而复杂的变化，日本悄然出现了一股“战略热”。从政治家、官僚、学者到企业家、传媒界人士无不热衷于战略问题的讨论。正如本书第二编各章所介绍的那样，从小泉纯一郎开始，历届内阁陆续推出了一系列对外战略或战略构想，涵盖的领域包括外交、军事安全、对外经济和对外文化交流等。这些对外战略或战略构想都有其出台的背景和特定的内容，乍一看可能是彼此独立的、没有任何关联的。而且，由于小泉以后的安倍、福田、麻生都是任期只有 1 年左右的短命政权，这些战略和战略构想似乎也是随着首相的更迭而“人去政亡”，“保鲜期”都很短。

然而，如果仔细分析这些战略和战略构想主要由霞关的官僚们执笔，部分地由各界精英组成的审议会、恳谈会精心推敲、反复斟酌才问世的，不难发现它们所瞄准的目标是共同的，而且一脉相承，绵延不绝。主要有这 4 条：

第一，提升象征日本大国地位的软硬实力。在外交上，要坚持以日美同盟为基轴，构筑世界上最紧密的、最具威慑力的双边同盟；在军事上，要适应安全威胁趋于多元化的形势，为自卫队向海外派兵“松绑”，掌握远距离投送和展开兵力的能力；在经济上，要发挥日本的资金、技术和一定程度上的市场营销优势，保持日本在东亚经济一体化进程中的主导权；而在文化上，则要提升日本的对外发信能力，用所谓的“酷文化”引领世界潮流。

第二，营造有利日本未来发展的国际环境。从安倍的“亚洲门户”构想、麻生的“自由与繁荣之弧”构想，一直到福田康夫有关将太平洋变成地中海一样的“内海”的构想，虽然其出发点不尽相同，但最终目的是要营造能确保日本的安全与繁荣，并能发挥日本影响力的国际环境。而日本之所以执着地坚持将澳大利亚、新西兰和印度纳入东亚峰会的架构中来，其用意是要在中国迅速扩大在东盟的政治、经济影响力的情况下，结伙拉帮，避免日本被边缘化、矮小化，从而失去影响地区经济一体化进程的能力。

第三，维护日本在国际社会上的良好形象。日本在财政拮据的情况下，仍然维持一定规模的 ODA，并积极参加诸如东帝汶人道主义援助、印度洋海啸后的救援活动，赢得了国际社会的赞誉。至于日本热衷于将动漫文化向世界各国推介，其目的也是要传播日本所倡导的“尊重和谐与共生”的理念，使日本文化能成为与莎士比亚、贝多芬相比等毫不逊色的精神食粮而为世界各国民众特别是年轻人所普遍接受。

第四，确保日本在国际事务中的话语权。进入新世纪以后，日本明显加大了冲刺“入常”的步伐。从与印度、德国和巴西拼凑“四国联盟”，到热心推行非洲外交，拉拢联合国会员国中最大的“票田”，瞄准的就是尽快摘掉日本的“战败国”帽子，跻身拥有否决权的常任理事国行列。而日本之所以在节能、环保领域高调行事，目的也是要利用自己的技术优势，力争在气候变暖等全球性议题上有更大的发言权，当然也包括制定游戏规则的权力。

这些目标林林总总，归结到一点就是要维护日本的国家利益，实现其国家战略目标。诚然，进入新世纪以后的日本历届内阁都没有推出统揽全局的、用文件形式表现的国家战略。但这并不意味着日本所有的对外活动都是盲目、自相矛盾和缺乏连贯性的。恰恰相反，从上述分析中已经不难勾勒出日本 21 世纪国家战略的基本轮廓。那就是以跻身联合国安理会常任理事国为最终目标，通过强化日美同盟，有选择地发展与亚洲、大洋洲主要大国的关系，提升日本在国际事务中的地位；建立有事法制，逐步摆脱宪法所禁止的行使“集体自卫权“的束缚，争取海外派兵的永久化、制度化；通过发展日本具有优势的产业，努力保持日本在东亚一体化进程中的主导地位和核心作用。

自从小泽一郎提出日本要成为“正常国家”的主张后，日本国内一直存在着赞成与反对两种声音。然而，从新世纪的头 10 年日本推行的对外战略和战略构想来看，不管反对“正常国家”论的声浪有多高，这一主张事实上已成为日本新的国家战略定位。小泉纯一郎、安倍晋三、福田康夫、麻生太郎和鸠山由纪夫这5任首相，有的“鹰”派色彩较浓，有的带一点“鸽”派色彩，在外交和安全保障问题上有的给人以强硬的感觉，有的将身段放得较低，但是，在涉及日本在新世纪的国家发展目标上则无一例外地支持日本推行能动的、有主张的对外政策，履行与自己的实力相符合的国际贡献。

作为第二次世界大战的战败国，日本在战后很长一段时期内一直采取比较低调、内向的战略。在外交和安全保障问题上，基本上是追随和依赖美国，没有自己的声音，“能见度”很低。尽管它早在1968年便成为世界第二经济大国，但是在重大的国际问题上要么是失声，要么是按照美国的意志乖乖地出钱埋单。小泽一郎在《日本改造计划》中称之为“单肺国家”，可谓入木三分。“正常国家”就是针对这一状况提出来的。

在冷战结束以后的最初10年里，日本虽然已经意识到要改弦更辄，另辟蹊径，并且在自卫队派兵出国、强化日美同盟等问题上取得了一定突破，但总体而言，它只是在走向“正常国家”上作了一些探索。“泡沫经济”的后遗症以及政局的持续动荡，耗去了当权者的极大精力。

进入新世纪以后，在小泉纯一郎执政的5年半里，日本在走向“正常国家”道路上迈出了一大步。小泉亲自选定的“接班人”安倍晋三推行的一系列政策让日本的国家战略目标更加清晰。福田康夫、麻生太郎虽然在某些领域对其前任的政策有所调整，但是在绝大多数领域还是萧规何随，亦步亦趋。鸠山由纪夫是打着“民生第一”口号上台的。尽管他所率领的联合政权尽量想与自民党、公明党时期的政策拉开距离，但人们最终发现新政权在对外政策上充其量只是作若干局部调整，在坚持日美同盟、在发展防卫力量以及在联合国安理会改革问题上基本上还是延续过去10年来的一贯路线。

事实上，经历了新世纪头10年的风风雨雨，日本国民越来越期盼能有强势的领导人为“日本丸”掌舵。彻底摘掉“战败国”的帽子，走向“正常国家”也越来越成为日本国民的整体价值取向。求“变”求

“新”成为民众的普遍政治诉求。[①] 一个典型的例子是，近年来日本民众中赞成修改宪法第九条的比例不断上升：从 20 世纪 70 年代的不到 30%，逐渐攀升到 2004 年的 50%左右。如果再要说“正常国家”论只是少数政治家的主张显然已不符合事实。

日本国家战略的渐趋清晰化，标志着战后日本的发展进入了新的阶段，不管这一进程实际上进展得如何，它终将对东亚地区乃至全球的力量格局产生深刻的影响。

二、日本与主要大国的关系渐趋均衡

日本民族一直有崇尚强者的传统。过去 100 多年里，日本就曾两次与世界上头号强国结盟。第一次是在 1902 至 1923 年，日本与号称“太阳永远不落”的英国缔结了同盟条约。正是依仗着英国的支持，日本才敢于向老牌帝国沙俄叫板，在 1904 至 1905 年的日俄战争中击败了俄罗斯。第二次世界大战以后，日本又傍上了美国。一纸日美安保条约，将日本的命运紧紧地和美国绑在了一起。半个多世纪来，日本始终将日美同盟作为外交的基轴，一直对美国唯唯诺诺，亦步亦趋。

不过，这条对美“一边倒”的路线在让日本从战争废墟中迅速崛起并得以成长为世界第二经济大国的同时，也使日本在国际上纵横捭阖的空间受到严重制约。在冷战时期，日本必须紧紧追随美国，将自己作为对抗苏联、中国为首的社会主义阵营的前沿阵地；冷战结束后，日本与俄罗斯、东欧以及蒙古的经贸关系获得巨大发展，与此同时，它在外交与安全保障上继续依赖着美国。

不过，随着世界格局多极化趋势的发展，特别是在欧洲日益要求与美国平起平坐的背景下，日本国内也出现了要求重新构建日美关系的呼声，石原慎太郎与盛田昭夫合著的《日本可以说“不”》就是例证。这本书顷刻间成为日本的畅销书。石原慎太郎一鼓作气，连写了 3 本类似

① 日本汉字检定协会每年都要征集一个最能反映世态的汉字。2008 年入选的是“变”字，2009 年入选的是“新”字。

的书。[①] 日本领导人在与美国交涉时也表现出异乎寻常的强硬。前首相细川护熙与克林顿进行结构谈判时不惜让会谈破裂也不接受美方提出的条件。美国贸易代表坎特无法让他的日本对手、时任通产大臣的桥本龙太郎屈服，恼羞成怒地将竹刀架在桥本的脖子上。这在某种程度上是两国关系的写照。[②]

进入新世纪以后，小泉纯一郎在其当政的 5 年半里，一度将对美“一边倒”路线发展到登峰造极的地步。他甚至扬言，只要日美关系搞好了，日中关系、日韩关系都跟着好起来。[③] 在美国发动阿富汗战争、伊拉克战争后，日本是美国盟国中除了英国之外，表态最坚决、行动最迅速的。美国总统布什之所以邀请小泉到自己的农庄做客，亲自陪同小泉参观流行歌星“猫王”旧居，很大程度上是对小泉这一忠心耿耿态度的奖赏。

小泉的对美“一边倒”路线导致日本外交的严重失衡，特别是他在任内执意参拜靖国神社，致使中日关系、韩日关系急剧恶化，日本在东亚地区陷于孤立状态。这种状况引起日本国内广大有识之士的极大忧虑。其实，在小泉任内出台的《21 世纪日本外交的基本战略》中就已明确地提出：“如何与中国相处是 21 世纪初日本对外关系中最重要的题目。”在长达 30 页的报告正文中，“中国”一词出现了 65 次，远远超出位居第二位的“美国”一词出现的频率（49 次）。报告将中国经济规模迅速扩大视为当今国际形势的三大特点之一，认为“中国的惊人活力”、“美国的超级大国化”和“欧盟走向单一国家”这三大潮流正在改变世界。[④] 这份报告唯一的附件是题为《如何与中国相处》的研究报告，足

① 这 3 本书是《日本可以说“不”》（石原慎太郎、盛田昭夫，1989 年，光文社出版）、《日本还是可以说“不”》（石原慎太郎、渡部升一、小川和久，1990 年，光文社出版）、《亚洲可以说“不”》（石原慎太郎、马哈蒂尔，1994 年，光文社出版）。

② 陈鸿斌：“走向政治大国的日本外交”，引自吴寄南主编《站在新世纪入口的日本》，1998 年版，上海教育出版社。第 269 页。

③ （日）《朝日新闻》，2001 年 7 月 19 日。

④ 数字见金熙德：“战略创新乎 战略贫困乎”，载《日本学刊》2003 年第一期，第 48 页。

见小泉这一智囊班子对中国的重视。2004年7月20日，日本最有影响的报纸之一的《朝日新闻》更以《小泉外交忘记了中国》为题发表了一篇社论，强烈呼吁小泉内阁“站在亚洲外交的广阔视野上，从正面推进日中两国关系”①。

在小泉卸任后入继大统的安倍晋三、福田康夫和麻生太郎无一例外地致力于调整日本与与中国、韩国等东亚国家的关系。安倍首创了日本首相在上任后将中国作为首次出访国家的先例，主动建议与中国共同缔造战略互惠关系。福田则明确表示在首相任内不会参拜靖国神社，并且在胡锦涛主席访日时签署了中日间第四个政治文件《中日关于推进战略互惠关系的联合声明》。麻生就任首相后，面临着应对金融危机和在野党夺权攻势的双重压力，仍然将维护和发展中日关系置于对外关系的重要地位。在麻生任内，中日两国共同促成了亚洲区域性货币互换机制清迈协议由双边向多边的过渡，并顺利召开了独立于东盟峰会的第一届中日韩首脑峰会。

民主党作为最大在野党，一直严厉批评以小泉纯一郎为代表的对美“一边倒”路线，主张实行更均衡的大国外交。2006年9月11日，小泽一郎在为竞选民主党代表发表的《我的基本政策》中提出：“日美两国要确立相互信赖关系，构筑对等的、真正的日美同盟。”② 2009年2月16日，小泽在会见美国国务卿希拉里时进一步发挥了这一思想。小泽强调：“我是很早以来一贯主张日美同盟比什么都重要的政治家之一。但是，同盟不应该是一方从属于另一方的关系，而应该是相互交换意见，充分议论，寻求更好的结论，而且相互都要切实地维护这一共识。”③ 现任民主党代表的鸠山由纪夫也主张美国建立“对等关系”，反对美国一极支配世界，主张世界多极化。鸠山由纪夫在2009年8月27

---

① “社论：小泉外交忘记了中国”，《朝日新闻》，2004年7月20日。

② （日）小泽一郎：“我的基本政策——走向公正的社会和共生的国家”，2006年9月11日，见 http：//www.dpj.or.jp/news/files/060912rinen（2）.pdf，第7页。

③ （日）“小泽代表与克林顿国务卿会谈”，《日本经济新闻》，2009年2月17日。

日《纽约时报》网站发表了题为《日本的新道路》一文，其中明确提出："我感到由于伊拉克战争的失败和金融危机，美国领导的全球化时代正走向终结，我们正从单极世界走向多极世界。""我们必须记住日本作为亚洲国家的身份。我相信，日益迸发活力的东亚必须被视为日本的立身之本。因此，我们必须继续努力在这一区域建立合作框架，借以实现稳定的经济合作和区域安全。"①

鸠山新内阁问世后，日本在对外关系上进行了重大调整。其表现是：一是建构"紧密而对等的日美关系"。鸠山上任伊始便访问美国，3个月内3次与奥巴马总统举行会谈，就坚持日美同盟是日本外交的基轴这一点而言，与自民党政权没有什么区别。但是，鸠山内阁从问世之初就强调，在《反恐活动特别措施法》期限届满后将立即停止海上自卫队在印度洋为美英军舰提供燃油。同时，还提出要同美国磋商有关修改《日美地位协定》的问题，在冲绳的普天间基地迁移问题上，有意推翻自民党政权在2006年与美国达成的搬迁方案，遭致美方的强烈不满。二是加强与中、韩等亚洲邻国的关系。鸠山由纪夫出任首相不到一个月就历访了韩、中两国。在出席在北京举行的中日韩第二次首脑会议时，明确表示对建立中日韩FT的期盼，并呼吁在2010年内尽快缔结三国的投资保护协定。这种重视亚洲、亲近亚洲的姿态，是历代首相中少有的。此外，鸠山首相还公开宣布不参拜靖国神社，从而摘除了有可能引发中日间摩擦和冲突的导火线。

鸠山内阁的这些外交新姿态表明日本将摆脱前几任内阁特别是小泉纯一郎内阁时期推行的"对美一边倒"路线，注重日美同盟与亚洲外交的平衡，注重日本外交的自主性。从总体上说是符合国际潮流和人心所向的。

进入新世纪以后，日本与主要大国关系渐趋均衡的又一典型事例是日本与印度的关系。

印度是仅次于中国的第二大人口大国，也是近10多年来在经济政

① 陶志彭："鸠山由纪夫发表文章：日本的新道路"，见新华网：http://news.xinhuanet.com/world/2009－09/01/content_11976563.htm。

治领域迅速崛起的“金砖4国”之一。印度从1991年实行经济改革后，在整个90年代，经济年均增长6.6%，2005至2007年连续3年超过9%。对日本来说，印度不仅是亚洲最大的民主主义国家，拥有居亚洲第三位的经济规模。从地缘政治的角度来看，印度扼守着从中东到东亚的海上航线要冲，又与中国毗邻，具有重要的战略位置。冷战时期，由于印度与前苏联走得比较近，日印间交往较少。2000年8月，森喜朗成为冷战结束后10多年来第一个访问印度的日本首相。双方从此开始建立所谓的“全球伙伴关系”。2005年4月、2007年8月和2009年12月，小泉纯一郎、安倍晋三和鸠山由纪夫等陆续访问印度，日印关系日渐密切。印度总理辛格也在2006年12月、2008年10月访问日本。从2003年起，印度连续5年成为日本ODA的最大受援国。年度援助总额从2003年的1279亿日元猛增为2008年的2360亿日元。目前正在推进的有名为“印度西走廊”的货物列车专用线路、从德里到孟买的“产业大动脉”等项目。

印度不仅是与日本、德国和巴西等共同谋求“入常”的“4国集团”成员，也是安倍、麻生等人竭力拼凑的日、澳、美、印“4国联盟”的重要争取对象。印度作为不结盟国家组成新的“77国集团”的核心成员，对这一带有明显针对中国色彩的军事联盟态度比较谨慎。然而，在2008年10月印度总理辛格访日期间，两国还是签署了《有关日印安全保障合作的联合声明》。2009年12月，鸠山访问印度后，在安全保障领域的达成的一个重要成果就是日印决定每年定期召开外交、防卫部门的副部长级的“2+2”会谈。这是继美国后，日本与主要大国间第二个“2+2”会谈机制。2009年4月底到5月初，美、日、印3国海军在冲绳附近海域进行了代号为“马拉巴尔09”（Malabar 09）的海军演习。这是继2007年9月孟加拉湾的“马拉巴尔07”（Malabar 07）后的第二次有水面舰艇、潜水艇和飞机共同参与的综合性演练，表明美、印、日3国的海上联合演习逐步走向机制化。

日印关系的迅速发展，使日本在亚洲的战略态势显著改善。首先，日本此举符合美国在战略上接近与吸引印度的意图，而日印关系的日益密切也提升了日本在美国全球战略中的地位。其次，鉴于印度与中国在边界和西藏问题上存在着争端，日印互相靠拢，既增加了印度与中国周旋的筹码，也让日本可以在中国、印度这两个亚洲大国间左右逢源、游刃有余。最后，印度虽然人均GDP只有1000多美元，底子尚薄，但由于其幅员辽阔、人口众多，且经济迅速发展，具有极大的发展潜力，是日本在经济上对中国依赖日益加大后分散投资和贸易风险的“1＋α”战略的最佳选择之一。

日本与俄罗斯的关系在新世纪的头10年里也经历了一波三折的曲折历程。虽然北方四岛问题依然是横亘在两国间的一大障碍，但总体而言两国关系已经走出了磕磕碰碰的阶段，开始进入良性互动的新时期。

苏日两国在1956年恢复邦交时签署的《莫斯科宣言》中，苏方曾承诺将北方四岛中较小的齿舞、色丹两岛归还给日本。但由于冷战的缘故，苏联不仅食言，而且在靠近日本的远东地区部署重兵，对日本形成直接威胁。这一紧张局势直到冷战结束才得以缓和。1991年4月，第一任也是最后一任苏联总统戈尔巴乔夫访问日本，第一次承认日苏间存在着领土问题。

苏联解体后，俄罗斯总统叶利钦在1993年10月访问日本时在《东京宣言》中答应按照两国过去签署的文件，在法律和正义的基础上解决北方四岛问题，缔结日俄和平条约。1998年4月，日方在日俄首脑会谈中建议将北方四岛划归日本后可暂时接受俄罗斯对四岛的行政管辖权（“川奈提案”）。俄罗斯在随后提出的反建议中主张先缔结和平条约，然后再谈领土问题。双方各执己见，有关北方四岛问题的谈判因此搁浅。

进入新世纪后，为突破僵局，曾先后有人提出“两岛首先归还论”、“3.5岛归还论”的主张，但由于日本国内意见难以统一，而俄罗斯也担心日俄间的交涉会引起同样与它有领土争端的拉脱维亚、爱沙尼亚等国的连锁反应，北方四岛问题因而再度处于冷冻状态。以往历届日本内阁一直坚持在北方四岛问题解决前不能与俄罗斯进行大规模的经贸合作。但是，从小泉内阁开始，这一方针悄悄地被放弃了，代之以积极地推进与俄罗斯的经贸合作。这样做的结果是日本终于走活了与俄罗斯关系的这盘棋局。

2003年1月，小泉纯一郎访问了俄罗斯。这是1998年以来日本首相首次访俄。小泉在与普京总统会谈后发表了《联合宣言》，其中强调：日俄两国将按照1956年《日苏联合声明》、1993年《东京宣言》和2001年伊尔库斯克声明的精神，尽快解决北方四岛归属问题，缔结日俄和平条约。但是，让人们大吃一惊的是小泉向东道主抛出了一个非常诱人的建议：日本愿意斥资100亿美元帮助俄罗斯开发西伯利亚油田和修筑由安格尔斯克到日本海沿岸港口纳霍德卡的输油管道计划（“安纳线”）。日本承诺在“安纳线”建成后每天从俄罗斯进口100万桶原油。日本的搅局，导致中俄间磋商10来年的安格尔斯克到大庆的输油管道（“安大线”）胎死腹中。而“安纳线”最终因为俄联邦环境部的反对未能成功。不过，小泉此举意味着日本当权者开始将两国间大规模经贸合作与北方四岛问题脱钩，这的确是一个深谋远虑的战略决策。

从1990至2000年的11年间，日俄双边贸易额年均48.03亿美元，最高的年份也不过58.79亿美元（1995年）。但是，进入新世纪以后，两国的双边贸易额从2001年的45.92亿美元增加到2008年的297.37亿美元，年均增长18.2%，大大超出日俄两国对外贸易总额的增长速度。与此同时，日本企业对俄罗斯的直接投资也从2001年的92项猛增为2007年的349项。① 2007年12月，丰田汽车公司在圣彼得堡新建的、年产2万辆凯美瑞的汽车组装厂落成，标志着丰田迈出了进军俄罗斯汽车市场的重要一步。如规划中的第二家组装厂建成，最终年产量可达30万辆。② 未来三菱、日产等日本大的汽车公司也将落户俄罗斯。

小泉在访俄期间推销的“安纳线”方案最终未能实现，但日俄围绕能源领域的合作依然取得了引人注目的进展。2008年2月，日本斥资37亿美元参与萨哈林岛2号的油气开发。翌年9月，麻生首相和梅德韦杰夫总统共同出席了萨哈林岛2号工程的启用仪式，从4月份起俄罗斯开始向日本输出液化天然气。

---

① （日）日本财务省统计。转引自外务省网站：http：//www.mofa.go.jp/mofaj/area/russia/keizai/pdfs/ts _ boeki.pdf。

② “日本丰田汽车在俄罗斯将投产凯美瑞”，《北京商报》，2007年12月26日。

日俄关系取得明显改善的又一标志是两国防卫当局间的交流日趋活跃。日俄两国舰队互访始于1996年。进入新世纪以后，差不多每年都举行海上联合搜救演习。而2002年10月，俄罗斯太平洋舰队司令在出席日本主办的西太平洋海军论坛时，特意让太平洋舰队所属的潜艇参加在东京湾举行的舰艇分列式。这是从苏联时代以来的破天荒第一遭。

综上所述，进入新世纪以后，日本在如何把握坚持日美同盟与发展同其他大国关系的问题上，一度出现失衡状态，但很快便恢复常态。随着它与中国、印度和俄罗斯等周边大国普遍改善和发展双边关系，日本在大国间周旋的战略态势在很大程度上得到了增强。

三、日本逐渐融入东亚经济一体化进程

如前所述，推进东亚共同体建设可以说是新世纪日本亚洲外交战略的一大“亮点”。从小泉、安倍、福田到鸠山的历届内阁都致力于加强日本与东亚地区各国的关系，提出了各种各样的东亚共同体构想以及加强东亚经济合作的设想和计划。尽管这些构想各有侧重，也有差异，有的还没有来得及付诸实施就由于其倡导者的下台而被束之高阁。但是，它们共同的合力，却是使日本政府在东亚经济一体化进程中表现出较以往更具创造性和进取性，积10余年努力之大成，多少取得了一些有目共睹的成就。

第一，日本凭借其资金、技术和市场优势，在东亚经济一体化进程中掌握一定程度的话语权和主导权。

东亚地区特别是东南亚堪称日本长期经营的重点。从20世纪90年代以来，尽管以日本为“领头雁”的“雁行构造”不复存在，但日本作为这一地区最大的发达国家，无论是在直接投资、转让技术，还是在开放国内市场方面，对这一地区的大多数发展中国家还是非常有魅力的。从2002年1月，日本与新加坡签署了“新时代经济合作伙伴关系协定(JSEPA)”后，东亚地区的许多国家纷至沓来地与日本谈判签署EPA协定。目前，东亚地区与日本缔结了EPA协定的有泰国（2005年9月)、马来西亚（2005年12月)、菲律宾（2006年9月)、文莱（2007

年6月）、印度尼西亚（2007年8月）和越南（2008年12月）等国。日本紧随中国，在2003年10月与东盟签署《日本与东盟全面经济合作伙伴框架协议》，决定于2012年建成日本一东盟自由贸易区。虽然比中国一东盟自由贸易区足足迟了两年，但就对外签署EPA协定的数量而言，日本在东亚地区可以说是独占鳌头。

尽管日本国内有大批企业将生产线转移海外，出现所谓的“空心化”趋势，但制造业仍然是日本的强项，特别是一些高端产品如精密机械、半导体元件、生物工程产品等，东亚各国和地区仍需仰仗日本提供。而相对东亚各国和地区而言，日本社会稳定、成熟，医疗福利设施发达，在亚洲大多数国家苦于就业机会短缺、劳动力过剩以及社会基础落后的情况下，日本的劳务市场还是很有吸引力的。正因为如此，日本在东亚经济合作问题上较其他国家在创制议题、引领政策方面具有更多的话语权和主导权的。

众所周知，在东亚共同体究竟是以“10＋3”为基础还是朝“10＋6”方向引导，在东亚国家间是存在分歧的。中国、韩国以及东盟的一部分国家主张在已经比较成熟的“10＋3”基础上循序渐进地予以推进。但是，日本显然不希望让中国在未来的东亚共同体中取得主导地位，于是就将东盟中的新加坡和印度尼西亚拉到自己一边，坚持要让澳大利亚、新西兰和印度也成为东亚共同体的成员。这场争论持续的时间并不长。2005年12月，第一届东亚峰会在马来西亚首都吉隆坡召开时，澳大利亚、新西兰和印度赫然成为会议正式代表。日本媒体在报道这次峰会时，毫不掩饰地说“13国”还是“16国”之争已经成为日中两国暗中较量的焦点。①

日本在湄公河流域开发中插上一脚，也是它谋求东亚经济合作主导权的典型表现。

湄公河发源于中国唐古拉山脉，在中国境内叫澜沧江，流入中南半岛始称湄公河。全长4880公里，流域总面积81.1万平方公里，是世界

① “东亚峰会：把开放的地区主义作为目标”，《每日新闻》，2005年12月15日。

第六大河，亚洲第三长河，东南亚第一大河。自北向南流经缅甸、泰国、老挝、柬埔寨和越南，注入南海。从20世纪80年代开始，日本就开始对湄公河国家进行援助。近年来，随着中国与湄公河流域国家关系日益紧密，加上美国也开始高调“重返东南亚”，日本遂将湄公河流域国家视为东亚共同体的关键地区，加大了对这一地区外交和经济资源的投入。

2003年12月在东京召开的日本东盟特别首脑会议，首次提出了湄公河流域开发问题。2008年1月，日本与缅甸、泰国、老挝、柬埔寨和越南等湄公河5国举行了首次外长会议，明确提出要帮助湄公河流域建立“东西经济走廊”和“南北经济走廊”，并将2009年定为“日本湄公交流年”。2009年11月6日至7日，首届“日本与湄公河流域首脑会议”在东京举行。鸠山首相出席会议，并在会议发表的《东京宣言》中宣布日本将在3年内向湄公河流域5国提供总额为5000亿日元的政府开发援助，用来实施包括完善交通网、清除地雷、保护文化遗产、促进人员交流等在内的总共63个项目的行动计划。据日本媒体报道，为凸显与中国的区别，日本对湄公河流域5国的援助将把重点放在环保领域。① 这次会议还决定每年都举办日本与湄公河流域各国首脑会议，定期举办外长会谈和经济部长会谈。

第二，日本利用东亚各国集体抗衡金融风险意识的上升，推动成立区域性货币互换框架。

日本一直渴望建立亚洲版的国际货币基金。1997年，亚洲金融危机爆发后，日本曾向有关各国试探建立“亚洲货币基金”。由于美国的竭力反对，这一设想最终胎死腹中。

但是，东亚各国通过这场金融危机，逐渐意识到单凭一个国家的力量难以抗衡金融风险。在这一背景下，东盟与中日韩（“10＋3”）于2000年5月在泰国清迈举行财长会议，共同签署了扩大双边货币互换框架的协议即《清迈协议》（Chiang Mai Initiative）。其内容包括两部

---

① “日本要在对湄公河流域影响力上与中国比高低”，《朝日新闻》，2009年11月4日。

分：一是扩大东盟互换协议的规模；二是建立中日韩三国与东盟各国的双边货币互换机制。《清迈协议》的目的是解决本区域短期流动性困难，弥补现有国际金融安排的不足。它是亚洲金融危机后，区域内形成的最重要、最有效的强化本区域防范风险和应对挑战能力的机制。截止2003年底，中日韩三国与东盟共签署16个双边互换协议，累计总额为440亿美元。5年后的2008年底，总规模增加到840亿美元。

《清迈协议》出台后，日本银行于2002年3月、2005年5月分别同中国人民银行、韩国银行缔结了日元与人民币、日元与韩元的货币互换协议。任何一方只要符合一定的条件就可以从对方国家的中央银行得到相当于30亿美元的日元、人民币或韩元的融通。而迄今为止，所有的货币互换都是在美元和本币间进行的。除中韩两国外，日本与泰国间也缔结了日元和泰铢的互换协议。最终，在所有16个双边货币互换协议中，日元都被作为货币互换的对象。这意味着日元的国际地位进一步上升。

鉴于双边货币互换协议结构松散，尚难应对大规模金融风险，《清迈协议》成员国很早就提出将双边货币互换机制整合为多边资金救助机制的倡议。在2008年9月美国雷曼兄弟公司倒闭，进而导致金融危机扩大到全球范围的大背景下，“10＋3”财长会议于2009年5月在印度尼西亚巴厘岛聚会，就清迈协议多边化的核心问题区域外汇储备库的所有主要要素达成了共识。东京财团在评论这一进展时兴奋地称，1997年日本倡导的“亚洲货币基金”构想虽然宣告夭折，但随着清迈协议的多边化，“亚洲货币基金”即将变为现实了。①

2010年3月24日，“10＋3”财长、央行行长以及中国香港金融管理局总裁共同宣布，清迈协议多边化协议正式生效。亚洲区域外汇储备库的总规模为1200亿美元。中国（包括中国香港）和日本的出资额均为384亿美元，韩国的出资额为192亿美元，东盟10国的出资额为

---

① （日）关山健：“东亚经济合作的试金石”，东京财团分析报告，2009年5月14日，见东京财团网站：http：//www.tkfd.or.jp/eurasia/asia/report.php? id＝125。

240亿美元。若“10＋3”某成员国经济体出现危机，该成员有权依据协议规定，在其出资份额与事先设定的借款乘数相乘所得的额度内，用其本币与美元实施互换，以补充流动性。作为主要的出资国，中日两国的借款乘数均为0.5，即两国能获得的救助为其所持份额的一半。东盟10国的出资额虽少，但借款乘数较高，能达到2.5。也就是说，陷入金融危机的成员国将能更快地从这个外汇储备库中获得融资。清迈协议多边化的成功启动，体现了“10＋3”成员共同防范全球经济下行和提高应对挑战能力的共同努力。①

第三节　国际体系的转型和日本未来的角色

当今世界正处在一个大发展、大变革的时代，国际体系发生了第二次世界大战以来最深刻、最复杂的变化。日本新的对外战略和战略构想很大程度上就是为适应这些变化，为自己寻求更加有利的定位的。从目前的现状和今后一段时间的发展趋势来看，应该说日本在国际体系转型中的地位是稳中有升、得大于失的。

一、日本在国际体系转型中的地位稳中有升

进入新世纪以后，特别是全球金融危机发生以来，国际体系的转型明显加快。

当代国际体系是在第二次世界大战结束以后逐步形成的。在冷战时期，国际政治秩序基本上反映在联合国宪章以及由美、苏为首的东西方两大阵营，也就是在雅尔塔会议上划定的势力范围间的角逐；国际经济秩序则是由世界银行、国际货币基金以及关税与贸易总协定为代表的所

① “清迈协议多边化协议启动货币互换得以迅速实施”，路透社，2010年3月24日。

谓“布雷顿森林体系”为基本特征。冷战结束以后，取代东西方两大阵营对垒的是美国所主导的“一超多强”格局。而1995年问世的世界贸易组织（WTO）则成为国际经济秩序的核心组成部分。但是，所有这些规则、制度和体制都没有超出17世纪的威斯特伐利亚体系强调“国家主权至上”的范畴。

随着全球化趋势的发展，威斯特伐利亚体系受到严峻挑战。一方面，国家主权依然备受尊崇；另一方面，随着欧盟的问世以及一系列全球治理机制的建立，国家主权的让渡、弱化和全球主义、全球共治的抬头同步发展。现行的国际体系逐渐向“后威斯特伐利亚体系”转变。

恰恰在这一关口，发端于美国次贷危机突然演变为一场数十年一遇的、席卷全球的金融危机。2008年9月，以美国雷曼兄弟公司倒闭为标志，现有国际金融秩序“哗啦啦似大厦倾”，华尔街多年来精心打造的一贯正确的形象毁于一旦。这场金融风暴瞬刻间波及欧洲、亚洲乃至全世界，冰岛等国在债务重压下宣告破产。在危机面前，美国等西方国家主导的“G8”机制丝毫不起作用，中国、印度、巴西等新兴大国在金融危机中虽然受到重创，但恢复较快，对全球经济的企稳回升发挥了重要的作用。这场危机还远未过去。尽管各主要大国同步采取扩张性的宏观经济政策，阻止了危机的进一步深化，但危机所造成的实体经济的萎缩、消费的疲软和失业率的不断攀高还将延续相当长一段时间。

这场危机最大的效应则是加快了现有国际体系的转型。首先，中国在国际事务中的话语权得到显著加强。2008年底，在美欧等国普遍陷入恐慌状态时，中国政府迅速推出总规模为4万亿元人民币的扩大内需计划，起到了提振人心、稳定阵脚的作用。2009年，在主要大国的经济增长率徘徊在“零”时中国却实现了8.7%的增长。中国在国际事务中的话语权明显增强。美国智库甚至提出所谓“中美共治”论和“两国集团”（“G2”）论的主张。而世界银行决定将中国的投票权份额将从2.8%提高至4.2%，也是基于这一背景。① 其次，“G20”开始取代

① （英）艾伦·贝蒂：“世界银行提高中国投票权份额”，《金融时报》，英国，2010年4月26日。

“G8”成为国际经济的“首要论坛”。2009年9月24日至25日在美国匹兹堡举行的金融峰会，正式宣布由中国、印度等发展中大国参加的二十国峰会取代主要由发达国家组成的八国峰会，作为国际金融合作和全球治理的“首要论坛”。① 这不仅意味着发展中国家地位的上升，也标志着长期以来以美国为首的传统大国支配地位出现了严重动摇。第三，新型大国的群体性崛起势不可挡。在应对危机过程中，新兴大国实力上升，不仅增强了改革现有国际经济、金融秩序的信心，彼此间的政策协调也有所加强。由巴西、俄罗斯、印度和中国组成发的“金砖4国”在2009年6月、2010年4月分别在俄罗斯的叶卡捷琳堡和巴西首都巴西利亚举行峰会，呼吁改变国际金融体系的某些规则，建立稳定的、可预期的、多元化的国际货币体系。这是进入新世纪以来国际体系转型中最引人注目的进展。

在国际体系的历史性转型中，主要大国的地位不同程度地发生变化。如果说美国、中国、印度、巴西和俄罗斯的力量对比消长比较明显的话，欧盟大国英、法、德以及日本的地位则相对比较稳定。如果说日本的地位一点也没有变化的话，倒也不符合事实。在“G8”体制下，日本是唯一来自亚洲的成员，并且一直被认为是亚洲的代表。而在“G20”体制中，除了日本，来自亚洲的还有中国、印度和韩国。“分母”的扩大意味着日本的价值缩小了或者说是被稀释了。而且，在世界银行调整投票权后，日本是丧失投票权最多的国家。② 但是，“G8”体制并没有因为“G20”的问世而彻底推出历史舞台。其实，就在俄罗斯也参加的“G8”体制诞生后，美国、德国、英国、法国、意大利、加拿大和日本所组成的七国集团（“G7”）也依然频繁举行财长和中央银行行长会议，决定全球的经济、金融问题。更何况“G20”刚刚问世，还出于建章立制阶段，而随着发达国家逐渐走出金融危机阴影，美国对

① “二十国集团将成为国际经济合作‘首要论坛’”，路透社，匹兹堡2009年9月25日电。

② 日本由7.62％调低为6.84％，德国由4.35％调低至4.00％，英国和法国均由4.17％调低至3.75％。见冯迪凡，“日本投票权下降至6.84％成丧失投票权最多国家”，《第一财经日报》，2010年4月27日。

新兴大国的依赖和期盼有所降低，“G20”未必能顺利地取代“G8”成为国际经济的“首要论坛”。日本在世界银行的投票权虽然降低了1.22个百分点，依然是仅次于美国的第二大票主，其影响力依然高出美国以外的其他发达国家。

在国际体系的历史性转型中，运筹各种规则、制度和机制的主体已不仅仅是作为主权国家代表的各国政府，诸如跨国公司、非政府组织（NGO）和市民运动也开始活跃起来，并力图在国际政治、经济秩序的建构中留下自己的烙印。而跨国公司、非政府组织和市民运动的活动在很大程度上成为政府行为不可或缺的补充和依托。日本在这方面也不例外，冷战结束以后尤其是进入新世纪以来，日本跨国公司和非政府组织参与海外事务的热情空前高涨，其业绩也可圈可点。

先看日本的跨国公司。战后很长一段时间内，日本企业在海外的声誉都不怎么好，常常被批评为只知道赚钱、不懂得尊重当地风俗及回馈当地社会。索尼公司前董事长盛田昭夫在他和石原慎太郎合著的《日本可以说“不”》一书中呼吁日本企业致力于改变这种“经济动物”的形象，强调：“我们一定要通过参加当地的社会活动，努力消除种族间的隔阂。”[①] 如今，在日本一些跨国公司和海外投资企业中，资助公益事业，开展各种回馈当地社会的活动，已成为公司年度报告的内容和衡量业绩的重要指标。源于法语“mécénat”的“美赛纳”一词也因此不胫而走，成为热门话题。“美赛纳”的意思就是对文学或艺术事业的资助。日本的跨国公司在海外开展这类融入当地社会的公益活动，不仅有利于提高企业知名度，拓展商品和服务的销路，也有利于提升日本的国家形象。第七章介绍日本的“动漫外交”，很多推介活动就是在海外的日本跨国公司资助下得以展开的。

日本的非政府组织这些年来也积极地在国际舞台上高调亮相。日本的非政府组织约有半个世纪的历史。在20世纪80年代，曾经有过一次快速发展的时期，随着印度支那“船民”大批流向海外，日本诞生了许

---

① （日）盛田昭夫、石原慎太郎：《日本可以说“不”》，中译本，中信出版社，1990年版，第35页。

多以援助难民为宗旨的非政府组织。根据国际合作NGO中心（JANIC）的调查，日本参与国际合作的非政府组织在1980至1990年的10年间从50个左右猛增为200个；冷战结束的20年间又翻了一番，达400家之多。目前，这些非政府组织活跃在全世界100多个国家，主要从事教育、医疗、职业训练、植树造林和环境保护等活动。[①] 即便是在阿富汗、伊拉克等战火纷飞的国家，也能发现有日本非政府组织的活动。2004年5月，日本非政府组织成员两男一女在伊拉克首都巴格达遭遇绑架，牵动了日本国内外亿万人的关注。虽然日本少数媒体指责政府为营救他们付出的巨大努力是浪费纳税人的钱，但多数人对他们奋不顾身的行为表示赞赏。事实上，日本非政府组织非常活跃的国际贡献已成为提高日本国家形象，增强日本软实力的重要推手。

进入新世纪以后，随着日本非政府组织在国际舞台上的日渐活跃，日本政府特别是外务生也开始下大气力予以扶持。日本政府用ODA的资金建立了"日本NGO连携无偿资金合作"、"草根性技术合作"等基金，并通过实施"支援改善NGO环境事业"，定期与NGO代表进行对话，提高日本非政府组织的活动能力和水平。目前，全世界共有约3000多个非政府组织得到联合国经社理事会认可，并被允许其对话与合作。其中，总部设在日本的就有40多个。虽然其数量和规模还有待进一步提高，但能够有这样的地位已属不易。这也是日本发挥国际影响力的重要方面。

二、联合国改革与日本的"入常"夙愿实现的前景

可以说，日本从1956年加入联合国以来一直渴望着提高自己在这一世界最大的国际间国际组织内的地位。而从冷战结束以后特别是进入新世纪以后，跻身联合国安理会常任理事国行列，拿到一张可以随时与会的"永久入场券"便成为它孜孜以求的一大外交目标。

---

① （日）日本国际合作NGO中心统计，见http：//www.janic.org/about/index.php。

2004年至2005年间，在时任联合国秘书长安南的强力推动下，围绕这一机构的改革问题曾经有过一场集中的议论。梦寐以求的“入常”目标似乎马上就能实现，最终却因为日本、印度、德国和巴西“四国集团”方案未能得到亚洲、非洲两大“票田”的支持而功亏一篑。这次“入常”冲刺失利后，日本国内虽然普遍有一些埋怨、沮丧和失落感，但朝野两大阵营的政治家谁也没有彻底放弃“入常”的夙愿。

曾经为这次“入常”冲刺拼搏效力的前日本驻联合国副代表、东京大学教授北冈伸一认为日本还有希望。他是如此分析的：“拥有特权的一方通常是反对扩大这种特权的。但是，法国作为安理会常任理事国却是‘四国提案’的共同发起国之一，英国虽然没有加入，但它是支持这一方案的。因为日本和德国是具有相当经济实力的民主主义大国，印度、巴西既是‘金砖四国’成员，又是民主主义国家，这些国家加入安理会后，时而牵制美国逾越常规的行动，时而又给美国以强有力的支持，这就加强了安理会的功能。”①

正如在本书第四章中所介绍的，日本在2004至2005年这次“入常”冲刺失败后，痛定思痛，采取了一系列打“补丁”的措施。例如，致力于改善与中、韩等亚洲邻国的关系，大力经营非洲这块大“票田”，在继续加强与印度、德国、巴西等“入常”伙伴国政策协调的同时，努力敲实美国对日本“入常”的支持，不放弃单独进入安理会常任理事国行列的机会。

促使日本实现“入常“夙愿上的有利因素还包括：

第一，联合国安理会改革问题仍然是国际社会的热门话题。例如，在2006年的第61届联合国大会一般辩论中，发言的191个国家中有相当于2/3的128个国家在发言中提到有必要对安理会的组成进行改革；而2007年的第62届联合国大会一般辩论中，发言的189个国家中有99个国家主张改革安理会。另外，在2008年召开的第63届联合国大会专门审议了安理会改革问题。有59个国家发了言，其中35国赞成常

① （日）北冈伸一：“从灵活开展联合国外交着手，实现日本外交的活性化”，《外交论坛》，2009年11月号，第15、16页。

任理事国和非常任理事国的数量都要增加，9个国家仅支持增加非常任理事国名额。联合国从2009年2月19日起，在非正式会议上开始讨论安理会改革问题，主要围绕：增加安理会名额问题；否决权问题；地区代表性问题；安理会扩大到何种规模问题；安理会的运作方式以及安理会与联合国大会的关系问题，等等①。

第二，美、英、法等安理会常任理事国力挺日本“入常”。2008年10月，日本第10次当选为安理会非常任理事国以后，英国驻联合国代表以及美国驻联合国副代表在表示祝贺时相继表态支持日本成为安理会常任理事国。② 2010年3月29日，法国总统萨科奇在美国的哥伦比亚大学发表演讲时就联合国安理会改革问题如此表态说：“常任理事国被二战的战胜国占据，亚洲、非洲以及南美的大国没能加入，这种现状对解决21世纪世界安全保障问题不适用……作为世界第二经济大国的日本因为在二战时是战败国所以不能成为常任理事国，这很奇怪。”考虑到鸠山内阁正在全力推进“东亚共同体”构想，如果日本“回归亚洲”的努力得到大多数亚洲国家的认同，或许能够为日本获得所在地区国家的选票。从这一意义上可以说，日本“入常”的前景也许出现了曙光③。目前，公开表态反对日本“入常”的似乎只有朝鲜一国，这自然对日本“入常”有利。有分析家认为，一旦联合国就常任理事国进行选举，恐怕非日本莫属。

第三，日本正试图通过逐步累积的方式为“入常”创造条件。首先是逐步增加担任联合国高级职务的日本人数量。目前，日本无论是人数还是级别都超过了安理会常任理事国的中国。例如，负责人道主义问题的联合国副秘书长大岛贤三、国际原子能机构秘书长天野之弥、联合国教科文组织秘书长松浦晃一郎等都是日本人。值得注意的是，日本近年

① （日）外务省：“安理会改革的经过与现状”，见外务省网站：http：//www.mofa.go.jp/mofaj/gaiko/un_kaikaku/kaikaku.html。

② （日）中前博之：“美英表示支持日本成为联合国安理会常任理事国”，《日本经济新闻》，2008年10月18日。

③ 蒋丰：“日本联合国‘入常’目标似见曙光”，2010年4月1日，环球网：http：//opinion.huanqiu.com/column/column1/2010－04/765773.html。

来积极参与联合国一些议案的出台，发挥了重要的作用。例如，2006年10月14日，日本利用担任安理会轮值主席的机会，一手撮成了谴责朝鲜核试验的1718号决议和安理会主席声明的问世。2010年4月，日本再次担任安理会轮值主席，冈田克也以外相身份亲赴纽约，就国际社会共同构筑和平问题举行公开讨论，大大地“秀”了一把。

不过，日本真要实现“入常”的夙愿，依然存在着很多变数。安理会改革问题涉及修改联合国宪章问题，加上有关各方的利益对立，在短时期内很难取得共识。如果联合国大会一直搁置有关安理会改革问题的表决，日本就很难有机会出头。加上日本这一次担任的安理会非常任理事国任期即将届满，按规定要轮空2年后才能再次竞选这一位置。而目前亚洲已经有很多国家报名参选。由于印度、韩国等多年未当选非常任理事国，日本与它们竞选的话胜算把握未必很大。

联合国宪章中“旧敌国条款”的存在也是日本圆“入常”梦的一大障碍。联合国宪章中第77条、第107条都是涉及德国、意大利、日本等二战中盟国的敌国的。虽然1995年的第40届联合国大会就通过修改联合国宪章、删除“旧敌国条款”问题通过了有关决议，但由于牵涉到扩大安理会等棘手问题，一搁就是15年。在一定程度上也造成了日本的困惑。

从上述分析来看，如果联合国安理会进行改革，无论是基于哪一种方案，日本都有可能实现其夙愿。但由于各种复杂的历史因素，日本“入常”的前景未必是十分乐观的。

三、围绕气候变化框架协议的国际博弈和日本的历史机遇

进入新世纪以后，气候变化问题越来越受到国际社会的关注，成为主要大国与跨国公司、非政府组织间博弈的焦点。在这场国际博弈中，日本凭借自己所拥有的先进的节能技术和环境保护技术，在气候变化问题上采取较为主动的行动，不仅占据了道义上的制高点，也为日本在国

际社会普遍瞩目的领域赢得话语权和主导权开辟了广阔的空间。

自从联合国于1992年在里约热内卢召开首届气候变化峰会，通过《联合国气候变化框架公约》（UNFCCC）后，气候变化问题日益成为全球性的议题。1997年，由条约缔约国第3次会议通过的《京都议定书》，首次对发达国家在2008至2012年间减排温室气体的目标作了具体规定：与1990年相比，日本要削减6%、美国削减7%，欧盟削减8%。截止到2010年3月，全世界已有189个国家以及欧盟批准了《京都议定书》。为了磋商2013年以后的减排目标，让参加制定最后却退出《京都议定书》的美国重返这一框架协议，并发挥中国、印度等发展中大国在减排温室气体中的作用，包括日本在内的各主要大国以及非政府组织进行了一系列的磋商和谈判。毫不夸张地说，气候变化问题与核不扩散、金融危机同为当今世界的三大全球性挑战。

日本从安倍内阁提出"美丽星球50构想"、福田内阁倡导"凉爽地球"计划以来，在气候变化问题上一直持比较积极的立场。2009年9月22日，甫告上任的日本新首相鸠山由纪夫在纽约举行的联合国气候变化峰会上宣布，日本将力争到2020年将温室气体排放量较1990年削减25%。鸠山的发言数次被与会者热烈的掌声打断。这是近30年来出席联合国大会的12位日本首相绝无仅有的特殊待遇。它从一个侧面反映了国际社会对日本在气候变化问题上发挥中流砥柱作用的极大期盼。

3个月后的12月7日至19日，《联合国气候变化框架公约》缔约国第15次会议（COP15）、《京都议定书》缔约国第5次会议（CMP5）在丹麦首都哥本哈根召开。全球193个国家的环境部长和政府首脑与会，堪称历史上规模最大也是最重要的一次环境盛会。会前，许多与会国都作出了减排温室气体的承诺，如美国宣布2020年温室气体比2005年减排17%，中国宣布2020年将单位GDP碳排放比2005年减少40%～45%，巴西、印度尼西亚和韩国也亮出了减排温室气体的"硬目标"。但是，这次为期13天、被媒体形容为拯救地球的会议却没能在哥本哈根上演令人惊喜的童话。

围绕减排温室气体的谈判说到底是世界各国抢占低碳经济控制权的

一场博弈。美国和欧盟等发达国家试图抛弃《京都议定书》，抹杀“共同但有区别的责任”原则；中国、印度、巴西、南非和77国集团坚持《京都议定书》继续有效，要求发达国家承担2013年以后的第二承诺期减排指标，并应考虑落后国家、岛屿国和非洲国家在应对气候变化方面的特殊需求，在解决资金和技术转让问题上表现出诚意来。日本基本上与美欧发达国家站在一起，而且给鸠山首相提出的减排25％的目标设置了先决条件，即必须是在所有的主要排放国都参与、建立了公正而富有实效的机制。这显然比日本早先的立场有所后退。

经过与会国的共同努力，哥本哈根峰会最后通过了一份不具约束力的《哥本哈根协议》。其内容包括：（1）减少全球温室气体排放，将全球温度的升幅限制在2℃以下；（2）提出到2012年提供用于立即行动的300亿美元的短期减排资金和到2020年每年1000亿美元的长期融资计划；（3）设立支持技术转让和林业管理的机制；（4）对于发达国家提供的减排和适应资金将进行衡量、报告和核查，对于发展中国家采取的减缓行动将在各自国内接受衡量、报告和核查。

鸠山首相在哥本哈根会议期间显然没有像3个月前纽约的联合国气候变化峰会上那么受欢迎。人们的注意力完全被中国、印度等新兴大国与美欧间的激烈争论所吸引了。但是，鸠山在哥本哈根的首脑会议上依然重申了他有关减排25％温室气体的主张，并参与了《哥本哈根协议》的起草。在这次会上，日本环境大臣小泽锐仁宣布如果会议能就减排问题达成协议的话，日本将在2012年前的3年间向积极参与减排温室气体的发展中国家以及受气候变化影响较严重的发展中国家提供总额为1.75万亿日元（约合150亿美元）的援助。其中，1.3万亿日元（约合110亿美元）来自政府预算。这一措施受到与会者的欢迎，也为最终协议的出台助了一臂之力①。

根据哥本哈根会议的要求，日本政府于2010年1月26日召开阁僚

① （日）日本政府政府代表团：“COP15和CMP5的概要”，2009年12月20日，外务省网站：《气候变化框架公约》缔约国第15次会议（COP15）、《京都议定书》缔约国第5次会议（CMP5）。

会议再次确认了在主要排放国参加的前提下，日本将减排温室气体25%的方针，并于同一天向气候框架条约秘书处提出了正式报告。

根据有关统计资料，日本目前排放温室气体总量占全世界的4%，到2020年减排25%似乎对改善地球环境并没有什么决定性的作用。但这一举措的象征意义却不可低估。事实上，能不能在发展低碳经济中处于领先地位，推行更加环保的生产方式和生活方式，树立真正负责任的环保的形象，关系到有没有资格成为世界领袖的问题。这也就是日本从安倍、福田、麻生到鸠山历届内阁之所以在气候变化问题上倾注巨大精力的深层原因。

哥本哈根会议后，鸠山内阁面临在野党和产业界的激烈抵抗，在继续加强与主要大国磋商的同时，以《地球变暖对策基本法案》为中心，大力推进发展低碳经济、减排温室气体的方针。2010年3月12日，内阁会议通过了《地球变暖对策基本法案》。其要点是：在主要大国都参与、建立了公正而富有实效的机制的前提下，到2020年为止将日本的温室气体排放量削减25%，到2050年为止削减80%；到2020年，可再生的资源将占日本一次性能源供应总量的10%；创设国内的碳排放交易制度，在引进环境税的同时对现行税制进行修改，同时对可再生能源实行全额、固定价格回购；继续推进能源领域的技术革新、普及节能教育，促进市民的自发行动，等等①。

这项法案已经在2010年5月14日由众议院环境委员会通过，一旦得到国会认可，它对日本发展低碳经济、减排温室气体的影响将是十分巨大的。不过，日本能源利用效率在发达国家早已名列前茅，而风能、太阳能等可再生清洁能源在短时期内尚难形成可观规模，要实现减排25%的目标，大力发展清洁能源的核能是最有效的解决方案。日本已经是仅次于美国、法国的世界第三核能大国，53个核电站的年发电总量为4800万千瓦。根据经济产业省推出的新版本能源基本计划，日本在

① （日）环境省报道发表资料："有关内阁会议通过的《地球变暖对策基本法》"，2010年3月12日，环境省网站：http：//www.env.go.jp/press/press.php？serial=12257。

2020 前将新建 9 个核电站，2030 年前共完成 14 个核电站的建设，届时日本核电占发电量的比重必须从目前的 25.6%提高到 40%左右，核电站利用率从现在的 60%提高到 90%。

2010 年 5 月 6 日，日本设在福岛县敦贺市的快速增殖反应堆在发生钠冷却剂泄露事故停止运营 14 年后再次启动。“文殊”的年设计发电量为 28 万千瓦时，其最大的优点是可利用高裂变钚燃料进行发电，反应堆产出的燃料量多于消费量。“文殊”在达到临界点后可望在 2013 年正式运营。“文殊”的重启标志着日本的核电事业迈入了一个新的阶段。①

如果“文殊”能在核燃料的再循环利用方面处于世界领先地位，势将大大增强日本在发展低碳经济、减排温室气体方面的话语权和主导权。从这个意义上说，日本的国际地位在新世纪将会进一步上升，作为世界格局多极化的一极发挥重要的作用。

① 王洋：“日本重启快速增殖反应堆‘文殊’”，《中国日报》，2010 年 5 月 6 日。

第九章

制约新世纪日本对外战略构想实施的内外因素

如前所述，从世纪之交开始，日本国内出现了一股罕见的“战略热”。历任首相都热衷于发表带有浓厚个人色彩的战略构想。中央各省厅则陆续推出了一系列冠之以“战略”字眼的政策报告，其数量呈逐渐增多的趋势。各家智库、传媒以及学者们也纷纷就日本未来的战略取向发表意见，其覆盖面之广、涉及政策调整的幅度之大，堪称空前未有。这些战略或战略构想已经在相当程度上影响和规范着日本新世纪的发展道路。

但是，人们也注意到，日本在外交、军事、经济和文化领域的战略和战略构想缺少关联性和整合性，在实施过程中经常会有摇摆和波动。是什么原因造成这种状况呢？究竟有哪些内外因素制约着新世纪日本对外战略的出台与实施呢？

第一节　日本的战略定位与国内体制的约束

“外交是内政的延续”，任何一个国家的对外战略都是包括公众舆论、价值观在内的国内政治、经济、社会与文化的延续。这种延续有着双重的含义：它一方面是政治、经济、社会等动态的延续；另一方面也是国家基本框架、基本结构等制度的延续。新世纪日本对外战略在酝酿、制定和具体实施过程中不可避免地要受到国内体制的严重制约。

一、和平宪法：走向"正常国家"的法律障碍

日本现行的宪法是1947年颁布实施的。其中第2章第9条共有2款，内容如下："日本国民衷心谋求基于正义与秩序的国际和平，永远放弃以国家权力发动的战争、使用武力或武力威胁作为解决国际争端的手段。""为达到前项目的，不保留陆海空军及其他战争力量，不承认国家的交战权。"世界上，只有哥斯达黎加等少数国家在宪法中载有放弃战争的条款。这是保证日本不再走上战争道路的一种自我约束，也是一种国际承诺。

这部"和平宪法"给日本带来半个多世纪的和平。朝鲜战争爆发后，日本政府按照美国占领当局的指令，成立了警察预备队，随后将它变成了保安队、自卫队。通过对宪法的解释，自卫队不仅没有因为它是宪法明令禁止拥有的武装力量而被注销"出生证"，反而逐渐壮大为东亚地区一支训练有素、装备精良的准军队。但是，它毕竟没有对外发过一枪一炮，也没有一个人在任何一场战斗中死伤。这在世界上是颇为罕见的。

战后，日本围绕这部宪法尤其是其中的第九条是否需要修改或保留一直有着激烈的争论。政治家也因此分成"修宪"派和"护宪"派两大阵营。由于日本国民中存在着强烈的和平愿望，以自民党"鹰"派为代表的"修宪"势力始终未能得逞，相反，由于禁止自卫队派兵出国的国会决议以及"非核三原则"、"武器出口三原则"陆续出台，它们与宪法第九条一起构成了确保日本在战后走和平道路的自我约束的法律框架。

但是，这一框架在海湾战争以后渐趋削弱。海湾战争是冷战结束后爆发的第一场局部战争。它给日本的"一国和平主义"划上了句号。日本政坛的"修宪"派政治家利用民众情绪的变化，特别是美国对日本

“只出钱不出力”的严厉批评，掀起了新一轮“修宪”的高潮。他们一方面大造舆论，将宪法第九条“妖魔化”为日本履行国际贡献的“最大障碍”；另一方面则不断出台新法律，致使宪法第九条的规定名存实亡。从1992年以后，诸如《联合国和平活动合作法》、《周边事态法》和“有事法制”等陆续出台，自卫队派兵出国的门槛大大降低。日本用“切香肠”的办法，突破现有宪法的限制，距离可以从事战争的“正常国家”越来越近。

事实上，日本的“修宪”派一直谋求使宪法与它们认为的“正常国家”的国际标准相一致。1994年11月3日，日本发行量最大的《读卖新闻》在第一版刊登了该报社长渡边恒雄主持起草的“修改宪法草案”，这是战后第一次系统修改宪法的尝试。6年后，《读卖新闻》推出的第2次“修改草案”中更明确写上“必须保持用于自卫的军队”、“要向国际组织派遣用于自卫的军队以开展国际合作”。2005年8月1日和10月12日，执政的自民党新宪法起草委员会分别发表了“新宪法第一次草案”和“新宪法第二次草案”，其主要内容包括将自卫队改为“自卫军”、设立军事法庭，等等。11月22日，在自民党成立50周年纪念大会上，自民党的“新宪法草案”正式问世。美国报纸称此举“表明东京在摆脱帝国过去的影响、重新成为正常国家的道路上迈出了新的一步”①。

由于自民党在同年10月的众议院选举中获得压倒性胜利，加上公明党的席位已超过修改宪法所必须的2/3多数。宪法第九条实际上已成为一层随时可能被捅破的“窗户纸”。

2006年9月29日，接替小泉纯一郎出任首相的安倍晋三在国会发表施政演说时明确提出：“我将就宪法如何与新时代相符合的问题与朝野各党深入议论，希望能由此形成明确的方向。”② 这是1955年自民党

① （美）托马斯·曼肯：“日本在国际安全事务中的角色”，《华尔街日报》亚洲版，2005年12月1日。

② （日）安倍晋三：“在第165届特别国会上的施政演说”。见www.kantei.go.jp/abespech/2006/09/29suosin.html。

第一任总裁鸠山一郎在国会呼吁修改宪法后，51 年来唯一的一位在施政演说中提及修宪的自民党总裁。在安倍的强势推动下，2007 年 4 月 13 日、5 月 14 日，日本的众参两院分别通过了《国民投票法》。这是战后第一部涉及宪法修改手续问题的法律。日本的“修宪”派从来没有像现在这样接近他们梦寐以求的目标。

可是，谁也不曾料想到修宪大业居然会在只差“临门一脚”的时候嘎然而止。在 2007 年 7 月 29 日举行的第 21 届参议院选举中，由于安倍内阁接连发生阁僚失言及受贿丑闻，自民党遭到空前惨败，失去了控制参议院所必须的过半数席位。日本政局由此进入了一个相对动荡的时期。由于民主党的反对，众参两院按照《国民投票法》必须设立的常设机构“宪法审查会”陷于难产，安倍本人也在随后不久黯然引退。

安倍卸任后，自民党先后推出福田康夫、麻生太郎出任首相，但它毕竟气数已尽，毫无回天之力了。2009 年 9 月 16 日，鸠山由纪夫出任民主党、社民党和国民新党联合政权的首相。民主党主流派对修改宪法比较谨慎，而社民党从其前身社会党起一直由坚定的“护宪”派掌权。新政权态度鲜明地对自民党时期推动的修宪活动扳下了刹车闸。2010 年 1 月 20 日，鸠山首相在众议院全体会议上明确表示：“我作为首相，有尊重和维护宪法的义务。在我的任期内将不会考虑修改宪法。”①

日本的民意也在悄悄地发生变化。2004 至 2005 年，日本传媒进行的舆论调查表明，赞成修宪和容忍修宪的比例合计达到 60％至 80％。其中，针对宪法第九条是否需要修改的提问，“日本舆论调查会”的结论是赞成 57％、反对 36％，NHK 则是赞成与反对都是 39％。这一结果让“修宪”派备受鼓舞而“护宪”派则产生前所未有的危机感。但是，2007 年以后，随着日本国民中自民党的支持率每下愈况，在修宪问题上的风向似乎又转了过来。《读卖新闻》在这一年 4 月进行的舆论调查表明，虽然被调查者半数以上赞成修宪，但比例大幅度下降。而针对宪法第九条是否需要修改的提问，明确表示可以修改的只占 35％，主张“不必修改宪法条文、重新解释就可以”或者“必须严格遵循”的

① （日）“鸠山首相任内不考虑修改宪法”，时事通信社，2010 年 1 月 20 日。

倒是占了60%以上。2008年4月，该报就同样问题进行的舆论调查表明，反对修宪的为43.1%，而赞成修宪的却降为42.5%①。虽然只有微弱的差距，但与三四年前相比完全逆转过来了。

由于日本国民已经普遍接受自卫队的存在，所以，在日本的和平宪法继续生效的情况下，最让日本政坛一些政治家头疼的就是所谓的“集体自卫权”问题了。而自卫队迈向正式军队的最后一个障碍就是所谓不准行使“集体自卫权”的政府解释。

本来，按照《联合国宪章》第51条的规定，任何一个会员在遭到武力攻击时，在安理会采取必要办法，以维持国际和平及安全之前，不得禁止会员国“行使单独或集体自卫之自然权利”。《北大西洋公约》、《华沙条约》等国际条约中也载明会员国有行使“集体自卫权”的权利。日本作为联合国的一个会员国，在拥有“单独自卫权”的同时，拥有“集体自卫权”似乎是天经地义之事。

问题是《日本国宪法》中明文规定“永远放弃作为国家主权发动的战争、武力威胁或使用武力作为解决国际争端的手段”，“为达前项目的，不保持陆海空军和其他战争力量，不承认国家的交战权”。这一规定显然是与“集体自卫权”相抵触的。1983年2月，时任内阁法制局局长的角田礼次郎在国会答辩时曾明确提出行使“集体自卫权”是“违反宪法”的解释。此后，历届内阁尽管对“单独自卫权”一再放松尺度，但在“集体自卫权”问题上一直沿用内阁法制局解释的“口径”，不敢越雷池一步。

冷战结束后，日本国内鼓吹“改宪”和必须拥有“集体自卫权”的主张再次甚嚣尘上。前首相中曾根康弘的智囊、世界和平研究所代理所长佐藤诚三郎撰文呼吁，日本应该摆脱“战后”意识，对地区争端不能仅局限于采用经济合作手段，而且言之凿凿地说《日本国宪法》并没有明确表示日本放弃集体自卫权。一些人还危言耸听地提出，如果日本在国际秩序受到挑战时不和美欧国家一起行动，就有成为“国际孤儿”，

① （日）“读卖舆论调查‘反对’修宪43%，超过‘赞成’”，《读卖新闻》，2008年4月8日。

被抛在一边的可能。

进入新世纪后，有关“集体自卫权”问题再次成为日本政坛的热门议题。与过去不同的是，美国明显加大了对日本的压力。2000年10月问世的“阿米蒂奇报告”明确提出，“集体自卫权”问题已经成为美日合作的障碍，希望日本能够早日解决。阿米蒂奇踢的这一“脚”无疑让陷于胶着状态的这一议论再次趋向高潮。但是，小泉在其任内虽曾明确表示自卫队就是军队，但慑于舆论的反对，在解禁“集体自卫权”问题上始终采取谨慎态度。“鹰”派色彩极浓的安倍晋三继任首相后，情况迥然一变。

2006年9月29日，安倍晋三在首次发表的施政演说中如此暗示：“是不是在任何情况下都不能行使宪法所禁止的集体自卫权，要根据个别的、具体事例很好地加以研究。”翌年4月25日，根据安倍的指示，日本成立了以前驻美大使柳井俊二为首的、名为“有关重新构筑安全保障法律基础的恳谈会”就“集体自卫权”问题进行研究。恳谈会讨论的问题有：日本发现飞向美国的弹道导弹要不要拦截？在公海上与日本海上自卫队舰艇并行的美国军舰遭到攻击要不要进行反击？据日本媒体透露，恳谈会的多数成员历来主张通过修改宪法解释使日本得以行使“集体自卫权”，结论其实在讨论之前就已经一目了然。其最终报告很可能使日本得以堂而皇之地行使“集体自卫权”。

但是，自民党的执政伙伴公明党在“集体自卫权”问题上态度比较消极。公明党委员长太田昭宏明确表示，“集体自卫权”问题可以讨论，但绝对不能行使。日本的民意则作出更明确的拒绝反应。共同通信社在2007年5月12日、13日进行的舆论调查表明，62%的被调查者不同意修改有关“集体自卫权”的宪法解释，比一个月前的调查上升了7.4个百分点；主张修改宪法解释后行使“集体自卫权”的回答占调查总数的13.3%（下降5个百分点）；主张修改宪法后行使“集体自卫权”的则为19.1%（上月是18.7%）①。显然，安倍的顶风硬干是缺乏民意基

① （日）“有关行使集体自卫权的宪法解释62%主张不必修改”，共同通信社，2007年5月13日。

础的。

2007年8月，随着自民党在参议院选举中的惨败，安倍政权呈分崩离析状态。由于公明党的消极态度，执政联盟内部慎重论占了上风。安倍这次试图突破“集体自卫权”“禁区”的试探只得草草收场。柳井恳谈会的报告书最终也被搁置在一边。[①] 以后的历届内阁在“集体自卫权”问题上再不敢有大动作。

尽管这些年来，日本的和平宪法特别是宪法第九条一直被肢解和歪曲，处于名存实亡，“捅破窗户纸”已经是时间早晚问题，但是，只要这部宪法依然存在特别是宪法第九条继续得到大多数国民的认同，日本要走向“正常国家”还是障碍重重。

二、决策体制：形成共识的艰难历程

自从1955年以来，自民党除了1993年7月至1994年6月有过一段短暂的下野经历，半个多世纪来一直垄断着日本的最高权力，称得上是一种超级稳定结构了。不过，自民党从成立以来就是派系林立、纷争不已的。各派势力纵横捭阖、聚散离合的结果，导致内阁更迭十分频繁，称得上是“闹哄哄你刚唱罢我上台”。往往坐上大臣位置，席不暇暖便不得不交权走人。难怪有人调侃说日本是“批量”生产“部长”（大臣）的国家。据统计，从进入平成年代到麻生太郎辞职，短短21年里日本先后诞生了14名首相。扣除任职时间长达5年半的小泉纯一郎，其余13名首相平均每人在位仅1年2零个月。这在发达国家中是颇为罕见的。

总体而言，日本独特的政治体制使得它很难推行一种时间跨度较大、需要多方协调、比较系统和具有整合性的对外战略。特别是进入新世纪以后，日本国内政治生态上发生的一系列变化使日本在酝酿和制定对外战略的体制性难度不断增加。其主要表现是：

---

① （日）“集体自卫权：安保恳谈会报告被搁置对法制化持慎重态度”，《每日新闻》，2007年8月5日。

第一，选举制度的改革加剧政局的动荡。

日本从1996年起在众议院选举中引进了小选举区比例代表制并立的选举制度。在总共480个议席中，300名由300个小选举区产生，每区1人，另有180名在11个比例代表区按照政党得票数分配。进入新世纪后，日本分别在2003年10月、2005年9月和2009年8月举行了第43届、第44届和第45届众议院选举。引进小选举区制的初衷是要加快日本政党轮替的步伐。但这样做的结果是彻底打破了几十年来朝野力量对比相对稳定的局面。引进小选举区制度后，政党间在得票率上十个百分点上下的差距就会造成数倍的席位差距。例如，在2005年9月的第44届众议院选举中，自民党和民主党在小选举区的得票率分别是47.8%和36.4%，自民党比民主党仅仅多11.4个百分点。但两党获得的席位却分别是219对52，差了3倍多。加上比例代表区的席位，自民党总共获得296席，远远超过民主党的113席。然而，4年后的第45届众议院选举却完全倒了过来。民主党在小选举区获3347万票，占总票数的47.43%，自民党2730万票，占总票数的38.68%，但两党所获议席分别为221席和64席。这就意味着两党的得票率相差8个百分点，而议席却相差157席。加上比例代表区的席位，民主党总共获得308席，压过了自民党的119席。

其实，凡是实行小选举区制度的国家都有类似的大起大落的现象。例如，1993年加拿大联邦议院改选，进步保守党从选举前的154席跌至2席（总议席295），被迫交出政权；1997年英国下院选举，保守党从选举前的321席跌掉差不多一半（总议席695），只得将政权让给工党。

从20世纪50年代中期到90年代中期，日本的内阁更迭多半是自民党内各个派系轮流坐庄。20世纪90年代中期的选举制度的改革却导致自民党完全失去了对众参两院的控制地位而被迫下野。这一改革导致的结果是朝野政党都不得不将大量的精力放在选举上，而“政局比政策更重要”也就成为日本政坛最流行的一句话了。它对日本对外战略的影响至少反映在两个方面：一是朝野易位、政党轮替将打破政策的连续性；二是执政者不得不用选民能够理解、容易见效作为有关战略和政策采纳与否的“硬”指标。国家的长远利益被迫让位于政党夺取和保持政权的眼前需要。

第二，“剧场政治”的盛行压抑政策的创新。

进入新世纪以后，日本选民的“脱离政党”化趋势日益明显。朝野政党的传统支持基础越来越靠不住。例如，农协、医师会和特种邮政局长之会曾经是自民党旱涝保收的“票田”，而最大工会“联合”及其800万会员则是民主党十分倚重的政治资源。但从最近3次众议院选举来看，传统政党的支持团体逐渐弱化，组织票越来越不可靠，而不支持任何政党的所谓无党派群众已接近选民的50％。而恰恰是这些无党派阶层决定着朝野政党的命运。2005年9月的众议院选举，自民党大获全胜的原因就是成功地争取到无党派阶层的选票，而同样是无党派阶层的选票在2009年8月的众议院选举中将自民党打入失败的地狱。

那么，如何才能将为数众多却缺乏组织、十分散漫的无党派阶层拉到自己一边呢？于是乎，“剧场政治”便在新世纪的日本政坛应运而生。“剧场政治”的始作俑者是小泉纯一郎。他上任以后，把政治演艺化，不断地制造惊奇，耸人听闻。最典型的是2005年9月的众议院选举。小泉先是将反对邮政改革的保守派议员统统开除出自民党，接着又向他们所在的选区派遣所谓的“美人刺客”，将平时不关心政治的家庭主妇和年轻人的注意力都吸引了过来，吊足了胃口。“小泉剧场”一词因此获得2005年日本流行语大奖。一时间，“剧场政治”成为朝野两大阵营的政治家们争相效法的对象。从拉拢明星、名模竞选、出演电视开口秀，到曝光内幕新闻、故作惊人之语，可以说只要是能吸引人们眼球的，无所不用其极。在选民参政意愿日趋降低的情况下，“剧场政治”似乎成了政治家的必修课。据说，小泽一郎培养政坛新秀的“小泽塾”传授的就是如何演讲、如何与人握手寒暄的诀窍。

“剧场政治”大行其道的结果就是政治家在有关国家战略和对外政策上的创新意识日渐低下。这些年来，日本政界最流行的一句话就是：“政界的事情除了眼皮底下以外其余都是漆黑一团。”正如森岛通夫在《透视日本：兴与衰的怪圈》一书中所指出的，日本的政治家完全忘记了政治家所应当有的姿态，即作为政治家应当为全体国民争取更大的利益提出新的政治方案并加以实施。[①] 事实上，不论朝野哪一个政党的政治家，除了个别的例外，几乎都把精力集中在如何让本选区的选民继续投自己的票以及如何在党派间、派系间的角逐中最大限度地捞取实惠。而在朝野各党内部，从上到下推崇国会辩论中问倒对手和制造议题的能力甚于提出新的政治构想和制定政治纲领的能力。政治家们很少亮出自己的观点，却专拣民意调查中支持率较高的话题加以阐述和发挥，甚至不惜迎合和煽动选民中的某些不健康的情绪。这种状况如果不能迅速改变，很难想象今后一段时间日本的政治家能不断推出具有宽广视野和深远战略意义的治国方略。

第三，“政”“官”博弈的激化导致决策的混乱。

日本的官僚队伍是一支人数少、素质高、组织严密、社会渗透力很强的群体。尽管日本内阁更迭犹如走马灯一般频繁，但由于官僚队伍的存在，社会总体能保持稳定。日本政界一向流行“卡拉 OK 文化”之说，即政治家在国会和内阁的发言、提案，最终都是出于官僚之手。从新世纪日本推出的一系列对外战略来看，绝大多数是官僚们精心谋划的产物。

不过，和任何国家一样，日本的官僚们也有一种自我扩张、谋求特权的本性。各个省厅都把人事权紧紧抓在手里，升迁奖惩均由自己做主，不容政治家置喙。而退职高官到所属法人团体拿高薪、享清福的所谓“天神下凡”制度也是神圣不可侵犯的。不过，从 20 世纪 90 年代“泡沫经济”瓦解后，经济持续滑坡的事实粉碎了日本“官僚万能”的神话，一系列的渎职、贪污丑闻更加剧了国民对官僚体系的不信任。打破“官僚主导”的呼声不断高涨。

作为新世纪诞生的第一个首相，小泉纯一郎一贯标榜要打破“官僚主导”。他曾尖锐地批评说：“现在日本的状况不是‘主权在民’而是‘主权在官’。官僚们拥有绝对的权力。这是所谓官尊民卑的风源所

---

① （日）森岛通夫著：《透视日本：兴与衰的怪圈》，中国财政经济出版社，2000 年 8 月第 1 版，第 276 页。

在。”[①] 他上任不久便对官僚体制出手，诸如出台《公务员改革大纲》，规范官僚的行为准则；大胆启用民间人士，向各省厅“输血”；废除各省厅官僚以“政府委员”身份在国会回答议员质询的特权，等等。他所推行的道路公团、邮政事业的民营化，从某种意义上也是对“官僚主导”格局的一种冲击。

民主党在打破“官僚主导”上比自民党还激进。鸠山由纪夫上任后就有一些大刀阔斧的举措。例如，废除沿袭123年的事务次官会议制度，夺回政策决定权；取消高官退职后到公营事业担任负责人的“天神下凡”制度；削减公务员的薪水，清理各省厅的“小金库”，等等。

这些年来，霞关的官僚们为维护自己的特权，一直与朝野政党推行的“政治主导”进行着或明或暗的较量。进入新世纪以后，“政”、“官”之间的第一场角逐始于外务省。田中真纪子作为历史上第一位女外相，甫告上任便与外务省官僚发生激烈冲突。一度曾冻结外务省人事任免，发出不准外务省事务次官野上义二等进入自己办公室的“禁足令”，等等，直至在2002年1月，与外务省事务次官野中尚一对簿国会，最终双双解职；2007年8月，就任防卫大臣刚满一个月的小池百合子试图让官房长西川澈矢接替原防卫省次官守屋昌彦的职务，遭到防卫省官僚的强烈抵制最终只能收回成命，接受守屋早已内定的次官人选；从2006年底到2007年7月，安倍晋三在首相任内任命的农林水产大臣接连落马，有消息说是缘于官僚们有意泄露其掌握的丑闻情报。2009年9月，民主党执政后，霞关更刮起了一股“离职”风。在一些中坚干部卸任后，有关省厅精心谋划的中长期战略也因为失去了“灵魂”和“推动力”而陷于停顿。而日本检察当局与民主党干事长小泽一郎之间围绕政治资金问题的角逐也是“政”“官”博弈的一个典型事例。小泽一郎是日本政坛首屈一指的战略家，但他作为田中角荣嫡传弟子，善于敛财、散财，也是众所周知的。就在他三次连任民主党代表、春风得意的时候，东京地方检察厅特别搜查部突然大兴问罪之师，拿五六年前小泽政治资金报告中一笔“遗漏”的开支大作文章，先后逮捕和传讯了3名秘

① （日）小泉纯一郎著：《官僚王国的解体》，光文社，1996年版，第110页。

书，小泽本人也3次到庭接受询问。风波持续了近3年，小泽先是辞去代表职务改任干事长，而最后连干事长一职也保不住。检察当局采取如此大动作，固然是顺应日本民众对政治资金丑闻深恶痛绝、有“腐”必反的民意，但其背后也有维护检察官僚既得利益的考虑。因为小泽一贯主张总检察长人选必须打破惯例，选用民间人士。他还极力争取国会通过《审问可视化法案》，以便对侦讯过程进行监督。随着小泽的黯然引退，这两项对检察官僚极为不利的法案自然也就不了了之了。

毋庸讳言，在政治家与官僚间的博弈中，最受影响的自然是日本的战略决策。

第四，纵向分割的弊端影响战略的整合。

行政机构的纵向分割、各自为政差不多是所有国家都有的通病。但在日本则尤为突出。因为日本非常重视集团意识。企业普遍实现“终生雇用制度”，新职工一旦被录用，终其一生就不会有被解雇之虞，企业会负责到底，而职工也会“爱社如家”，对企业有强烈的“归属感”。日本的政府机构也是如此。尽管公务员考试是统一举行的，但录用却是由各省厅自行决定的，而新公务员按照进入官厅的所谓“年次”，循序渐进地在各部门轮岗、培训、逐级升迁直到退职后都由所属的官厅安排出路，可以说是被关怀到无微不至。这自然增强了他们对所属省厅的“忠诚感”。每一个人都把自己效忠的对象定位于具体的部门乃至上级主官，全社会的公共利益、国家的利益却成为次生的、第二位的了。

日本的行政机构就单一部门而言，可能是运转有序，效率很高的，但整体来说却由于部门间的纵向分割、各自为政、相互扯皮，不仅效率低下，而且难以形成合力。战前，日本的大本营就有陆军和海军的激烈对立，双方围绕所谓“北进”战略还是“南进”战略长期争执不下，消耗了巨大的精力。海军当局明知航空母舰的问世根本改变了海战的传统模式，但出于同陆军争夺预算的需要，仍死抱着“大炮巨舰主义”不放，最终导致在太平洋战争中一败涂地。战后，陆海空自卫队依然各自制定自己的防卫战略，各自拥有自己的指挥系统，互不通气，彼此角力。而中央各省厅间围绕预算份额、批准权限和事故责任等更是互相争夺、互相推诿，谁也不买谁的账。对霞关的官员来说，本省厅的利益往往被置于高于一切的地位，也就是日本传媒经常批评的“省益”高于“国益”的现象。

世纪之交，围绕 IT 产业究竟归哪个省厅管在霞关曾经有过一场激烈的争论。经济产业省的前身通产省从其主管半导体元件、计算机终端产业的角度，强烈主张管辖 IT 行业非它莫属；邮政省则从网络应用的角度强调自己才是这一新兴行业的合法主管；科技厅也插上了一脚，它认为从未来“科技立国”的国家发展战略出发，IT 行业让科技厅管才是唯一的答案。结果，三家各搞各的规划，相互保密，相互扯皮，贻误了发展 IT 行业的大好时机。在日本与东盟的 FTA 谈判中也有类似情况。《Foresight》如此介绍日本各省厅间的对立：“农林水产省和厚生劳动省对 FTA 持消极态度，外务省与经济产业省则围绕是多边双边孰先孰后意见相左。小泉首相虽然同东盟领袖达成了协议，却无法发挥他在这一问题上的领导权。”[①] 省厅之间的这类争吵在日本可谓司空见惯。

第五，智库功能的缺陷制约战略的深化。

和美国等发达国家一样，日本也拥有相当发达的智库群。其中，日本国际问题研究所、世界和平研究所等在国际上也颇享盛名。众所周知，美国政府的很多长期战略往往都是出自智库之手。无论是共和党执政，还是民主党掌权，都可以从智库获得大量重要的战略报告和政策建议。日本近年来也有一些智库开始在对外决策领域崭露头角。根据综合研究开发机构 2005 年发表的对各类智库研究课题的调查，国土开发、环境、交通等领域的智库接受委托研究的比例接近 90%，自主研究比例仅为 10%左右，而国际问题领域的智库自主研究比例却高达 60%。这说明日本智库越来越倾向于用自己的研究成果介入和影响日本的外交决策过程。[②]

但是，与美国智库相比，日本智库有两个比较明显的缺陷：一是精

---

① （日）加藤晓子：“从 FTA 谈判中暴露出来的日本的不作为”，《Foresight》，2003 年 2 月号，第 93 页。

② （日）综合研究开发机构：《2007 年智库动向》，http://www.nira.go.jp/doukou2007.pdf，第 24 页。

英阶层横向交流的缺失，二是资金“瓶颈”相当突出。

在日本的学术界、智库和政府部门间，不存在类似美国的那种“回转门”式人事交流。学术界崇尚“史料至上主义”，致使智库难以集聚足够的人才从事公共政策研究。政府公务员则相对来说是一个比较封闭的群体。虽然有不少退职的外交官到民间智库挑大梁甚至担任第一把手，而逆向的流动比较罕见。2002 年以后，上智大学教授猪口邦子、东京大学教授北冈伸一分别出任日本驻维也纳的裁军大使和驻联合国的副代表。[①] 2004 年，《日经商业周刊》主编谷口智彦更被任命为外务副报道官。但这些任命只是极个别的现象。而且，迄今为止还没有智库成员到外务省任职的先例。

日本现行税制中没有类似美国《联邦税法》第 501 条 C 项第 3 款的条款，智库长期来一直无法享受捐款免税的优惠。虽然 2001 年税制改革后规定特定非营利法人在满足认定基准的条件下，可获得捐款免税的待遇，但其资格审查异常严格，只有少数政府系统智库可作为“特定公益增进法人”享受捐款免税的待遇。而由于近年来日本进入“零”利率时代，依靠基金收入维持运营的智库出现难以为继的困境。2004 年 3 月，野村综合研究所将它的宏观经济分析部门“剥离”给了野村证券公司，标志着野村综合研究所正式与智库“绝缘”。《朝日新闻》在报道这一动向时不无感慨地说，日本智库已进入了“寒冬”时代[②]。

第二节　日本的战略文化与现实决策的矛盾

在第二次世界大战中，人们不止一次地发现，尽管日本的前线指挥

① 猪口邦子在 2005 年 9 月由自民党推荐当选众议员，随后在小泉内阁出任少子化大臣。2009 年 8 月决定不再竞选连任，回到学术界。

② （日）山田厚史：“野村综研停止‘综合研究’智库迎来寒冬季节”，《朝日新闻》，2004 年 6 月 11 日。

官和作战部队能有出色的发挥，武器也不差，但由于大本营甚至内阁缺乏战略思维，在宏观指导上一错再错，以致步步被动，全盘皆输，最终陷入失败的深渊。半个多世纪过去了，如今的日本已经是世界第二经济大国，在许多领域拥有无可替代的优势。然而，面对新世纪风云变幻的国际大环境，日本缺乏战略思维，或者说战略文化与实际政策相互矛盾的这一致命弱点是不是得到改善了呢？回答是否定的。

一、日本战略文化的内在矛盾

战略的底蕴和根基是思想文化。任何一个国家和民族的战略思想都深深刻上其固有的传统文化的烙印。日本也不例外，其战略思想的发展是它在长期的历史发展中形成的对利益与目标、朋友与敌人以及如何处理外部关系的习惯与传统的总和。它根植于日本民族发展的历史进程中，具有历史的继承性，既决定了日本一贯的战略偏好，也使其未来的发展具有相对稳定的战略模式。

美国人类学家本尼迪克特在《菊与刀》一书中有这样一段文字："刀与菊，两者都是一幅绘画的组成部分。日本人生性极其好斗而又非常温和，黩武而爱美，倨傲自尊而又彬彬有礼，顽梗不化而又柔弱善变，驯服而又不愿受人摆布，忠贞而又易于叛变，勇敢而又懦弱，保守而又十分欢迎新的生活方式……"[①] 看来似乎非常矛盾的两种秉性却能奇妙地结合于一体。这就是日本民族独有的民族性。事实上，日本的战略文化受这一特性的影响，从一开始就存在着若干内在的矛盾，这也是从过去到现在的日本当权者总是很难适时地提出富有前瞻性、创造性和全局性的战略规划的根本原因。

1. 锐意海外拓展和维护岛国安全的矛盾

日本是与亚洲大陆隔海相望的岛国。这一独特的地理位置使得它可以凭借舟楫之利吸收来自亚洲大陆的先进技术和文化，又可以以海洋屏

① （美）本尼迪克特著：《菊与刀》，商务印书馆，1990年中译本，第2页。

障维护自身的安全。不过，由于日本偏居东亚一隅，始终处于世界文明中心的边缘。它在贪婪吸收别国文明精髓、赞叹其博大精深的同时，又常常以妄想代替现实，夜郎自大，孤芳自赏。虽是弹丸小国，其内心充当大国的意识却比其他任何一个国家都强烈。但在向海外拓展受挫后，它又会专注于岛国自身的经略。如此周而复始，循环不已。美国学者塞缪尔斯在分析日本战略文化时就指出了这样一个事实："大陆战略还是海洋战略？力量还是财富？亚洲还是欧洲？大国还是小国？自从明治维新以来，所有这些问题都是日本安全战略中的固定话题。自从 19 世纪晚期以来，每过 10 年，大日本主义者就会遭到小日本主义者的攻击。自治主义者就会受到国际主义者的抨击。"①

日本著名文化人类学者船曳建夫则认为，从日本的战国年代，也就是欧洲殖民者刚刚进入亚洲起日本就一直在"国际国家"、"大日本主义"和"小日本主义"这 3 种对外战略的选项间摇摆不定。他在《既是右也是左，我的祖国日本》一书中如此分析：日本是一个岛国，从地缘环境来说处于亚洲大陆的中国、俄罗斯以及西洋等 3 股势力夹击之下。最早的"国际国家"路线是由织田信长所代表的，也即在尊重普遍理念的基础上向海外发展；而丰臣秀吉却企图取代中国成为东亚的盟主，这和日本在昭和年代初期推行的外交战略一样，都是主张"大日本主义"的；"小日本主义"以德川家康为代表，更正确地说是整个江户年代，日本奉行的都是"小日本主义"。船曳说："日本的对外战略的重点总是在这 3 种模式间游移，但是哪一种模式都未曾彻底地实行过。这种状况一直延续到今天。"②

塞缪尔斯和船曳的判断不尽一致，但揭示了一个共同的现象，就是日本一贯在外向发展还是内向发展的战略选择间摇摆不定。这是日本战略文化一个鲜明的特征。

---

① （美）理查德·塞缪尔斯著：《日本的大战略和东亚的未来》，上海人民出版社，2010 年中译本，第 250 页。

② （日）船曳建夫著：《既是右也是左，我的祖国日本》，PHP 研究所，2007 年 1 月版，第 50 页。

2. 强调等级观念和尊崇"和为贵"精神的矛盾

在日本的战略文化中，等级观念是根深蒂固的。在幕府时代，居于社会顶端的是将军、大名、藩主等贵族，他们世袭罔替，养尊处优。日本社会就被划分为士、农、工、商4个阶层，而光是"士"阶层就有十多个等级。整个社会强调主从关系，尊卑有序，层次清楚，泾渭分明。明治维新以后，随着日本不断向海外拓展其势力范围，这种等级观念开始由国内扩展到国际。日本一方面与它认为的具有世界支配地位的强国结盟，而结盟的对象先是英国，然后是德国，如今则是美国；另一方面，日本只要有机会就拼命朝各种力量中心的顶端攀升，如果不能在世界范围至少在东亚地区要建立一个以它为中心的国际秩序。战前，它凭借军舰、大炮拼凑"大东亚共荣圈"是一次失败的尝试，而20世纪80年代喧嚣一时的"雁行构造"也是一种由日本主导的东亚经济秩序，随着中国、印度等新兴国家的崛起，这个所谓的"日本经济圈"结束了它短暂的历史。

本尼迪克特在她的《菊与刀》一书中称日本是"唯一真正彻底的等级国家"不是没有缘由的。但是，另一方面，人们也注意到，自儒家思想传入日本起，"和为贵"的精神在日本社会一直备受尊崇。圣德太子的"十七条宪法"中，第一条就是"以和为贵"。千百年来，"和为贵"的精神似乎已经渗透到日本社会的各个层级各个角落。举凡家庭、企业、社区，无不以追求"和谐"为最高理想。人们看到日本人的彬彬有礼，举止得当，很难不同"和为贵"的传统联系起来。

在日本，强调等级观念和尊崇"和为贵"精神被奇妙地捏合在一起。"和"不一定是平等的，但却是有序的；"和"也不一定是合理的，但却是和谐的。它赋予强者以权威并助长了日本社会中"强欺弱"、"上压下"的现象，它是集体中等级的和谐①。甚至在日本中小学校园里屡禁不止的欺人行为背后，也隐藏着某种行为规范。欺侮人的有高人一等

---

① 廉德瑰："'位置意识'与日本战略文化的特点"，《日本学刊》，2007年第3期。

的感觉，被欺侮的仍然被视为集体中的一员。这种关系能从小一直维持到走向社会。成年以后，受欺侮的即使取得了成就，在新的集体不受欺侮了，一旦回到老集体，该受欺侮的还是受欺侮，他还觉得挺幸福。这里潜藏着一种日本社会结构的组织原则和思维定式[①]。

问题是日本的这种文化在国际社会是很难行得通的。在主权国家不分大小、一律平等的概念日益深入人心之际，试图建立某种主从、尊卑的秩序是注定要失败的。

3. 注重局部细节与把握发展潮流的矛盾

日本的文化是一种追求精致的文化，注重细节和局部的完美、极致和别出心裁。然而，正像"见木不见林"这句谚语所揭示的，太注重细节和局部了，就会忽略总体和大局，就不能把握大的方向，适应迅速变化的时代。

战后日本在经济恢复和高速增长时期曾经创造出令世界瞩目的奇迹，从废墟里构建起世界第二经济大国。从 20 世纪七八十年代起，日本制造的小汽车、家用电器像潮水一般涌向全球各地，如同马克思、恩格斯在《共产党宣言》中所描绘的那样，冲决了一切阻碍商品流通的长城。可是，就在美欧各国相继进入以现代服务业为主的"后工业社会"后，日本却仍然沉湎于"制造业强国"的耀眼光环，失去了与美欧同步发展金融等现代服务业的时机。按照冯昭奎研究员的分析，日本缺乏系统整合的能力。尽管它拥有人才、技术、资金等出色的部件，却未能将其整合为一个有效的系统。[②] 近 30 年来，日本每年都有许多美轮美奂、精巧新颖的汽车和家用电器问世。这也是日本人最引以为骄傲的。但是，汽车、家用电器毕竟只是制造业的一部分而不是全部。按照东京大学教授伊藤元重的说法，这两个行业再好，其总产值也只占日本国内生

① 刘晓峰：转引自朱炎："来自京都大学的 6000 册书"，《南风窗》，2008 年 5 月 21 日。见 http：//www.nfcmag.com/articles/795/page/1。

② 冯昭奎著：《21 世纪的日本：战略的贫困》，中国城市出版社，2002 年版，第 142 页。

产总值中的20%。换句话说，要提高一个班级的成绩，与其在20%的、平均成绩90分上的学生身上下工夫，不如花力气提高其余80%的、平均成绩为50分的学生学习水准更为有效[①]。从20世纪90年代以来，日本不仅在从美国兴起的、以互联网应用为标志的IT革命中落后了一大截，更在金融等服务业领域与美欧发达国家的差距逐渐拉大。在对冲基金等国际财团强有力的冲击下，日本在金融业节节败退，完全陷入了美欧各国尤其是美国设计的战略圈套。日本拥有巨额美元资产，却不得不对美国的要求言听计从，把战后几代人创造的财富统统地装进了由美国人掌管钥匙的钱柜里。

日本在外交领域也存在着同样的毛病。日本的外交官就其个人素质而言，在世界上堪称名列前茅。凡是日本外交当局下决心做的事情，不管是举办大型国际会议，还是运用ODA资金推进某一项公益事业，都会做得尽善尽美，很少有失败的。然而，它在发展与亚洲近邻的关系以及在争当联合国安理会常任理事国等带有战略性、全局性意义的事情上却往往力不从心，事倍功半。其关键在于日本的官僚们缺乏把握时代潮流、进行战略思考的能力。《日本经济新闻》在2002年“8·15”的社论中引用了一位叫永野护的政治家总结二战中日本失败时说的话。他的原话是：“日本缺乏有坚定信念和深谋远虑、能够挑大梁的人物，只有众多忙于应付眼前杂务的官僚。在各种丑闻不断的今天，日本在世界的大风大浪中只是随波逐流。”《日本经济新闻》的社论如此写道：“对日本直至太平洋战争战败的过程和今天日本走上堪称‘第二次战败’的衰退之路的过程进行比较，我们会发现两者有惊人的相似之处。”[②]

二、日本战略思维与现实决策的巨大反差

进入新世纪以后，历届政府都在拓展对外关系上倾注了巨大的热情

① （日）伊藤元重：“依靠支撑‘明天’的消费实现经济增长”，《日本经济新闻》，2008年4月16日。

② （日）社论：“国家没有从战败中汲取任何教训的悲剧”，《日本经济新闻》，2002年8月15日。

和精力。这10来年可以说是二战结束以来日本在国际事务中最活跃也是最具影响力的时期。这10年里，日本在拓展对外关系方面不乏可圈可点的表现，但也有一系列挫折和失败。仔细分析这些挫折和失败的话，除了一些外部因素难以预料和加以控制外，从日本自身的原因看，不难发现它的战略思维与它的外交实践间存在着巨大的反差。日本各政府部门即便能提出一些具有前瞻性、战略性的构想，在将它们付诸实践时还会在一些具体环节上发生“梗阻”而导致事倍功半甚至铩羽而归。下面剖析几个具体的案例。

1. 日俄领土交涉和日本谈判团队的内讧

前文提到日俄关系在进入新世纪以后出现显著改善的势头，日本放弃了“先领土后经贸”的方针，走活了对俄外交尤其是能源外交的一盘棋。但是，细心的观察家们可能注意到日俄间一度在解决北方四岛的悬案上走得很近，日本原本可以在拓展日俄关系上取得更理想的成果，却因为决策层内部的分歧特别是日本谈判团队的内讧而自乱阵脚，失去了主动权。

世纪之交，日俄间围绕北方四岛中齿舞、色丹两岛首先归还的问题进行了一系列秘密接触。在森喜朗内阁担任内阁官房副长官的铃木宗男曾作为首相特使赴莫斯科与俄方交涉。北海道出身的铃木宗男是自民党最大派系小渊派的干将，素以“外交通”著称。据外务省“俄罗斯学派”掌门人之一的前欧亚局局长东乡和彦介绍，归还齿舞、色丹两岛是前苏联在1956年答应日本，并在叶利钦任俄罗斯总统后多次确认过的。归还两岛并不意味着放弃其余的国后、择足两岛，而是先拿到这两个岛屿然后再与俄罗斯交涉另两个岛屿的问题①。

本来，这应该说是日本与俄罗斯交涉北方四岛问题的一种策略选项。但是，由于日本决策层和谈判团队的内部纷争却把它搞成了“一锅粥”。2001年4月，田中真纪子出任外相后，与外务省官僚在许多问题上发生争执，对幕后支持外务省官僚的铃木宗男更是恨之入骨。而日方

① 2010年5月3日，东乡和彦在上海与笔者的谈话。

谈判团队“俄罗斯学派”的主将东乡和彦因为同比他早一年加盟外务省、同样出类拔萃的竹内行夫争夺外务省事务次官位置与“美国学派”结下了深怨。田中真纪子甫告上任就以前苏共总书记勃列日涅夫对其父亲田中角荣的私下承诺为由，坚持“北方四岛一揽子归还论”，“美国学派”乘机附和。东乡和“两岛首先归还论”的支持者很快便靠边站。不仅如此，由于田中与外务省官僚的关系越闹越僵，甚至和时任外务省事务次官的野上义二双双被叫到众议院预算委员会对质。结果，两人均被小泉首相罢免，而担任众议院运营委员长的铃木宗男也因为田中点名抨击他幕后操纵外务省而被迫辞职。在外务省占有主导地位的官僚先是利用铃木宗男牵制田中真纪子，在田中罢官后又大量向媒体曝光铃木宗男对外务省颐指气使的问题，乘机打击“俄罗斯学派”。结果，铃木宗男由于接受北海道企业的贿赂而被逮捕入狱，并于 2004 年 11 月由东京地方法院判处徒刑 2 年、缓刑 4 年。铃木失势后，外务省的“俄罗斯学派”也跟着倒霉。铃木宗男的亲信、有“外务省的拉斯普丁[①]。”之称的佐藤优以“滥用公款”罪名被幽禁 1 年半，并判处徒刑 2 年半、缓刑 4 年派驻荷兰当大使的东乡和彦也未能幸免，外务省在铃木入狱后要求他自愿退职，遭拒绝后即予以免职处分。外务省内“俄罗斯学派”由此一蹶不振。2006 年 8 月，日本渔船“第 31 吉进丸”在北方四岛水域捕鱼被俄罗斯海岸警备队拘捕后，外务省居然派不出有能力与俄方交涉的官员。

外务省内“俄罗斯学派”的衰落自然引起俄罗斯方面的种种猜测和疑虑。在小泉时代，日俄在能源领域的交流与合作取得一定的进展，但两国在领土问题上的纠结却越来越难以解开了。

2. 日朝关系改善与日本保守势力的掣肘

第二次世界大战结束 60 多年了，日朝两国是亚洲唯一未能实现邦

---

① 拉斯普丁（1869—1916），沙俄皇帝尼格拉二世的宠臣，权势熏人。佐藤优，原在外务省苏联课、驻苏联（俄罗斯）大使馆和国际情报局分析二课任职，在俄罗斯拥有广泛的人脉。他在狱中撰写并成为畅销书的《国家的圈套》中断言对铃木宗男和他本人的起诉是所谓的“国策搜查”。

交正常化的两个国家。

1990 年 9 月 28 日，由自民党最大派系经世会会长金丸信率领的自民党、社会党联合访问团抵达平壤，与金日成主席举行了会谈。金丸信答应日本将无条件地对朝鲜在日据时期和战后时期的损失作出赔偿，并实现与朝鲜的邦交正常化。这次访问的结果是金丸信一行带回了因误入朝鲜水域而被扣押多年的两名日本船员。日朝两国于 1991 年 1 月 30 日在平壤举行了有关邦交正常化的第一次谈判。1992 年 5 月双方在北京举行的第 8 次谈判因双方立场相异太大不欢而散。两国在谈判中断 8 年后，于 2000 年 4 月、8 月、10 月分别在平壤、东京和北京举行了第 9、第 10 和第 11 次谈判。但由于在朝鲜绑架日本人质的问题上争执不下，会谈再次中断。

2002 年 9 月 17 日，小泉首相对朝鲜进行了一天的访问。在与朝鲜国防委员会委员长金正日举行了两次会谈后，双方发表了《朝日平壤宣言》。

这是战后以来日本首相的首次访朝，也是主要发达国家的领导人第一次访问朝鲜。2001 年 4 月小泉出任首相以后，其亲信及外务省官员一直与朝鲜秘密进行非正式谈判。为安排这次访问，一年内仅外务省课长级谈判就进行了几十次。外务省亚洲大洋洲局局长田中均出力最多。美国一直被蒙在鼓里，直到小泉出发前几小时，才得到有关这次访问的通报。用《朝日新闻》主笔船桥洋一的话来说，这是日本“自主外交”的“第一步”。《朝日平壤宣言》的主要内容包括：日本方面诚恳地接受过去它对朝鲜实行的殖民统治给朝鲜人民造成的巨大损害和痛苦的历史事实，并对此表示深刻的反省和真诚的道歉。双方同意，两国在实现邦交正常化后，日本方面将通过提供无偿资金和长期低息贷款等方式，对朝鲜开展经济合作与援助。日方将通过其国际合作银行等机构提供融资和信用贷款。双方将相互放弃追索两国及其国民涉及 1945 年 8 月 15 日前遭受损失的财产。朝鲜最高领导人金正日坦率承认是朝鲜方面绑架了日本人质，称这种令人遗憾的问题是在两国关系处于不正常的情况下发生的，朝鲜今后将采取适当措施防止再次发生这种问题。

小泉在会谈后举行的记者招待会上表示，日朝两国今后如能切实遵守上述宣言，日朝关系就会由敌对关系大步走向协调关系。小泉指出，日朝关系的改善不仅有利于日朝两国，也关系到朝鲜半岛和整个东北亚的和平与稳定。小泉在谈及美朝关系时说，金正日在会谈中表示，朝鲜向美国敞开对话的大门，希望小泉将朝鲜的这一立场转达给美国。

小泉的这次平壤之行的具体成果之一是带回了被朝鲜方面绑架的5名人质。但是，恰恰就在绑架人质问题上，日本国内的保守势力在少数“鹰”派政治家煽动下掀起了一股诋毁朝鲜的恶浪，在人质问题上大肆炒作，最终导致日朝两国间刚刚打开的大门重新关闭起来。

朝鲜最高领导人亲自承认绑架人质是错误的，应该说是一个极不寻常的表态。它表明朝方希望将两国关系中不愉快的一页翻过去。但是，日本一些政治家却揪住不放。作为内阁官房副长官陪同小泉访朝的安倍晋三高调批评朝鲜的所作所为，并宣称日本不应该在《平壤宣言》上签字。安倍的强硬发言受到热烈吹捧，在民众中的知名度迅速上任，一跃成为后小泉时代最热门的继任人选。日本媒体也是不依不休地对绑架人质问题进行铺天盖地的报道。“绑架家属联络会”和“支援绑架人员之会”等团体隔三差四地在报纸、杂志和电视台上露面，呼吁对朝鲜实行经济制裁，迫使朝方将全部绑架人士送回日本并严惩当事者。绑架问题遂成为阻碍日朝关系正常化的最大障碍。不仅日朝关系正常化谈判长期搁浅，就是为解决朝核问题而举行的六方会谈也因为日本坚持要将绑架问题纳入一揽子解决方案而趋于复杂化，以致朝方抨击日本的做法是“破坏”六方会谈而坚持要将日本“除名”。

任何一个国家都不会坐视本国公民被外国绑架的问题，但是当肇事国承认事实并采取实际措施试予以纠正后，如何防止这一问题继续影响双边关系的发展，的确需要前瞻的眼光和高超的政治智慧。但是，日本所显示的却是一副“不解决绑架问题誓不罢休”的姿态。听任少数“鹰”派政治家和大众传媒热炒这一问题。在安倍上任后，日本更颁布有关法律，在内阁中设立对策本部和专职担当大臣，甚至将绑架问题与国际社会关注的其他问题挂钩，借助外部力量向对方施压。这很难说是一种成熟的大国外交。

3. 日本的“入常”冲刺与日本情报研判的失败

日本的外交实践与其战略思维相抵触的又一事例是 2005 年失败的“入常”冲刺。如同前面所分析的，日本距离它实现多年的夙愿确实只有一步之遥。对日本有利的外部因素不胜枚举。第一，联合国秘书长安南非常热心改革安理会的构成，而且显然对日本“入常”青睐有加；第二，2005 年恰值联合国诞生 60 周年，国际社会对联合国机构的改革问题显然要比平时关心得多；第三，日本与印度、德国和巴西“四国集团”采取协调一致的行动，形成一定的声势；第四，美国在近年来先后发动的阿富汗战争、伊拉克战争中得到日本坚决而及时的援助，在道义上需要给日本适当的回报。

导致事与愿违的原因中，很重要的一条是日本当权者对形势的研判过于乐观，忽视了对亚洲、非洲这两个联合国成员国最多的大“票田”的争取。比较典型的事例是 2005 年 5 月，时任日本驻联合国副大使的北冈伸一在《每日新闻》上发表的感想。北冈如此写道：“日本要成为安理会常任理事国，需要通过框架方案、修改联合国宪章，门槛还不少。但是，总体而言，国际社会对日本的期盼很高，支持的不少。一些国家在安理会拥有特权是二战的结果，这次是要在日本的引领下和平地进行改革。有否决权自然好，但日本着眼于在安理会拥有永久的、稳定的席位，确保自身的发言权，对这一问题不妨灵活处理。眼下，日本与中韩两国关系恶化，氛围不好，但到目前为止没有哪一个国家放弃支持日本。”[①] 他的结论不言而喻：日本这次“入常”有“戏”了。据说日本驻华大使馆的外交官也曾透露过，日本已经估算过联合国大会表决“四国提案”的投票结果，支持票可望达到 150 票以上。所以，日本没有必要看中国的脸色行事了。

如果说日本不重视搜集海外的情报，显然是与事实不相符合的。日本外务省专门设立国际情报局，汇总分析来自全球的 200 多个使领馆的

---

① （日）“联合国副代表北冈伸一‘支持日本’的热度很高”，《每日新闻》，2007 年 5 月 18 日。

情报[①]。公安调查厅、警视厅外事课以及防卫省的情报本部也都是以搜集海外情报为己任的。日本各大媒体的海外支局、日本贸易振兴会以及三菱商事、伊藤忠商事等跨国企业的海外事务所，在搜集、了解有关国家的政治、经济和社会情报方面不遗余力。它们向东京总部提交的报告最终也会汇总到设在首相官邸的内阁情报调查室。冷战结束以后，国际情报界密切关注的一些重大动向，诸如苏共总书记戈尔巴乔夫在“8·19”政变后的去向、中国改革开放总设计师邓小平去世的消息，都是日本先拔头筹的。

问题是从大量、纷繁的情报中如何去伪存真、去粗存精，把握事物发展的脉搏，这就需要有出色的情报分析和判断能力了。从2005年这次“入常”冲刺的失败来看，纵然日本有清晰的战略目标和实现这一目标的必要手段，但如果在情况判断上出纰漏，还是会功亏一篑的。事实上，日本至少在3个问题上犯了“一厢情愿”的错误：第一，日本没有真正把握美国的态度，虽然布什总统表示支持日本“入常”，但这不等于美国愿意接受其他国家从而“稀释”美国在安理会的地位；第二、日本没有估计到中国会竭尽全力阻挡“四国集团”提案的通过；而恰恰是因为小泉纯一郎这些年来执意参拜靖国神社的所作所为激怒了广大中国民众，在2005年上半年中国各地发生的涉日示威其实已经预示中国政府在民意推动下将会在世界范围内发动一场前所未有的游说攻势，鲜明地亮出自己对联合国改革的立场。日本同样也低估了中国在发展中国家尤其是非洲国家中的外交资源和动员能力。第三，日本没有估计到韩国、巴基斯坦、意大利和墨西哥等“团结求共识”联盟的能量；结果，围绕“四国集团”提案，在联合国内部形成壁垒分明的两大阵营，导致一些原先支持日本“入常”的国家也担心国际社会发生分裂而悄悄收回了成命。在2005年“入常”冲刺中，日本的失败可以说是刻骨铭心的。

日本的战略思维缘何与现实决策存在如此反差，自然还有其他一些原因，例如日本精英层中至今还有不少人死抱着冷战思维不放，不能与

① 日本外务省机构改革后，国际情报局改为国际情报统括官组织。

时俱进，而过分沉湎于对昔日荣耀的回忆与迷恋也阻碍了他们准确地把握世界潮流，等等。关于这方面的问题，将在下一节展开叙述。

第三节 日本的战略选择与国际环境的限制

任何一种对外战略都不可能只是当事者一方的一厢情愿，而必须建立在对国际形势和世界潮流的科学、准确的把握的基础之上。换句话说，就是要对国际大环境究竟提出什么样的要求，同时又提供了什么样的条件有清晰的认识。否则，哪怕目标定得非常辉煌和鼓舞人心，到头来却处处碰壁，只能扼腕叹息了。那么，怎么判断国际环境对日本在新世纪提出的对外战略的制约呢？对走向“正常国家”的日本来说究竟有哪些需要努力逾越的障碍呢？

一、美国：日本走向“正常国家”的关键

日本走向“正常国家”，美国的支持是决定性因素。

有道是：“成也萧何，败也萧何。”美国希望日本能像英国一样，成为它在亚洲的亲密伙伴。“阿米蒂奇报告”要求日本尽快突破不得行使“集体自卫权”的“禁区”，更多地承担军事义务，应该说是美国一以贯之的立场。进入新世纪以后，日本迈向“正常国家”的每一个步骤，特别是在军事领域试图挣脱“和平宪法”束缚的举措，如降低自卫队派兵出国“门槛”，建立“有事法制”等，都曾经得到美国的默许和支持。但是，美国是否真正接受日本是东亚地区的代表，愿意与日本一起分享东亚事务的领导权？美国是否容忍日本与自己渐行渐远，甚至在它羽翼丰满后摆脱美国的控制自行其事呢？回答显然是“不”。

从表面上看，美国确实非常重视日本这一盟国。奥巴马政权诞生后，日本是美国新任国务卿希拉里·克林顿亚洲之行的第一站，日本首

相麻生太郎则是奥巴马入主白宫后第一个被邀请作客的外国政府首脑。2010年6月是修订后的《日美安保条约》生效50周年纪念，华盛顿和东京都举行了纪念集会，高调庆祝两国关系已演变为“全球规模的同盟”。但是，表面上的风光并不能掩盖日美间正在日益扩大的裂痕。用美日两国一些学者的话来说，美日间已出现一场“静悄悄的危机”。在未来10至15年，两国间在维持同盟关系的同时，围绕控制与反控制的斗争将或隐或显，持续不断。

首先，美国在处理国际事务过程中将越来越倾向于借助中国的影响，日本在美国全球战略中的权重将呈现逐渐降低的趋势。

美国是一个崇尚实力、讲究实际利益的国家。随着中国国际地位的上升，美国朝野上下逐渐意识到，无论是处理包括朝核危机在内的东亚国际事务，还是应对金融危机、推动世界经济走向复苏，都离不开中国的合作与支持。与此形成鲜明对照的是美国人对日本的重视程度逐渐降低。一位美国学者如此描写道：“20世纪90年代日本泡沫经济破灭之后，美国人对日本就逐渐失去了兴趣。现在，中国被视为超级经济大国。几乎没有美国人寄希望于日本在国际政治中发挥领导作用，也没有人认为日本将在亚洲扮演领导者的角色，越来越多的美国大学教授在课堂上讲的不是日本国内的政治和宏观经济课题，而是棒球和动画片。”①美国在西太平洋固然需要有像日本这样的可靠盟国，但同时它从维护自身的长远战略利益考虑，更需要同迅速崛起的新兴发展中国家特别是其潜在对手的中国保持一定程度的接触和协调。从克林顿总统任内提出的“接触战略”，到布什总统任内提出的中国是“负责任的”“利益攸关者”角色，无不表明美国是非常现实和功利主义的。事实上，这些年来国际上一些重大问题，诸如朝鲜核问题、伊朗核问题、苏丹达尔富尔问题，乃至席卷全球的金融危机，现在都需要与新兴发展中大国特别是中国合作才能予以解决。这些问题都不是日美同盟所能应对得了的。在奥巴马2009年11月的亚洲之行中，在日本只逗留了17个小时，而访问中国

---

① （美）迈克尔·奥斯林：“美国的对日观趋向浅薄”，《读卖新闻》，2008年11月20日。

却花去了4天3夜。正如“尼克松冲击”、“克林顿冲击”所表明的，美国为了它更大的利益，随时可能重演“越顶外交”的故事，将日本撇在一边。

美国民意的变化也很说明问题。《读卖新闻》每年都与美国的盖洛普民意调查所联合进行民意调查。从2007、2008年的调查来看，日本有46％的被调查者认为从政治上来说对今后的日本来说最重要的国家是美国，主张是中国的在2007年是34％，2008年为30％。另一方面，美国的被调查者在回答“对今后的美国来说，日本和中国在政治上哪个更重要”的问题时，主张是中国的比例在2007年是40％，2008年上升为51％。在回答“经济上哪个国家对自己的国家更重要”的问题时，2007年在日本有62％的人认为是中国，但2008年下降为49％，回答是美国的人在2007年是23％，2008年上升为33％，仍低于中国的比例。与此相对应的是，美国在2007年有49％的人主张是中国，2008年更上升为63％，而认为日本更重要的回答，2007年和2008年都是32％①。

与此同时，在美国大学和科研机构里，近年来研究中国问题的可以说蔚然成风。仅哈佛大学就有250多个中国相关讲座，每星期举行的社会学领域研讨会中，半数以上讨论的是中国问题。美国智库还大力聘用中国专家或者新设中国研究部门，展开激烈的中国研究竞争。布鲁金斯学会的“约翰·桑顿中国中心”的6名研究员专门负责美中关系和中国研究。曾提出“中国威胁论”的传统基金会最近开始举办研讨会强调美中合作。正如中国商品席卷美国市场一样，“中国热”在美国的研究机构和大学迅速扩散。美国应用语言学中心调查显示，10年前美国有300多所中小学教授中文，2008年激增至1600所。参与“大学预修科目”汉语项目的学生数量增长迅速，将成为仅次于西班牙语和法语的第三大

① （日）“对美关系‘好’历史最低的34％读卖和盖洛普调查”，《读卖新闻》，2008年12月18日。

测试语言。[①]

其次，美国对作为其盟国的日本从来没有放松过政治、军事和经济上的控制，对日本朝野有关对美“独立”或试图构建“对等”日美关系的动向始终保持高度的警惕。

在政治上，美国对日本朝野两大阵营有影响的政治家千方百计地接近、摸底、笼络和施加影响。2009 年 1 月，刚刚上任的希拉里·克林顿国务卿根本不顾东道主麻生首相的面子，专门安排时间拜访最大在野党领袖小泽一郎，就是它一贯的“两面下注”的故伎重演。在民主党执政后，鸠山首相一再声称要改变自民党前政权对美国“一边倒”的做法，试图推翻自民党时代日美间有关冲绳普天间基地搬迁问题的协议。美国立即报以颜色，除了在鸠山访美时故意予以冷落外，在基地问题上更是寸步不让，调动美日两国的舆论对鸠山内阁持续敲打，最终鸠山内阁被迫在普天间基地问题上继承前政权的遗产，吞下了自己酿就的苦果。据说，在日本检察当局调查民主党干事长小泽一郎资金丑闻的背后也有美国的插手。遍布日本全国的美军基地不仅是支撑美国前沿展开战略的据点，也是美国搜集、观测亚太地区情报的重要耳目。其中自然包括日本的政治、经济和社会等各方面的情报。和“核保护伞”一样，这把“情报伞”也兼具保护和控制日本的双重功能。

在经济上，美国对日本也是颐指气使，一味施压。从 1994 年起，美国每年向日本提出年度改革要求的清单。表面上双方可以互相提要求，但实际却是美国单方面要求日本改变不符合美国利益的商业习惯甚至国内法律。诸如邮政事业民营化、放宽派遣劳动者的行业限制、允许外国公司在日企业利用其母公司的股票收购日本企业的“三角合并”，等等，其最终目的是按照美国所推崇的新自由主义方针，向美国开放日本国内市场[②]。2003 年底，美国国内“疯牛病”蔓延不绝，日本政府迫

---

① （韩）方恒南：“美国国内的‘中国热’”，《东亚日报》，韩国，2010 年 1 月 25 日。

② （日）关冈英之：“有必要审视结构改革中的‘美国模式’”，《朝日新闻》，2005 年 3 月 26 日。

于民众压力暂时停止了美国牛肉的进口。美国却不依不饶，一定要日本政府敞开国门。美国驻日大使希弗甚至警告日本，如果禁运措施无限期地延续下去，肯定会影响日美关系。[①]

在军事技术上，美国对它的紧密盟友日本从来都是留一手的。20世纪80年代，日本在美国压力下被迫放弃自行研制新型地面支援战斗机FSX的计划，接受美国的在F－16的基础上共同研制F－2战斗机的安排。日本航空自卫队主力战斗机F－15是根据美国许可在日本生产的，但国产化率只有55％，关键的中央计算机处理装置需从美国引进。为防止日本仿制，美国向日本出口的武器装备越来越多地采取“黑盒子”方式，使得一心想拆解、研究和模仿的日本人无所用其伎[②]。近年来，由于F15战斗机逐渐老化，日本希望引进美国最新部署的F－22“猛禽”战斗机，遭到美国的断然拒绝。

美国对日本不放心还表现在它始终怀疑日本政要及自卫队能否守口如瓶地保守机密。“9·11”事件发生后，时任日本外相的田中真纪子在记者招待会上透露美国国务院要员的应急办公地点，让美方非常恼火。2007年12月，海上自卫队佐世保基地的一名士官家中发现刻录有“宙斯盾”护卫舰绝密资料的光碟。在美国的强大压力下，神奈川县警本部和海上自卫队刑务队传讯了近800名海上自卫队干部。最终以泄密罪将涉案的一名海上自卫队三佐逮捕，海上自卫队幕僚长吉川也引咎辞职。但这一事件仍然在日美间投下了浓重的阴影。

最后，美日间历史上的宿怨逐渐让位于两国共同的战略利益，但美国不可能认同日本保守政治家歪曲二战历史、否定战争责任的行径，日美间很难建立起类似美英那样的特殊关系。

日本保守政治家在进入新世纪后一直热衷于鼓吹日美间建立类似美英那样的特殊关系，并以“亚洲的英国”自诩。然而，他们忘记了美英

---

① （日）“美国产牛肉问题驻日美国大使‘拖延太久必有负面影响’”，《读卖新闻》，2006年4月9日。

② （日）坂井昭夫：“日本军事产业的问题状况”，《军缩问题资料》，1997年1月号，第7页。

两国在二战中是盟国，而美日两国却是不共戴天的宿敌。珍珠港也好，广岛和长崎也好，都是极易导致两国关系变化的历史创伤。2001年以后，时任首相的小泉纯一郎连续参拜供奉着东条英机等甲级战犯的靖国神社，最初是中国、韩国等亚洲国家作出强烈的反应，随后美国主流社会的抗议声浪也渐渐升高。众议院外交委员会主席亨利·海德给日本驻美大使加藤良三的信最具代表性。共和党议员及国际关系委员会主席海德表示："日本向年轻人灌输说，日本在亚洲发动战争是为了从西方列强手中解放亚洲及太平洋的殖民地，但我见到的那些被日本占领过的人们，没有人把日本看成'解放者'!"针对安倍出任首相后否认日本政府在二战中参与慰安妇的发言，美国众议院破天荒地通过一项决议予以抨击。

坦率地说，日本的政治家对美国的这种"既利用又提防"的做法一直是啧有烦言的。然而，几十年来习惯于接受美国保护、免费搭车，在日本政治家中形成了如美国学者理查德·塞缪尔斯所说的拥抱美国却担心陷入战争旋涡，想与美国拉开距离却担心被美国抛弃的矛盾心理[①]。其结果是，战后除了很少的一段时间日本在外交上表现出有那么一点点自主性，在大多数时候它都是看着美国脸色行事的。用日本学者的话来说，日本在外交和安全保障领域一直是"停止思考"，唯美国马首是瞻的。这就是国际社会不大关心日本在外交上究竟怎么想怎么说的根本原因。所以，日本"傍美"外交不断加深的过程，也是日本自主外交不断削弱的过程，是其外交战略贫困的深刻反映。日本要想走向"正常国家"，至为关键的是要取得美国的默认和支持，在一定范围和一定程度上表现出它的独立性。但是，正如前面所分析的，美国未必会放心地让日本自行其是，这是日本在进入新世纪后难以排解的一大苦恼。

---

① （美）理查德·塞缪尔斯著：《日本的大战略和东亚的未来》，上海人民出版社，2010年中译本，第234页。

二、东亚：日本不得不认真面对的近邻

日本在明治维新后开始走上对外扩张道路时，它在东亚的邻国如中国、朝鲜等国势衰竭，任由列强欺凌宰割，给日本以可乘之机。一百多年过去了，日本以外的东亚各国综合国力迅速上升，已成为在东亚乃至世界事务中拥有举足轻重影响的国家。日本与东亚各国的关系处理好了，不仅可以通过与这些国家的经贸合作获得包括市场、资源和廉价的低端产品供应在内的巨大经济利益，还可以凭借它与东亚国家的睦邻关系，获得与美欧各国周旋的政治资源，扩大它在国际事务中纵横捭阖的空间。反过来说，日本如果与东亚国家的关系搞砸了，它也将寸步难行。

在最近20年里，东亚各国与日本的力量对比发生了显著的变化。按照国际货币基金组织的数据，东亚（日本、中国、韩国和东盟）加上印度的GDP为100%的话，日本所占的比重在1990年为66.1%，2008年骤减为36.6%，而同期中国却从8.5%增为32.7%、亚洲“四小”由12.1%增为12.9%；东盟由6.5%上升为8.7%，印度由6.8%变为9.0%。再从人均GDP来看，1990年中国香港、新加坡相当日本的一半，韩国和中国台湾约30%，其余各国都在20%以下。到了2007年，新加坡的人均GDP已经凌驾日本之上，中国香港约为日本的90%，韩国和中国台湾则相当于日本的60%[①]。中国的人均GDP虽然还只有日本的10%多一点，但沿海地区拥有庞大的中产阶层，其人均GDP也已经和东盟中的马来西亚和泰国等旗鼓相当。总之，无论是经济规模还是富裕程度，日本在东亚地区都已经不再拥有压倒性的优势了。

再就政治影响而言，东亚各国也是今非昔比。如果说，在10年20年前，日本还能作为在西方七国首脑会议（“G7”）或是加上俄罗斯的“八国集团”（“G8”）中以亚洲地区的代表自诩。但这些年来“八国集

① （日）平川均：“东亚的结构转换和共同体构想”，《日中经协杂志》，2010年2月号，第4页。

团”内部要求将联合国安理会常任理事国之一、也是世界最大发展中国家的中国吸纳进来的呼声越来越高。在2008年的全球金融危机后，二十国峰会机制终于取代“八国集团”成为世界经济的“首要论坛”①。从某种意义可以说这标志着日本试图封堵中国策略的失败。韩国前外交通商部长官潘基文顺利当选联合国秘书长，成为继缅甸人吴丹后第二个担任这个联合国最高职务的亚洲人。而韩国不仅成为二十国峰会成员，还争取到2010年峰会的主办权，这也是日本所始料未及的。东盟这些年来一直用“一个声音”发言，赢得了国际社会的普遍尊重。东盟主办的东盟地区论坛和“10＋3”峰会是这个组织发挥主导权的典型事例。

长期以来，有三大问题一直困扰着日本与东亚国家建立真正的互信关系。

首先，是日本国内始终存在着一种轻视东亚的民族优越感。近年来，东亚地区以中国为代表的新兴国家的群体性崛起导致全世界对这一地区刮目相看，但是，日本朝野的政治家们仍然习惯于居高临下的看周围的邻国。福泽瑜吉鼓吹的“脱亚入欧”方针在日本精英层中尚有一定的影响。日本战略文化中根深蒂固的等级观念使它很难平等地对待发展程度还不及自己的国家。最典型的是1987年日本评论家长谷川庆太郎出版的《再见吧！亚洲》一书。他在书中以蔑视的口吻称亚洲国家是一堆“垃圾”，而唯独日本是耸立在“垃圾”之上的玻璃大厦。京都大学教授矢野畅说得稍微文雅一些。他认为，日本经济之所以能高速增长，原因在于日本民族素质优秀和日本独特文明的推动。不论人们是否愿意，日本列岛的文明将扩散开去。时至今日，在一般的日本人中间认为自己是亚洲人的依然只有一小部分人。《朝日新闻》在2005年所作的一项调查表明，仅有26.9%的日本人承认自己是亚洲人。庆应大学一位学者由此指出：“日本在亚洲的优越感，有时就会变成对亚洲国家的歧视，这种观念的交错使日本人的亚洲观非常复杂：在地理上承认自己是

① “二十国集团将成为国际经济合作‘首要论坛’”，路透社匹兹堡2009年9月25日电。

亚洲人，可在心理上没有亚洲意识的日本人还占很大一部分。”① 这种心理状况不能不给日本与东亚的关系投下浓重的阴影。

其次，日本在侵略战争和殖民统治等历史问题上缺乏彻底的反省。应该说，战后日本政府和日本领导人曾多次就日本历史上的对外侵略和殖民统治问题表示深刻反省并对受害国进行道歉。但另一方面，日本右翼势力包括一些有影响的政治家却一有机会就要翻历史的案，美化侵略战争和军国主义分子。小泉纯一郎在首相任内更是持续参拜供奉着东条英机等甲级战犯的靖国神社。这不能不使人们对日本是不是真心悔改产生极大的怀疑。这自然就给它与包括中国在内的东亚各国的关系投下浓重的阴影。按照美国人类学家本尼迪克特在《菊与刀》一书中的分析，欧美文化是“罪感文化”，认为人生而负有“原罪”，强调与上帝的对话及不断的自我忏悔。而日本社会则是一种“耻感文化”，强调人不可以蒙受“耻辱”，以致在他人面前抬不起头。对自身行为的约束只是来自外部压力而不是人的内心。这就是日本人为什么在反省过去时显得如此迟钝、欲言又止和暧昧的原因。除非日本未来的领导人在历史问题上作更明确的表态，并且像德国那样在国内立法和历史教育上杜绝右翼势力翻案的可能，否则就很难与东亚国家实现真正的和解。正如俄罗斯一位政治观察家在 2005 年 4 月中国各大城市爆发反日游行后所指出的那样，游行参加者表达的是自己的真实感受。“迄今为止，在世界上中国最反感的是日本，而反感日本的不光是中国……日本在二战结束后的 60 年里没能像德国那样在欧洲营造出睦邻的气氛。”“日本年轻一代企图重新评价二战结果，邻居们的历史怨气就更强烈了，因为他们不知道日本现在和将来在世界上起什么作用。”“亚洲一些国家一直有反日情绪是日本执政当局的失败。”②

最后，日本在对外经贸交流中过于强调本国利益。国与国之间的

---

① 王雪萍：“‘脱亚入欧’有市场七成日本人不认自己属亚洲”，《环球时报》，2005 年 8 月 26 日。

② （俄）德米特里·科瑟列夫：“邻国需要什么样的日本”，俄新社莫斯科 2005 年 4 月 18 日俄文电。

经贸交流是一种利益的交换和博弈，当然要最大限度地维护本国的利益，但同时也要照顾到对方的利益。一般来说，在国际分工中处于优势地位的发达国家，在与处于劣势地位的发展中国家打交道时多少要给对方一些看得见的好处，要显得大度和宽容些。但日本却锱铢必较，寸利不让。这就严重损害了它的形象。例如，日本是从自由贸易原则获利最多的国家。多年来，日本的商品源源不断地打进各国市场，但对自己国内市场却严严实实地保护起来，尤其是日本的政治家出于最大限度获取选票的考虑，千方百计地封堵外国农产品的进口，就连劳动力市场也不予开放。在与东亚国家谈判 EPA 协定过程中，日本执著保护本国市场的做法让其谈判对手颇感失望。再譬如，日本在世纪之交亚洲爆发的金融危机中虽曾推出总额为 300 亿美元的“宫泽计划”多少缓解了东亚一些国家的资金困难。然而，根据国际货币基金组织和国际清算银行的调查，日资银行在 1996 至 1999 年间从 5 个发生危机的国家减贷 474 亿美元，如加上日本跨国公司的份额，这段时期日本从东南亚地区撤回资金的规模共达 1925 亿美元，造成这一地区严重的信用紧缩。这不能不让日本的东亚邻国对危机来临后日本是不是一个靠得住的伙伴产生怀疑。

多年来，日本在东亚地区苦心经营，它的政府开发援助差不多一大半是投向东亚地区的。但是，由于日本在上述问题上的表现，使得它的“投入”未必能带来原先所期盼的“回报”。从 2005 年日本失败的“入常”冲刺来看，在日本最需要它的东亚邻国出力的时候，却没有得到东亚国家的全力支持。著名评论家船桥洋一如此总结道：“60 年后，日本又一次茫然地伫立在废墟之上。有谁会想到日本会以如此的惨状迎来战后 60 年的夏天。……日本同德国、印度和巴西搞的联合国安理会改革，受到美国和中国的抵制，为非洲鄙视，已经完全走进死胡同。”“为同近邻国家一起构筑未来，日本需要为克服过去。走向未来作出战略决断。”①

---

① （日）船桥洋一：“在外交总崩溃中被肢解得支离破碎的‘战后’”，《朝日周刊》，2005 年 8 月 19 日。

结束语：

日本的正常大国化与中国的对策

在战后日本的编年史上，进入21世纪的第一个10年可以说是日本对外关系最活跃的时期。

2005年的“入常”冲刺让日本的外交官们在各国的首都乃至联合国总部所在地红火了一阵子，日本热心倡导的“东亚共同体”和“自由与繁荣之弧”也被报纸杂志的编辑们收入最新的流行语大典之中。在20世纪90年代初的海湾战争中，日本虽然提供了130亿美元的巨额军费，但重新获得独立的科威特在《纽约时报》刊登的感谢名单中根本没有提到它的名字，而有关日本像一台“挨一脚才能吐出钱来的自动提款机”的比喻却不胫而走。然而，在新世纪美国先后发动的阿富汗战争、伊拉克战争中，日本的陆海空自卫队争先恐后般地披挂上阵，宙斯顿护卫舰和C130运输机在印度洋和中东地区出足了风头。这10年里，日本对外提供的政府开发援助（ODA）越来越带有战略意义，日本对外缔结的EPA协定不仅覆盖了东南亚大部分地区，甚至还深入到中南美洲；在对外文化交流领域，日本也取得了可圈可点的成就，憨态可掬的卡通形象机器猫“哆啦A梦”作为日本外相正式任命的“动漫文化大使”周游列国，引起了不小的轰动。

在人们的记忆里，这10年恐怕也是战后列届内阁中提出对外战略和战略构想最多的时期。从小泉内阁、安倍内阁，到福田内阁、麻生内阁乃至鸠山内阁，几乎每一届内阁都有一两项甚至更多的、涉及众多领域的“战略”问世，而首相们也彷佛是相互较劲一般，陆续提出有鲜明个人特色的各种战略构想。虽然这些战略和战略构想各有侧重，彼此间也未必有很强的关联性和整合性，但在国际舞台上日本所有的高调演出背后，恰恰是这些战略和战略构想在悄悄地发挥作用，规范其方向，调整其策略，并不断为其注入新的活力。这一现象正在引起日本问题研究者的密切注意。

不过，仔细分析日本在进入新世纪以后在对外交往中的各种表现，尤其是构成其行为基础的各项对外战略，人们不难发现它们几乎都有一个共同的指向，那就是应对中国迅速崛起所导致的中日双边关系、东亚地区的力量对比以至于全球范围内的国际体系的重组和国际格局的调整。最典型的是2002年11月出台的、由小泉外交顾问冈本行夫领衔起草的《21世纪日本外交基本战略》。这份报告将中国经济规模迅速扩大视为国际形势的三大特点之一，提出日本应该吸收中国的“元气”，与中国取长补短，寻求共存，但同时又声称中国军事力量的增强“从中长期看可能对日本构成严重威胁”。对中国的疑虑与警戒堪称贯穿这份报告的一个主旋律。

在新世纪日本的对外战略中，“中国”始终是一个关键词。日本既要从中国的迅速崛起中最大限度地捞取经济上的实惠，又非常担心和警惕由于中国的影响力空前扩展导致日本在亚洲的主导地位受到削弱甚至被边缘化。尽管新世纪诞生的第一位日本首相小泉纯一郎信誓旦旦地表白，“中国是机遇而不是威胁”，但“中国威胁论”总是能在日本找到它赖以植根发展的沃土。从2001年起，《防卫白皮书》每年都拿中国的中程导弹说事，言之凿凿地称中国拥有“将包括日本在内的亚洲地区置于射程之内”的中程导弹有多少多少枚，2009年版的《防卫白皮书》更增加了有关中国在外层空间进行导弹摧毁卫星试验的内容。外务省编撰的《外交蓝皮书》在2005年版引人注目地加上了所谓中国核潜艇违反国际法在日本领海潜航的内容，称之为侵害日本安全和主权的严重问题。联系到日本近年来极力拼凑日美印澳 4 国联盟，企图在欧亚大陆的边缘构筑“自由与繁荣之弧”，等等，显然包含有防范和遏制中国的战略意图在内。正如美国学者理查德·塞缪尔斯所指出的，“不安”是日本战略文化和国家认同的核心特征[①]。

从历史上看，每当一个新兴大国在崛起过程中试图在国际事务中扮演与它的实力相适应的作用时，既有的大国出于对失去既得利益的担忧，总是力图阻止新的力量中心崛起和发挥其作用。近代以来大国争霸的历史反复说明，后起的大国如果依靠发动侵略战争，实行对外扩张的话，势必以失败而告终。新世纪中国的崛起则通过和平的方式来实现的。这条道路是在总结人类发展史，特别是大国兴衰史的经验教训后作出的抉择。但是，正因为这是一种尚无先例的尝试，包括周边的大国在内，既有的大国不可避免地会抱着疑虑和警惕的眼光注视着中国的一举一动。

从 1955 年到 1972 年，日本经济持续高速增长，被誉为“世界经济奇迹”，而中国经济从 1979 年起更创造了长达 30 年的“超级经济奇迹”，至今还看不出终结的迹象。谁也没有想到中国竟会如此迅速地赶超日本。2002 年 11 月，中国国家统计局的专家曾预测中国的 GDP 将在 2020 年超过德国进入世界前 3 名的行列，而赶超日本将是 2050 年的事情[②]。两年后，《日本经济新闻》进行的问卷调查将中国赶超日本的年份提前了 30 年。在该报对日本和中国 200 位经济界人士进行的问卷调查中，超过 70％的回答认为，2020 年中国的 GDP 将超过日本或与日本持平[③]。但实际上，2009 年日本的 GDP 总额折合美元为 5.03 万亿美元，而中国是 4.91 万亿美元。2010 年中国将日本甩到后面已经是定局。这意味着近 100 多年来“日强中弱”的态势将发生逆转，至少是出现“两强并立”的局面。

---

① （美）理查德·塞缪尔斯著：《日本的大战略和东亚的未来》，上海人民出版社，2010 年中译本，第 7 页。

② “国家统计局有关负责人解读十六大报告 2050 年中国第二经济大国”，新华社，北京 2002 年 11 月 13 日电。

③ 载《日本经济新闻》，2004 年 7 月日。

随着中国经济的迅猛增长，中国的国际影响力也急剧上升。中国的外汇储备在 1978 年只有 1.67 亿美元，1989 年首次突破 50 亿美元，1996 年跃过 1000 亿美元大关，2006 年 2 月达 8501 亿美元，首次超过日本跃居世界第一。2009 年 12 月更达 23991 亿美元，占全世界外汇储备总额的 1/3[①]。1986 年，在日本“泡沫经济”的颠峰期，世界前 10 大银行中日本占了 5 家。第一劝业银行、富士银行、住友银行、三菱银行和三和银行分踞第一位、第二位、第三位、第四位和第八位。但到了 2009 年 9 月，世界前 10 大银行中，美国占 5 家，中国占 3 家，其中工商银行、建设银行、中国银行分踞世界第一、第三和第四位，日本在前一年还曾榜上有名的东京三菱 UFJ 银行则完全被挤出了十强行列[②]。日本过去一直是东南亚各国最大的贸易伙伴和投资者。但正如“三十年河东，三十年河西”这句话所形容的，现在，中国已经是东盟大多数国家的头号贸易伙伴了。在投资领域，中国也在迎头赶上。甚至总部设在瑞士洛桑的国际惯例与发展研究院（International Institute for Management Development，简称 IMD）发表的全球竞争力排名榜上，日本从 1989 至 1992 年曾连续 4 年独占鳌头，1993 年起逐年下滑，2000 年跌到了第 17 位，2007 至 2010 年这 4 年分别为第 24 位、第 22 位、第 17 位和第 27 位，而中国除 2009 年排名低于日本外，2007 年、2008 年 2010 年均超过日本（这 3 年分别是 15 位、第 17 位和第 18 位）。这自然让日本心里感到郁闷和难受了。

中日两国力量对比的消长变化是一个不以人们意志为转移的客观趋势。如果说中国人暂时还不习惯被人们视为经济强国的话，长期以来一直处于领先地位的日本人恐怕更难接受中国后来居上的事实，其心态的调整将是一个非常艰难的过程。从明治维新以来，日本第一次面对一个国力迅速上升，咄咄逼人的中国。很多人担心中国强大起来

---

① 新华社：“两会背景：中国的外汇储备及投资”，2010 年 3 月 9 日，见 http：//news. cnfol. com/100309/101，1277，7355305，00. shtml。

② “全球十大银行排行榜中国各大银行表现不俗”，《中国证券报》，2009 年 9 月 14 日。

以后会不会对日本“秋后算账”，或者取代日本的“亚洲盟主”地位，甚至将日本贬为自己的“附庸”。正是这一原因，日本当权者在酝酿和制定其新世纪的对外战略时，始终贯穿着的一个主题就是如何应对中国的崛起。在外交上，日本一方面要努力实现“入常”的夙愿，力争在联合国安理会能与中国一样有一席之地，另一方面则竭力拼凑日美印澳四国联盟，乃至将印度、澳大利亚、新西兰拉进东亚峰会，尽可能地遏制中国的影响；在军事和安全领域，日本在进入新世纪以后动作比较大，其海上自卫队的远洋化、大型化发展对中国海军进入蓝色海洋维护国家主权和发展利益构成重大的牵制；至于日本在对外经济和对外文化交流领域的中长期战略，除了要确保日本原有的优势地位外，也包含有提升和弘扬日本的国家形象，增强其硬实力和软实力的考虑，最终也是要力争在与中国的综合国力竞争中处于不败之地。

在当今世界上，有一个不以人们意志为转移的客观趋势，就是国际格局的多极化。日本在进入新世纪以后，之所以热衷于推出它的对外战略，不仅要在以中国为代表的新兴大国崛起过程中努力维持自身的战略优势和主导地位，还有更深层和更长远的考虑，那就是要彻底摘掉“战败国”的帽子，成为能与其他大国平起平坐的“正常国家”。这是日本在进入新世纪以后新的国家定位。它要求日本在外交上要有更多的自主性，而在安全领域则与其他国家一样发挥作用，包括派兵出国、行使集体自卫权，等等。在当今世界上，随着经济全球化、区域一体化的发展，任何一个国家的发展都不可能游离于世界潮流之外。国家无论大小，民族无论富裕贫穷，都应该为整个国际社会的和平与繁荣，作出自己应有的贡献。这种贡献当然也包括军事领域的贡献在内。从这个意义上说，日本要走向“正常国家”本身并没有什么可以责难的，不能不分青红皂白地加以反对。日本战败已经有60多年，不应该也不可能一直处于“战败国”地位。历史经验表明，让一个国家始终戴着“战败国”的帽子，对它百般限制、打压和束缚，只会在国民中诱发出强烈的逆反心理，甚至演变为一种报复的冲动。第一次世界大战以后，战败的德国备受其欧洲邻国打压，导致全德国民众中普遍弥漫着一股悲情。纳粹法西斯就是利用这种不甘受压抑的悲情意识上台执政的。这段历史的教训相信人们是不会忘怀的。

日本走向“正常国家”和中国的和平崛起，实质上都是国际格局趋向多极化的结果。不过，人们对于日本追求“正常国家”的目标尚存在着不少疑虑。关键是日本准备用怎样的方式，循着怎样的道路追求这一目标。同样是发动第二次世界大战的罪魁祸首，德国在战败后作了彻底的反省，与包括法国、波兰在内的邻国实现了历史性的和解。德国早已是正常国家，它在欧洲一体化中所发挥的积极作用得到人们普遍称赞。反观日本，在围绕上次战争历史的认识问题上始终与它的亚洲邻国间存在着对立。日本一向视自己为“西方一员”，对亚洲邻国总是有一种优越感，至今还不能以平等的心态来参与东亚的一体化建设。这就导致亚洲的许多国家对日本寻求成为“正常国家”，特别是加大军事投入，热衷于在国际事务中发挥军事作用抱有一定的疑虑和警戒。这是需要日本的当权者深刻反思和改进的。

中日两国是一衣带水的邻国，互为对方最重要的周边国家，也是对各自发展具有举足轻重影响的国家。两国间不仅存在着历史的恩恩怨怨，也有现实的利益对立。在中国和平崛起和日本走向“正常国家”的进程中，由于缺乏互信机制，更由于彼此利益的冲撞、抵触，中日两国很可能会在一些具体领域发生摩擦、对立甚至严重的冲突。但是，这决不意味着中日两国相互为敌，你死我活，谁也容不了谁。恰恰相反，中日两国不仅在社会经济发展过程中面临共同的挑战和课题，在促进东亚地区的稳定和繁荣方面也存在着共同的利益诉求和战略需要。两国必须面对现实，寻求共处之道。

进入新世纪以后，中日两国在各自加快经济、政治转型过程中彼此间先是相互进行战略摸底，继而发生战略对峙，最终又开始走向战略互惠。双边关系在经历了一番曲折之后终于出现了“柳暗花明又一村”的局面。2008 年 5 月，中国国家主席胡锦涛访问日本期间，与福田康夫首相签署了《中日关于全面推进战略互惠关系的联合声明》，其中强调中日“长期和平友好合作是双方唯一选择”、“两国互为合作伙伴，互不构成威胁”、“相互支持对方的和平发展”。联合声明还呼吁两国“加强互利合作”、“共同致力于亚太地区的发展”和“共同应对全球性课题”，等等①。这项联合声明是继1972年《中日联合声明》、1978年《中日和平友好条约》和1998年《中日联合宣言》之后中日间第四份具有重大意义的历史性文献，是规范新世纪中日双边关系发展的纲领性文件。

从目前两国关系的现状来看，全面落实2008年中日联合声明，将中日关系推向更高的阶段显然还需要克服许多障碍，主要有三大“瓶颈”需要突破。

第一是构筑战略互信的“瓶颈”。联合声明强调，中日“两国互为合作伙伴，互不构成威胁”，但是日本的官方文件如《外交蓝皮书》、《防卫白皮书》等依然在渲染来自中国的所谓“威胁”，而政要们平时的表态发言中“中国威胁”已经成了口头禅。同样，在中国的媒体中也不时会流露出对日本未来发展走向的疑虑和警惕。所以，两国如何正确地对对方国家进行战略定位，实事求是地、客观地评价对方国家的发展趋势，应该是当前进一步推进两国战略互惠关系发展的关键。

从地缘政治的角度来看，中日这两个大国处于战略上升期很容易滋生竞争意识，并且由于彼此利益的错位、对立、冲撞而产生一定程度的竞争。竞争本身并不是坏事，它可以促使彼此努力提升自身的经济、社会结构和核心竞争能力。但是，过度的竞争，甚至相互对抗和排斥却有百害而无一利。一旦这种相互对抗和排斥陷于失控状态，其后果是非常严重的。

第二是提高合作水平的“瓶颈”。中国目前是日本最大的贸易伙伴，日本则是中国的第三大贸易伙伴也是除港澳地区外最大的外资来源地。日本在中国现代化进程中发挥的作用是美国、俄罗斯等大国所难以替代的。目前，中日两国在经济上的相互依存关系日趋密切，双方已经到了“你中有我，我中有你”、“谁也离不开谁”的地步。中日两国进一步扩

① “中日关于全面推进战略互惠关系的联合声明”，《人民日报》，2008年5月8日。

大和深化经贸合作，实质上就是解放和发展生产力。“从政治、外交上维护和促进中日经贸关系发展，最根本意义也就在于适应发展先进生产力的需要。”[①] 两国目前都面临着转变传统经济增长模式的问题，亟待进一步提高合作的水平。这就意味着，两国要在现有的高低端产业链分工的基础上，摸索在环保、节能领域加强合作的途径，以低碳经济为切入点，共同做大东亚经济发展的“蛋糕”。这将是经贸合作的新的“亮点”。但是，双方在如何评价和保护知识产权问题上，在相互扩大市场准入范围乃至在东亚的区域经济一体化过程中如何发挥“双引擎”的作用等问题上尚存在着一些利益博弈和交换的难点，需要共同努力来解决。

第三是改善国民感情的“瓶颈”。进入新世纪以后，中日两国的相互交往日益密切。2009 年共有 123.6 万中国人访问日本，约为 2000 年的 3.2 倍。目前，每天都有 100 多个航班将两国近 20 对城市连接起来。据日本法务省的统计，到 2008 年底，在日中国人已达 65.5 万人，超过在日韩国人、朝鲜人成为最大的外籍居民群体。而在中国长期居留的日本人也有 12.4 万人。其中，上海已经是日本人在海外居住最集中的大城市。两国国民直接接触增多的结果，固然有促进相互理解的正面作用，但同时彼此间也发现与对方国民在价值观、生活习惯方面存在着较大差异，文化摩擦、感情摩擦有增多的趋势，特别是过去几年两国政治关系紧张的后遗症，导致中日两国国民彼此对对方的亲近感都比较低。一有风吹草动，便相互猜忌、警惕和情绪对立。

未来 10－15 年对中国来说，是全面建设小康社会的关键时期，是必须紧紧抓住而可以大有作为的重要的战略机遇期。中国不希望这一进程被任何战争、冲突所中断。中国比东亚地区任何一个国家更渴望和平，这是毫无疑义的。中日两国如果能友好相处，互利合作，日本就能成为中国跨越到更高发展阶段的“助推器”。反之，日本将成为横亘在中国和平崛起道路上的障碍。

---

① 冯昭奎：“中日关系绕过顽石奔流”，《国际先驱导报》，2004 年 3 月 29 日。

《朝日新闻》专栏作家船桥洋一指出："中国和平崛起论的死角还在中日关系方面。"船桥如此分析：从19世纪以来，中国备受列强侵略，沦为半殖民地，这种历史的屈辱带来了复仇心理和排外的民族主义情绪。不幸的是，日本往往成为这种情绪的发泄对象。"和平崛起，取决于国际社会是否理性和互惠地接受中国。同时，对中国来说，也有一个克服受害者意识，理性地对待日本的问题。"①

其实，对日本来说，能否正确地处理中日关系又何尝不是它实现新世纪国家战略尤其是对外战略的关键呢？朋友可以选择，邻居必须友好。除非日本人将东瀛列岛整体搬迁到太平洋的另一头去，否则的话，不管是自民党政权也好，民主党政权或者其他任何政权也好，都需要审慎地处理与中国有关的一切问题。任何一个国家在评估其对外关系时，利益因素是首先要考虑的问题之一。但是，利益有整体利益和局部利益、长远利益和暂时利益、核心利益和非核心利益的区分。局部利益总是要服从整体利益，暂时利益要服从长远利益，非核心利益要服从核心利益。对中日两国国来说，不管有哪些历史的恩怨，有哪些社会制度和意识形态上的差别，"和则两利，斗则两伤"是一个永恒的真理。从两国的根本利益出发，在未来的岁月里，无论出现怎样的风风雨雨甚至狂风恶浪，都要尽力维持两国关系的大局，把彼此间的矛盾、冲突控制在两国关系不致破裂的范围内，避免最坏的事态出现。

30年前，中国改革开放的总设计师邓小平有这么一段精辟的论述："考虑国家关系主要应该从国家自身的战略利益出发。着眼于自身长远的战略利益，同时也尊重对方的利益，而不去计较历史的恩怨，不去计较社会制度和意识形态的差别，并且国家不分大小强弱都相互尊重，平等相待。"②

这段话说得太深刻了。我们今天在分析、判断日本在进入新世纪以

① 船桥洋一："再谈'中国和平崛起论'"，《朝日新闻》，2004年4月29日。

② 邓小平在会见美国前总统尼克松时的谈话。引自《邓小平文选》第三卷，人民出版社，1993年10月版，第330页。

后酝酿、制定对外战略时也要有这样的胸襟和气魄。“任凭风浪起，稳坐钓鱼船。”一定要从战略的高度把握方向，既注意维护自身的利益，又照顾对方的关切，在与日本进行合作、竞争和博弈的同时，争取互利双赢，共同为东亚地区乃至世界的和平与繁荣作出贡献。

附录一

大 事 记

（2001年1月1日至2010年6月30日）

2001年

1月6日 日本中央政府机构改革，由以往的一府（总理府）、22个省、厅合并和改组为1府（内阁府）和11个省。这是迄今为止日本政府机构改革中规模最大、影响最深远的一次。改革的核心之一是加强内阁和首相的权限。

1月7日 森喜朗首相启程访问南非、肯尼亚、尼日利亚非洲3国和希腊。这是日本首相首次访问撒哈拉沙漠以南的国家。1月9日，森喜郎在南非发表日本有关非洲外交的演说，建议尽快举行第三次非洲开发会议（TICAD）。森喜朗于1月15日归国。

1月26日 日本外相河野洋平访问美国，与国务卿鲍威尔举行会谈。这是布什政权诞生以后首次日美外长会谈。双方强调两国将为促进太平洋地区的和平与稳定加强协调和合作。

1月27日 森喜郎首相在瑞士达沃斯举行的世界经济论坛发表演讲，承认日本在“泡沫经济”瓦解后股票和低价暴跌导致国民资产缩水1000万亿日元，但日本经济通过调整将很快走出衰退局面，重新为世界经济作出贡献。森喜郎是第一位出席达沃斯会议的日本首相。

1月31日 第151届例行国会开幕，森喜朗作担任首相后的第一次施政演说，表明他将全力推进IT革命和财政结构改革。同一天，自民党原加藤纮一派正式分裂，以前通产大臣堀内光雄为首的42名议员成立“堀内派”，另有10名议员加入了“无派系”行列，加藤纮一派仅余15人，由自民党内第二大派降为第五位。

2月9日 美国核潜艇“格林维尔”号在夏威夷海域进行紧急上浮训练时撞沉爱媛县水产实习船，包括水产学校实习生在内的9人失踪。森喜朗首相在接到报告后，继续打高尔夫球，激起在野党和国民的普遍不满，要求森喜朗下台的呼声日益高涨。

3月19日 森喜朗首相访问华盛顿，与美国总统布什举行会谈。双方再次强调加强日美同盟的重要性。布什就“格林维尔”号事件向日本道歉，要求日本尽快解决金融机构的呆账坏账问题。

3月25日 森喜朗访问俄罗斯，在伊尔库斯克与普京总统举行会谈并发表公报。双方同意1956年10月的《日苏联合宣言》是日俄缔结和平条约的基本的、具有法律意义的文件。但在宣言中涉及的首先归还北方四岛中的齿舞、色丹2岛的问题上存在较大分歧。

4月6日 森喜朗宣布辞去自民党总裁和首相职务。24日，自民党举行总裁选举，小泉纯一郎当选，在26日举行的参众两院全体会议上被选为日本第87任首相。

4月17日 日本内阁会议决定自4月23日起对大葱、鲜蘑菇和灯芯草等主要来自中国的3种农产品实行为期200天的紧急进口限制，凡超过1997至1999年平均进口量的产品分别征收106％至266％的关税。

4月20日 日本政府不顾中国政府的强烈抗议允许李登辉以治病为由访问日本。

4月24日 自民党举行总裁选举。小泉纯一郎以298票的优势击败桥本龙太郎（155票），麻生太郎（31票），当选为第20任总裁。在前一天结束的预选中，小泉在41个都道府县位居第一，获得141张地方票（每一都道府县为3票）中的123票，奠定了胜利的基础。另一位候选人龟井静香在预选中仅获3票，于24日总裁选举开始前宣布退出。小泉纯一郎委派山崎拓担任干事长，堀内光雄任总务会长，麻生太郎为政调会长。

4月26日 小泉纯一郎在参众两院全体会议上被选为日本第87任，也是新世纪的第一位首相。小泉随即组织了由18人组成的新内阁。新内阁中起用的女大臣（5名）为历史最高记录。民间人士（3名）仅次于1946年第一次吉田内阁

（4名）。

5月7日 小泉纯一郎在国会发表当选首相后的首次施政演说，强调新内阁的目标是推行“新世纪维新”，宣称他将“不害怕改革带来的阵痛，不屈服于既得利益集团的压力和不拘泥于传统的习惯”。

5月24日 根据OECD开发援助委员会发表，2000年日本的ODA总额为130.62亿美元，连续10年居世界第一。但是，日本政府由于财政拮据，2000年的ODA规模出现3年来的首次减额。

6月18日 日本外相田中真纪子访问美国，与美国总统助理赖斯、国务卿鲍威尔举行会谈。田中强调日美安保条约是日本外交的基石，但这项条约缔结已50年，希望能重新考虑双方的权利与义务。

6月22日 日本防卫厅长官中谷元与美国国防部长拉姆斯菲尔德在华盛顿举行会谈。中谷元强调，日本拥有导弹防御系统后在使用时将按照自己的判断，以不违背禁止行使集体自卫权的方针为前提。

6月29日 第151届例行国会闭幕。小泉纯一郎就任首相后于6月29日至7月1日。首次访问美国。6月30日在戴维营与布什总统会晤后发表题为《为实现安全与繁荣的伙伴关系》的联合声明，强调日美双方将推进增长伙伴关系的行动。

7月2日 小泉纯一郎首相对英国、法国进行为期4天的访问。7月2日与英国首相布莱尔进行会谈。7月3日、4日分别与法国总理、总统希拉克进行会谈。中心议题都是如何让美国继续参加有关减少温室气体排放的京都议定书问题。

7月9日 文部科学省针对中韩两国就同年4月审定合格的历史教科书中提出的修改要求作出正式答复，认为教科书中有关历史事实的记述没有明显的错误，无法订正。中韩两国政府相继发表声明，表示遗憾和失望。韩国方面于12日宣布，停止与日本的防卫交流和对日本大众文化开放的措施，18日韩国国会通过要求政府全面检讨韩日关系的决议。

7月12日 第19届参议院选举揭开序幕，共有14个政党和团体参选，候选人总数为496人，比上届多出22人。7月29日举行投票。自民党在121个改选议席中获65席，比改选前增加4席，走出了1995年、1998年两次参议院选举连续失败的阴影。民主党、自由党议席也有所增加，公明党持平，但共产党、社民党和保守党出现不同程度的下降。

7月24日 田中真纪子外相与中国外长唐家璇在河内举行会谈。唐外长强烈希望小泉纯一郎不要在“8·15”参拜靖国神社。当晚，小泉在回答记者提问时声称，他作为日本首相，在“8·15”参拜靖国神社是“理所当然”的。

8月13日 小泉纯一郎以“内阁总理大臣”身份参拜靖国神社，引起中国、韩国等亚洲邻国的强烈抗议。小泉向记者发表谈话，对自己没有遵守“8·15”参拜的诺言表示“惭愧”。同时又声称要虚心地对待日本过去的那段“令人悔恨的历史”，表示“深刻的反省”。

9月11日 美国纽约世界贸易大厦和华盛顿五角大楼遭到恐怖分子劫持的民航机撞击并引起爆炸。其中世界贸易大厦两栋塔楼全部坍塌，造成重大伤亡。翌日，联合国安理会一致通过决议，谴责这起恐怖主义袭击事件。15日，美国总统布什向全国发表电视讲话，表示要对袭击美国的恐怖主义分子全面开战，宣布正在阿富汗的本·拉登是这次恐怖袭击的首要嫌犯。10月7日，由于阿富汗的塔利班政权拒绝引渡本·拉登，美国和英国部队开始了对阿富汗的军事打击。

9月19日 小泉纯一郎宣布日本政府将派遣自卫队向美军提供包括医疗、运输和后勤支援在内的7项措施。

9月24日 小泉纯一郎访问美国，翌日会见布什。在会见记者时，小泉称“9·11”事件是对自由和民主主义的重大挑战，日本作为美国的盟国将在医疗援助、救援难民、运输物资和搜集情报等领域与美国进行最大限度的合作。

10月8日 小泉纯一郎对中国进行工作访问。小泉与江泽民主席、朱镕基总理举行会晤。在此前参观卢沟桥抗日战争纪念馆时发表谈话，表示日本将正视和反省过去的历史，再不发动战争，走和平发展道路。10月15日，小泉纯一郎对韩国进行工作访问，与金大中总统进行了会晤。会晤前，参观了位于现为汉城独立公园的原西大门监狱遗址，就日本殖民统治对韩国国民造成的巨大损害表示“真心反省和道歉”。

10月18日 众议院全体会议通过《反恐特别措施法》等3项法律。这3项法律在10月29日参议院全体会议通过后生效。《反恐特别措施法》规定日本自卫队可以在日本领域、公海及其上空以及得到允许的外国领域内，在没有战斗或不会发生战斗的地区，为美军运输武器弹药、提供情报和搜寻失踪人员。根据这项法律，海上自卫队于11月25日，派遣3艘护卫舰、补给舰前往印度洋执行为美军运输物资和侦察警戒的任务。

10月19日 小泉纯一郎出席在上海举行的APEC首脑会谈。会议期间，分别与美国总统布什、澳大利亚总理霍华德、俄罗斯总统普京、中国国家主席江泽民、韩国总统金大中等首脑举行会谈。

11月16日 日本海上自卫队的P3C巡逻机在鹿儿岛县奄美群岛以西水域发

现一艘不明国籍的船只。海上保安厅立即出动巡视船进行跟踪、拦截。11月22日，海上保安厅巡视船将这艘可疑船只击沉。这是1953年以来，日本首次射击外籍船只，而击沉这类船只则是战后第一次。

12月21日 中日两国举行部长级会议，日本宣布不再启动对来自中国的大葱、鲜蘑菇和蔺草等农产品的正式保障措施，中国决定撤销对原产日本的汽车、空调和移动电话加征100%特别关税的措施。

12月26日 台“外交部次长”吴子丹约见“交流协会”台北事务所所长山下新太郎，就日本外相田中真纪子在12月23日有关台湾可以参照香港模式与大陆统一的发言提出抗议。

2002年

1月9日 小泉纯一郎首相自即日起至15日，访问了菲律宾、马来西亚、泰国、印度尼西亚和新加坡5个东盟成员国。在与各国首脑会晤中，小泉建议在日本与东盟间开展“全面经济合作”，将2003年作为“日本与东盟交流年”。14日，日本与新加坡签署了“新时代经济合作伙伴关系协定”，取消除农产品外的所有关税。这是日本与外国缔结的第一个自由贸易协定。同日，小泉在新加坡发表演讲，呼吁在原有的“10＋3”框架基础上，吸收澳大利亚和新西兰参加，建立“东亚共同体”。

1月29日 小泉纯一郎首相解除田中真纪子外相的职务，任命原通产省官员、前环境大臣川口顺子继任外相。小泉内阁支持率在罢免田中后直线下跌，由72%跌到49%（《朝日新闻》统计）。

2月1日 刚刚就任外相的川口顺子会见来访的俄罗斯外长伊凡诺夫，就日俄双方举行副外长级会谈，就北方四岛中齿舞、色丹两岛的归还问题与国后、择足两岛的归属问题分别进行“平行磋商”事项达成共识。日方报道说，这是1956年《日苏联合宣言》宣布苏联将归还齿舞、色丹两岛后日俄双方首次在副外长级就这一问题进行磋商。3月13日，伊凡诺夫在俄罗斯下院发表演讲否认日俄间有所谓“平行磋商”的协议。

2月4日 小泉纯一郎首相在第154届例行国会发表施政演说，宣布将强有力地推进外务省的改革，早日恢复国内外对日本外交的信任。

2 月 17 日　美国总统布什对日本进行为期 3 天的访问。这是布什上任后首次访问日本。在 18 日举行的日美首脑会谈中布什称，朝鲜是与伊朗、伊拉克一样的“邪恶国家”，要求美日加强合作，共同阻止大规模杀伤性武器的扩散。19 日，布什总统还在日本国会发表了演讲。

3 月 14 日　小泉纯一郎首相会见来访的巴基斯坦总统穆沙拉夫，围绕反恐问题及两国间的贸易投资等问题交换了意见。

3 月 21 日　小泉纯一郎首相对韩国进行正式国事访问。22 日，与韩国总统金大中举行首脑会谈，就设立研究会探讨两国缔结 FTA 协定以及在日韩共同举办世界杯足球赛期间两国首脑分别出席在对方国家举行的开幕式、闭幕式问题达成协议。

3 月 22 日　日本向东帝汶派遣的维和部队第一梯队由隶属陆上自卫队北部方面队的工兵部队一行 302 人组成，当天由北海道驻地出发经印度尼西亚中转，于翌日抵达东帝汶城市帝力，第二梯队 230 人预计 4 月 10 日出发。

4 月 4 日　小泉纯一郎在官邸会见来访的中国人大委员长李鹏，表示将就打捞日本在中国东海专属经济区击沉的不明国籍船只问题与中方进行友好、冷静和慎重的磋商。

4 月 11 日　小泉纯一郎首相赴海南岛出席博鳌论坛。并于翌日与中国总理朱镕基进行会谈。小泉在博鳌论坛的发言中称，中国不是日本的威胁，而是日本的机会。

4 月 21 日　小泉纯一郎首相再次参拜靖国神社。在参拜后会见记者时说，日本与中国、韩国的关系发展良好，这次参拜不会对双边关系带来影响。但中韩两国在小泉参拜后均发表措辞严厉的声明予以谴责。中国宣布推迟接待日本防卫厅长官中谷元预定在 4 月 27 日的访华，并取消了中国人民解放军海军舰艇预定对日本的访问。

4 月 27 日　小泉纯一郎动身对越南、东帝汶、澳大利亚和新西兰进行为期 7 天的访问。在越南期间，小泉与越方就年内缔结投资协定达成共识。在东帝汶，小泉会见了独立后的首任总统古斯芒，表示日本将全面支援东帝汶的重建和经济复兴。小泉在与澳大利亚总理霍华德会晤时就早日缔结日澳自由贸易协定，加强双边安全保障合作等问题交换了意见。在新西兰访问期间，小泉向克拉克总理表示，日本将尽早批准京都议定书，加大减排温室气体，防止地球温暖化的力度。

5 月 8 日　5 名身份不明的男女试图闯入日本驻沈阳总领事馆，与负责警卫的武警发生扭打。日本外相约见中国驻日大使武大伟，就中国武警闯入领馆区内执行公务提出抗议，武大伟就此提出反驳。

5月14日 OECD的开发援助委员会发表的统计报告显示，2001年日本的ODA援助规模比上年下降28.4%，为96.78亿美元，被美国的108.54亿美元超出，失去了从1991年以来连续10年ODA规模居全球第一的桂冠。同日，日本内阁官房长官福田康夫在记者招待会上公开表示，日本支持台湾以观察员身份加入世界卫生组织。

5月31日 第17届世界杯足球赛于5月31日至6月30日在韩国和日本同时举行。日本皇室成员和小泉纯一郎首相出席了在汉城举行的世界杯开幕式并观看了首场比赛，金大中总统则出席了在横滨举行的决赛和闭幕式。

6月13日 川口外相在出席在加拿大举行的八国集团外交会议期间与俄罗斯外长伊凡诺夫举行会谈，就缔结日俄和平条约问题提出双方应在已经取得成果的基础上继续进行磋商，事实上撤回了日本先前所强调的“平行磋商”主张。

6月26日 小泉纯一郎首相出席在加拿大卡纳纳斯基斯举行的八国集团首脑会议时与美国总统布什举行会谈，强调日本支持美国的反恐斗争以及有关中东和平的新建议，布什则表示支持小泉内阁推行的经济结构改革。期间，小泉还与俄罗斯总统普京举行会谈，表示希望在2003年初访问俄罗斯，促使两国间重开陷于搁浅状态的领土交涉。

7月1日 韩国总统金大中访问日本。小泉纯一郎在与金大中会晤时强调日本希望韩国继续推进与朝鲜缓和紧张关系的“阳光政策”，日韩双方就启动有关检讨缔结FTA协定问题的工作小组会议达成协议。

8月21日 日本外务省政务官水野贤一宣布辞职。理由是他两次提出访问台湾的申请均被川口顺子外务大臣否决。水野批评日本外务省“看中国的脸色行事”。

9月9日 小泉纯一郎首相启程赴美国参加“9·11”事件一周年的追悼活动和联合国大会。9月13日，小泉与布什举行会谈，通报其预订在9月17日访问平壤，并就美国酝酿的对伊拉克的攻击和日本经济政策问题交换意见。同日，小泉在联合国大会发表演讲，呼吁伊拉克遵从联合国安理会决议，无条件接受联合国的核查，放弃所有的大规模杀伤性武器。

9月17日 小泉纯一郎首相访问平壤。这是战后日本首相的首次访朝。小泉与朝鲜国防委员会委员长金正日举行会谈后签署《平壤宣言》。双方决定自2002年10月起恢复日朝邦交正常化谈判，日本同意在邦交正常化后通过提供无偿资金援助和长期低息贷款等方式，与朝鲜开展经济合作。朝方承认，涉及日本国民生命和安全的绑架问题是在两国关系处于不正常的情况下发生的，今后将采取适当措施防止再次出现这种问题。朝方还承诺将冻结导弹发射的时限延长到2003年以后。

9月22日 亚欧首脑会议在丹麦首都哥本哈根举行期间，小泉纯一郎与金大中举行会谈。金大中对日朝首脑会谈予以肯定，小泉则表示日本今后将在与朝鲜的磋商过程中进一步追查朝鲜绑架日本人质问题。

9月30日 小泉纯一郎进行就任首相以来的首次内阁改组，更迭了6名阁僚。其中比较引人瞩目的是，柳泽伯夫被解除金融担当大臣的职务，遗职由现任经济财政大臣的竹中平藏兼任。大岛理森取代武部勤出任农林水产大臣，石破茂接替中谷元担任防卫厅长官。这次改组仅涉及6名阁僚，11人留任，是变动规模较小的一次改组。

10月8日 台“外交部长”简又新对日本防卫厅长官石破茂有关“东亚安全保障不可能排除台湾”的发言表示赞赏。

10月17日 被朝鲜绑架的5名日本人质乘包机回日本省亲。24日，日本政府宣布这5名人质将不再返回朝鲜。由于他们中的大部分亲属尚留在朝鲜，当事人普遍感到困惑。

10月26日 小泉纯一郎在墨西哥举行的APEC首脑会议期间，与美国总统布什、韩国总统金大中举行日美韩首脑会议，并发表要求朝鲜立即放弃核开发计划的联合声明。

11月4日 小泉纯一郎出席在金边举行的“10＋3”首脑会议。4日上午，小泉纯一郎与中国总理朱镕基、韩国总理金硕洙举行中日韩首脑会议，强调三国应加强协调，促使朝鲜停止开发核武器。中国总理朱镕基倡议中、日、韩三国应就缔结FTA协定问题进行磋商。日本与东盟在5日上午举行的“10＋1”首脑会议上就10年内达成包括FTA协定在内的综合经济合作问题进行探讨，并发表联合宣言。

10月30日 日朝两国在马来西亚首都吉隆坡举行有关邦交正常化的第12次会谈。朝方批评日本允许被朝鲜绑架的日本人定居是违背诺言，日本则要求朝鲜允许其家属回日本。双方各执一词，会谈没有取得任何进展。

11月4日 日本政府决定派遣“宙斯盾”级护卫舰前往印度洋执行为美英等国军舰提供燃料的任务。防卫厅长官石破茂在回答记者提问时强调，拥有先进雷达的“宙斯盾”级护卫舰与美英军舰交换情报并不违反禁止行使集体自卫权的现行规定。

11 月 28 日 小泉首相的私人咨询机构、由内阁参事冈本行夫牵头的“对外关系研究小组”发表题为《21 世纪日本外交基本战略》的报告。

12 月 16 日 日美在华盛顿举行外长、国防部长参加的“2＋2”会谈，警告朝鲜必须放弃核开发计划，并强调如伊拉克违反联合国决议而实施武力攻击时两国将加强协调。翌日，防卫厅长官石破茂向美方表示，日本政府正在考虑将导弹防御计划由研究阶段转入开发和部署的阶段。

12 月 17 日 《读卖新闻》发表社论，指责外务省拒发李登辉签证是“放弃外交自主性”。李登辉原拟接受庆应大学学生社团邀请，于 12 月 24 日赴该校演讲。由于校方反对，李登辉在提出签证申请后自行撤回。

2003 年

1 月 10 日 小泉纯一郎访问俄罗斯，在与普京举行会谈后发表有关日俄两国在经济、文化和安全保障等 6 大领域推进合作的《日俄行动计划》。双方表示将在解决北方四岛归属问题的基础上缔结日俄和平条约。与此同时，日俄双方还宣布在 2009 年前共同铺设由东西伯利亚安格尔斯克至太平洋沿岸纳霍德卡的输油管道。12 日，小泉访问了俄罗斯远东地区的哈巴罗夫斯克。

1 月 14 日 小泉纯一郎再次参拜靖国神社，并在登记薄上署上“内阁总理大臣”的身份。中国外交部召见日本驻华大使时表示强烈不满与愤慨，韩国总统金大中取消了预定在 15 日与访问韩国的日本外相川口顺子的会见。韩国新任总统卢武铉的发言人也对此表示遗憾。

1 月 23 日 台湾高速铁路公司在东京举行台北至高雄高速铁路最后两段工程的合同签署仪式。由三菱重工、东芝、川崎重工等组成的日本企业集团，除车辆、通信设备外，还拿下了这条全长 345 公里的铁路超过 95％的铺设工程合同。

2 月 22 日 小泉纯一郎会见访日的美国国务卿鲍威尔，支持美国在联合国安理会争取通过允许美英对伊拉克动武的决议的外交努力，并表示日本将在战后的伊拉克重建中发挥作用。同日，日本政府在东京举行的支援阿富汗重建国际会议上宣布，将提供 3500 万美元用于支援阿境内武装集团成员解除武装后的再就业。阿富汗总统卡尔扎伊及 36 个国家、10 个国际组织的代表参加了这次会议。

2 月 24 日 小泉纯一郎赴韩国首都首尔出席新任总统卢武铉在翌日举行的就

职典礼。在2月25日小泉与卢武铉的会谈中，双方强调日、美、韩三国应就和平解决朝鲜核问题和导弹问题进行紧密磋商；同时，与中国、俄罗斯和国际社会也要进行合作。

2月28日 日本内阁会议决定，除美英军舰外，法国、德国和新西兰的舰艇也可纳入海上自卫队在印度洋提供燃油的名单。

3月2日 小泉首相会见来访的古巴国务会议主席卡斯特罗。小泉要求古巴协助说服朝鲜放弃开发核武器。

3月20日 美国在没有得到联合国安理会授权的情况下，以伊拉克拥有大规模杀伤性武器为由。伙同英国发动了推翻伊拉克萨达姆政权的战争。小泉在当天下午举行紧急记者招待会，明确表示“理解和支持美国行使武力”。在随后举行的内阁安全保障会议和临时阁僚会议上，成立了以小泉为本部长的“伊拉克问题对策本部”。小泉内阁采取的紧急措施有：加强日本国内重要设施、各国使领馆和美军基地的戒备；加强对石油、金融和证券市场的监控，稳定国内经济；对由战争造成的难民提供人道主义的援助，等等。共同通信社在21日、22日举行的全国紧急电话调查表明，对小泉支持美英进攻伊拉克表示反对的比例达51.3%，超过支持的41.7%。

3月27日 小泉首相会见来访的新加坡总理吴作栋，再次表示支持美国发动的伊拉克战争，并强调伊拉克战后重建应在联合国主导下由国际社会通力合作予以推进。

3月29日 石破茂防卫厅长官访问韩国，与韩国国防部长曹永吉进行了会谈。双方表示决不能容忍朝鲜开发和拥有核武器，强调日、美、韩三国应在这一问题上加强沟通，协调行动。翌日，川口顺子外相在东京会见来访的韩国外交通商部长官尹永宽，双方一致同意加强日、美、韩三国的合作，实现朝鲜核问题的和平解决。

4月7日 小泉首相会见来访的越南外长范家谦，就尽早缔结日越投资协定达成一致。

4月9日 美英军队攻陷巴格达，萨达姆政权被推翻。川口顺子外相就伊拉克重建问题访问德、法、英三国，强调联合国应在伊拉克重建过程中发挥重要作用。德英两国外长、外相支持川口有关联合国应通过相应决议的主张，法国则采取谨慎态度。

4月12日 小泉首相会见来访的俄罗斯国防部长伊凡诺夫，一致同意应该和平解决朝鲜的核问题。伊凡诺夫表示，俄罗斯可以帮助说服朝鲜重新接纳国际原子能机构的视察小组，控制其核开发的进程。

4月26日 小泉首相出发赴欧洲五国访问，分别与英国首相布莱尔、西班牙首相阿斯纳尔、法国总统希拉克、德国总理施罗德和欧盟轮值主席、希腊首相希米蒂斯、欧盟委员会主席普罗迪举行会晤，就如何以联合国为中心，建立伊拉克重建的国际合作框架交换意见。

4月26日 福田康夫官房长官会见赴北京出席中、美、朝有关朝鲜核问题的三方会谈的美国助理国务卿凯利，就日、美、韩加强在朝鲜核问题上的协调达成了一致。

5月15日 日本众议院通过《应对武力攻击事态法》、《自卫队法修正案》和《安全保障会议设置法修正案》等3项法律。6月6日，这3项法律在参议院获得通过后正式生效。这3项法律在日本被称为“有事立法”，它们赋予日本首相宣布紧急状态和越过内阁直接调动自卫队的权力。这是1977年福田赳夫内阁开始研究有事法制以来日本在安全保障立法方面取得的重大突破。

5月16日 为期两天的第三次日本太平洋岛屿国家首脑会议在日本冲绳县名护市举行。小泉首相在5月16日发表基调演讲，表示日本将积极支援太平洋岛屿国家解决其面临的环境危机。首脑会议在翌日通过一项共同行动计划后闭幕。

5月22日 小泉首相赴美国、埃及、沙特等国访问。23日，与美国总统布什在得克萨斯州克劳福德举行非正式会晤，就伊拉克重建、朝鲜核问题与日本经济政策问题交换了意见。双方强调，朝鲜核问题应通过对话与压力，和平地予以解决，但如果朝鲜一意孤行将不排除采取包括经济制裁在内的强硬手段。24日，小泉在开罗与埃及总统穆巴拉克举行会谈，就伊拉克重建以及日本对埃及提供援助等问题交换了意见。25日，小泉在利雅得与沙特王储阿卜杜拉举行会谈，双方表示将在伊拉克重建过程中加强合作。

5月30日 小泉首相抵达俄罗斯圣彼得堡参加八国首相会议。30日上午，小泉与俄罗斯总统普京举行了会谈。小泉向普京表示，希望日俄尽早缔结和平条约，解决北方领土问题，并开展包括能源开发在内的各种领域的合作。31日，小泉与中国国家主席胡锦涛举行会谈，就发展面向未来的中日关系、和平解决朝鲜核问题交换了意见。

5月31日 自民党政调会长麻生太郎在东京都内演讲时称，日据时代朝鲜人是自愿要求改日本名字的。这一发言引起韩国舆论强烈反弹。麻生于6月2日就此表示道歉。

6月6日 韩国总统卢武铉对日本进行为期4天的访问。6日，与天皇、皇后会见。7日，与小泉首相举行了首脑会谈，日韩双方一致同意通过对话和压力，促使朝鲜核问题的和平解决。9日上午，卢武铉在日本国会发表演讲，强调日韩两国应在东北亚地区合作中发挥主导作用。

6月6日 小泉首相分别会见来访的菲律宾总统阿罗约、泰国总理他信，同意尽早启动日本与菲律宾、泰国缔结EPA协定的谈判。

6月28日 川口顺子外相访问俄罗斯远东地区，与俄罗斯远东地区总统全权代表普里科夫斯基举行会谈，川口强调日本向俄远东地区能源开发提供援助的前提是俄罗斯必须先行建设由东西伯利亚通往太平洋沿岸纳霍德卡的输油管线路。

7月4日 日本众议院通过《支援伊拉克重建特别措施法》。7月26日，这项法律在参议院通过后正式生效。由于美国发动的伊拉克战争没有得到联合国的授权，这项立法的目的是扫清向伊拉克派遣自卫队的法律障碍。根据这项法律，陆上自卫队被派往伊拉克首都巴格达周边地区从事净化水、供水等所谓的人道主义援助，而航空自卫队则担负运输物质的任务。

7月17日 小泉首相与来访的澳大利亚总理霍华德举行会谈，一致同意通过对话与压力促使朝鲜核问题和平解决。

7月19日 小泉首相与来访的英国首相布莱尔举行会谈，双方再次确认伊拉克战争是必要的、合法的。小泉称，日本支持这场战争是正确的，布莱尔则主张有关朝核问题的中、美、朝三方会谈应吸收日韩参加成为五方会谈。日英双方还就两国在IT、科学技术和环境领域加强合作分别发表了联合声明。

8月11日 小泉首相在官邸会见来访的中国外长李肇星，肯定中国为促成举行有关朝核问题的六方会谈所付出的努力。

8月17日 小泉首相赴德国、波兰和捷克访问。分别在18日会见德国总理施罗德，19日会见波兰总理米莱尔，21日会见捷克总理弗拉迪米尔·什皮德拉。小泉在这次欧洲之行中，除表明日本积极参与伊拉克重建的态度外，主要是就即将举行的有关朝核问题的六方会谈说明日本坚持的必须将绑架问题一起解决的立场。

8月23日 川口顺子外相访问韩国，她除与韩国外交通商部长官尹永宽会谈外，还会见了卢武铉总统。日韩双方表示决不容忍朝鲜开发核武器，两国将通过对话促使朝核问题的和平解决。川口称，日本将在六方会谈中与朝鲜就绑架人质问题进行具体磋商。

8月27日 有关朝核问题的六方会谈在北京举行为期3天的第一次会议。中国外交部副部长王毅、朝鲜外务省副相金永日、美国助理国务卿凯利、俄罗斯外交部副部长洛休科夫、韩国外交通商部次官补李秀赫和日本外务省亚大局局长薮中三十二分别率团出席了会谈。

9月3日　石破茂防卫厅长官访问中国，先后与唐家璇国务委员、曹刚川国防部长举行会谈。双方同意尽快恢复包括舰艇互访在内的中日军事交流。

9月20日　小泉纯一郎在自民党总裁选举中战胜龟井静香、藤井孝男、高村正彦等对手，以超过半数的选票获得连任。21日，小泉改组自民党领导层，任命安倍晋三担任自民党干事长。翌日，又对内阁进行了改组。自民党内更迭呼声较高的经济财政大臣竹中平藏、外务大臣川口顺子留任，起用中川昭一担任经济产业大臣，谷垣祯一任财务大臣，小池百合子任环境大臣，原行政改革大臣石原伸晃改任国土交通大臣。

9月29日　第三次日本非洲开发会议在东京举行，为期3天。小泉首相发表基调演讲，宣布日本政府将从2003年度起5年内向非洲国家提供10亿美元的无偿资金援助，并促进日本企业向包括非洲在内的发展中国家的直接投资。

10月7日　在印度尼西亚的巴厘岛举行的第七届东盟与中日韩领导人会议期间，中国总理温家宝、日本首相小泉纯一郎与韩国总统卢武铉举行会晤，并发表了《有关促进中日韩三国合作的联合声明》，其中强调三国发展和深化合作将有利于整个东亚地区的和平、稳定与发展。

10月15日　福田康夫官房长官宣布，日本将在2004至2007年的3年内提供50亿美元用于伊拉克重建，其中2004年为15亿美元。

10月16日　小泉首相与来访的墨西哥总统福克斯举行会谈，就日本墨西哥FTA协定进行磋商，由于日本拒绝在进口墨西哥农产品问题上让步，致使原本预定在福克斯访日期间签署的日墨FTA协定以流产告终。

10月17日　小泉首相与来访的美国总统布什举行会谈。双方主要就伊拉克重建、朝核问题的六方会谈以及日本的经济政策问题交换了意见。布什感谢日本为伊拉克重建所作出的努力，并认为在解决朝核问题过程中日美韩应加强协调，日本所坚持的绑架人质问题非常重要。布什间接地批评了日本为维持日元的低汇率而采取的介入外汇市场的做法。

10月20日　小泉首相出席在泰国首都曼谷举行的APEC首脑会议。期间，先后与俄罗斯总统普京、韩国总统卢武铉和中国国家主席胡锦涛举行会谈。

10月28日　日本举行第43届众议院选举，这是进入新世纪后的第一次众议院选举。11月9日的投票结果表明，自民党总共只获得237席，比大选前少了10席，但加上公明党和保守新党，仍掌握众议院的过半数席位。最大在野党民主党在这次选举中增加40席，达170席，不仅拿下了三分之一的小选举区，在比例代表区的得票率超过了自民党。社民党、共产党和保守新党等小党均告失利。选举结果表明，日本政坛已从原先的“一强多弱”格局进入了自民党和民主党两大政党相抗衡的时代。

11月19日 小泉纯一郎改组内阁，2002年9月改造内阁的成员全部留任。日本传媒称新内阁为第二届小泉内阁。

11月14日 小泉首相会见来访的美国国防部长拉姆斯菲尔德，就伊拉克战后重建问题和日本向伊拉克派遣陆上自卫队问题交换意见。16日，拉姆斯菲尔德专程访问日本冲绳县，与稻岭惠一知事就在冲绳的美军基地问题交换了意见。

12月9日 日本内阁会议根据《支援伊拉克重建特别措施法》，决定向伊拉克东南部派遣600名陆上自卫队官兵，为期1年。这是日本在战后第一次向尚处于战斗状态的国家派遣自卫队。2004年1月16日、1月22日，陆上自卫队和航空自卫队的先遣部队分别从日本的基地出发。

12月11日 日本与东盟10国在东京举行为期两天的特别首脑会议。这是1967年东盟成立以来成员国第一次在东盟以外的国家与该国首脑会晤。会议签署了由小泉首相倡议的、旨在建立东亚共同体的《东京宣言》。该宣言强调双方要加强经济发展和繁荣的基础，在应对全球问题方面进行合作。日本将先与泰国、马来西亚、菲律宾和印尼等国签署FTA协定，然后逐步扩大到整个东盟，争取在2012年建成日本—东盟自由贸易区。会议期间，日本正式加入《东南亚友好合作条约》。

12月19日 小泉纯一郎首相先后主持安全保障会议和内阁会议，决定为拦截针对日本的弹道导弹，从2004年度起购买美国现有的反弹道导弹以建立日本的导弹防御系统。此举表明日本的MD已从论证、开发阶段向实际部署阶段迈出了决定性的一步。

12月25日 日本前首相森喜朗以参加早稻田大学、庆应大学联合校友会的名义访问台湾。25日与陈水扁共进晚餐，26日与李登辉会面。森喜朗在会见陈水扁时表示，希望台湾能了解美国反对台湾举办“防御性公投”的立场，不要让美国再次陷入困难处境。

12月26日 石破茂防卫厅长官会见来访的韩国国防部长官曹永吉，声称为解决朝核问题，有必要在外交努力的同时加大对朝鲜的压力。韩国方面则强调应耐心等待，尽量不要让朝鲜在军事上作出错误判断。

12月29日 日本“交流协会”台北事务所所长内田胜久按照外务省训令，

向“总统府秘书长”邱义仁表示日本政府对台湾举行“公投”以及“制宪”等问题忧虑的立场。

2004年

1月1日 小泉纯一郎对靖国神社进行上任以来的第四次参拜。中国外交部副部长王毅紧急召见日本驻华使馆临时代办原田亲仁，就小泉纯一郎参拜靖国神社提出严正交涉。

1月16日 石破茂防卫厅长官访问荷兰，在海牙与随行记者恳谈时表示，日本政府正在考虑将对禁止武器出口的三原则进行调整，对与外国共同开发武器的对象由美国一国扩大为第三国也可以参加。

1月29日 日本众议院通过《外汇和外国贸易法案修改案》，规定如果威胁到日本的和平与安全，可由内阁会议决定对特定国家的外汇交易和进出口实行限制。这项法案在2月9日参议院全体会议通过后生效。

2月9日 小泉纯一郎在众议院预算委员会上表示，他对靖国神社内供奉的甲级战犯“没有抵触感”，今后将继续参拜靖国神社。

3月12日 日本与墨西哥缔结自由贸易协定。日本承诺开放其农产品市场，墨西哥则同意对来自日本的汽车实行零关税。这是日本与外国缔结的第二个自由贸易协定。

3月26日 日本新泻地方法院审判长片野悟好宣布，判决日本政府和新泻港运公司对11名第二次世界大战被绑架到日本的中国劳工每人赔偿800万日元。这是日本法院首次明确认定日本政府对在第二次世界大战中绑架中国劳工服苦役负有责任。

4月3日 日本外相川口顺子对中国进行为期两天的访问。访问期间，温家宝总理、唐家璇国务委员分别会见川口，李肇星外长与川口外相进行了会谈。

4月7日 福冈地方法院判决小泉纯一郎首相2001年8月13日参拜靖国神社的行为违反了日本宪法有关政教分离的原则。

5月22日 小泉纯一郎首相对朝鲜首都平壤进行了他上任以来的第二次访问。这次访问的主要目的是要带回日本被绑架者在朝鲜的8名家属。小泉在会晤金正日时讨论了朝核问题。朝方强调，朝鲜若冻结核开发，美日等国必须提供经济援助作为补偿。小泉则希望朝方完全废弃核计划。双方再次确认《平壤宣言》的原则，小泉宣布日本将向朝鲜提供25万吨粮食和1000万美元的医药援助。

6月14日 日本参议院通过《国民保护法》、《限制外国军用品等海上运输法》、《支援美军行动措施法》、《特定公共设施利用法》、《俘虏处理法》和《违背国际人道法行为处罚法》等7项法律。此前，众议院已在5月14日通过这7项法律。这7项法律生效后，与上年通过的《应对武力攻击事态法》等“有事3法”一起构成完整的战争法律体系。

6月21日 中、日、韩三国外长会议在中国青岛举行。中国外长李肇星、日本外相川口顺子和韩国外交通商部长官潘基文出席。会后，发表了中、日、韩三方委员会首次联合声明。

7月7日 日本在东海日方单方面主张的所谓“中间线”以东的中日争议海域开始进行海底资源调查。中方提出严正交涉。

7月11日 日本举行第20届参议院选举的投票。这次选举是6月24日开始的。结果，自民党获49席，比选举前减少1席；民主党获50席，增加12席；公明党获11席，增加1席；共产党获4席，减少11席；社民党获2席，与选前持平；无党派人士获5席。自民党干事长安倍晋三在9月24日承担失败责任，引咎辞职。

8月13日 美国海军陆战队的CH53D大型军用直升飞机在毗邻冲绳普天间基地的冲绳国际大学校园内坠落，美军拒绝冲绳警方到事故现场调查，引起当地居民强烈不满。

9月2日 小泉纯一郎在冲绳及北方对策大臣茂木敏充和北海道知事高桥春美等陪同下，乘船从海上视察由俄罗斯控制的北方四岛。战后日本首相第一次从海上视察北方四岛。

9月20日 河野洋平就任日本众议院议长后于9月20日至25日首次访华。

9月27日 小泉纯一郎改组内阁，17名阁僚中换了11人。其中，外相改由町村信孝担任，大野功统取代石破茂出任防卫厅长官，竹中平藏留任经济财务大臣并兼任邮政事业改革担当大臣。前外相川口顺子和前自民党副总裁山崎拓任首相助理。

10月2日 日本外务省发表2004年版《ODA白皮书》，对迎来50周年的日本ODA政策进行回顾和总结。50年来，日本累计向185个国家和地区提供总额为2210亿美元的ODA援助。其中，向发展中国家和地区共派遣7万名专家和2.5万名青年海外协力队队员，1993至2001年间累计向9亿儿童提供急性脊髓灰质炎疫苗。

10月4日 小泉首相的私人咨询机构“有关安全保障和防卫力量的恳谈会”（召集人为东京电力公司顾问荒木浩）提交最终报告。强调应对包括国际恐怖主义活动在内的非传统安全威胁的必要性。

10月6日 小泉首相赴越南首都河内出席从7日开始、为期3天的亚欧首脑会议。8日，小泉在与法国首脑希拉克会谈时，就欧盟酝酿解除对华武器禁运措施问题表示忧虑，要求欧盟采取谨慎态度。

10月15日 第59届联合国大会选举丹麦、希腊、日本、阿根廷和坦桑尼亚5国为安理会非常任理事国，任期两年。

10月25日 中日两国在北京就东海气田开发问题首次进行事务级磋商。

10月26日 日本首次作为主办国在相模湾举行旨在防止大规模杀伤性武器扩散的海上拦截（PSI）训练。参加的有日本海上保安厅的巡视船与美国、法国、澳大利亚海军共9艘舰艇和6架飞机。美国副国务卿博尔顿等来自19个国家的官员观摩了这次演习。

10月27日 伊拉克恐怖团体绑架一名日本游客，并威胁如日本不从伊拉克撤退自卫队，将杀害这名人质。日本政府予以拒绝。30日，在巴格达市内发现被绑架人质的遗体。

11月9日 日朝两国在平壤举行第三次有关绑架问题的事务级会谈。朝方向日本提供已经死亡的被绑架者横田惠的遗骨和遗物。

11月10日 在冲绳县石垣岛、宫古岛周边的日本领海发现不明国籍的潜艇。海上自卫队出动P3C巡逻机和护卫舰紧逼跟踪。12日，日本政府断定是中国海军的潜艇，町村信孝外相召见中国驻日公使时提出严重抗议。16日，中国外交部副部长武大伟约见日本驻华大使，就中国潜艇由于技术原因错误地进入日本领海表示遗憾。

11月19日 陈水扁在接见日本“交流协会”会长服礼次郎时表示，台湾非常荣幸能率先向日本提供中国核潜艇侵入日本领海的情报，强调台湾与日本在亚太安全与稳定的目标上有共同利益，相信日本如同台湾一般对中国的威胁感同身受。

11月20日 小泉首相出席在智利举行的APEC首脑会议。20日，小泉与美国总统布什举行会谈，小泉表示，日本在伊拉克的陆上自卫队派遣期限届满后将通过延长法律有效期的办法继续支援伊拉克的战后重建。布什强调有关朝核问题的六方会谈是解决朝核问题的唯一手段。21日，小泉与俄罗斯总统普京会谈，但在关键的北方四岛问题上未能取得进展。22日，小泉与中国国家主席胡锦涛举行会谈。胡锦涛要求小泉停止参拜靖国神社，小泉表示日本不会支持台湾独立，双方就尽早开始有关朝核问题的六方会谈达成共识。

11月28日 小泉纯一郎启程赴老挝首都万象出席“10+3”首脑会议。抵达目的地后对记者发表谈话，期待中国能尽快从接受援助的“ODA学校”毕业，加入到援助国的行列。翌日，小泉与中国总理温家宝、韩国总统卢武铉会晤，发表了题为《关于中日韩合作的行动战略》的报告。30日，小泉与温家宝会谈，就建立面向未来的双边关系交换意见。

12月9日 小泉纯一郎在官邸会见访日的德国总理施罗德，日德两国就加强“入常”合作达成共识。

12月9日 日本官房长官细田博之宣布，朝方提供给日本的已故被绑架者横田惠的遗骨不是本人的，日本政府向朝鲜提出严重抗议并冻结对朝鲜的粮食援助。

12月10日 日本内阁会议通过《新防卫计划大纲》，这是1976年以来日本公布的第3份规定安全保障政策和自卫队建军方针的纲领性文件。新大纲在分析日本周边安全环境时点了朝鲜和中国的名，声称有必要关心中国的军事动向。

12月18日 小泉纯一郎在鹿儿岛县指宿市会见来访的韩国总统卢武铉，讨论了有关加快朝核问题的六方会谈进程、争取在2005年内缔结日韩FTA条约等问题。

12月21日 日本政府向李登辉发放访日签证。李登辉一行于27日赴日本关西、北陆地区展开为期7天的行程。但是，李登辉最想去的京都大学，校方认为贴身保护他的警察太多，以“安全理由”拒绝参访要求。

12月26日 印度尼西亚苏门答腊发生里氏8.9级地震和特大海啸，死亡人数超过8900人。翌年1月6日，日本防卫厅长官大野功统根据《国际紧急援助队派遣法》，向灾区派遣包括C130运输机、护卫舰在内的陆海空自卫队官兵共1400人参加救援活动。

2005年

1月19日 加拿大总理克里斯蒂安访问日本，与小泉纯一郎在首相官邸会晤，双方就在年内缔结在投资和社会保障领域加强合作的日加经济框架协议达成共识，但加拿大未承诺支持小泉提出的有关日本“入常”的要求。

1月26日 朝鲜政府通过驻北京的大使馆，指责日本有关横田惠遗骨是别人的说法是捏造，并要求日方归还这一遗骨。

2月9日 日本官房长官细田博之宣布，有关团体在钓鱼岛上设立的灯塔将作为国有资产由海上保安厅负责维护和管理。当天，中国外交部发言人表示这一决定是非法的和无效的。

2月15日 日本内阁会议通过自卫队法修改案。其中规定，在弹道导弹有可能袭击日本时，防卫厅长官可以在事先得到首相允许的情况下命令自卫队实行拦截，如果没有时间征求首相同意，则可按照“紧急对策要领”由防卫厅长官直接下达拦截命令。

2月19日 美日举行“2＋2”会议，在区域共同战略目标中列入“鼓励台湾海峡相关问题通过对话和平解决”。

2月22日 日本岛根县议会通过立法，将2月22日定为“竹岛日”。1905年2月22日，日本宣布将该岛并入岛根县。3月16日，岛根县议会正式通过了这项法案。韩国对此作出强烈反应。卢武铉总统发表讲话，称此举是将日本侵略韩国的历史合法化，韩国政府决定向一般民众开放到韩国称为“独岛”的这一岛屿旅游。

3月12日 日本与墨西哥签署自由贸易区（FTA）协定。这是继2002年日本与新加坡缔结FTA协定后日本与外国缔结的第二个同类协定。

3月17日 日本外相町村信孝在自民党外交关系联席会议上透露，中日两国已就北京奥运会前停止日本对华日元贷款问题达成协议。

3月18日 美国国务卿赖斯对日本进行上任以来的首次访问。19日分别与小泉纯一郎首相、町村信孝外相会晤，就朝鲜核问题以及重新开放因“疯牛病”被迫中止的美国牛肉对日本的出口的问题进行磋商。9日，布什总统已经通过电话，要求小泉尽快就重开美国牛肉进口问题作出决断。

3月25日 日本内阁会议通过有关保护国民的基本方针，规定对日本的武装入侵包括4种情况：1. 登陆入侵；2. 恐怖组织和特种部队的攻击；3. 弹道导弹的袭击；4. 飞机空袭。基本方针对发生上述4种情况后中央和地方自治体应采取哪些措施作了明确规定。

3月25日 日本外务省任命前内阁官房参与中山恭子担任新设立的联合国改革担当大使。

3月27日 法国总统希拉克访问日本，与小泉纯一郎首相进行会晤，并发表联合声明。在声明中，双方一致表示要定期举行首脑会晤，加强高层的战略对话，法国支持日本成为安理会常任理事国。在会晤中，小泉表示反对欧盟解除对华武器出口的冻结。

4月7日 日本外相町村信孝与韩国外交通商部长官潘基文在巴基斯坦伊斯兰堡举行会谈，决定两国首脑每年举行两次会谈。潘基文批评日本文部科学省审定合格的教科书中称“竹岛”是日本领土，要求删除这一表述。由自民党国会议员组成的“思考日本的前途与国民教育之会”抨击韩国政府的这一要求是“干涉内政”。

4月12日 OECD开发援助委员会发表有关ODA的年度报告。2004年日本的ODA总额为88.59亿美元，仅次于美国。在加盟该委员会的22个国家中，唯有日本和比利时的ODA是比上年减少的，而日本已经连续4年递减。

4月15日 由前外相中山太郎担任会长的众议院宪法调查会在自民党、公明党和民主党的多数成员支持下通过最终报告，明确提出有必要对现行宪法的前言以及明确规定不拥有任何武装力量的第九条进行修改。这是从1947年实施现行宪法以来，国会明确表示修宪的意图。

4月17日 日本外相町村信孝访问北京，在与中国外长李肇星会晤时就中国一些大城市爆发反日示威，造成日本使领馆馆舍的损害表示遗憾，要求中方道歉并进行赔偿。李肇星外长表示，中国政府从来没有做过对不起日本国民的事情，关键是日本政府在台湾、人权和历史问题上伤害了中国人民的感情。

4月22日 小泉纯一郎在印度尼西亚万隆举行的亚非会议上发表演讲，用沿袭村山前首相谈话的形式就日本的殖民统治和侵略行为表示深切反省和道歉。23日，小泉与中国国家主席胡锦涛在雅加达举行会晤，就促进中日关系的改善、加强对话达成一致。胡锦涛主席要求日方反省侵略战争历史，不要伤害中国和亚洲人民感情。

4月29日 小泉纯一郎启程访问印度、巴基斯坦、卢森堡和荷兰4国。29日，小泉在新德里会晤印度总理辛格，讨论了日本、印度、德国和巴西4国就“入常”加强合作的问题，宣布日印两国的工作小组将在2006年7月前完成有关日印缔结经济合作协定的可行性研究。30日，小泉与巴基斯坦总统穆沙拉夫举行会晤，就重开因1998年5月巴举行核试验后中止的、总额为164亿日元的日本对巴日元贷款达成协议。5月2日，小泉在卢森堡会晤担任欧盟轮值主席的卢森堡首相容克、欧盟委员长巴罗佐等，就日本与欧盟加强有关东亚安全保障的对话取得一致意见。2日晚，小泉在阿姆斯特丹会见荷兰首相鲍肯内德，就二战期间荷兰战俘遭受虐待问题表示道歉，感谢荷兰军队在日本派驻自卫队伊拉克萨马沃地区维持治安。

4月29日 日本外相町村信孝在纽约主持召开联合国改革会议，宣布日本将在6月份与印度、德国和巴西联合向联合国大会提出旨在增加安理会常任理事国的联合国改革方案。165个国家驻联合国的代表出席了这次会议。

4月29日 日本外相町村信孝在纽约宣称："（台湾问题）本来就是日美安保条约的对象。迄今为止的日本对台湾政策全然没有变化。"

5月9日 小泉纯一郎为参加纪念战胜德国法西斯60周年庆典访问俄罗斯，在与普京总统会晤时就按照日俄行动计划发展两国的友好合作问题交换了意见。

5月12日 小泉纯一郎会见来访的柬埔寨首相洪森，声称日本目前财政状况非常严峻，但鉴于日本的繁荣离不开世界的和平与稳定，日本将从2006年度起增大ODA的规模。

5月13日 中国外交部副部长戴秉国与日本外务省事务次官谷内正太郎在北京举行为期两天的中日战略对话，就双方共同关心的地区及国际问题交换意见。第二次和第三次对话于同年6月23日至24日在东京，10月15日至16日在北京举行。日方称该对话为"综合政策对话"，直到2006年9月才与中方一样称"战略对话"。

5月16日 小泉纯一郎会见来访的巴勒斯坦自治政府主席阿巴斯，宣布为推进中东和平进程的"路线图"，日本将追加1亿美元的援助。

5月16日 日本外务省首次召开由全体驻海外大使参加的使节会议，町村信孝要求大使们尽力说服驻在国政府支持日本"入常"。日本驻海外的122名大使中，116人与会。

5月20日 小泉纯一郎访问首尔并与韩国总统卢武铉举行会晤。卢武铉要求小泉停止参拜靖国神社，并兑现2001年10月与韩国前总统金大中会晤时答应的有关建造国立追悼设施的承诺，小泉表示将在照顾日本国民感情基础上予以考虑。

5月23日 由于小泉纯一郎在靖国神社问题上接连发表影响中日关系的讲话，中国副总理吴仪取消原定当天下午与小泉的会晤，提前由东京归国。

6月2日 小泉纯一郎在众议院预算委员会上说他参拜靖国神社纯粹是个人感情的问题，外国不应该进行干涉。并称他的参拜并非针对甲级战犯，而是向大多数战死者表示敬意和感谢。

6月4日 日本防卫厅长官大野功统在新加坡与美国国防部长拉姆斯菲尔德进行会谈，就年内达成有关驻日美军重组的协定取得共识。

7月2日 正在中国访问的日本国土交通大臣北侧一雄宣布，原先只限沿海地区的赴日团体旅游签证从7月25日起扩大为全中国。

7月6日 小泉纯一郎出席在英国鹰谷举行的八国集团峰会。在讨论非洲问题时，小泉宣布将在今后5年内增加100亿美元的ODA援助。会议期间，小泉先后与加拿大总理马丁、俄罗斯总统普京等举行会谈。小泉希望两国支持日、印、德、巴4国的“入常”提案，加拿大表示赞同，俄罗斯强调，如大多数国家支持这一提案，俄罗斯也会支持。

7月12日 小泉纯一郎在官邸会见来访的美国国防部长拉姆斯菲尔德，表示日本将延长在伊拉克的陆上自卫队派遣期限。

7月14日 日本经济产业大臣中川昭一向帝国石油公司颁发在东海争议海域进行试开采的许可证。中国外交部发言人予以严厉批评。

7月22日 参议院全体会议通过自卫队法修改案。根据这项法律，对以日本为目标的弹道导弹的拦截分两种情况：一是发现对方正在给导弹加注燃料等明显迹象时防卫厅长官得向首相报告，在征得内阁会议同意后可向搭载拦截导弹的“宙斯盾”级护卫舰发布出动命令，二是在没有明显迹象但试射等需要戒备的情况下，按照事先拟定的“紧急应对要领”予以戒备，在对方发射时由第一线指挥官判断是否予以拦截。

8月2日 日本众议院通过《台湾观光客免签证特例法案》，提交参议院后于6日通过。爱知世博会期间对台湾旅客实施的免签证入境、最高可居留90天的优惠待遇得以常态化、永久化。

8月8日 参议院全体会议表决邮政事业民营化改革法案。由于自民党议员大量缺席，致使这项法案以17票的差距被否决。此前，众议院全体会议在7月5日以233票对228票的微弱多数通过这项法案。小泉纯一郎首相在参议院全体会议否决这项法案后立即宣布解散众议院，提前举行大选。

8月15日 小泉纯一郎在日本战败60周年之际发表讲话称，日本要对过去的殖民统治和侵略战争表示深刻的反省和由衷的道歉，坚持走和平国家之路，同各国发展友好信赖关系。

8月20日 日本政府决定就放弃寻求在第59届联合国大会对日本、印度、德国和巴西4国共同提交的有关增加联合国安理会常任理事国席位的议案进行表决。

8月30日 日本举行第44届众议院选举。自民党领导层拒绝承认反对邮政事业民营化的33名自民党议员的竞选资格，并在其选区另立候选人，以阻扰其继续当选。9月11日投票。结果，自民党获得296席，比选前的212席猛增84席；民主党则由177席跌至113席；公明党获31席，失去3席；共产党仍保留9席；社民党为7席，增加2席；从自民党分裂出来的国民新党和新党日本分获4席和1席；包括原自民党反对派议员在内的无党派人士获18席。自民党自1993年来第一次在众议院选举中获得过半数席位，加上公明党的议席，执政党已越过了修改宪法所必须的众议院2/3的"门槛"。这次选举大大加强了小泉纯一郎在自民党内的领导地位。

9月15日 小泉纯一郎在第60届联合国大会上用英语发表演讲，呼吁联合国在今后一年内就安理会改革作出决定，再次表示"入常"的决心。此前，日、印、德、巴4国提出的有关扩大安理会规模的提案由于未能在联合国第59届大会上付诸表决而成为废案。17日。日本外相町村信孝在联合国大会一般辩论时发表演讲，声称日本如不能成为安理会常任理事国，将考虑削减承担联合国经费的比率。

9月21日 小泉纯一郎改组内阁。上届内阁的17名阁僚全部留任。日本传媒称新内阁是第三届小泉内阁。

9月30日 大阪高等法院就中国台湾原住民控告小泉纯一郎参拜靖国神社造成精神痛苦一案作出二审判决，认定小泉参拜属于"公职行为"，违反现行宪法有关"政教分离"的原则，但原告团的赔偿要求再次被驳回。

10月17日 小泉纯一郎又一次参拜靖国神社。中国外交部长李肇星紧急召见日本驻华大使并予以严厉谴责。翌日，中国外交部亚洲司约见日本驻华公使，通报中方有关推迟日本外相町村信孝原定10月23日至24日访华的决定。韩国朝野对这一举动也表示愤慨，卢武铉总统取消年内访日计划。

10月28日 日本执政的自民党公布《新宪法草案》，现行宪法的第九条第一款予以保留，第二款则载明日本将设立由内阁总理大臣为最高统帅的自卫军。自卫军除维护日本的和平与独立外，还可参加为确保国际和平与安全的国际协调活动，在发生紧急状态时的维护秩序活动以及保护日本国民生命和自由的活动。

10月31日 小泉纯一郎改组内阁。这次改组距9月份的第三届内阁改组仅1个月。这次内阁改组的幅度较大，17名阁僚中留任仅6人。原总务大臣麻生太郎接替町村信孝担任外相，原经济产业大臣中川昭一改任农林水产大臣。再次入阁的有4人，第一次入阁的有7人。其中，出任官房长官的安倍晋三被认为是小泉钦定的首相接班人。自民党干事长武部勤、总务会长久间章生留任，中川秀直接替额贺福志郎任政调会长。

11月3日 日朝两国外交当局在北京举行为期两天的会晤。双方在朝鲜绑架日本人质以及日本对朝鲜殖民统治的清算问题上未能取得进展。

11月15日 美国总统布什访问日本。这是他亚洲之行的第一站。小泉纯一郎首相与布什在迎宾馆举行会谈，就强化日美安保体制，加快驻日美军重组等问题达成共识。小泉向布什表示，日本将在年内解除美国牛肉进口的禁令。小泉在会谈结束后的记者招待会上称，日美关系越是紧密，日本就越能与包括中韩两国在内的国际社会构筑良好的关系。

11月18日 小泉纯一郎启程赴韩国釜山参加APEC第13次首脑会议。韩国总统卢武铉在与小泉会谈时称参拜靖国神社是对韩国的挑战，并将其与独岛问题、历史教科书问题一起列为日韩关系中的三大障碍。

11月21日 俄罗斯总统普京访问日本并与小泉纯一郎首相举行会谈。双方在北方四岛问题上意见相左，会谈后未能发表联合声明。小泉要求俄罗斯在对华武器出口问题上采取谨慎态度。

12月1日 联合国秘书长安南在纽约联合国总部会见日本记者，强调日本承担的联合国经费不应该与日本“入常”挂钩。

12月5日 小泉纯一郎会见来访的伊拉克总理贾法里，就延长陆上自卫队在伊拉克的派遣期限交换了意见。8日，日本内阁会议决定将陆上自卫队的派遣期限再延长一年。

12月12日 小泉纯一郎启程赴马来西亚首都吉隆坡出席第九次东盟与中日韩领导人会议（“10＋3”）和首届东亚峰会。13日，小泉与东盟10国首脑举行会晤，并发表了关于深化、扩大日本东盟战略伙伴关系的联合声明，小泉宣布将提供75亿日元，支持东盟在区域合作中发挥主导作用。中韩两国以“气氛不合适”为理由共同取消了会议期间原定的中、日、韩三国领导人会晤。

2006年

1月5日 日本外相麻生太郎访问印度。麻生与印度外交国务秘书萨仁山会晤时就两国设置旨在加强双边关系，磋商安全保障问题的战略对话达成协议。双方就相互接受留学生交流以及酝酿缔结自由贸易协定等问题交换了意见。

1月10日 小泉纯一郎访问土耳其，在与土耳其总理埃尔多安会晤时，就两国共同推进对伊拉克的医疗援助、促进中东和平进程等问题交换了意见。

2月4日 日朝双方在北京举行自2002年10月以来一直中断的邦交正常化谈判。双方在绑架问题上意见尖锐对立。日方指责朝方送还的被绑架的横田惠的遗骨是冒充的，引起朝方强烈不满。

3月12日 山口县就是否接受美国航空母舰的舰载机由神奈川县厚木基地转移到该县境内的岩国基地举行公民投票，反对票占89%。日本政府表示将继续说服居民同意转移方案。

3月14日 美国国防部发布对美驻冲绳海军陆战队撤退至关岛的费用估算。要求日本政府负担75亿美元，占100亿美元预算总额的75%。

3月23日 由于日中两国在靖国神社和东海问题上持续对立，自民党内出现反对对华ODA的呼声。外务副大臣盐崎恭久在自民党外交关系联席会议上宣布，日本政府将冻结2005年度对华日元贷款。自1979年以来，将本年度的日元贷款予以冻结尚属首次。6月6日，日本“海外经济合作会议”决定恢复提供2005年度总额为740亿日元的对华日元贷款。

3月29日 日本外务省发表有关中日关系的民意调查，66.7%的被调查者认为中日关系不好，77.9%的被调查者主张应改善中日关系。

4月4日 据OECD开发援助委员会发表的统计，2005年度日本的ODA总额为131亿美元，比上年增加47%，是时隔5年后重新达到100亿美元水准。日本的ODA总额超过英国，排名第二。

4月14日 日本海上保安厅决定对日韩两国存在争议的“竹岛”（韩国称“独岛”）周边海域派遣调查船进行水文测量。韩国总统卢武铉召集阁僚紧急磋商，外交通商部长官潘基文呼吁日本撤回调查船。韩国海洋警察厅声称，必要时将逮捕侵入韩国专属经济区的日本调查船。4月22日，日本外务省事务次官谷内正太郎访问韩国，与韩国外交通商部次官柳明恒进行磋商，承诺中止在“竹岛”附近海域的调查，韩国则同意不在6月举行的国际会议上提出要求更改该海域海底的地名。

4月23日 日本防卫厅长官额贺福志郎访美，与美国国防部长拉姆斯菲尔德就美国驻冲绳海军陆战队转移费用的日本负担比例达成协议。日本政府将提供60.9亿美元，约占总金额的59%。

4月29日 小泉纯一郎启程访问埃塞俄比亚、加纳和瑞典3国。5月1日，小泉在亚的斯亚贝巴的非盟总部发表演讲，声称日本将通过与非洲的合作，促进非洲的自立。非盟主席科纳列在与小泉会晤时，表示非洲国家支持日本成为安理会常任理事国。5月3日，小泉在瑞典与佩尔森首相会晤，讨论了联合国改革与加强日瑞双边关系问题。

5月1日 日美举行"2+2"会议，发表了《日美实施再编的路线图》，最终确定了驻日美军及自卫队"再编"即重新部署的日程与计划。《日美实施再编的路线图》提示的"调整"方案主要包括以下内容：1. 强化驻日美军司令部功能；2."调整"冲绳美海军陆战队规模及其基地；3. 美国航母舰载机从厚木机场移往岩国机场；4. 日美共同构筑导弹防御系统；5. 美军转移及分散在日训练活动。

5月17日 联合国秘书长安南访问日本，在与日本首相小泉的会晤中希望日本派往伊拉克的航空自卫队能继续为运输联合国的人员和物资提供合作。安南还转达了韩国总统卢武铉希望改善日韩关系的愿望。小泉称自己对日韩关系、日中关系都持乐观态度，双边关系没有必要拘泥于靖国神社这一个问题。

5月17日 参议院全体会议通过《出入国管理与难民认定法》的修改案，规定为防止恐怖主义分子的破坏活动，凡16岁以上的外国人入境时必须按手印。

5月23日 日本外相麻生太郎与中国外长李肇星在多哈举行会谈，就加快东海气田开发问题的磋商达成共识。同一天，麻生太郎与韩国外交通商部长官潘基文举行会谈，同意在6月12日重开有关划分日韩间专属经济区海域的磋商。

5月26日 为期2天的第四次日本太平洋岛国论坛首脑会议在冲绳举行，小泉作为会议主席之一发表演讲，表示将继续提供援助，促进太平洋岛国的自主发展，与会的太平洋岛国则表示支持日本成为联合国安理会常任理事国。

5月30日 日本内阁会议通过关于驻日美军重组的基本方针，批准日美安保磋商委员会（"2+2"）的最终报告，有关日本承担的转移费用将通过压缩政府开支和调整中期防卫力量整备计划的支出予以落实。

6月13日 日本内阁会议决定在ODA的框架内向印度尼西亚无偿提供3艘巡视船用以对付日益猖獗的海盗活动。安倍晋三官房长官强调，由于巡视船上安装有火炮，这次无偿提供只是作为"武器出口三原则"的例外处理。

6月20日 小泉召集安全保障会议，决定将派驻伊拉克南部萨马沃地区的陆上自卫队撤回国内。但根据美国的要求，航空自卫队将继续在伊拉克执行运输任务。从2004年1月以来，包括轮替在内，陆上自卫队总共有5500名官兵派往萨马沃地区执行所谓的人道主义和重建任务，是迄今为止最大规模的海外派遣。

6月27日 小泉纯一郎启程访问加拿大、美国。这是他首相任内的最后一次北美之行。在6月28日与加拿大总理哈珀的会谈中，加方表示支持日本在朝鲜发射导弹和绑架问题上的立场，但对日本提出的要求加方支持其加入安理会常任理事国没有表态。6月29日，小泉在白宫会见美国总统布什，在会谈后双方签署了题为“新世纪的日美同盟”的联合声明。声明强调日美关系是历史上最成熟的双边关系之一，日美同盟是基于普遍价值观和共同利益的世界规模的同盟。6月30日，布什夫妇陪同小泉参观了位于得克萨斯州的歌星“猫王”故居。

7月5日 朝鲜进行导弹试验，向日本海连续发射7枚导弹。日本政府通过驻华使馆向朝鲜提出严重抗议，并在当天召开的内阁会议上决定对朝鲜实施包括禁止其货轮进港、禁止朝鲜政府官员入境等措施在内的经济制裁。同一天，在日本驻联合国代表大岛贤三要求下，安理会举行紧急磋商。

7月11日 韩国总统发言人就日本官房长官安倍晋三声称有必要研究攻击敌国的导弹基地发表讲话，认为安倍发言反映了日本侵略主义的倾向。安倍在翌日会见记者时否认自己讲话中包含有“先发制人”的含义。

7月11日 小泉纯一郎启程访问以色列、巴勒斯坦和约旦3国，宣传日本有关在约旦河西岸推进农业开发，建立“和平与繁荣走廊”的构想。

7月15日 小泉纯一郎抵达圣彼得堡出席八国集团峰会。在与俄罗斯总统普京会晤时，要求俄罗斯支持在安理会通过谴责朝鲜导弹试验的决议。7月17日，小泉会见参加“8＋5”对话的印度总理辛格，就日印间启动为缔结EPA协定的准备达成协议。

8月10日 小泉纯一郎对蒙古进行为期2天的访问。当天下午，小泉与蒙古总统恩赫巴亚尔会晤，宣布日本将向蒙古提供3.5亿日元的无偿资金援助。

8月15日 小泉纯一郎参拜靖国神社，这是他上任以后第六次参拜，也是1985年以来日本现职首相第一次在“终战纪念日”参拜靖国神社。此举引起中韩等亚洲国家的强烈谴责。

8月28日 小泉纯一郎启程访问哈萨克斯坦、乌兹别克斯坦。这是日本现任首相首次访问中亚。8月28日，小泉会见哈萨克斯坦总统纳扎尔巴耶夫，就日哈共同开发哈萨克斯坦境内的铀矿资源达成协议。翌日，小泉与乌兹别克斯坦总统卡里莫夫，就联合开发乌境内的铀矿资源达成协议。

9月7日 小泉纯一郎启程赴芬兰首都赫尔辛基参加一年一度的亚欧首脑会议。

9月19日 日本内阁会议决定，根据安理会针对朝鲜导弹试验的决议，即日起对朝鲜实行金融制裁，冻结15个团体及1个个人的银行账户。日本制裁的对象比美国还多3家。

9月20日 小泉纯一郎的自民党总裁任期届满。自民党举行总裁选举，前官房长官安倍晋三当选第21任总裁。在9月26日举行的参众两院全体会议上被选为日本历史上第90任首相。这是第一个战后出生的政治家执掌日本最高权力中枢。安倍随即任命盐崎恭久担任组织新内阁的官房长官兼绑架问题担当大臣，麻生太郎留任外相。中川秀直、丹羽雄哉和中川昭一分别担任自民党干事长、总务会长和政调会长。

10月3日 朝鲜外务省发表声明，鉴于美国对朝鲜的敌视政策已超过极限，朝鲜为确保自身的安全，决定进行核试验。10月9日，朝鲜进行了第一次地下核试验，各国纷纷作出反应。安倍晋三表示，日本决不能容忍朝鲜进行核试验，日本将立即研究采取单独的严厉对应措施。14日，联合国安理会一致通过关于朝鲜核试验问题的第1718号决议。决议虽排除了授权对朝使用武力的可能，但决定针对朝方核武器、导弹等大规模杀伤性武器相关领域采取制裁措施。

10月4日 中国外交部发言人宣布，中日两国对克服影响两国关系的障碍问题达成共识，日本首相安倍晋三将对中国进行访问。10月8日，安倍首相及夫人抵达北京。这是日本首相上任后第一次将中国作为首次访问的对象。访华期间，安倍先后会见胡锦涛主席、温家宝总理和吴邦国委员长。中日双方就建立战略互惠关系达成共识。

10月9日 安倍晋三访问韩国，与卢武铉总统进行了会晤。双方就朝鲜核试验后的对策进行了磋商。

11月18日 安倍晋三出席在河内举行的APEC首脑会议，分别与美国总统布什、中国国家主席胡锦涛进行会谈。安倍与布什的会谈是他就任首相后的首次日美首脑会谈。安倍表示将继续保持日美关系的良好发展势头。双方强调将在六方会谈中加强磋商，绝不容忍朝鲜拥有核武器。日美两国将加快导弹防御系统的共同开发和部署。

12月15日 日本参议院全体会议通过《教育基本法》修改案。这是该项法律从1947年颁布以来第一次修改。修改案中强调要尊重公共精神和传统文化，并明文规定要培养青少年热爱祖国和乡土的态度。同日，参议院全体会议还通过了防卫厅升格为防卫省的法案。

12月19日 安倍晋三在纪念日本加入联合国50周年的庆典上表示希望日本作为安理会常任理事国履行自己的责任。

2007年

1月9日 防卫厅升格为防卫省。安倍晋三出席防卫省挂牌仪式，称这是日本摆脱战后体制的第一步。根据相关法律，防卫厅升格为防卫省以后，不再是隶属内阁府的“二级部”，可单独提出预算和下相关法案。迄今为止作为附属任务的联合国维和活动将成为防卫省的基本任务。

1月9日 安倍晋三启程访问英、德、法三国。9日、10日和12日分别与英国首相布莱尔、德国总理默克尔及法国总统希拉克进行了会谈。在与默克尔的会谈中，日德双方表示将继续共同努力，争取成为安理会的常任理事国。

1月14日 安倍晋三出席在菲律宾宿务举行的东亚峰会。期间，与中国总理温家宝、韩国总统卢武铉举行2004年11月中断迄今的中、日、韩三国首脑会谈并发表新闻公报。

1月24日 安倍晋三致电蒙古总统恩赫巴亚尔，蒙方通知日方，蒙古决定放弃2008年秋竞选安理会非常任理事国的权利，支持日本担任亚洲地区的候选人。从1991年以来，日本一直是蒙古最大的外援国。一段时期以来，日本多方游说蒙古放弃竞选安理会非常任理事国。2月26日，蒙古总统恩赫巴亚尔访日。在会见安倍后签署联合声明，其中规定日本将向蒙古提供ODA，援建乌兰巴托机场等项目。

1月26日 安倍晋三在众议院全体会议上发表上任以来的首次施政演说，在对外关系方面强调要推行“有主见的外交”，其三大支柱分别是：1. 加强与共同拥有自由、民族主义、基本人权和法治等基本价值观的国家之间的合作；2. 构筑开放而富有创造性的亚洲；3. 为世界和平与安全作贡献。

2月16日 美国战略与国际关系研究中心（CSIS）发表题为的对日政策报告。这份报告是由美国前副国务卿阿米蒂奇和哈佛大学肯尼迪行政学院院长约瑟夫·奈领衔起草的，又称第二份“阿米蒂奇报告”。其中展望了2020年的亚洲局势，强调日美双方面对中国的崛起必须从战略高度恰当应对。

2月21日 安倍晋三会见来访的美国副总统切尼。切尼感谢日本在阿富汗战争、伊拉克战争中对反恐斗争的贡献。安倍强调，日美同盟关系是为亚洲和世界作贡献的同盟，是不可动摇的。日美双方都对中国的军备动向表示关切。

2月27日 安倍晋三担任召集人的“有关加强官邸有关国家安全保障功能的会议”就创设日本版“国家安全保障会议（NSC）”问题提出最终报告。报告建议这一机构由首相、官房长官、外相、防卫相等组成，下设精干的办事机构。安倍晋三准备向国会提出安全保障会议设立法的修改案，完成立法程序后年内就正式启动。

2月28日 由官房长官盐崎恭久担任召集人的“强化情报能力检讨会”出台中间报告，要求在内阁情报调查室配置内阁情报分析官。

3月1日 安倍晋三在会见要求修正河野洋平有关慰安妇问题表态的自民党议员时声称，没有证据表明战前的日本军队曾参与强行绑架亚洲妇女充当慰安妇。5日，安倍在参议院预算委员会回答质疑时再次表示，即使美国国会通过要求日本就慰安妇问题道歉的决议，他也决不会道歉。同日，他在这一发言引起舆论哗然时又表明他将基本上继承河野洋平谈话。11日，安倍在NHK就其慰安妇问题的发言表示道歉。4月21日，安倍在访美前夕接受美国《时代》杂志采访，承认日本政府在慰安妇问题上是有责任的。

3月13日 安倍晋三与来访的澳大利亚总理霍华德会晤，发表有关安全保障问题的日澳联合声明，宣布建立战略伙伴关系，定期举行外长和国防部长的“2＋2”会谈。

3月14日 日本首次在东京召开由日本、以色列、巴勒斯坦和约旦4国参加的中东和平会议。麻生外相宣布日本将向巴勒斯坦提供1260万美元无偿资金援助，用于医疗和扩大就业计划。

3月28日 日本组建直属防卫大臣的中央快速反应部队。这支部队总兵力约3000人，由空降兵团、反恐作战的特种部队、应对生物和化学武器袭击的特种武器防护队等组成，主要应对恐怖袭击等紧急事态以及在海外快速展开兵力的需要。

4月4日 OECD的开发援助委员会发表有关ODA的报告。2006年日本的ODA总额为116.1亿美元，比上年下降11.7%。日本ODA总额位居美国、英国之后排名世界第三。1982年以来，日本第一次降到第三位。

4月6日 日本内阁会议决定向国会提出有关创建“国家安全保障会议”（日本版NSC）的《安全保障会议设置法修改案》。

4月11日 中国总理温家宝对日本进行为期3天的访问。安倍首相与温总理会晤后发表联合新闻公报，双方强调要进一步发展经贸合作，促进战略互惠关系的发展。温家宝总理还在日本国会发表了演讲。

4月13日　众议院全体会议通过促进驻日美军重组特别措施法。规定向由于美军重组增加负担的地方自治体拨付“重组交付金”，而日方负担的驻冲绳部分美国海军陆战队兵力向关岛转移的60亿美元的费用由国际合作银行贷款解决。5月23日，这项法律由于在参议院全体会议上获得通过而正式生效。

4月16日　日本海上自卫队在房总半岛南部与美国、印度海军首次举行联合训练。

4月26日　安倍晋三启程对美国进行为期2天的访问。这是安倍上任后首次访问美国。布什总统在戴维营会见安倍，双方就日美同盟、伊拉克战争和朝核问题交换了意见。安倍在与美国国会议员座谈时就二战慰安妇问题“道歉”。布什强调日美同盟是“全球性的同盟”，植根于自由与民主的共同价值观。媒体认为，安倍访美表明美国认可了日本要摆脱战后体制的束缚，意味着日美关系进入了一个新时代。

4月28日　安倍晋三访问沙特、阿联酋、科威特、卡塔尔、埃及等中东5国。安倍宣布将提供日本的国家石油储藏设施供沙特使用，希望沙特在出现紧急状况时优先向日本供油。

5月14日　参议院全体会议通过《国民投票法》。由于众议院已在4月13日通过，这项法律正式生效。《国民投票法》规定：投票的对象只限修改宪法；年满18岁的日本国民方可投票；赞成票超过有效票一半就能修改宪法；在这项法律颁布3年内参众两院设立的“宪法审查会”不能审议和提出宪法修改案。

5月24日　安倍晋三在国际交流会议举办的“亚洲的未来”研讨会上提出“美丽星球50”计划。该计划呼吁到2050年将温室气体的排放量减少到1990年的50%。为实现这一目标，安倍提出了三项原则：美国、中国和印度都要参加；建立兼顾各国国情的灵活多样的框架；运用节能技术同时加强环保并推进经济发展。

5月30日　李登辉卸任后第三次访问日本。其主要活动是：6月1日出席后藤新平诞生150周年庆典并，接受第一届“后藤新平奖”；6月2日起前往仙台，游览松岛、瑞岩寺、盐釜神社等“奥之细道”的名胜游览；6月6日在日本国际教养大学发表题为“日本的教育与台湾——我所走过的道路”的演说；6月7日在东京大仓饭店以“2007年及其之后的世界情势”为题发表演讲。一行于6月9日返台。

6月2日　日、美、澳三国防长在新加坡举行三边磋商，就避免朝核问题引起的核扩散达成共识。这是三国防卫首脑首次举行会晤。

6月5日 安倍晋三出席在德国海利根达姆举行的八国集团峰会。会议期间，安倍分别与德国总理默克尔、美国总统布什、法国总统希拉克、俄罗斯总统普京以及参加八国集团与发展中国家首脑对话与会的中国国家主席胡锦涛进行会谈。

6月30日 日本防卫大臣久间章生在千叶县一所大学发表演讲，称美国在广岛、长崎投掷原子弹是为了结束战争，是不得已的。在野党和舆论强烈谴责。久间于7月3日辞职。安倍任命首相助理小池百合子就任防卫大臣。

7月12日 日本举行第21届参议院选举。由于安倍内阁接连发生阁僚失言及受贿丑闻，在7月29日举行的投票中，自民党遭到空前惨败。自民党仅获37席，比选前减少27席；民主党则拿下60席，比选举前猛增28席。取代自民党跃居参议院内第一大党。自民党的执政伙伴公明党也减少3席。两党加上无党派中的盟友仅占105席，远低于控制参议院所必须的过半数席位。日本政局由此进入了一个相对动荡的时期。

8月10日 麻生外相与美国驻日大使希弗签署旨在防止军事机密流向第三国的《日美保护军事情报综合协定》。

8月13日 麻生外相启程访问约旦等中东国家。15日，麻生在约旦河西岸的杰里科，与以色列外长、约旦外长以及巴勒斯坦解放组织的联络部长举行部长级会谈，日本倡议在约旦河西岸建立“和平与繁荣的走廊”，并向巴勒斯坦自治政府提供总额为2000万美元的经济援助。

8月17日 安倍晋三启程对印度尼西亚、印度和马来西亚等亚洲3国进行为期3天的访问。20日，安倍与印尼总统苏西洛签署日本、印度尼西亚经济合作协定（EPA）。该协定规定两国间约占92%的商品实行免税进出口。22日，安倍在印度国会发表演讲，强调日印两国是全球战略伙伴关系，称亚洲的现状已经突破地理的疆界，印度处于太平洋、印度洋的接点，与日本有共同的战略利益，是“自由与繁荣之弧”的关键。印度总理辛格在与安倍会晤时表明印度愿意参加京都议定书有关减排温室气体的合作框架。24日，安倍与马来西亚总理巴达维会晤。

8月27日 安倍晋三鉴于参议院选举失利后亟需恢复自民党的凝聚力，大幅度改组内阁，起用与谢野馨担任官房长官，町村信孝任外务大臣，并破格任用有“改革派知事”之称的前岩手县知事增田宽也为总务大臣，对自民党领导层持批评立场的参议员舛添要一任厚生劳动大臣。自民党各派系领袖相继入阁或担任自民党要职。

9月8日 安倍晋三出席在悉尼举行的APEC首脑会议，在与布什的会晤中，安倍表示在允许自民党在印度洋为美英军舰提供燃油的《反恐活动特别措施法》即将期限届满前，日本政府将尽最大努力，使这项活动能能继续进行下去。

9月12日 在两天前的临时国会开幕式上刚刚发表了施政演说的安倍晋三突然宣布辞职。9月23日，自民党举行总裁选举，前官房长官福田康夫得到自民党9大派系中8派的支持，以330对197票的悬殊差距战胜前自民党干事长麻生太郎当选为自民党第22任总裁。9月25日，福田康夫被国会任命为日本历史上第91任首相。福田任命町村信孝任官房长官，高村正彦任外相。安倍改造内阁除个别人外全部留用。

9月26日 福田康夫在首次内阁会议上表示，将坚持日美同盟和国际协调为基本外交政策，同时积极推进亚洲外交。

10月17日 福田内阁向众议院提交了新反恐特别措施法案。但由于在野党控制的参议院否决了该法案，致使恐怖对策特别措施法在11月1日期限届满，防卫省被迫召回在印度洋为美英等国军舰提供燃料补给的海上自卫队舰艇。从2001年12月起，日本海上自卫队先后为美英等11个国家的舰艇提供燃料794次，共计供油49千万公升。

10月30日 福田康夫与最大在野党民主党代表小泽一郎举行会谈。在11月2日的第二次会谈中，福田向小泽提出建立联合政权的建议。在遭到民主党干部会议拒绝后，小泽一度宣布辞职，但最后接受民主党高层挽留，继续担任民主党代表。

11月17日 福田首相选择美国作为其上任后第一次海外出访的对象。17日，在会见美国总统布什时强调应进一步加强日美同盟。鉴于朝鲜绑架日本人质问题尚未得到解决，福田呼吁美国慎重考虑从支援恐怖主义活动的国家名单中删除朝鲜的问题。

11月21日 福田首相出席在新加坡举行的第三届东亚峰会，在会上宣布日本将提供20亿美元用于亚洲地区的环境对策。峰会期间，福田还分别与印度总理辛格、缅甸总理登盛举行会谈。日印两国就2009年上半年完成日印EPA协定的谈判达成一致。

11月28日 防卫省前事务次官守屋武昌因涉嫌受贿被捕。这一丑闻涉及现任财政大臣的额贺福志郎及多名防卫省前官员。

12月1日 中日两国在北京举行第一次高层经济对话，就两国加强在环境、节能和保护知识产权等领域的合作达成一致。

12月24日 福田内阁举行安全保障会议，决定将前内阁提交国会审议的《安全保障会议设置法修改案》作为废案处理，并撤销在内阁官房成立的筹建事务室。此举表明福田首相正式打消了创建日本版国家安全会议（NSC）的念头。

12月27日 福田康夫首相启程对中国进行为期4天的正式访问。在与胡锦涛主席、温家宝总理会晤时，双方一致同意加强中日战略互惠关系。福田首相在北京大学发表《共创未来》的演讲。29日，福田赴天津参观滨海京津开发区。30日，福田赴山东曲阜参观孔庙和孔林，并挥毫题写了“温故创新”4个字。

2008年

1月11日 自民党、公明党控制的众议院全体会议以2/3以上的多数票强行通过新的反恐特别措施法，海上自卫队得以恢复执行在印度洋为美英部队提供燃油的任务。

1月17日 日本与湄公河流域的5国外长的第一次会议在东京举行。日本外相高村正彦主持讨论，日本宣布将2009年作为“日本·湄公河交流年”，在今后5年内邀请这5个国家的1万名青少年问日本，并分别提供2000万美元用于提高横跨这5国的东西通道的物流、通关的效率及用于柬埔寨、老挝、越南等国边境地区扶贫脱贫对策。

2月22日 福田首相出席在瑞士达沃斯举行的世界经济论坛。福田在演讲中建议在2013年以后的“后京都议定书”机制中设立国别温室气体总量限制目标，并表示日本将以无偿援助或贷款形式提供100亿美元资金，为发展中国家应对气候变暖问题提供资金。

2月25日 福田首相赴韩国首都首尔出席李明博总统的就职典礼，并与李明博举行日韩首脑会谈。双方同意恢复由于前首相小泉参拜靖国神社而中断的日韩首脑穿梭访问的安排，并重新启动已搁浅3年的日韩经济合作协定（EPA）的磋商。

2月27日 福田首相会见来访的美国国务卿赖斯。赖斯就美国驻冲绳的海军陆战队士兵强奸女中学生事件表示道歉。同日，福田首相会见以色列总理奥尔默特，就两国在中东和平进程中加强合作问题发表联合声明。这是日本首次就中东和平问题发表声明。

4月4日 据OECD发表的ODA报告。日本2007年度的ODA金额比上年度减少30.1%，仅为76.9亿美元。在发达国家中的排名由2006年的第三位跌至第五位，而从1990至2000年日本一直位居第一。福田首相在会见自民党外交调查会会长山崎拓时表示将考虑适当增加日本的ODA援助规模。

4月21日 韩国总统李明博访问日本。这是日韩两国首脑恢复穿梭访问后的第一次，福田首相与李明博总统会谈后发表了联合声明，并举行了记者招待会。双方强调，为促使朝鲜放弃开发核武器，日、美、韩三国有必要进一步加强合作。福田强调日本的立场是朝鲜的核武器问题必须与导弹、绑架问题一起解决。

4月26日 福田首相访问俄罗斯并与普京总统进行了会谈。双方表示要继续推进有关解决北方四岛问题的外交交涉，并同意由日俄两国共同勘探东西伯利亚的油田。

5月6日 中国国家主席胡锦涛对日本进行为期5天的国事访问。这是中国国家元首10年来第一次访问日本。胡锦涛除与福田首相会晤外，还会见了天皇、皇后，与朝野各政党领袖以及各界人士广泛接触，在早稻田大学发表了重要演讲。胡锦涛主席和福田首相签署了《中日两国有关进一步推进战略互惠关系的联合声明》，这是中日邦交正常化以来规范两国关系的第四个政治文献。

5月14日 日本众议院全体会议通过《宇宙基本法》。这项法律在5月21日由参议院全体会议通过后于8月27日起开始实施。根据这项法律，日本正式解除了1969年以来严格禁止对航天领域进行军事开发的禁令。自卫队今后将可拥有高性能的侦察卫星和早期侦知弹道导弹发射的预警卫星。

5月22日 日本首相福田康夫发表题为“将太平洋变为‘内海’——对共同进步的未来亚洲的5大承诺”的演说。这是他上任以来对日本亚洲外交的最清晰最完整的阐述。《日本经济新闻》等媒体在评论中将这篇演说称之为“新福田主义”。

5月28日 由日本发起的第四次非洲开发会议（Tokyo International Conference on African Development，简称TICAD）在东京举行，为期3天。40个非洲国家与会，其中有16名政府首脑。福田首相在基调演讲中宣布，日本将在截至2012年的5年里将日本对非洲的ODA金额翻一番，5年间将以道路为中心对非洲的基础设施建设提供40亿美元的日元贷款，5年里将日本对非洲直接投资翻一番，10年里实现非洲的大米产量翻一番。会议发表了《横滨宣言》等3个文件。

6月1日 福田首相启程访问德国、英国、意大利欧洲3国，分别于1日与德国总理默克尔，2日与英国首相布朗，3日与法国总统萨科齐，4日与意大利总理贝卢斯科尼进行了他出任首相后的首次会谈，就本次八国峰会议题即解决地球温室效应问题以及粮食问题交换意见，为争取北海道洞爷湖八国峰会的成功而谋求各国的支持。3日，福田首相参加了在罗马召开的"粮食首脑会议"并发表演讲，声称日本将为发展中国家提供旨在实现粮食增产的约5000万美元的援助。

6月11日 日本参议院通过针对福田康夫首相的问责决议。这是参议院首次通过首相问责决议案。12日，自民党和公明党占多数的众议院全体会议通过对福田的信任决议案。

6月13日 日本与朝鲜在北京进行事务级工作磋商。朝鲜首次表明将对重新开展绑架受害者的调查予以合作。

6月18日 中日两国政府同时发表《中日关于东海共同开发的谅解》，两国同意在实现划界前的过渡期间，在不损害双方法律立场的情况下选择双方一致同意的地点进行共同开发。中国企业欢迎日本法人按照中国有关中外合作开采海洋资源的法律，参与春晓油气田的开发。

6月24日 日本海上自卫队护卫舰"涟"号应邀赴中国访问，停泊在广东湛江。这是第二次世界大战结束以后，日本军舰首次访问中国。

7月7日 日本作为东道主在北海道洞爷湖举办为期3天的八国集团峰会。期间，八国集团与5个发展中国家领导人、7个非洲国家领导人分别举行对话。9日，还举办了包括八国集团成员国在内的16个国家领导人有关能源安全和气候变化的峰会。这是迄今为止八国集团对话伙伴最多（14国）的一次峰会。

7月16日 为抗议日本文部科学省颁布的中学学习指导要领中将日韩间存有争议的竹岛（韩国称独岛）指为日本领土，韩国政府向日本提出抗议并召回驻日大使。

8月1日 福田康夫大幅度改组内阁。除内阁官房长官町村信孝、外相高村正彦等4名阁僚留任外，其余13名阁僚和自民党领导层均被调整。首次入阁的有5人。福田的老对手、前自民党干事长麻生太郎再度出任自民党干事长一职，前干事长伊吹文明则转任财务大臣。

8月8日 福田出席北京奥运会开幕式，成为继1988年竹下登出席汉城奥运会以来又一位出席奥运开幕式的现职首相。福田首相会见了胡锦涛主席。

8月26日 农林水产大臣太田诚一的后援政治团体因涉嫌经费申报不当被媒体曝光。在野党要求太田诚一辞职，并指责福田用人不当。

9月1日 福田康夫宣布辞职，这是一年内第二个突然宣布辞职的首相。在福田辞职前夕，内阁支持率已经跌到20%。

9月22日 麻生太郎在自民党总裁选举的第一轮投票中以压倒优势取胜。他的4位对手分别是经济财务担当大臣与谢野馨、防卫大臣石破茂和前防卫大臣小池百合子、前自民党前政调会长石原伸晃。在9月24日举行的国会全体会议上，麻生太郎当选为日本第92任、第52位首相。当选后，麻生立即任命细田博之接任自民党干事长，总务会长笹川尧、政调会长保利耕辅和选举对策委员长古贺诚留任。

9月24日 麻生太郎组织新内阁。外务大臣中曾根弘文，防卫大臣浜田靖一，财务兼金融大臣中川昭一，总务大臣鸠山邦夫，官房长官河村建夫，担任少子化担当大臣的小渊优子仅34岁，是战后日本最年轻的大臣。

9月25日 麻生首相启程赴纽约出席联合国大会并发表演讲，这是他出任首相后的首次出访和公务活动。麻生在演讲中称，日本经历过"泡沫经济"的瓦解，这方面的经验可望对世界摆脱金融危机有所贡献。同日，麻生首相与澳大利亚总理陆克文在纽约举行会晤。双方确认要进一步发展日澳战略伙伴关系，在安全保障、经济等各个领域加强合作。麻生与伊拉克总统塔拉巴尼也进行了会谈。

9月25日 美国核动力航空母舰"乔治·华盛顿"号驶入美国海军在横须贺的基地常驻日本。这是美国核动力航空母舰首次部署在本土以外的港口。

10月17日 第63届联合国大会选举日本、奥地利、墨西哥、乌干达和土耳其5国担任安理会非常任理事国。任期从2009年1月至2010年12月底。这是日本第10次当选非常任理事国，是联合国成员国中当选次数最多的。由于蒙古放弃竞选，日本才得到了此次参选机会。

10月22日 麻生首相会见了来访的印度总理辛格，会谈后日印首脑签署了《日印两国关于推进全球战略伙伴关系的联合声明》、《日印两国关于加强安全保障合作的联合声明》。同日，日本外相中曾根弘文与印度驻日大使签署了日本向印度提供日元贷款的备忘录。

10月24日 麻生首相赴北京参加第七届亚欧首脑会议。期间，与中国国家主席胡锦涛、总理温家宝举行了会谈。

10月29日 麻生首相会见来访的英国皇太子查尔斯夫妇。

11 月 13 日　麻生首相赴美国首都华盛顿参加有关世界经济、金融问题的二十国峰会。麻生表示，日本有意提供最高 1000 亿美元的外汇供国际货币基金组织（IMF）使用。会议期间，麻生分别与巴西总统罗拉、英国首相布朗、印度尼西亚总统苏西洛举行会谈，参加了美国总统布什主持的晚餐会并致辞。

11 月 21 日　麻生首相赴秘鲁首都利马参加 APEC 首脑会议。期间，麻生先后与越南国家主席阮明哲、秘鲁总统加西亚乌里韦、俄罗斯总统梅德韦杰夫、哥伦比亚总统举行会谈。日、美、韩三国首脑会晤则是由麻生先与美国总统布什会谈，韩国总统李明博随后参加的形式实现的。

11 月 28 日　麻生内阁召开安全保障会议，决定在年内撤回在伊拉克从事空中运输任务的航空自卫队部队。12 月 17 日航空自卫队 3 架 C130 运输机中的最后一架启程回国。从 2004 年 3 月起航空自卫队以科威特为据点，向伊拉克南部城市萨马沃及首都巴格达等地共计飞行 821 次、运送约 4.6 万人，其中以美军为主的多国部队士兵 3 万余人。

12 月 4 日　麻生首相会见来访的波兰总统卡钦斯基，双方在会谈中一致同意在联合国改革、气候变化等领域加强合作。

12 月 14 日　中、日、韩三国首脑在日本福冈举行会议。这是三国在“10＋3”的框架外首次举行峰会。这次峰会的主题是三国共同抵御金融危机，加强各领域的合作。会议签署了《三国伙伴关系联合声明》和《国际金融和经济问题的联合声明》。麻生在会前分别与韩国总统李明博、中国总理温家宝进行了双边会谈。

2009 年

1 月 11 日　麻生首相应韩国总统李明博的邀请，赴首尔作为期 2 天的“穿梭访问”。麻生与李明博会谈时强调要进一步发展日韩成熟的伙伴关系。访韩期间，麻生瞻仰了韩国国立显忠院，并在两国财界人士恳谈会上发表了演说。

1 月 15 日　麻生首相会见来访的爱尔兰总理布莱恩·考恩，就金融危机、气候变化和核不扩散问题交换了意见。

1 月 28 日　麻生首相在第 171 届例行国会上发表施政演说，主题是“活力”、“安心”以及“对世界的贡献”。在演说中，麻生强调日本拥有优秀的技术、富有魅力的文化以及世界著名的品牌，要有足够的自信，克服眼前的困难，迎来美好的未来。

1月31日 麻生首相赴瑞士出席达沃斯会议，并以“我对世界经济复苏的解决方案”为题发表了特别演讲。期间，先后会见了瑞士联邦总统汉斯·鲁道夫·梅尔茨、英国首相布朗、丹麦首相拉斯穆森等。

2月6日 麻生首相在官邸会见来访的泰国总理阿披实。

2月17日 美国新任国务卿希拉里·克林顿对日本进行为期2天的访问。期间，会见了麻生首相、中曾根外相和民主党代表小泽一郎。

2月23日 麻生首相对美国进行为期2天的访问。他是奥巴马上任后第一个在白宫会见的外国领导人。麻生在与奥巴马的会谈中，强调要进一步加强日美同盟，并以日美同盟为基础，共同应对金融危机、气候变化、阿富汗和巴基斯坦等问题。

3月9日 麻生在首相官邸会见来访的东帝汶民主共和国总理兼国防治安部长夏纳纳·古斯芒。

3月14日 日本政府根据《自卫队法》，派遣两艘护卫舰以海上警备行动为名，赴索马里亚丁湾参与打击海盗的国际活动。麻生首相在广岛县的吴军港为前往执勤的海上自卫队舰艇送行。

3月25日 麻生在首相官邸会见来访的乌克兰总理尤利娅·季莫申科，就双边关系和国际形势交换了意见。

3月31日 麻生赴英国伦敦进行为期3天的访问。在4月1日举行的有关金融危机问题的二十国峰会上，麻生宣布日本将分别向亚洲国家提供总额为220亿美元的贸易贷款，并将提供高达200亿美元的政府开发援助（ODA）。期间，麻生先后会见了韩国总统李明博、印度尼西亚总统苏西洛、意大利总理贝卢斯科尼和英国首相布朗。

4月5日 朝鲜宣布成功发射“光明星2号”试验通信卫星。在麻生主持下，日本政府先后召开情报汇总会议、安全保障会议，就朝鲜发射一事进行磋商，并以威胁日本国土安全为由对朝鲜提出严重抗议，要求联合国安理会立即举行紧急会议。

4月6日 麻生在首相官邸分别会见委内瑞拉总统查威斯、塞舌尔共和国总统詹姆斯·阿利克斯·米歇尔。

4月14日 麻生在首相官邸会见来访的约旦国王阿卜杜拉二世。

4月17日 由日本担任东道主的巴基斯坦之友会议和国际援助巴基斯坦会

议在东京举行，29个国家和9个国际组织与会。4月16日，麻生在首相官邸会见来访的巴基斯坦总统扎尔达里时宣布，日本将向巴基斯坦提供10亿美元的援助。

4月20日 麻生在首相官邸会见来访的越南劳动党中央总书记农德孟。双方在会谈后签署了日越为建立旨在实现亚洲和平与繁荣的战略伙伴关系的联合声明。

4月23日 麻生在首相官邸会见了来访的帕劳共和国总统约翰逊·托瑞博。

4月29日 麻生启程对中国进行为期2天的正式国事访问。期间，先后与胡锦涛主席、温家宝总理进行了会谈，视察了日本文化中心、首钢集团焦化厂的中日环保合作项目，并在中日青年企业家交流午餐会上发表演讲。麻生在记者招待会上称此次访华在经济、节能环保与信息技术领域合作、促进两国人民交流等三方面取得重要成果。

5月3日 麻生访问捷克、德国等欧洲国家。3日，在布拉格与捷克总理米雷克·托波拉内克进行会谈，就加强日本与捷克、波兰、匈牙利和斯洛文尼亚等4国组成的维谢格拉德集团的合作以及应对气候变化等全球性议题交换了意见。4日，参加了第18次日本欧盟定期会晤，并与捷克总统瓦茨拉夫·克劳斯及欧盟委员长巴罗佐进行了会谈。5日，麻生抵达德国首都柏林，与德国总理默克尔举行会谈，并拜会了德国总统霍斯特·克勒。麻生还在洪堡大学发表了演讲。

5月11日 麻生在首相官邸会见了来访的新加坡总统纳丹。

5月12日 麻生会见来访的俄罗斯总理普京，双方就构筑战略伙伴关系、加强两国在远东和太平洋地区的合作以及领土等问题交换了意见。两国首脑共同出席了日俄有关刑事合作的条约、有关和平利用原子能的协定以及在海关领域加强合作和相互支援的协定的签字仪式。

5月20日 麻生在首相官邸会见了来访的老挝总理波松·布帕万，表示日本将向东南亚各国提供包括ODA在内的、总额为2万亿日元的经济援助。

5月21日 麻生首相在“亚洲未来”国际会议上发表题为“超越经济危机，亚洲再次起飞”的演讲。

5月22日 麻生在首相官邸会见了来访的韩国总理韩升洙和越南总理阮晋勇。

5月22日 第五届日本与太平洋岛屿国家峰会在北海道举行。麻生首相出席会议并宣布在未来一年里向太平洋岛屿国家提供总额为500亿日元的援助。此前，麻生于5月18日在首相官邸会见来访的基里巴斯总统汤安诺，19日又分别与巴布亚新几内亚总统索马雷、瓦努阿图总理总理爱德华·尼帕克·纳塔佩举行会谈，分别就双边关系、气候变暖等问题交换了意见。

5月27日　麻生在首相官邸会见了来访的卡塔尔王位继承人谭明(Tameem Bin Hamad Al－Thani)。

6月18日　麻生在首相官邸会见了来访的菲律宾总统阿罗约，会谈后双方签署了日本和菲律宾为培育亲密邻国间面向未来的战略伙伴关系的联合声明。

6月28日　麻生在首相官邸会见了来访的韩国总统李明博，两人还一起出席了日韩经济人恳谈会。

6月30日　麻生首相在日本国际问题研究所发表题为“确保安全与繁荣的日本外交”的演说。

7月1日　麻生在首相官邸会见了来访的联合国秘书长潘基文，就朝鲜问题、气候变化和安理会改革等议题交换了意见。

7月7日　麻生赴意大利出席在拉奎拉市举行的八国首脑会议。7日抵达意大利首都罗马，先去梵蒂冈拜会教皇本笃十六世，随后与意大利总理贝卢斯科尼举行会谈。8日至9日，出席在拉奎拉举行的八国首脑会议与中国、印度、巴西等发展中国家领导人的会晤。期间，麻生先后与美国总统奥巴马、俄罗斯总统梅德韦杰夫、巴西总统卢拉、加拿大总理哈珀、印度总理辛格、澳大利亚总理陆克文等举行了双边会谈。

7月16日　麻生在首相官邸会见来访的蒙古总理桑吉·巴亚尔。会谈后双方签署了有关日本帮助蒙古达尔汗市改善水质的协定以及日蒙有关原子能和铀矿开发合作的协定。

8月25日　麻生在首相官邸会见新任美国驻日大使约翰·鲁斯。

8月30日　日本举行第45届众议院选举，在野党的民主党一举获得308个席位，自民党的席位惨跌至113席，被迫下野。

9月16日　鸠山由纪夫在第172次临时国会上当选为第93任、第60位首相。当天组建了民主党、社民党和国民新党联合内阁。民主党前干事长冈田克也出任外相。新内阁中，副首相兼国家战略担当大臣菅直人，官房长官平野博文，防卫大臣北泽俊美、总务大臣原口一博，财务大臣藤井裕，社民党党首福岛瑞穗担任消费者和少子化担当大臣，国民新党党首龟井静香担任金融和邮政改革担当大臣。

9月18日 鸠山首相在官邸会见了来访的意大利总统纳波利塔诺。这是他会见的第一名外国元首。

9月21日 鸠山首相启程进行为期6天的美国访问。期间，参加了联合国气候变化峰会、有关核不扩散和核裁军的安理会成员国峰会以及在匹兹堡举行的二十国金融峰会。9月22日，鸠山抵达纽约后第一个会见的外国领导人是中国国家主席胡锦涛。23日以后，鸠山还会见了联合国秘书长潘基文、美国总统奥巴马、俄罗斯总统梅德韦杰夫、英国首相布朗、澳大利亚总理陆克文、韩国总统李明博等。在联合国气候变化峰会上，鸠山首相宣布日本将在2020年将温室气体的排放量在1990年基础上减少25%。

9月30日 鸠山首相在官邸会见来访的奥地利总统海因兹·菲舍尔。

10月1日 鸠山首相抵达丹麦首都哥本哈根。2日，在决定2016年夏季奥运会举办城市的奥运会组委会上为东京进行游说。访问丹麦期间，鸠山与丹麦首相拉尔斯·拉斯穆森进行了会谈。

10月3日 日本在柬埔寨西北部暹粒市举行日本与老挝、柬埔寨、泰国、缅甸和越南等湄公河流域5国举行第二次外长会议。

10月9日 鸠山首相访问韩国，与韩国总统李明博举行会谈并向首尔的国立显忠院为无名烈士献花。

10月10日 中日韩三国首脑在中国北京举行会议。鸠山由纪夫首相与中国总理温家宝、韩国总统李明博就共同抵御金融危机、促进东亚共同体建设等问题广泛交换意见。会议发表了《中日韩合作十周年联合声明》。

10月20日 美国国防部长盖茨对日本进行为期2天的访问，先后与鸠山首相、冈田外相及北泽防卫大臣进行会谈。盖茨是鸠山内阁问世后首位访日的美国阁僚。双方在冲绳的普天间美国海军陆战队基地搬迁问题上分歧较大，此行未能达成协议。

10月24日 鸠山首相赴泰国华欣出席东盟首脑与日本的峰会、东盟与中日韩的“10+3”峰会以及印度、澳大利亚和新西兰领导人也参加的东亚峰会。期间，先后与泰国总理阿披实、印度总理辛格、马来西亚总理巴达维、印度尼西亚总统苏西洛等举行会谈。

10月26日 鸠山会见来访的荷兰首相杨·彼得·鲍肯内德。双方就二战期间荷兰的战俘问题、海上安全、疯牛病对策以及萨哈林开发、缅甸局势、朝鲜和联合国改革等问题交换了意见。

10月29日 鸠山首相会见来访的新西兰总理约翰·基。双方就双边经济、文化交流和气候变化等问题交换了意见。

11月6日　为期2天的第一届日本与湄公河流域首脑峰会在东京举行，湄公河流域的老挝、柬埔寨、泰国、缅甸和越南等5国首脑与会。在会议发表的联合声明中，日本宣布将在今后3年内向湄公河领域国家提供总额为5000亿日元的政府开发援助（ODA），并邀请湄公河流域国家的青少年3万人访问日本。这一峰会今后将每隔3年在日本举行。

11月10日　鸠山首相会见来访的秘鲁共和国总统阿兰·加西亚，强调日本与资源丰富的秘鲁加强经济、科技合作十分重要。双方就《日本秘鲁投资协定》的生效互换公文并签署了有关日本向秘鲁提供无偿援助的协定。

11月14日　鸠山首相赴新加坡出席为期2天的APEC非正式领导人会议。期间，先后会晤了新加坡总统李显龙、文莱国王、墨西哥合众国总统费利佩·卡尔德龙·伊诺霍萨和俄罗斯总统梅德韦杰夫。随后，鸠山在新加坡发表了题为“对亚洲的新承诺—有关东亚共同体的设想”的日本有关东亚政策的演说。

11月27日　鸠山首相会见了来访的中国国务委员兼国防部长梁光烈。

12月3日　鸠山首相会见了来访的匈牙利总统绍约姆·拉斯洛。

12月10日　鸠山首相出席在印度尼西亚巴里岛举行的第二次民主主义论坛。鸠山和印尼总统苏西洛担任论坛的联合主持人。

12月14日　鸠山首相先后会见来访的乌拉圭东岸共和国总统塔瓦雷·拉蒙·巴斯克斯·罗萨斯和中国国家副主席习近平。

12月15日　鸠山首相会见来访的澳大利亚总理陆克文。

12月16日　鸠山首相会见来访的土库曼斯坦共和国总统库尔班古力·别尔德穆哈梅多夫，发表了有关加强两国友好合作伙伴关系的联合声明。

12月17日　鸠山首相赴丹麦首都哥本哈根出席气候变化框架条约缔约国第15次首脑峰会。期间，先后与丹麦首相拉斯穆森、中国总理温家宝举行会谈，并在峰会上发表演讲。

12月28日　鸠山首相赴印度进行为期2天的访问，在与印度总理辛格会晤后发表联合声明，强调要进一步发展两国在2006年确定的全球规模的战略伙伴关系。

2010年

1月3日　冈田克也外务大臣访问土耳其，拜会了土耳其总统阿卜杜拉·

居尔，与土耳其外长达武特奥进行了会谈并共同主持了“2010日本年”的开幕仪式。

1月16日 日本海上自卫队派往印度洋为美英等多国部队供油的舰艇在完成最后一次对巴基斯坦海军的供油任务后起航回国。同日，鸠山首相出席在东京都内举行的第四次亚洲中南美合作论坛外长会议并发表演讲。

1月18日 第174届例行国会开幕，会期150天。由于民主党干事长小泽一郎的前秘书石川知裕涉及政治资金丑闻在会前被检察当局逮捕，朝野两大阵营展开激烈角逐。29日，鸠山由纪夫在第174届例行国会发表施政演说。

1月19日 日美安保条约修订50周年，两国的外务大臣、防卫大臣与国务卿、国防部长发表联合声明，强调日美同盟对维护亚太地区的和平一直发挥着不可或缺的作用。

2月1日 鸠山首相在官邸会见来访的墨西哥总统费利佩·卡尔德龙。

2月6日 日本内阁会议决定向海地派遣350名陆上自卫队官兵参加震灾后的人道主义重建活动。这是日本第七次派兵参加PKO活动，是鸠山内阁问世后的第一次。派遣规模仅次于向柬埔寨和东帝汶派遣的规模。

2月8日 鸠山首相会见来访的巴勒斯坦临时自治政府总统阿巴斯。

2月12日 冈田克也外相访问韩国，在与李明博总统和柳明桓外交通商部长官会晤时就100年前日本强行并吞朝鲜一事表示道歉，称此举极大伤害了朝鲜民族的自尊心。

2月15日 鸠山首相会见来访的爱沙尼亚共和国总理安德鲁斯·安西普。

2月21日 冈田克也外务大臣访问澳大利亚，在帕斯与澳大利亚外长斯密思举行会谈，就上半年在东京举行日澳“2＋2”会谈达成协议。两国在捕鲸问题上依然存在较大分歧，但双方一致同意不让这一对立影响日澳关系大局。

3月4日 鸠山首相会见来访的老挝人民民主共和国主席朱马里·赛雅颂。

3月7日 日本皇太子德仁启程科纳克里，对加纳和肯尼亚进行为期10天的访问。这是日本皇室成员事隔11年后对非洲的又一次访问，也是日本继2001年森喜朗、2006年小泉纯一郎访非后又一次高级别的访问。

3月8日 鸠山首相会见丹麦王国首相安诺斯·福格·拉斯穆森。

3月9日 冈田克也外相举行记者招待会，根据专家委员会提交的报告，正式承认在1960年修订日美安保条约时围绕美军携核舰艇进出日本港口等问题存在着秘密协定。

3月10日 鸠山首相会见罗马尼亚总统特拉杨·伯赛斯库，出席了有关日本向罗马尼亚提供用于布加勒斯特国际机场专用铁路建设的日元贷款的换文仪式。

3月16日 鸠山首相会见来访的东帝汶民主共和国总统拉莫斯·奥尔塔，就日本向东帝汶提供政府开发援助以及气候变化、核裁军和联合国安理会改革问题交换了意见。

3月17日 鸠山首相出席日本国际问题研究所主办的有关东亚共同体的学术研讨会并致辞。

3月20日 冈田克也外务大臣赴海地访问，这是日本外相第一次抵该国访问。冈田拜会了海地总统普雷瓦尔、总理贝勒里维，与外长雷伊进行了会谈，并慰问了参加联合国PKO活动的陆上自卫队官兵。

3月26日 韩国海军“天安”号警戒舰在韩国西部海域值勤时发生爆炸而沉没，舰上104名官兵仅58人生还。韩国指责是朝方施放鱼雷所致。鸠山首相在第一时间召开内阁会议并在会后向记者表示日本谴责这一血腥事件，坚决与韩国站在一起。鸠山首相会见来访的坦桑尼亚联合共和国总理米曾戈·彼得·平达。驻冲绳的陆上自卫队第一混成团正式升格为第15旅，兵力增加为2100人，新增防化兵等部队。

3月29日 鸠山首相会见巴布亚新几内亚独立国总理迈克尔·索马雷。

冈田克也外务大臣赴加拿大魁北克省加蒂诺市出席八国集团外长会议。与会者谴责当日在莫斯科地铁站发生的恐怖爆炸事件，讨论了不扩散核武器等问题。

4月2日 鸠山首相会见约旦王国国王阿卜杜拉二世。

4月7日 鸠山首相会见来访的比利时王国首相伊夫·莱特姆。

4月12日 鸠山首相赴美国首都华盛顿出席核安全峰会。抵达华盛顿后，即与越南社会主义共和国总理阮明哲。巴西总统路易斯·伊纳西奥·卢拉·达席尔瓦、中华人民共和国主席胡锦涛、欧盟理事会主席赫尔曼·范龙佩进行了会谈。翌日，鸠山首相出席了核安全峰会，并分别与俄罗斯总统梅德韦杰夫、法国总统萨科齐进行了会谈。

4月15日 冈田克也外务大臣赴纽约，作为安理会轮值主席主持4月16日举行的有关武装冲突后如何重新构筑和平的公开讨论。联合国秘书长潘基文参加了讨论。

4月16日 鸠山首相会见来访的不丹王国首相吉格梅·廷里。

4月19日 鸠山首相会见来访的马来西亚总理纳吉布，对马来西亚的经济成就表示祝贺，并感谢马来西亚对日本加入安理会常任理事国的支持。两国领导人签署了联合声明并举行了联合记者招待会。

4月28日 鸠山首相会见来访的欧盟理事会主席赫尔曼·范龙佩、欧盟委员会委员长若泽·曼努埃尔·巴罗佐，举行了日本与欧盟的定期会晤。

4月29日 冈田克也外务大臣访问南非，会见南非总统祖马、外交部长玛莎巴尼，参加第10届日本南非伙伴关系论坛，并于5月2日至3日出席在坦桑尼亚阿鲁沙举行的第二届东京非洲发展国际会议部长级后续会议。

4月30日 北泽俊美防卫大臣访问新德里，与印度国防部长安东尼就地区安全形势、海上航行安全以及两国的防卫交流问题进行了磋商。

5月15日 第四次中日韩外长会议在韩国的庆州举行为期2天的会议。冈田可也外相与中国外长杨洁篪、韩国外交通商部长官柳明桓就中日韩合作未来方向以及第三次中日韩领导人峰会的筹备问题进行了磋商。

5月19日 鸠山首相会见了来访的卢森堡大公国首相让·克洛德·容克。

5月20日 鸠山首相会见老挝人民民主共和国总理波松·布帕万。同日，鸠山在东京都举行的第16次“亚洲的未来”发表演讲。

5月21日 日本外务大臣冈田克也、防卫大臣北泽俊美与澳大利亚外交部长斯蒂芬·史密斯、国防部长约翰·福克纳在东京举行第三次“二十二”会谈。双方在会后签署“日澳相互提供物资劳务协议”（ACSA）。澳大利亚由此成为继美国之后第二个与日本签署类似协议的国家。协议规定，日澳双方军队将在联合演习、参与联合国维持和平、国际人道主义救援以及救灾行动时相互提供交通工具、住所、保养维护和医疗卫生服务。同一天，鸠山首相会见来访的美国国务卿希拉里·克林顿。希拉里是赴北京参加中美战略经济对话顺访日本的。

5月25日 北泽俊美防卫大臣赴华盛顿访问，在五角大楼与美国国防部长盖茨就美军驻冲绳普天间基地搬迁问题与朝鲜半岛局势交换了意见。

5月27日 日本内阁会议通过将美军驻冲绳的普天间基地迁至名护市边野古的决定。美国总统奥巴马立即致电鸠山首相表示感谢，赞赏他的勇气。翌日，日美两国政府就普天间基地搬迁问题发表联合声明，确定这一决定并表示将在基本按照2006年达成协议的填海造地方案就搬迁计划进行调整，争取在8月内确定施工方法。

5月29日 鸠山首相赴韩国出席中、日、韩三国峰会。抵达首尔后，先到国立墓地献花，然后径赴会场所在地的济州岛。鸠山在会见韩国总统李明博，与李明博以及中国总理温家宝一起步入会场。翌日，三国首脑继续进行会谈。会谈后，三国领导人签署了有关建立为推进中日韩合作的常设秘书处的备忘录，并举行了联合记者招待会。

5月31日 鸠山首相与来访的中华人民共和国总理温家宝举行会谈。双方就扩大两国间的经济、文化和人员交流问题，进一步推进经贸领域的合作交换了意见。会谈后，两国领导人共同出席了《中日食品安全合作框架协议》以及节能环保、人才培训、电子商务等领域双边合作文件的签字仪式。

6月2日 鸠山由纪夫宣布辞去民主党代表和首相职务，从而成为2007年以来又一名短命首相。同一天，小泽一郎也宣布辞去民主党干事长职务。

6月4日 菅直人在民主党代表选举中当选民主党新一任代表。在当天下午举行的参众两院全体会议上，菅直人当选为日本历史上第94任首相。

6月5日 2010年APEC贸易部长会议在日本北海道的札幌市举行，冈田克也外务大臣和直岛正行经济产业大臣共同主持会议。在2天的会议上，与会者评估了APEC茂物会议提出目标的达成状况，就亚太地区新的经济增长战略、反对贸易保护主义等问题交换了意见。同日，北泽俊美防卫大臣赴新加坡出席第9次亚洲安全保障会议（“香格里拉会议”），北泽在会上发表演讲并同与会各国防卫首脑交换了意见。

6月8日 菅直人内阁宣告成立。原国家战略担当大臣仙谷由人出任官房长官，财务副大臣野田佳彦接替菅直人担任财务大臣，荒井聪接替仙谷所遗的国家战略担当大臣一职。莲舫接替辞职的社会党党首福岛瑞穗所遗留的少子化担当大臣并兼任行政刷新大臣。鸠山前内阁的其余阁僚均予留任。

6月11日 新任首相的菅直人在第174届例行国会上发表施政演说，将强经济、强财政和强社会福利列为新内阁的首要课题。

6月14日 日美两国在南中国海举行人道主义救援演习。美国海军的“仁慈”号医院船、日本海上自卫队的“国东”号船坞登陆舰和2艘大型气垫船演练了日本协助美国将战场上的伤病员抢运至日本的模拟作战。

6月16日 冈田克也外相与来访的阿富汗财政部长奥马尔·扎希尔瓦尔举行会谈，承诺将继续支持阿富汗的重建。

6月17日 菅直人首相会见来访的阿富汗总统卡尔扎伊，表示日本将一如既往地支持阿富汗的重建。

6月18日 2010年APEC能源部长会议在日本福井县举行，直岛正行经济产业大臣主持会议。与会各国能源部长在为期3天的会议上就能源安全保障、减排温室气体等问题进行了磋商。

6月22日 菅直人接受美国驻日大使约翰·鲁斯的拜会。菅直人希望在八国集团峰会和二十国集团峰会期间能与奥巴马总统会晤，就有关日美同盟的问题进行广泛议论并建立起良好的个人关系。

6月25日 菅直人首相赴加拿大出席八国集团峰会和二十国集团峰会。这是菅直人出任首相后第一次亮相国际峰会。在抵达八国集团在马斯科卡的峰会会场后，菅直人先后与加拿大总理斯蒂芬·哈珀、德国总理安格拉·默克尔、英国首相戴维·卡梅伦、俄罗斯总统梅德韦杰夫举行了会谈。在赴多伦多出席二十国集团峰会前，菅直人首相先后会见了韩国总统李明博、中华人民共和国主席胡锦涛以及越南总理阮晋勇。会后，又与印度总理辛格、印度尼西亚总统苏西洛以及美国总统奥巴马进行了会谈。菅直人在会见奥巴马时，表示将切实履行将冲绳县驻日美军普天间机场搬迁至该县名护市边野古岬及接邻水域的日美联合声明。

6月28日 日印两国政府在东京开始举行为期2天的首次核能协定谈判。由于该协定涉及核能技术和设备出口，如何禁止核能技术和设备转用于军事目的和限制向第三国转移成为谈判的焦点。

6月29日 海上自卫队幕僚长赤星庆治宣布，日本将派遣“爱宕”号护卫舰、潜艇核P3C反潜巡逻机参加从6月23日至8月1日在夏威夷海域举行的、由美国等14个国家海军参加的环太平洋联合军事演习（RIMPAC）。这是日本首次参加多国海军演习。

附录二

参考文献

日文文献

著作

1. 小沢一郎：《日本改造計画》（講談社、1993年）

2. 山崎拓：《2010年、日本実現——近未来への政治宣言》（ダイヤモンド社、1999年）

3. 小泉純一郎：《官僚王国解体論》（光文社、1996年）

4. 小泉純一郎：《郵政民営化論・日本再生の大改革》（PHP研究所、1999年）

5. 安倍晋三：《美しい国へ》（文春新書、2006年）

6. 鳩山由紀夫、菅直人：《民益論》（PHP研究所、1997年）

7. 鳩山由紀夫：《「成長の限界」に学ぶ》（小学館、2000年）

8. 浅尾慶一郎等：《私が総理になったら》（角川書店，2002年）

9. 小池百合子：《もったいない日本》（主婦と生活社、2008年）

10. 長谷川慶太郎：《21世紀日本の生きる道》（光文社、1999年）

11. 伊藤憲一等：《東アジア共同体と日本の針路》（NHK出版、2005年）

12. 吉田春樹：《東アジア共同体構想と日本の役割》（日本国際フォーラム、2003年）

13. 若月秀和：《「全方位外交」の時代》（日本経済評論社、2006年）

14. 小島朋之：《21世紀の中国と東アジア》（一芸社、2003年）

15. 森本敏等：《予防外交》（国際書院、1996年）

16. 船橋洋一：《日本の対外構想》（岩波新書、1993年）

17. 船橋洋一：《同盟漂流》（岩波書店、1998年）

18. 船橋洋一：《日本の対外構想》（岩波新書、1999年）

19. 国正武重：《漂流する政治》（近代文芸社、1997年）

20. 若宮啓文：《和解とナショナリズム》（朝日出版、2006年）

21. 岡崎久彦：《この国を守るための外交戦略》（PHP新書、2007年）

22. 渡辺利夫：《新脱亜論》（文芸新書、2008年）

23. 天児慧：《日本の国際主義》（国際書院、1998年）

24. 小島朋之：《21世紀の中国と東アジア》（一芸社、2003年）

25. 鹿島正裕編：《21世紀の世界と日本》（風行社、2001年）

26. 佐藤優：《国家の罠》（新潮社、2005年）

27. 野中尚人：《自民党政治の終わり》（ちくま新書、2008年）

28. 高橋洋一：《霞が関をぶっ壊せ》（東洋経済、2008年）

29. 若月秀和：《「全方位外交」の時代》（日本経済評論社、2006年）

30. 吉田春樹：《東アジア共同体構想と日本の役割》（日本国際フォーラム、2003年）

31. 本田優：《日本に国家戦略はあるのか》（朝日新書、2008年）

32. 中西寛：《敗戦国の外交戦略》（彩流社、2005年）

33. 飯島勲：《小泉外交実録》（日本経済新聞出版社、2007年）

34. 信田智人：《冷戦後の日本外交》（ミネボ書房、2006年）

35. 唐津一：《今後30年　日本の太陽は必ず昇る》（PHP研究所、1997年）

36. 読売新聞政治部：《検証　国家戦略なき日本》（新潮社，2006年）

37. 朝日新聞論説委員室：《地球貢献国家と憲法》（朝日新聞社，2007 年）

38. 「論座」編集部編：《リベラルからの反撃》（朝日新聞社，2006 年）

39. 《日本の総合戦略大綱》（世界平和研究所、2001 年）

40. 「松下政経塾出身国会議員の会」編：《21 世紀日本の繁栄譜》（PHP 研究所、2000 年）

41. 「21 世紀日本の構想」懇談会：《日本のフロンティアは日本の中にある》（講談社、2000 年）

42. 「対外関係タスクフォース」編：《21 世紀日本外交の基本戦略》（首相官邸、2002 年）

43. 「知的財産戦略会議」編：《知的財産戦略大綱》（首相官邸、2002 年）

44. 外務省経済局編：《日本のFTA 戦略》（外務省、2002 年）

其他：《外交青書》（外務省）、《ODA 白書》（外務省）、《防衛白書》（防衛省）、《防衛計画大綱》（防衛省）、《東アジア戦略概観》（防衛省防衛研究所）、《世界経済白書》（内閣府）暦年版利用。

论文

1. 安倍晋三：《第三の憲法を白紙から》、《論座》、2004 年 2 月号

2. 小沢一郎：《外交途上国ニッポン　表面的な現象だけで》、《論座》、2006 年 9 月号

3. 鳩山由紀夫：《私の政治哲学》、《Voice》、2009 年 8 月号

4. 兼原坂元：《「美しい国」の「主張する外交」がめざすもの》、《外交フーラム》、2007 年 4 月号

5. 堺屋太一：《日本を劣化させた政治の「ベルサイユ化」》、《中央公論》、2007 年 10 月号

6. 中西寛：《ソ連末期に似る日本政治》、《中央公論》、2000 年 6 月号

7. 吉川尚宏：《没落する日本》、《エコノミスト》、2008 年 2 月 26

日号

8. 江藤淳：《日本の第二の敗戦》、《文芸春秋》、1998 年新年号

9. 村上博美：《米国で実感する日本の地盤沈下》、《論座》、2003 年 1 月号

10. 小此木政夫：《日本の外交戦略が試されている》、《中央公論》、2002 年 5 月号

11. 寺島実郎：《「戦後外交」との決別》、《日経ビジネス》、2009 年 8 月号

12. 寺島実郎：《ユーラシア‘ダイバミズムと21 世紀日本》、《フォーサイト》、2004 年 2 月号

13. 加瀬みき：《自信と信頼を失った大国の挑戦》、《中央公論》、2007 年 1 月号

14. 加藤良三：《冷戦後日本の安全保障》、《外交フォーラム》、2001 年 11 月号

15. 畠山襄：《日本外交も「選択と集中」を》、《論座》、2003 年 11 月号

16. 我部政明：《日米同盟の中身が変質し始めた》、《論座》、2003 年 5 月号

17. 宮家邦彦：《海洋国家がとるべき大陸戦略》、《中央公論》、2006 年 1 月号

18. 栗山尚一：《和解——日本外交の課題》（上、下）、《外交フォーラム》、2006 年 1 — 2 月号

19. 北岡伸一：《常任理事国入りは日本が果たすべき責任である》、《中央公論》、2005 年 1 月号

20. 北岡伸一：《国連外交の活性化から日本外交の活性化へ》、《外交フォーラム》、2006 年 11 月号

21. 佐道明広：《新しい防衛政策に求められるもの》、《外交フォーラム》、2001 年 11 月号

22. 長島昭久：《日米同盟に設計図はあるか》、《論座》、2001 年 8 月号

23. 添谷芳秀：《冷戦後の日本外交：国際主義対国家主義》、《Japan Echo》、2006 年 6 月号

24. 田中明彦：《日本外交は大丈夫か》、《外交フーラム》、2001 年 1 月号

25. 田中明彦：《新しい東アジアの形成》、《中央公論》、2000 年 6 月号

26. レオン・ジーカル：《拉致敗戦》、《中央公論》、2007 年 8 月号

27. 小田博利：《日本経済が抱える地政学リスク》、《フォーサイト》、2004 年 5 月号

28. 渡辺利夫：《「パクス・シニカ」にアジアが屈する日》、《中央公論》、2006 年 2 月号

29. 五百旗頭真：《ソストパワー立国への道》、《論座》、2000 年 7 月号

30. 植田和弘：《地球温暖化防止への環境経済戦略》、《世界》、2007 年 9 月号

31. 桜井孝昌：《アニメは父親と母親のような存在です》、《外交フォーラム》、2009 年 7 月号

32. 飯尾潤：《リーダーシップの再構築を》、《中央公論》、1999 年 2 月号

中文文献

著作

1. 包霞琴、臧志军主编：《变革中的日本政治与外交》，时事出版社，2004 年版。

2. 冯昭奎编：《战后日本外交史》，中国社会科学出版社，1996 年

3. 胡令远、徐静波主编：《国际化：岛国日本的历史选择》，上海财经大学出版社，1999 年版。

4. 金熙德著：《21 世纪初的日本政治与外交》，世界知识出版社，2006 年版。

5. 金熙德著：《日美基轴与经济外交—日本外交的转型》，中国社会科学出版社，1998 年版。

6. 李寒梅等编：《21 世纪日本的国家战略》，社会科学文献出版社，2000 年版。

7. 刘建飞、林晓光编：《21 世纪初的中美日战略关系》，中共中央党校出版社，2002 年版。

8. 刘江永编：《彷徨中的日本》，天津人民出版社，2000 年版。

9. 刘江永主编：《跨世纪的日本》，时事出版社，1995 年版。

10. 孙政著：《战后日本新国家主义之研究》，人民出版社，2005 年版。

11. 王少普、吴寄南编：《战后日本防卫研究》，上海人民出版社，2003 年版。

12. 张季风编：《挣脱萧条：1990 至 2006 年的日本经济》，世界知识出版社，2006 年版。

13. 王英英：《日本的大国战略》，湖北人民出版社，2004 年版。

14. 魏克智、孙桂林编：《日本：走出梦幻时代》，内蒙古出版社，1997 年版。

15. 肖钢编：《冷战后日本的联合国外交》，世界知识出版社，2002 年版。

16. 肖伟编：《战后日本国家安全战略》，新华出版社，2000 年版。

17. 熊沛彪编：《近现代日本霸权战略》，社会科学文献出版社，2005 年版。

18. 张健、王金林主编：《日本：两次跨世纪的变革》，天津社会科学出版社，2000 年版。

19. 张雅丽著：《战后日本的对外战略研究》，浙江人民出版社，2002 年版。

20. 朱建荣主编：《日本变“天”》，新世界出版社，2009 年版。

21. 军事科学院战略研究部：《战略学》，军事科学出版社，2001 年版。

22. （美）米尔顿·埃兹拉蒂著：《日本变局将如何改变世界均势》，

新华出版社，2003 年版。

23.（美）迈克尔·波特著：《日本还有竞争力吗?》，中信出版社，2002 年版。

24.（美）约翰·奈斯比特著：《亚洲的大趋势》，外文出版社，1996 年版。

25.（美）理查德·塞缪尔斯著：《日本的大战略和东亚的未来》，上海人民出版社，2010 年版。

26.（新）卓南生著：《大国梦与盟主论》，联经出版社，1995 年版。

27.（日）津上俊哉著：《中国崛起：日本该做些什么》，社会科学文献出版社，2006 年版。

28.（日）近藤诚一著：《日美舆论战》，新华出版社，2007 年版。

29.（日）蒲岛郁夫著：《政治参与》，经济出版社，1989 年 7 月版。

30.（日）浅井基文著：《日本新保守主义》，新华出版社，1999 年版。

31.（日）辻中丰著：《利益集团》，经济日报出版社，1989 年 11 月版。

32.（日）佐藤英夫著：《对外政策》，经济日报出版社，1990 年 3 月版。

33.（日）森岛通夫著：《透视日本》，中国财政经济出版社，2000 年 8 月版。

论文

1. 巴殿君：《日朝关系与朝核问题》，《东北亚论坛》，2005 年第 2 期。

2. 白如纯：《日本对非洲政策的演变与发展》，《日本学刊》，2008 年第 5 期。

3. 樊勇明：《体制和结构双调整中的日本经济》，《日本学刊》，2003 年第 1 期。

4. 冯昭奎:《日本经济改革的进展与问题》,《日本研究》,2007 年第 1 期。

5. 高洪:《日本国家发展道路的思考与抉择—对“众议院宪法调查会中间报告”的评析》,《日本学刊》,2003 年第 1 期。

6. 高洪:《新世纪日本政党形态相关的若干问题》,《日本研究》,1999 年第 4 期。

7. 黄大慧:《冷战后日本的联合国外交》,《教学与研究》,2008 年第 3 期。

8. 江瑞平:《当前日本的经济改革:背景与前景》,《现代日本经济》,2001 年第 5 期。

9. 金熙德:《21 世纪日本外交的选择》,《国际政治研究》,2008 年第 1 期。

10. 金熙德:《安倍外交的初期成效与展望》,《日本学刊》,2006 年第 6 期。

11. 金熙德:《冷战后日本对外战略论争》,《世界经济与政治》,2001 年第 11 期。

12. 金熙德:《日本联合国外交的定位与演变》,《世界政治与经济》,2005 年第 5 期。

13. 金熙德:《战略创新乎战略贫困乎—21 世纪日本外交基本战略评析》,《日本学刊》,2003 年第 1 期。

14. 晋林波:《新世纪日本外交战略的发展趋势》,《国际问题研究》,2004 年第 4 期。

15. 李建民:《新世纪以来日本外交特点与趋向分析》,《国际论坛》,2004 年第 4 期。

16. 李文:《“和”文化与日本外交困局》,《当代亚太》,2007 年第 12 期。

17. 李秀石:《解析日本“资源外交”》,《世界经济研究》,2007 年第 11 期。

18. 李莹:《试论日本政党体制的转型》,《当代亚太》,2007 年第 5 期。

19. 廉德瑰：《“位置意识”与日本战略文化的特点》，《日本学刊》，2007 年第 3 期。

20. 林晓光：《世纪之交的日俄关系》，《日本学刊》，2001 年第 5 期。

21. 刘江永：《论日本的“价值观外交”》，《日本学刊》，2007 年第 6 期。

22. 刘世龙：《冷战后的日本外交战略》，《日本学刊》，2003 年第 5 期。

23. 刘亚娜：《从文化角度看当代日本外交》，《东北亚论坛》，2003 年第 5 期。

24. 罗建波：《论冷战后日本对非洲的外交政策》，《国际观察》，2003 年第 1 期。

25. 孙承：《论日本争当联合国安理会常任理事国问题》，《现代国际关系》，201 年第 8 期。

26. 孙伶伶：《日本修宪与民族保守主义思潮》，《当代亚太》，2007 年第 3 期。

27. 桐声：《当代日本政治中的民族保守主义》，《日本学刊》，2004 年第 3 期。

28. 王缉思：《从中日美三边力量对比看三边关系的发展趋势》，《国际政治研究》，2008 年第 3 期。

29. 吴怀中：《日美再编协商与日本安全战略调整》，《日本学刊》，2006 年第 4 期。

30. 吴南：《日本新一轮能源外交剖析》，《现代国际关系》，2007 年第 10 期。

31. 吴咏梅：《浅谈日本的文化外交》，《日本学刊》，2008 年第 5 期。

32. 蔡亮：《日本环境外交的战略意图及其特点》，《当代世界》，2008 年第 6 期。

33. 夏立平：《论新世纪中日美三边关系》，《太平洋学报》，2004 年第 1 期。

34. 徐万胜:《冷战后日美同盟的三大趋势》,《当代亚太》,2000年第10期。

35. 徐万胜:《日美同盟与日本的军事大国化趋势》,《当代亚太》,2004年第4期。

36. 徐万胜:《日美同盟与冷战后日本的军备扩张》,《国际政治研究》,2008年第1期。

37. 尚会鹏:《文化与日本外交》,《日本学刊》,2003年第3期。

38. 徐万胜:《战后日本的"战略援助"探讨》,《东北亚论坛》,1999年第3期。

39. 臧志军:《论世纪之交的日本外交战略》,《太平洋学报》,1999年第3期。

40. 张季风:《"小泉改革"剖析》,《当代亚太》,2004年第7期。

41. 张进山:《当代日本民族保守主义:生成、概念和释疑》,《日本学刊》,2007年第3期。

42. 张景全:《日美同盟的强化及其影响》,《现代国际关系》,2006年第7期。

43. 赵阶琦:《日本加强对印外交的背景与前景》,《日本学刊》,2006年第6期。

44. 周永生:《小泉内阁的外交政策浅析》,《日本学刊》,2006年第5期。

45. 朱艳圣:《新世纪日本的ODA政策》,《国际论坛》,2004年第2期。

46. 朱永彪:《日本与中亚接近的原因探析》,《日本学刊》,2007年第2期。

图书在版编目（CIP）数据

新世纪日本对外战略研究/吴寄南著．—北京：时事出版社，2010.8
ISBN 978-7-80232-366-7

Ⅰ.①新…　Ⅱ.①吴…　Ⅲ.①对外政策—研究—日本
Ⅳ.①D831.30

中国版本图书馆 CIP 数据核字（2010）第 151692 号

出版发行：时事出版社
地　　址：北京市海淀区万寿寺甲 2 号
邮　　编：100081
发行热线：(010) 88547590　88547591
读者服务部：(010) 88547595
传　　真：(010) 68418647
电子邮箱：shishichubanshe@sina.com
网　　址：www.shishishe.com
印　　刷：北京百善印刷厂

开本：787×1092　1/16　印张：28.25　字数：422 千字
2010 年 9 月第 1 版　2010 年 9 月第 1 次印刷
定价：68.00 元